Testen in agilen Projekten

**Tilo Linz** ist Vorstand und Mitgründer der imbus AG, einem führenden Lösungsanbieter für Softwaretest und seit mehr als 20 Jahren im Themengebiet Softwarequalitätssicherung und Softwaretest tätig. Als Gründer und Vorsitzender des German Testing Board e.V. und Gründungsmitglied im ISTQB® hat er die Aus- und Weiterbildung in diesem Fachbereich auf nationaler und internationaler Ebene maßgeblich mitgestaltet und vorangebracht. Tilo Linz ist Koautor von »Basiswissen Softwaretest« (dpunkt.verlag), einem der erfolgreichsten und meistgelesenen Fachbücher in diesem Themengebiet.

Die vielfältigen Chancen, aber auch Herausforderungen, die sich aus der Einführung und Anwendung agiler Methoden ergeben, kennt und erlebt er täglich aus nächster Nähe: in Softwareprojekten seiner Kunden, in der imbus-internen Test*Bench*-Produktentwicklung, aber auch außerhalb der Softwareentwicklung, z.B. im imbus-Marketing, wo er ein an Kanban orientiertes agiles Marketing eingeführt hat.

**Tilo Linz**

# Testen in agilen Projekten

## Methoden und Techniken für Softwarequalität in der agilen Welt

Aus- und Weiterbildung zum ISTQB® Certified Tester: Agile Tester, Agile Technical Tester, Agile Test Leadership at Scale

3., aktualisierte und überarbeitete Auflage

Tilo Linz
*tilo.linz@imbus.de*
*www.softwaretest-knowledge.de*

Lektorat: Christa Preisendanz
Lektoratsassistenz: Julia Griebel
Copy-Editing: Ursula Zimpfer, Herrenberg
Satz: inpunkt[w]o, Wilnsdorf *(www.inpunktwo.de)*
Herstellung: Stefanie Weidner, Frank Heidt
Umschlaggestaltung: Helmut Kraus, *www.exclam.de*
Druck und Bindung: BELTZ Grafische Betriebe GmbH, Bad Langensalza

Bibliografische Information der Deutschen Nationalbibliothek
Die Deutsche Nationalbibliothek verzeichnet diese Publikation in der Deutschen Nationalbibliografie; detaillierte bibliografische Daten sind im Internet über *http://dnb.d-nb.de abrufbar.*

ISBN:
Print 978-3-86490-961-0
PDF 978-3-98890-022-7
ePub 978-3-98890-023-4
mobi 978-3-98890-024-1

3., aktualisierte und überarbeitete Auflage 2024

Wieblinger Weg 17
69123 Heidelberg

*Hinweis:*
Dieses Buch wurde mit mineralölfreien Farben auf FSC®-zertifiziertem Papier aus nachhaltiger Waldwirtschaft gedruckt. Der Umwelt zuliebe verzichten wir zusätzlich auf die Einschweißfolie. Hergestellt in Deutschland.

*Schreiben Sie uns:*
Falls Sie Anregungen, Wünsche und Kommentare haben, lassen Sie es uns wissen: *hallo@dpunkt.de.*



5 4 3 2 1 0

# Vorwort

Nach der Erstauflage des Buches im Jahr 2013 und der Aktualisierung in 2016 war es 2023 höchste Zeit für eine umfassende Überarbeitung von »Testen in Scrum-Projekten«. Diese liegt nun mit dieser dritten Auflage vor, mit dem neuen Titel »Testen in agilen Projekten«, da die im Buch behandelten Inhalte für alle Arten von agilen Projekten relevant sind, nicht nur für solche, die streng nach Scrum vorgehen.

Aufgrund der hohen Marktresonanz[1] hat das ISTQB® im Laufe der Jahre sein Lehrplanportfolio immer wieder ergänzt. Hierzu gehören auch mehrere Lehrpläne zum Thema »Testen in agilen Projekten«. Diese Inhalte wurden in das Buch integriert, und die dritte Auflage behandelt und erläutert somit die Inhalte folgender ISTQB®-Lehrpläne [URL: ISTQB Syllabus]:

- ISTQB® Certified Tester – Foundation Level Extension Syllabus – Agile Tester, Ausgabe EN 2014, DE 2017
- ISTQB® Certified Tester – Advanced Level Syllabus – Agile Technical Tester (ATT), Ausgabe EN 2019, DE 2019
- ISTQB® Certified Tester – Advanced Level Syllabus – Agile Test Leadership at Scale (CTAL-ATLaS), Ausgabe EN 2023

Damit deckt das Buch auch die Inhalte zum Thema »Agiles Testen« des folgenden neuen ISTQB®-Syllabus ab:

- ISTQB® Certified Tester Foundation Level Syllabus, v4.0, EN/DE 2023

Diese stark überarbeitete neue Fassung des *Certified Tester – Foundation Level Syllabus* wurde durch das ISTQB® Anfang 2023 herausgegeben, wobei verschiedene Inhalte, die zuvor nur im *Foundation Level Extension Syllabus – Agile Tester* enthalten waren, integriert wurden.

---

1. Mitte 2023 haben in Summe weltweit über 845.000 Personen eine Certified-Tester-Zertifizierung erfolgreich absolviert.

Detaillierte Cross-Referenzen zwischen den Lernzielen dieser Lehrpläne und den Abschnitten des Buches sind in Anhang A aufgelistet.

In der dritten Auflage wurden gegenüber der zweiten Auflage Erläuterungen zu folgenden Themen ergänzt oder erweitert:

- In Kapitel 2 wurden die Änderungen des Scrum Guide 2020 eingearbeitet und ein zusätzlicher Abschnitt zu »Agile Scaling« ergänzt.
- In Kapitel 3 wurden die bisherigen Erläuterungen zu »User Stories« um einen neuen Abschnitt zu »agiles Requirements Engineering« erweitert. Die Erläuterungen zu den »Akzeptanzkriterien« wurden klarer gefasst und Erklärungen zu den in den ISTQB-Syllabi erwähnten agilen Requirements-Engineering-Techniken ergänzt.
- In Kapitel 4 wurden die Erläuterungen zu den Abschnitten »Service-Virtualisierung«, »Qualitätskriterien für Unit Tests« und »Technische Schulden« ergänzt.
- In Kapitel 5 wurden die Erklärungen zu »Continuous Integration« aktualisiert und Erläuterungen zur Nutzung virtueller Maschinen und Container (Virtualisierung) ergänzt.
- In Kapitel 6 wurde der Zusammenhang zwischen User Stories und Akzeptanzkriterien (aus Kapitel 3) mit Akzeptanztests und abnahmetestgetriebener Entwicklung (Abschnitt 6.3) nochmals geschärft. Die Erläuterungen zu »Exploratives Testen«, »Continuous Testing«, »Continuous Integration«, »Continuous Delivery« und »Continuous Deployment« wurden präzisiert oder erweitert, und neu aufgenommen wurde ein Abschnitt zum Thema »DevOps«.
- In Kapitel 7 wurden die Erklärungen zu den Ursachen und Auswirkungen der Veränderungen (z.B. neue Rollenmodelle wie »Quality Assistance«), die mit der weiter zunehmenden Agilisierung (Agile Scaling, Value-Driven Organizations & Business-Agility) von immer mehr Bereichen in den Unternehmen einhergehen, erweitert.
- Kapitel 8 wurde um eine neue Fallstudie 8.1 ergänzt, die den Einsatz fortgeschrittener Tools zur automatisierten Codeanalyse vorstellt. Die Fallstudie 8.3 »Systemtest nonstop« wurde aktualisiert. Die anderen Fallstudien sind unverändert enthalten, da sie nach wie vor lehrreich sind.

Viele Aspekte, die beim Testen in agilen Projekten eine Rolle spielen, werden in diesem Buch umfassender und über die genannten ISTQB®-Lehrpläne hinausgehend behandelt. Hierzu gehören insbesondere die Erläuterungen zum Unit Test (Kap. 4) und Integrationstest (Kap. 5) sowie die Gegenüberstellung der Qualitätsmanagementansätze in klassischen vs. agilen Projekten (Kap. 7).

Natürlich wurde die Neuauflage auch genutzt, um Fehler, Unklarheiten oder Ungenauigkeiten (soweit bekannt) zu korrigieren. Das Quellenverzeichnis wurde um weitere Bücher und Internetseiten ergänzt bzw. Quellenangaben und Links aktualisiert. Vielen Dank an die Leserinnen und Leser, die mir hierzu Informationen und Anregungen mitgeteilt haben.

Ich wünsche allen Leserinnen und Lesern[2] gutes Gelingen bei der Umsetzung der agilen Testansätze in ihrer Praxis und – sollte das Buch als Baustein zur Vorbereitung auf die Zertifizierung genutzt werden – viel Erfolg bei der Prüfung!

*Tilo Linz*
Möhrendorf, September 2023

# Danksagung

Auch wenn nur ein Autor auf dem Cover genannt ist – ohne den Rat und die Unterstützung vieler Fachkolleginnen und Fachkollegen wäre dieses Buch nicht möglich gewesen.

Bedanken möchte ich mich an dieser Stelle bei den Autorinnen und Autoren und interviewten Personen der Fallstudien[3]: Dr. Stephan Albrecht/Avid GmbH, Dierk Engelhardt und Joachim Hofer/imbus AG, Andrea Heck/Siemens AG, Eric Hentschel/ImmobilienScout24, Sabine Herrmann/zooplus AG, Terry Zuo/General Electric Oil & Gas sowie Elmar Jürgens und Sven Amann/CQSE. In den interessanten Unterhaltungen und Diskussionen mit ihnen konnte ich von ihren umfangrei-

2. Bei den Rollenbezeichnungen, die im Buch vorkommen, wird aus Gründen der leichten Lesbarkeit das generische Maskulinum verwendet. Selbstverständlich kann jede dieser Rollen durch geeignet qualifizierte Personen besetzt werden, völlig unabhängig von ihrem Geschlecht oder ihrer persönlichen Identifikation.
3. Die Angaben zum Arbeitgeber beziehen sich jeweils auf das Jahr der Erstellung der betreffenden Fallstudie.

chen Praxiserfahrungen in der agilen Entwicklung und im Einsatz von Scrum profitieren, was maßgeblich zum Buch beigetragen hat.

Mein Dank gilt nach wie vor den fachlichen Reviewern der ersten und zweiten Auflage für ihre wertvollen Anregungen, Kommentare und Korrekturen: Oliver Gradl/Siemens AG für seinen Input über agile Integrations- und Systemtests, Dr. Stefan Kriebel/BMW AG und Horst Pohlmann für ihr Feedback aus dem Blickwinkel »Embedded Systems«, Stefan Schmitz/iq-stz für seine fundierten Anmerkungen zum Thema ISO 9000 und Auditierung, Uwe Vigenschow/oose Innovative Informatik GmbH für die fruchtbare Diskussion über Akzeptanztests, Prof. Mario Winter/Fachhochschule Köln, der trotz parallelem eigenem Buchprojekt als Reviewer mitgewirkt und wichtige Hinweise zum Kapitel Integrationstest beigesteuert hat, und den anonymen Reviewern.

Nicht zuletzt danke ich allen Kolleginnen und Kollegen sowie Mitarbeitenden meiner Firma imbus AG, die mir wertvolle Tipps und Hinweise sowie fundierte Antworten zu jeder meiner Rückfragen gaben, insbesondere Arne Becher, Dr. Christian Brandes, Thomas Roßner und Carola Wittigschlager. Herzlichen Dank auch an Claudia Wissner, ohne deren Beitrag viele der Abbildungen im Buch im Stadium von Skizzen stecken geblieben wären. Für Review und Feedback zu den geänderten Passagen dieser dritten Auflage geht mein herzlicher Dank an Arne Becher, Michael Heller und Thomas Schulte sowie an Frank Schmeißner für den Input zur Verbreitung agiler Methoden in der Praxis und an Violeta Popova für die Reinzeichnung der neuer Abbildungen. Besten Dank euch allen für die wertvolle Unterstützung und die geopferte Zeit.

Dem dpunkt.verlag und hier besonders Christa Preisendanz gilt mein Dank für die tatkräftige Unterstützung bei der Erstellung des Buches und die Geduld, auch wenn die Fertigstellung (wieder) einige »Sprints« länger gedauert hat als geplant.

Und ein ganz großes Dankeschön geht an meine Frau Sabine und meine Kinder Lisa und Lena, die während der Erstellungsphasen der verschiedenen Auflagen viele Wochenenden und Abende auf mich verzichten mussten.

# Inhaltsübersicht

# Inhaltsverzeichnis

# 1 Einleitung

Software ist allgegenwärtig. Nahezu jedes komplexere Produkt ist heute softwaregesteuert und auch viele Dienstleistungen stützen sich auf Softwaresysteme. Software und Softwarequalität sind daher ein entscheidender Wettbewerbsfaktor. Ein Unternehmen, das neue oder bessere Software in kürzerer Zeit in sein Produkt integrieren bzw. auf den Markt bringen kann (Time-to-Market), ist seinen Mitbewerbern überlegen.

Agile Entwicklungsmodelle versprechen eine schnellere »Time-to-Market« bei gleichzeitig besserer Ausrichtung an den Kundenanforderungen und nicht zuletzt bessere Softwarequalität. So ist es nicht verwunderlich, dass in immer mehr Unternehmen agile Methoden eingesetzt werden – auch in großen, internationalen Projekten und in Produktentwicklungseinheiten großer Konzerne, quer durch alle Branchen. In den meisten Fällen bedeutete oder bedeutet dies den Umstieg von einer bisher praktizierten Entwicklung nach V-Modell auf eine agile Entwicklung nach Scrum[1].

Weder die initiale Umstellung auf »agil« noch das dann notwendige nachhaltige agile Arbeiten sind jedoch einfach, insbesondere dann nicht, wenn mehr als nur ein Team davon betroffen ist. Jedes Teammitglied, das Projektmanagement, aber auch das Management in der Linienorganisation muss teils gravierende Änderungen gewohnter Abläufe und Arbeitsweisen vollziehen. Dabei sind Softwaretest und Softwarequalitätssicherung ganz entscheidend daran beteiligt, ob ein Team, eine Softwareabteilung oder ein ganzes Unternehmen die agile Entwicklung langfristig erfolgreich beherrscht und damit die erhofften Vorteile nachhaltig realisieren kann.

Zu den populären agilen Entwicklungsmethoden gibt es eine Fülle auch deutschsprachiger Literatur. Einige empfehlenswerte Einführungen, z.B. zu Scrum, finden sich im Literaturverzeichnis dieses Buches.

1. Umfragen [URL: Testpraxis], [URL: TrendsInTestingAgile] und Studie [URL: StatusQuoAgile].

In der Regel wird das Thema »agile Softwareentwicklung« in diesen Büchern aus der Sicht des Entwicklers und Programmierers betrachtet. Demgemäß stehen agile Programmiertechniken und agiles Projektmanagement im Vordergrund. Wenn das Thema Testen erwähnt wird, geht es meistens um Unit Test und zugehörige Unit-Test-Werkzeuge, also im Wesentlichen um den Entwicklertest. Tatsächlich kommt dem Testen in der agilen Entwicklung aber eine sehr große und erfolgskritische Bedeutung zu und Unit Tests alleine sind nicht ausreichend.

Dieses Buch möchte diese Lücke schließen, indem es agile Softwareentwicklung aus der Perspektive des Testens und des Softwarequalitätsmanagements betrachtet und aufzeigt, wie »agiles Testen« funktioniert, wo »traditionelle« Testtechniken auch im agilen Umfeld weiterhin benötigt werden und wie diese in das agile Vorgehen eingebettet werden.

## 1.1 Zielgruppen

*Verstehen, wie Testen in agilen Projekten funktioniert*

Das Buch richtet sich zum einen an Personen, die in das Thema agile Entwicklung erst einsteigen, weil sie künftig in einem agilen Projekt arbeiten werden oder weil sie Scrum oder agile Vorgehensweisen in ihrem Projekt oder Team einführen wollen oder gerade eingeführt haben:

- Entwicklungsleiter, Projektmanager, Testmanager und Qualitätsmanager erhalten Hinweise und Tipps, wie Qualitätssicherung und Testen ihren Beitrag dazu leisten können, das Potenzial agiler Vorgehensweisen voll zu entfalten.
- Professionelle (Certified) Tester und Experten für Softwarequalität erfahren, wie sie in agilen Teams erfolgreich mitarbeiten und ihre spezielle Expertise optimal einbringen können. Sie lernen auch, wo sie ihre aus klassischen Projekten gewohnte Arbeitsweise umstellen oder anpassen müssen.

*Wissen über (automatisiertes) Testen und agiles Qualitätsmanagement erweitern*

Ebenso angesprochen werden aber auch Personen, die bereits in agilen Teams arbeiten und eigene »agile« Erfahrungen sammeln konnten und die ihr Wissen über Testen und Qualitätssicherung erweitern wollen, um die Produktivität und Entwicklungsqualität in ihrem Team weiter zu erhöhen:

- Product Owner, Scrum Master, Qualitätsverantwortliche und Mitarbeiter mit Führungsverantwortung erfahren in kompakter Form, wie systematisches, hoch automatisiertes Testen funktioniert und welchen Beitrag Softwaretester in agilen Teams leisten können, um kontinuierlich, zuverlässig und umfassend Feedback über die Qualität der entwickelten Software zu liefern.

- Programmierer, Tester und andere Mitglieder eines agilen Teams erfahren, wie sie hoch automatisiertes Testen realisieren können, und zwar nicht nur im Unit Test, sondern auch im Integrations- und im Systemtest.

Das Buch enthält viele praxisorientierte Beispiele und Übungsfragen, sodass es auch als Lehrbuch und zum Selbststudium geeignet ist.

## 1.2 Zum Inhalt

*Kapitel 2*

Kapitel 2 gibt eine knappe Charakteristik des agilen Projektmanagement-Frameworks Scrum und der aus dem Lean Product Development stammenden und zu Scrum einige Ähnlichkeiten aufweisenden Projektmanagementmethode Kanban. Dabei werden auch die Bezüge zu Extreme Programming (XP), aus dem wichtige agile Entwicklungstechniken stammen, erläutert. Diesen agilen Vorgehensweisen wird das Vorgehen in Projekten, die sich an klassischen Vorgehensmodellen orientieren, gegenübergestellt. Personen, die ihr Projekt oder ihre Unternehmenseinheit auf eine agile Vorgehensweise umstellen oder agiler ausrichten wollen, erhalten hier einen Überblick und einen Eindruck von den organisatorischen Veränderungen, die mit der Einführung agiler Ansätze im Unternehmen, der betroffenen Abteilung und den betroffenen Teams einhergehen.

*Kapitel 3*

Kapitel 3 zeigt auf, welche leichtgewichtigen Techniken und Instrumente zur Planung und Steuerung der Entwicklungsarbeiten zum Einsatz kommen und wie Produkt- bzw. Kundenanforderungen »agil« ermittelt, überprüft und dokumentiert werden. Denn »agil« zu arbeiten bedeutet keineswegs »planlos« zu arbeiten. Das Kapitel richtet sich an Personen, die neu in das Thema »agile Entwicklung« einsteigen. Die Erläuterungen und Hinweise, welchen Beitrag die jeweiligen Instrumente zur Fehlervermeidung beitragen, sind jedoch auch für die Zielgruppe mit agiler Projekterfahrung wertvoll.

*Kapitel 4*

Kapitel 4 behandelt das Thema Unit Tests und »Test First«. Es erklärt, was Unit Tests leisten und wie Unit Tests automatisiert werden. Systemtester, Fachtester oder Projektbeteiligte ohne oder mit wenig Erfahrung im Unit Test finden hier Grundlagen zu Techniken und Werkzeugen im entwicklungsnahen Test, die ihnen helfen, enger mit Programmierern und Unit-Testern zusammenzuarbeiten. Programmierer und Tester mit Erfahrung im Unit Test erhalten hilfreiche Tipps, um ihre Unit Tests zu verbessern. Ausgehend von diesen Grundlagen wird Test First (testgetriebene Entwicklung) vorgestellt und die hohe Bedeutung dieser Praktik für agile Projekte erläutert.

*Kapitel 5*

Kapitel 5 erklärt Integrationstests und »Continuous Integration«. Auch Programmierer, die ihren Code intensiv mit Unit Tests prüfen, vernachlässigen dabei oft Testfälle, die Integrationsaspekte überprüfen. Daher werden in diesem Kapitel zunächst wichtige Grundlagen zur Softwareintegration und zu Integrationstests vermittelt. Anschließend wird die Continuous-Integration-Technik vorgestellt und erläutert, wie ein Continuous-Integration-Prozess im Projekt eingeführt und angewendet wird.

*Kapitel 6*

Kapitel 6 befasst sich mit Systemtests und »Continuous Testing«. Aufbauend auf den Grundlagen zu Systemtests werden wichtige Techniken für manuelle und automatisierte System- und Akzeptanztests im agilen Umfeld erläutert. Anschließend wird gezeigt, wie auch Systemtests effizient automatisiert und in den Continuous-Integration-Prozess des Teams eingebunden werden können. Kapitel 6 richtet sich dabei nicht nur an Systemtester und Fachtester, sondern auch an Programmierer, die besser verstehen wollen, welche Testaufgaben jenseits des entwicklungsnahen Tests im agilen Team gemeinsam zu bewältigen sind.

*Kapitel 7*

Kapitel 7 stellt klassisches und agiles Verständnis von Qualitätsmanagement und Qualitätssicherung gegenüber und erläutert die in Scrum »eingebauten« Praktiken zur vorbeugenden, konstruktiven Qualitätssicherung. Die Leserinnen und Leser erhalten Hinweise und Tipps, wie Qualitätsmanagement »agiler« realisiert werden kann und wie QS- und Testexperten ihr Know-how in agile Projekte einbringen und so einen wertvollen Beitrag für ein agiles Team leisten können. Auch wie sich Agile Scaling und DevOps auf das Qualitätsmanagement auswirken, wird diskutiert.

*Kapitel 8*

In Kapitel 8 werden mehrere Fallstudien aus Industrie, Onlinehandel und Unternehmen der Softwarebranche vorgestellt. Diese spiegeln die Erfahrungen und Lessons Learned wider, die die Interviewpartner bei der Einführung und Anwendung agiler Vorgehensweisen in ihren jeweiligen Unternehmen gesammelt haben.

*Kapitelstruktur*

Die Kapitel 2, 3, 7 und 8 behandeln Prozess- und Managementthemen und richten sich daher an Personen, die an Managementaspekten interessiert sind. Die Kapitel 4, 5 und 6 erörtern das (automatisierte) »agile Testen« auf den verschiedenen Teststufen und sprechen (auch) technisch interessierte Personen an. Dabei wird ausführlich auf die Ziele und Unterschiede von Unit Tests, Integrations- und Systemtests eingegangen. Denn wie bereits erwähnt, wird Testen leider in vielen agilen Projekten oft mit Unit Tests gleichgesetzt. Abbildung 1–1 illustriert die Kapitelstruktur nochmals:

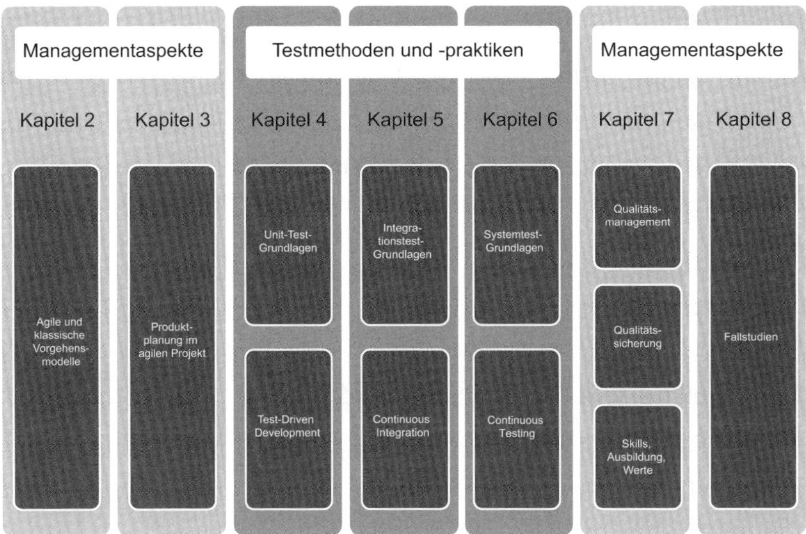


***Abb. 1–1***
*Kapitelstruktur*

*Cross-Referenz zu den ISTQB®-Lehrplänen*

Das Buch deckt den Stoff folgender ISTQB®-Lehrpläne ab:

- *ISTQB® Certified Tester – Foundation Level Extension Syllabus Agile Tester,* EN 2014, DE 2017,
- *ISTQB® Certified Tester – Advanced Level Syllabus – Agile Technical Tester (ATT),* EN 2019, DE 2019,
- *ISTQB® Certified Tester – Advanced Level Syllabus – Agile Test Leadership at Scale (CTAL-ATLaS),* EN 2023 sowie
- die agiles Testen betreffenden Inhalte im *ISTQB® Certified Tester – Foundation Level Syllabus, v4.0,* EN/DE 2023.

Die Gliederung des Buches folgt jedoch nicht der Gliederung der Lehrpläne. Darüber hinaus werden verschiedene Aspekte, die beim Testen in agilen Projekten eine Rolle spielen, im Buch über die Lehrplaninhalte hinausgehend oder zusätzlich behandelt.

In Anhang A sind daher Cross-Referenz-Tabellen enthalten, mittels derer diejenigen Buchabschnitte, die den Inhalt der in den betreffenden Lehrplänen jeweils genannten Lernziele erläutern, gezielt nachgeschlagen werden können.

*Fallbeispiel, Checkfragen und Übungen*

Viele, wenn nicht sogar die meisten agilen Ideen, Techniken und Praktiken sind, wenn man den Ausführungen in der entsprechenden Literatur folgt, einfach nachzuvollziehen. Auch die Ideen, Hinweise und Tipps in den folgenden Kapiteln werden vielleicht zunächst einfach erscheinen. Die Knackpunkte stellen sich erst in der Praxis bei der

Umsetzung heraus. Das Buch geht auf diese Hürden ein, und um praktisch nachvollziehbar und »erlebbar« zu machen, wo die Herausforderungen liegen, finden sich im Text die folgenden Elemente:

- Ein durchgängiges Fallbeispiel, anhand dessen die jeweils vorgestellten Methoden und Techniken veranschaulicht werden.
- Checkfragen und Übungen, anhand derer die Leserinnen und Leser am Ende eines Kapitels die besprochenen Inhalte rekapitulieren, aber auch ihre Situation und ihr Agieren im eigenen Projekt kritisch hinterfragen können.

## 1.3 Fallbeispiel

Dem Fallbeispiel des Buches liegt folgendes fiktives Szenario zugrunde: Die Firma »eHome-Tools« entwickelt Systeme zur Hausautomation. Das Funktionsprinzip solcher Systeme ist folgendes:

*Fallbeispiel eHome-Controller*

- **Aktoren:**
  Lampen und andere elektrische Verbraucher werden mit elektronischen Schaltern verbunden (sog. Aktoren). Jeder Aktor ist (per Kabel- oder Funkverbindung) an einen Kommunikationsbus angeschlossen und über diesen »fernsteuerbar«.
- **Sensoren:**
  An den Bus können zusätzlich elektronische Temperaturfühler, Windmesser, Feuchtigkeitssensoren usw. angekoppelt werden, aber auch einfache Kontaktsensoren, die z.B. geöffnete Fenster erkennen und melden.
- **Bus:**
  Schaltkommandos an die Aktoren, aber auch Statusmeldungen der Aktoren und Messwerte der Sensoren werden in Form von sogenannten Telegrammen über den Bus von und zum Controller übertragen.
- **Controller:**
  Der Controller sendet Schaltkommandos an die Aktoren (z.B. »Licht Küche ein«) und empfängt Statusmeldungen der Sensoren (z.B. »Temperatur Küche 20 Grad«) und Aktoren (z.B. »Licht Küche eingeschaltet«). Er ist in der Lage, ereignisgesteuert (also abhängig von eingehenden Meldungen) oder auch zeitgesteuert Folgeaktionen auszulösen (z.B. »20:00 Uhr → Rollo Küche schließen«).

- **Bedienoberfläche:**
  Der Controller bietet den Bewohnern des eHome auch eine geeignete Bedienoberfläche. Diese visualisiert den aktuellen Status des eHome und ermöglicht es den Bewohnern, Befehle (z.B. »Licht Küche aus«) per »Mausklick« an die Hauselektrik zu senden.

»eHome-Tools« steht mit seinen Produkten in einem harten Wettbewerb mit einer Vielzahl von Anbietern. Um in diesem Wettbewerb bestehen zu können, wird beschlossen, eine neue Controller-Software zu entwickeln. Allen Beteiligten ist klar, dass Schnelligkeit ein wesentlicher Erfolgsfaktor für das Vorhaben ist. Denn immer mehr Interessenten und Kunden fragen »eHome-Tools« nach einer Bediensoftware, die auf Smartphones und anderen mobilen Geräten läuft. Auch die Offenheit und Erweiterbarkeit des Systems für Geräte von Fremdherstellern ist enorm wichtig, um Marktanteile hinzuzugewinnen. Wenn das neue System Geräte konkurrierender Hersteller steuern kann, rechnet man sich Chancen aus, auch die Kunden dieser Hersteller z.B. beim Ausbau ihrer Systeme für die eigenen Geräte begeistern zu können. Dazu muss man nicht nur möglichst schnell eine möglichst breite Palette von Wettbewerbs-Hardware unterstützen, sondern auch künftig in der Lage sein, neu am Markt auftauchende Gerätemodelle kurzfristig einzubinden.

Daher wird entschieden, den Controller »agil« zu entwickeln und monatlich eine verbesserte, neue Version des Controllers herauszubringen, die mehr Geräte und weitere Protokolle unterstützt.

## 1.4 Webseite

Die im Buch enthaltenen Codebeispiele sind auf der Webseite zum Buch unter [URL: SWT-knowledge] veröffentlicht und herunterladbar. Die Leserinnen und Leser können diese Beispiele so auf ihrem eigenen Rechner nachvollziehen und mit eigenen Testfällen experimentieren. Auch die Übungsfragen sind dort zu finden.

Trotz der hervorragenden Arbeit des Verlags und der Reviewer sowie mehrerer Korrekturdurchgänge sind Fehler im Text nicht auszuschließen. Notwendige Korrekturhinweise zum Buchtext werden ebenfalls auf der Webseite veröffentlicht.

# 2 Agile und klassische Vorgehensmodelle

*Dieses Kapitel gibt eine knappe Charakteristik des agilen Projektmanagement-Frameworks Scrum und der aus dem Lean Product Development stammenden und zu Scrum einige Ähnlichkeiten aufweisenden Projektmanagementmethode Kanban. Dabei werden auch die Bezüge zu Extreme Programming (XP), aus dem wichtige agile Entwicklungstechniken stammen, erläutert. Diesen agilen Vorgehensweisen wird das Vorgehen in Projekten, die sich an klassischen Vorgehensmodellen orientieren, gegenübergestellt.*

*Leserinnen und Leser, die ihr Projekt oder ihre Unternehmenseinheit auf eine agile Vorgehensweise umstellen oder agiler ausrichten wollen, erhalten hier einen Überblick und Eindruck von den organisatorischen Veränderungen, die mit der Einführung agiler Ansätze im Unternehmen, der betroffenen Abteilung und den betroffenen Teams einhergehen.*

## 2.1 Scrum

Scrum ist ein agiles[1] Projektmanagement-Framework, das von Ken Schwaber erstmalig 1999 mit seinem Artikel »Scrum: A Pattern Language for Hyperproductive Software Development« [Beedle et al. 99] eingeführt wurde und das ab 2002 mit seinem Buch »Agile Software Development with Scrum« [Schwaber & Beedle 02] breiter bekannt wurde.

*Scrum und Extreme Programming (XP)*

Scrum regelt nicht, welche Softwareentwicklungstechniken (wie beispielsweise Refactoring) die Entwickler einzusetzen haben, um Software zu schreiben. Dies überlässt Scrum der Selbstorganisation des

1. Mit »agil« werden »leichtgewichtige« Vorgehensweisen zur Softwareentwicklung bezeichnet, in Abgrenzung zu klassischen als »schwergewichtig« angesehenen Prozessmodellen. Der Begriff wurde 2001 bei einer Konferenz in Utah geprägt, wo auch das *Agile Manifest* formuliert wurde (s. [URL: Agiles Manifest]).

Teams, das dann meistens geeignete Praktiken, die aus dem Extreme Programming (XP)[2] stammen, auswählt und im Zuge des Umstiegs auf Scrum mit einführt. Ebenso wenig gibt Scrum vor, wie das Testen in einem nach Scrum ablaufenden Projekt gestaltet werden soll.

*Agile Praktiken für das Management*

Das Scrum-Rahmenwerk beschreibt Praktiken für das Management von (Software-)Projekten und verändert dieses Projektmanagement radikal! Es ersetzt den klassischen deterministisch vorausplanenden Ansatz durch eine empirisch adaptive Projektsteuerung [Schwaber & Beadle 02]. Das Ziel ist, auf Änderungen schnell, unkompliziert und dennoch angemessen zu reagieren, anstatt Zeit und Energie auf die Erstellung, Durchsetzung und Nachführung veralteter Pläne zu verschwenden. Die wesentlichen Projektmanagementinstrumente in Scrum[3] dafür sind:

- **Kurze Iterationen:**
  Scrum gliedert ein Projekt in kurze Iterationen fester Länge. Eine solche Iteration heißt in Scrum »Sprint«[4]. Jede Iteration soll ein potenziell auslieferbares Produkt erzeugen, dessen Funktionsumfang mit jeder Iteration wächst. Die Idee dahinter: Wenn der zu planende Zeitraum – also ein Sprint – kurz ist, z.B. ein bis drei oder vier Wochen (vgl. [Schwaber & Beedle 02, S. 52]), dann ist das Planen und Steuern per se einfacher und funktioniert zuverlässiger als bei langen (Release-)Zyklen von z.B. ½ bis 1 Jahr oder gar länger.
- **Product Backlog:**
  Wenn man die Planung auf nur eine Dimension reduziert, auf eine simple Liste der Arbeitsergebnisse, die erreicht werden sollen, dann verschwindet eine Menge Komplexität. Genau dies passiert in Scrum. Der Product Owner (s.u.) führt ein sogenanntes Product Backlog: »Es enthält alle bekannten Anforderungen und Arbeitsergebnisse, die zur Erreichung des Projektziels umgesetzt oder erbracht werden müssen. Hierzu zählen funktionale und nicht funktionale Anforderungen sowie Anforderungen an die Benutzerschnittstelle. Außerdem kann das Product Backlog Arbeitsergebnisse wie das Aufsetzen der Test- und Entwicklungsumgebung oder das Beseitigen von Defekten (Bugs) enthalten« [Pichler 08, Abschnitt 4.2]. Die Einträge

---

2. Extreme Programming (XP) ist eine Sammlung von Werten, Prinzipien und Praktiken (Values, Principles, Practices) zur agilen Softwareentwicklung, die Kent Beck 1999 eingeführt hat. Die meisten agilen Ansätze gehen auf XP bzw. dessen Werte, Prinzipien und Praktiken zurück. Die aktuelle »Version« von XP erklärt Kent Beck in [Beck & Andres 04].
3. Lesenswerte deutschsprachige Einführungen in Scrum bieten [Koschek 14] oder [Pichler 08].
4. Die Sprint-Metapher ist dabei nicht im Sinne »hohe Geschwindigkeit« zu verstehen, sondern im Sinne »kurze Strecke«.

in dieser Sammlung aller bekannten oder in Betracht stehenden Produktanforderungen und Arbeitsergebnisse werden relativ zueinander priorisiert. Weitere gegenseitige Abhängigkeiten oder eine bestimmte zeitliche Reihenfolge werden nicht betrachtet. Das Product Backlog hat nicht den Anspruch, vollständig zu sein. Es entwickelt und verändert sich über die Sprints hinweg. Dieses Arbeiten am Backlog wird auch »Backlog Refinement« oder »Backlog Grooming« genannt: Der Product Owner ergänzt es um neu erkannte Anforderungen oder zerlegt diese wenn nötig in kleinere Teile, sobald er und das Team die Anforderung dazu gut genug verstanden haben. Anforderungen werden neu bewertet und umpriorisiert. Obsolete Anforderungen werden gestrichen. Zugespitzt heißt das: Planen wird einfach und zuverlässig, weil alles, was Planen fehlerträchtig macht, vermieden wird.

- **Sprint Backlog:**
  Ganz so einfach ist es natürlich nicht. Nur mit einem Sack voll priorisierter Anforderungen kann ein Softwareprojekt nicht gesteuert werden. Auch im Scrum-Projekt muss entschieden werden, wer im Team wann welche Anforderung umsetzt und welche Aufgaben dafür zu erledigen sind. Aber in Scrum entscheidet das nicht ein einsamer Projektleiter vorab für alle Aufgaben. Sondern die Entscheidungen trifft das Team zusammen mit dem Product Owner »portionsweise« je Sprint. Zu Beginn eines jeden Sprints »zieht« das Team diejenigen Anforderungen, die im priorisierten Product Backlog an der Spitze stehen und die es in diesem Sprint umsetzen will, aus dem Product Backlog in ein kleineres Sprint Backlog. Dabei achtet das Team darauf, dass diese Anforderungen gut genug verstanden und genau genug formuliert sind. Anforderungen, die diese Kriterien (»Definition of Ready«) nicht erfüllen, sind noch nicht reif für die Übernahme in den Sprint. Alle Überlegungen und Entscheidungen über Abhängigkeiten zwischen diesen Anforderungen, resultierende Aufgaben und Aufwände sowie sinnvolle zeitliche Reihenfolgen werden erst jetzt angestellt und getroffen. Alle Aufgaben, die das Team als nötig identifiziert, um die für diesen Sprint ausgewählten Anforderungen umzusetzen, werden im Sprint Backlog eingetragen. Um abzusichern, dass am Sprint-Ende tatsächlich ein fertiges Produktinkrement vorliegen wird, formuliert das Team Kriterien, anhand derer es überprüfen und entscheiden kann, ob die Arbeit an dem Inkrement abgeschlossen ist. Diese »Fertig«-Kriterien werden als »Definition of Done« des Teams (DoD) bezeichnet (vgl. [URL: Scrum Guide]). Sie können global als Checkliste für alle Aufgaben des Sprints formuliert werden oder

auch spezifisch für einzelne Aufgaben. Die gemeinsame Diskussion über angemessene »Fertig«-Kriterien trägt ganz wesentlich dazu bei, den Inhalt einer Anforderung oder einer Aufgabe zu klären und im Team ein gemeinsames, gleiches Verständnis über jede Aufgabe zu erhalten. Alle diese Überlegungen erfolgen dabei aber nur für die Aufgaben, die den anstehenden Sprint betreffen. Der Planungshorizont ist kurz. Die Aufgabenmenge ist (verglichen mit dem Gesamtprojekt) klein. Das Team hat einen klaren Fokus. Und der Sprint ist geschützt! Das bedeutet, dass während des laufenden Sprints das Sprint Backlog nicht mehr verändert oder gar erweitert werden darf (s.a. [Pichler 08, Abschnitt 6.2.2]). Eine solche Sprint-Planung hat sehr gute Chancen, eingehalten zu werden!

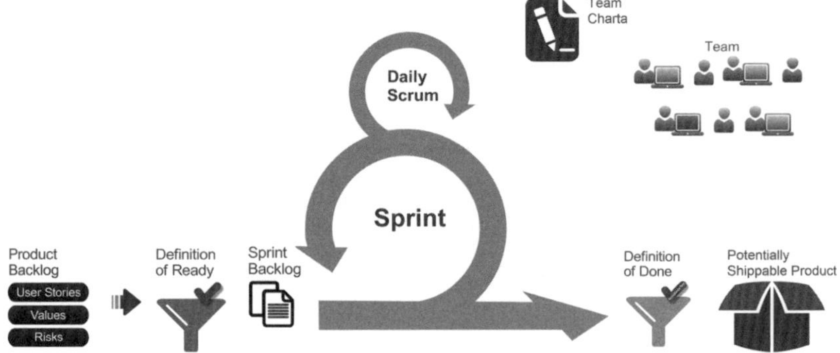


***Abb. 2–1***
*Scrum*

- **Timeboxing:**
  In Scrum hat jeder Sprint die Pflicht, lieferfähige Software zu produzieren (»Potentially Shippable Product«). Das bedeutet: In das Sprint Backlog kommen nur Aufgaben, die zu diesem potenziell einsetzbaren Produkt beitragen – nichts anderes. Produktteile, die zum Sprint-Ende nicht fertig werden, fallen weg. Um das zu vermeiden, versucht das Team am Sprint-Anfang Produkteigenschaften (Features) auszuwählen, die im Sprint zum Abschluss gebracht und realisiert werden können. Im Zweifel gilt: Am Stichtag »auslieferbar« geht vor »Funktionsumfang«. Dieses Prinzip nennt man »Timeboxing«. Um Timeboxing möglich zu machen, muss am Sprint-Anfang für alle zur Debatte stehenden Produktfeatures, die im Sprint realisiert werden könnten, der Realisierungsaufwand geschätzt werden. Features mit zu hohem Aufwand werden weggelassen, zerlegt oder so weit wie nötig funktional abgespeckt. Natürlich stellt sich dem Team hier genau wie bei klassischem Vorgehen das Problem der Aufwandsschätzung. Zwei Dinge sorgen aber dafür, dass die Aufwandsschätzung in Scrum-Projekten besser gelingt als klassisch:

- Es muss »nur« der kurze direkt anliegende Sprint betrachtet werden. Die fraglichen Aufgaben sind »kleinteilig« und durch die vorangehenden Sprints in der Regel relativ gut gedanklich vorbereitet.
- Die Schätzung erfolgt durch das Team per »Planning Poker« (s. Abschnitt 3.6). Auch diese Technik stammt ursprünglich aus XP. Die Schätzungen der einzelnen Teammitglieder können untereinander stark variieren. Aber im Mittel erhält man erstaunlich zutreffende Gesamtschätzungen.

Timeboxing wird in Scrum nicht nur auf Ebene der Sprints angewendet, sondern in vielen Situationen, wo es darum geht, »fertig« zu werden. So ist Timeboxing ein nützliches Instrument, um z.B. in Meetings einen pünktlichen Beginn und strikte Einhaltung des geplanten Endezeitpunkts durchzusetzen und zur Meetingkultur zu machen.

- **Transparenz:**
Das vielleicht mächtigste Werkzeug in Scrum ist Transparenz. Das Sprint Backlog wird auf einem Whiteboard[5] öffentlich geführt. Inhalt und Fortschritt des aktuellen Sprints sind so für das gesamte Team, aber auch für das Management und alle anderen Interessierten jederzeit sichtbar. Das Board enthält zeilenweise die Anforderungen und die zugehörigen Entwicklungsaufgaben. Die Spalten bilden den Fortschritt ab (z.B. offen, in Arbeit, erledigt). Der Sprint-Status wird täglich (im »Daily Scrum«, der täglichen Statusrunde des Teams) aktualisiert und abgebildet, indem die Aufgabenkärtchen gemäß ihrem Fortschritt von links nach rechts durch die Spalten des Boards wandern. Abbildung 2–2 zeigt als Beispiel das Whiteboard des Test*Bench*-Teams (vgl. Fallstudie 8.3). Die über das Board im Daily Scrum hergestellte Transparenz hat zwei Effekte: Jeder im Team weiß tagesaktuell, was um ihn herum passiert. Fehler durch »Aneinander-vorbei-Arbeiten« werden so von vornherein minimiert. Und jeder sieht die Aufgaben und den Fortschritt des anderen. Das erzeugt einen nicht zu unterschätzenden Erfolgsdruck. Es zwingt, Probleme aus- und anzusprechen[6]. Sind Schwierigkeiten erst einmal angesprochen, wird es auch einfacher, Hilfe und Unterstützung den Teamkollegen anzubieten oder selbst anzunehmen. Andererseits erzeugt das Besprechen der Aufgaben und das Präsentieren der erreichten Ergebnisse täglich viele kleine

5. Alternativ auf einer Stellwand. Werden IT-Tools eingesetzt, dann sollte das Sprint Backlog im Teamraum über einen großen Monitor sichtbar gemacht werden.
6. Verbergen lassen sie sich ohnehin nicht.

Erfolgserlebnisse für jeden Einzelnen im Team und für das Team als Ganzes.

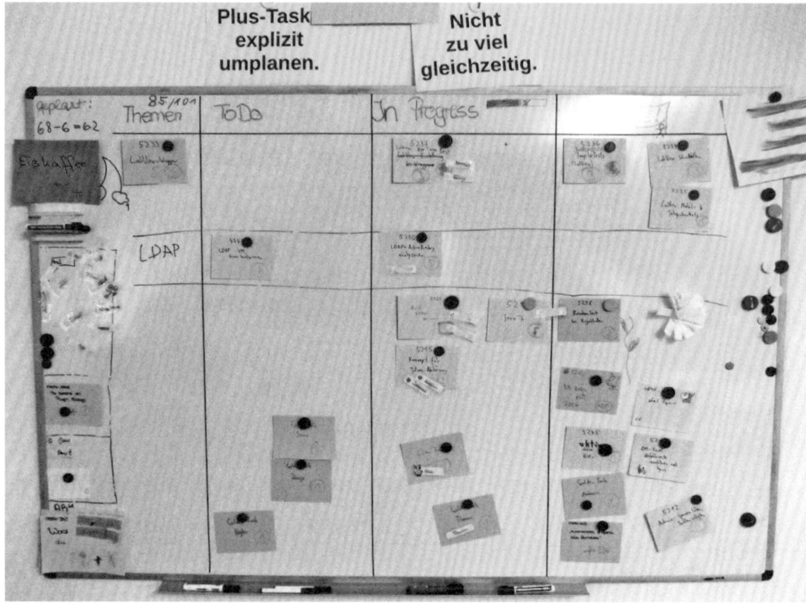


***Abb. 2–2***
*Whiteboard des TestBench-Teams*

*Rollen im Scrum-Team*

Neben den Projektmanagementinstrumenten sind auch die Rollenverteilung im Team und der Stellenwert des Teams in Scrum im Vergleich zu den klassischen Vorgehensmodellen anders definiert. Scrum unterscheidet begrifflich nur drei Rollen. Diese bilden zusammen das **Scrum-Team**[7]:

- Beim **Scrum Master** handelt es sich um eine durch Scrum neu eingeführte Managementrolle. Er ist verantwortlich, dass die Scrum-Praktiken umgesetzt und durchgesetzt werden. Wenn sie verletzt oder überdehnt werden oder andere praktische Hindernisse (engl. Impediments) auftreten, ist es Aufgabe des Scrum Masters, dies abzustellen bzw. eine Lösung herbeizuführen. Der Scrum Master hat allerdings keine (disziplinarische) Teamleitungsfunktion, sondern er agiert als Coach. Bei Prozessfragen kann die Lösung darin bestehen, dem Team das »richtige« Vorgehen zu erklären oder wieder in Erinnerung zu rufen oder einen Workshop zur Lösungsfin-

7. »Der zentrale Bestandteil von Scrum ist ein kleines Team von Menschen, ein Scrum Team. Das Scrum Team besteht aus einem:einer Scrum Master:in, einem:einer Product Owner:in und Developer:innen. Innerhalb eines Scrum Teams gibt es keine Teilteams oder Hierarchien. Es handelt sich um eine geschlossene Einheit von Fachleuten, die sich auf ein Ziel konzentrieren, das Produkt-Ziel« [URL: Scrum Guide].

dung zu organisieren. Bei anderen »Impediments«, wie z.B. einer schlecht funktionierenden Build-Umgebung, kann es nötig sein, in der Organisation zusätzliche Ressourcen zu organisieren, z.B. einen schnelleren Build-Server oder ein besseres Tool. Es kann auch bedeuten, dafür zu sorgen, dass sich künftig kompetentere Leute um Builds kümmern als bisher. Was der Scrum Master nicht tun darf, ist, das Problem ungelöst an das Team zurück delegieren. Wo das (zu oft) passiert, ist die Lösung ein besserer Scrum Master.

- Der **Product Owner** ist die Person, die das Product Backlog verantwortet und führt. Er agiert gegenüber dem Team als Vertreter des oder der Kunden[8]. Der Product Owner trifft die Entscheidungen darüber, welche Features umgesetzt werden. Er verantwortet die Produkteigenschaften! Die Rolle wird in der Praxis unterschiedlich besetzt, z.B. durch den bisherigen Produktmanager, einen bisherigen Teamleiter oder Projektleiter[9]. Aber er ist nicht der (disziplinarische) Leiter des Teams und er verantwortet auch den Scrum-Prozess nicht. Letzteres ist Aufgabe des Scrum Masters, seines Counterparts.
- Das **Entwicklungsteam**[10] umfasst meist fünf bis neun Personen im Projekt, die das Produkt realisieren. Sie erledigen gemeinsam Sprint für Sprint alle nötigen Aufgaben, um die Anforderungen und das Produkt zu erstellen. »Ein Scrum-[Entwicklungs-]Team sollte Personen mit allen Fähigkeiten, die zur Erreichung des Sprint-Ziels notwendig sind, umfassen. Scrum vermeidet vertikal organisierte Teams aus Analysten, Designern, Qualitätssicherungsspezialisten und Programmierern. Ein Scrum-[Entwicklungs-]Team organisiert sich so, dass jedes Teammitglied zum Ergebnis gleichermaßen beiträgt. Dabei steuert jedes Teammitglied seine spezielle Expertise bei, zu allen anliegenden Aufgaben. Die dadurch entstehende Synergie in der Zusammenarbeit eines Testers, der einem Designer hilft, Programmcode zu entwerfen, verbessert die Codequalität und steigert die Produktivität. Ungeachtet der Teamzusammensetzung ist das

8. Wenn es sich nicht um Produktentwicklung mit breiter Kundenbasis, sondern um kundenspezifisch angepasste Produkte oder Dienstleistungen handelt, wird der Product Owner manchmal auch vom Kunden selbst gestellt.
9. Je nach Background wird die Person ihre Rolle als Product Owner anders ausfüllen und auch das Backlog selbst wird anders aussehen. Gerade bei der Einführung von Scrum muss den Beteiligten das bewusst sein.
10. Der Scrum Guide 2020 nennt diese Rolle bzw. Personengruppe »Developer:innen« bzw. »Entwickler:innen«. Frühere Scrum Guides bezeichneten die Personengruppe als »Development Team« bzw. »Entwicklungsteam«. In diesem Buch wird weiterhin der Begriff »Entwicklungsteam« verwendet, da »Entwickler:innen« suggeriert, dass »Tester:innen« hier evtl. nicht mitgemeint sind.

[Entwicklungs-]Team als Ganzes für alle Arbeitsschritte verantwortlich: von der Analyse, dem Design, der Codierung über das Testen bis zur Erstellung der Anwenderdokumentation« (nach [Schwaber & Beedle 02]).

*Interdisziplinäres Team*

Die Mitglieder des Scrum-Teams sollen interdisziplinär[11] zusammenarbeiten. »Interdisziplinär« bedeutet, dass die Personen funktionsübergreifend arbeiten: Architekt und Programmierer erarbeiten eine Architektur. Anschließend hilft der Architekt dem Programmierer bei der Codierung und lernt dabei z.B., dass sein theoretisch schönes Konstrukt leider sehr umständlich umzusetzen ist. Der Tester hilft dem Programmierer beim Finden guter Unit Tests. Und der Programmierer automatisiert sie und bringt das auch dem Tester bei. Es bedeutet nicht, dass jeder alles gleich gut können muss, sondern dass jeder grundsätzlich bereit ist, an jeder Aufgabe mitzuwirken, seinen Fähigkeiten und Erfahrungen gemäß. Es geht um die Fähigkeiten und die Performance des Teams als Ganzes. Es bedeutet insbesondere nicht, dass niemand im Team Spezialqualifikationen besitzt, mitbringt und einbringt! Das Gegenteil ist der Fall: Der Architekt hat eine Ausbildung als Softwarearchitekt, der Programmierer kann routiniert und sicher programmieren und der Tester ist z.B. Certified Tester. Und je nach aktueller Aufgabe geht einmal der eine und ein andermal der andere führend voran. Aber keiner wird sagen können: »Ich bin Architekt« oder »Ich bin Tester« – »Mit anderen Sachen habe ich nichts zu tun«. Die Fallstudien 8.2 und 8.5 illustrieren einige dieser Stolpersteine, die in der Phase des Umstiegs auf Scrum zu berücksichtigen sind.

**Fallbeispiel eHome-Controller 2–1:**
**Projekt-Setup**

Nach der Entscheidung, das Projekt zu starten, gibt die Geschäftsleitung das Personalbudget für drei Entwickler, einen Testingenieur, einen Product Owner und einen Teilzeit-Scrum-Master frei.

→

11. Diese Idee wird auch bezeichnet mit »Whole-Team-Approach«, »One Team Principle« (in XP nach [Beck & Andres 04]), oder »cross-functional Team« (in Scrum nach [Schwaber & Beedle 02]).

Bei der Frage, welche Mitarbeiter in das Team kommen sollen und für welche Rolle, gibt es die unterschiedlichsten Ansichten: »unsere Besten«, »die Erfahrensten«, »neue Leute mit neuen Ideen«. Aber auch unter den Mitarbeitern der bisherigen Teams wird die Einführung von Scrum kontrovers diskutiert: »Das wurde ja Zeit«, »Alter Wein in neuen Schläuchen«, »In unserem Team arbeiten wir längst agil«, »Unsere Systeme müssen jeden Tag rund um die Uhr funktionieren. Bei den Busprotokollen müssen wir vorgegebene Normen und Standards bitgenau einhalten. Wie soll das gehen, ohne Dokumente und Spezifikationen?« Aussagen wie diese stehen stellvertretend für die unterschiedlichen Positionen.

Bei der Besetzung der Rollen geben letztlich Know-how und Verfügbarkeit von Mitarbeitern den Ausschlag: Klar ist, dass einer der Entwickler Know-how auf der Ebene der Busprotokolle und der Gerätehardware (sowohl der firmeneigenen Geräte als auch der wichtigsten Wettbewerbsprodukte) besitzen muss. Dieses Know-how hat man »im Haus«. Die Bedienoberfläche soll ein kreativer Webentwickler übernehmen. Die Stelle wird neu ausgeschrieben. Neuer Product Owner wird der Teamleiter des bisherigen Softwareteams.

Da man noch keinerlei praktische Erfahrung mit Scrum besitzt, wird ein externer Berater als Scrum Master engagiert. Dieser soll dem Team möglichst schnell alle nötigen Scrum-Techniken und Fähigkeiten beibringen, für Fragen zur Verfügung stehen und Geschäftsleitung und Team davor bewahren, unbewusst in alte Verhaltensmuster zurückzufallen.

Das Budget wird für zunächst 12 Monate bereitgestellt. Auf Wunsch der Marketingabteilung werden vom Team vier externe Releases erwartet – Release 1 in drei Monaten!

*Feature-Teams*

Bei größeren, komplexen Produkten muss die Arbeit auf mehrere Scrum-Teams verteilt werden. Das kann entlang der Systemarchitektur passieren. Man hat dann komponentenorientiert arbeitende Teams. Ein anderes Modell sind sogenannte »Feature-Teams«. Ein Feature-Team setzt über ein oder mehrere Sprints hinweg eine Gruppe von Anforderungen um und arbeitet dabei an allen betroffenen Systemkomponenten (»Global Code Ownership«). Die Fallstudie 8.6 »Scrum in der Medizintechnik« stellt ein Projekt vor, das diese Vorgehensweise verfolgt.

Der (theoretische) Vorteil ist, dass das Feature-Team die Anforderungen als Ganzes im Blick hat und daher kundengerechter umsetzt. Der (theoretische) Nachteil besteht darin, dass ein Feature-Team nicht die Tiefe im Verständnis jeder betroffenen Softwarekomponente besitzt, die ein Komponententeam erreichen kann oder besitzt, und deshalb langsamer oder fehlerhafter entwirft, codiert und testet. Welches Modell in der Praxis das richtige ist, muss jede Organisation individuell für sich abwägen, beobachten und lernen.

## 2.2 Kanban

*Projekt- und Change-Management-Methode*

Kanban (jap. Signalkarte) bezeichnet einen Managementansatz aus dem Lean Product Development, der einige Gemeinsamkeiten mit Scrum aufweist. Erstmals beschrieben wird (Software-)Kanban als Projekt- und Change-Management-Methode für IT-Projekte in [Anderson 11]. Die Ideen gehen zurück auf Prinzipien und Erfahrungen des Lean Management [URL: Lean]. Das Ziel ist, den »Fluss« zu bearbeitender Produkte durch die Fertigung zu optimieren. Oder allgemeiner: den »Fluss« von Aufgaben (Tasks) durch eine Wertschöpfungskette. Kanban verwendet dazu im Wesentlichen zwei Instrumente:

- **Kanban-Board:**
  Die zu steuernde Wertschöpfungskette wird auf einem sogenannten Kanban-Board visualisiert. Die »Bearbeitungsstationen« bzw. Prozessschritte werden als Spalten dargestellt. Die zu erledigenden Aufgaben (Tasks) werden durch Karten (Tickets) symbolisiert, die auf dem Board von links nach rechts wandern.
- **WIP-Limit:**
  Die Menge der gleichzeitig zu erledigenden Aufgaben (Work-in-Progress, WIP) wird limitiert. Dies geschieht durch Limits für die Anzahl der Tickets, die je Bearbeitungsstation und/oder im gesamten Board erlaubt sind. Hat eine Bearbeitungsstation freie Kapazität, dann »zieht« sich diese Station ein neues Ticket von ihrer Vorgängerstation (»Pull«- statt »Push«-Prinzip).

Dieses Vorgehen ist Scrum sehr ähnlich. In beiden Ansätzen sorgt die Visualisierung am Whiteboard für hohe Transparenz über Inhalt und Bearbeitungsstand aller Aufgaben. Aktuell nicht in Bearbeitung befindliche Aufgaben werden in einer vorgeschalteten Auftragsliste (Backlog) gesammelt. Aus dieser werden Aufgaben ausgewählt und auf das Whiteboard übertragen, sobald dort Platz (d.h. Kapazität) frei wird.

*Kanban kennt weder Iterationen noch Sprints.*

Im Gegensatz zu Scrum kennt Kanban jedoch keine Iterationen oder Sprints. Denn Kanban zielt darauf ab, *kontinuierlich* möglichst viele Aufgaben mit (im Mittel) minimalen Durchlaufzeiten zu erledigen. Also einen stetigen hohen Aufgabendurchsatz (Flow) zu erreichen und aufrechtzuerhalten. Ein Kanban-Prozess liefert Einzelergebnisse (Deliverables), die zusammengenommen kein »Release« ergeben müssen. Jedes Deliverable ist unabhängig vom »Rest« auslieferbar und verwertbar. Timeboxing als Synchronisationsmechanismus und die für Timeboxing nötige Aufwandsschätzung entfallen deshalb in Kanban. Scrum hingegen zielt darauf ab, Arbeitsergebnisse in einem fest getakteten Rhythmus zu liefern. Das Sprint-Ende »synchronisiert« dabei alle abgearbeiteten Tasks und liefert dann ein einziges resultierendes Gesamtergebnis: das lieferfähige Release (»Potentially Shippable Product«).

*Scrum vs. Kanban*

Wenn es wie in der Softwareentwicklung darauf ankommt, Releases auszuliefern, ist daher Scrum das geeignete Projektmanagement-Framework. Wenn es darum geht, voneinander unabhängige Einzelaufgaben durchsatzoptimiert zu steuern, dann bietet sich Kanban als Methode an.

Ein Einsatzbeispiel von Kanban im IT-Umfeld ist die Steuerung eines Supportteams, wobei jede Einzelaufgabe einem Supportauftrag (Ticket) entspricht. Ein anderes Beispiel ist die Steuerung eines Maintenance-Teams (s. [Anderson 11]). Das Maintenance-Team erstellt Software-Patches. Ziel ist, jeden Patch schnellstens zu erstellen und so frühzeitig wie möglich dem Kunden bereitzustellen. Da jeder Patch als unabhängiger Ein-Personen-Programmierauftrag isoliert bearbeitet werden kann, ist Kanban hier die passende Managementmethode.

**Fallbeispiel eHome-Controller 2–2:
Adapter-Entwicklung per Kanban**

Der als Scrum Master bestellte externe Berater lädt die Mitglieder des neuen Scrum-Teams, aber auch alle anderen Hard- und Softwareentwickler sowie das Supportteam zu einer Informationsveranstaltung ein. Ziel ist, über das neue Vorgehen zu informieren und so Fehlinformationen oder Missinterpretationen entgegenzutreten. Der Berater gibt eine Einführung in Scrum und stellt zum Vergleich auch Kanban kurz vor.

Daraus entwickelt sich eine Diskussion, ob es nicht besser wäre, Kanban statt Scrum anzuwenden, oder ob Kanban für andere Teams geeignet wäre. Es kristallisiert sich heraus, dass das Supportteam gesteuert durch sein Support-Ticket-System schon heute einige Elemente aus Kanban zur Arbeitssteuerung nutzt. Von der Adaption weiterer Kanban-Elemente, wie z.B. WIP-Limits, könnte es aber profitieren.

Man überlegt, ob sich die Entwicklung von Busadaptern eventuell per Kanban besser steuern lässt als mit Scrum. Denn ein Adapter kann erfahrungsgemäß »isoliert« entwickelt werden. Es gibt dabei keine Abhängigkeiten zu anderen Adaptern und nur selten Rückwirkungen auf das Gesamtsystem. Ein überarbeiteter oder neuer Adapter kann im Prinzip zu jedem beliebigen Zeitpunkt in das System aufgenommen werden. Die Adapter-Entwicklung muss also nicht unbedingt mit einem festen Sprint-Rhythmus synchron laufen. Man einigt sich daher darauf, Kanban genauer zu betrachten, sobald das Thema Adapter-Entwicklung im Product Backlog erstmals an die Reihe kommt.

## 2.3 Klassische Vorgehensmodelle

Klassische Vorgehensmodelle unterteilen ein Projekt in Phasen, die jeweils bestimmte Zwischenergebnisse (Meilensteine) produzieren, und definieren Rollen, denen bestimmte Aufgaben im Projekt zugeordnet werden und die von den im Projekt mitwirkenden Personen auszufüllen sind.

*Phasen als Abstraktionsebenen*

Die Projektphasen beschreiben dabei aber nicht nur zeitliche Abschnitte des Projektverlaufs, sondern sie definieren unterschiedliche Abstraktionsebenen, auf denen das zu entwickelnde System jeweils betrachtet wird. Besonders deutlich wird dies im V-Modell[12]:

**Abb. 2–3**
*Abstraktionsebenen und Teststufen im V-Modell*

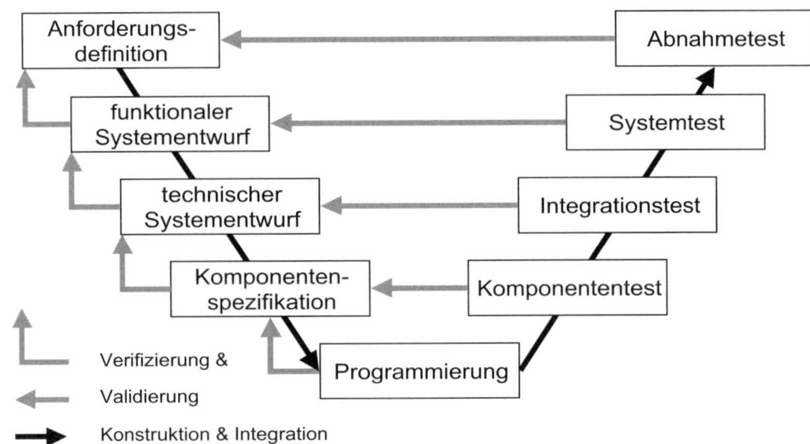


*Phasen vs. Sprints*

»Der linke Ast steht für die immer detaillierter werdenden Entwicklungsschritte, in deren Verlauf das gewünschte System schrittweise entworfen und schließlich programmiert wird. Der rechte Ast steht für Integrations- und Testarbeiten, in deren Verlauf elementare Programmbausteine sukzessive zu größeren Teilsystemen zusammengesetzt (integriert) und jeweils auf richtige Funktion geprüft werden. Integration und Test enden mit der Abnahmeprüfung des auf diesem Weg entstandenen Gesamtsystems« [Spillner & Linz 19, Abschnitt 3.1]. Damit verbunden ist die Modellvorstellung, dass als Phasenergebnis jeweils ein Satz von Dokumenten oder Artefakten entsteht, die das Sys-

12. Eine konkrete »V-Modell«-Ausprägung ist das in der öffentlichen Verwaltung in Deutschland früher verbreitete »Vorgehensmodell des Bundes und der Länder« (erstmals 1992 publiziert und 1997 überarbeitet), das oft auch kurz als »V-Modell« bezeichnet wird. Das aktuelle Modell trägt die Bezeichnung »V-Modell XT« und steht seit 2005 zur Verfügung. Beschreibungen sind unter [URL: V-Modell-XT] abrufbar.

tem auf der jeweiligen Abstraktionsebene vollständig beschreiben. Als Konsequenz wird die Softwareentwicklung als vorwiegend dokumentbasiertes Arbeiten verstanden.

Die Arbeitsweise in Scrum ist eine andere. Das System wird in jedem Sprint auf all seinen Abstraktionsebenen simultan betrachtet und inkrementell fortentwickelt: Die Anforderungen werden ergänzt, die Architektur wird verbessert, der Code wird erweitert und die Tests werden ergänzt. Für zeitlich kurze Iterationen wird der Umfang der Dokumente stark reduziert und das dokumentbasierte Arbeiten tritt zugunsten direkter Kommunikation und Diskussion zwischen allen Beteiligten in den Hintergrund.

*Projektmanagement und Planung*

Klassisches Projektmanagement versucht ein Projekt in allen relevanten Aspekten (inhaltliche Arbeitspakete, Zeitbedarf, Kosten und Ressourcenbedarf) möglichst exakt und vollständig vorauszuplanen und die Projektdurchführung dann so zu steuern, dass dieser Plan bestmöglich eingehalten wird: vom Projektstart bis zum Projektabschluss.

***Fallbeispiel eHome-Controller 2–3:*** *eHome-Controller klassisch geplant*

Basierend auf der durch das Vorgehensmodell gegebenen Projektstruktur erstellt der Projektmanager am Projektbeginn seinen Projektplan. In diesem listet er möglichst alle Projektaufgaben auf und bringt diese unter Beachtung gegenseitiger Abhängigkeiten in eine bestimmte sinnvolle zeitliche Reihenfolge. Er schätzt vorab den vermeintlichen Projektaufwand ab und plant und allokiert frühzeitig die aus seiner Schätzung oder Sicht heraus nötigen Ressourcen. Wenn der eHome-Controller des Fallbeispiels weiterhin klassisch entwickelt werden würde, könnte der initiale Projektplan etwa wie folgt aussehen:

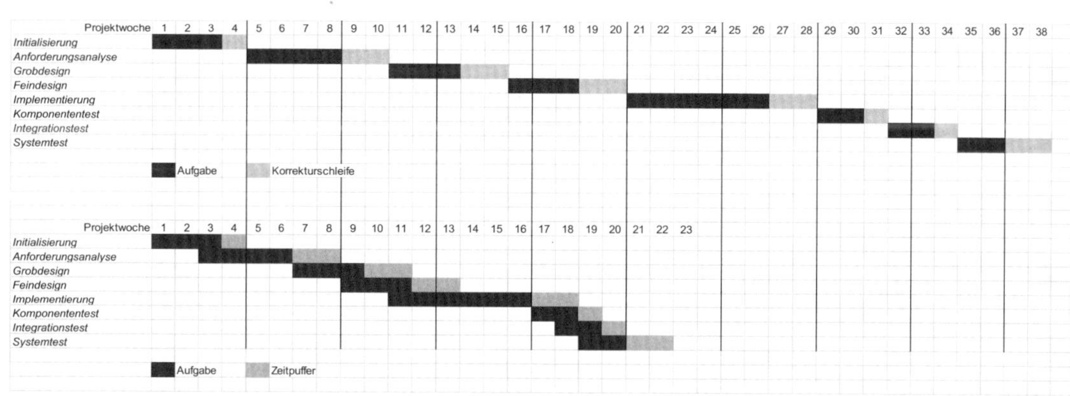

*Schwächen des klassischen Planungsansatzes*

An diesem Beispielplan lassen sich die Schwächen des klassischen, deterministischen Planungsansatzes gut erkennen:

- Über die zeitlich nahen Arbeiten ergibt sich ein relativ klares, detailreiches Bild. Die frühen Phasen bzw. Arbeitspakete (hier z.B. Initialisierung) werden deshalb, im Vergleich zum Plan insgesamt, oft genauer als notwendig geplant und aufwandseitig übergewichtet.
- Die für die Zeitplanung eigentlich notwendige Aufwandsschätzung erfolgt oft nicht ausreichend. Denn viele zur fundierten Aufwandsschätzung nötigen Inputdaten entstehen ja erst im zu planenden Projektverlauf (z.B. Anforderungen an das User Interface und Entscheidungen über die zu unterstützenden Busprotokolle). Deshalb stellt der Plan nicht die »vom Team benötigte« Zeit dar, sondern die »vom Management zur Verfügung gestellte« Zeit und alle Plantermine sind mit hoher Unsicherheit behaftet.
- Um die ursprüngliche Vorgabe »Release 1 in 3 Monaten ab Projektstart« nicht völlig zu ignorieren, legt der Projektleiter einen Plan B mit einem ersten Release nach 5 Monaten vor. Sein Kunstgriff dabei ist, die Pufferzeiten rauszurechnen.
- Der Inhalt der im Plan aufgelisteten Arbeitspakete ist nicht klar definiert. Im besten Fall haben Projektleiter und Team dieselben Vorstellungen dazu im Kopf. Der Projektleiter muss beim Start der Arbeitspakete dafür sorgen, dass die Bearbeiter und er selbst zu einem gemeinsamen Verständnis der Aufgabenpakete gelangen. Andererseits gibt ihm diese Ungenauigkeit der Arbeitspakete auch den notwendigen Spielraum, um Planabweichungen und Planungsfehler »abzufedern«.
- Der Tatsache, dass die vorgesehenen Qualitätssicherungsmaßnahmen sehr wahrscheinlich Mängel und Fehler aufdecken werden, wird über Pufferzeiten für »Rework« Rechnung getragen. Allerdings ist reichlich unklar, ob und warum z.B. zwei Wochen »Rework« eine angemessene Zeitspanne sind. Ist das optimistisch oder pessimistisch geplant? So oder so: »Rework« bezieht sich auf »lokale« Korrekturen des betroffenen Meilensteins. Eine unter Umständen notwendig werdende Überarbeitung von Ergebnissen einer Vorphase ist nicht eingeplant.
- Bis zum fundierten Prüfen und Testen und bis zur ersten Auslieferung des Produkts kann eine lange Zeitspanne vergehen. Im Beispiel liegen zwischen dem Abschluss der Designphase und dem Integrationstest, wo das Design einen ersten wirklichen Realitätscheck bestehen muss, 20 bzw. 38 Wochen und die Produktauslieferung ist nach frühestens 5 bzw. 9 Monaten avisiert.

Auch wenn der initiale Projektplan realistisch und fehlerfrei sein sollte, wird jeder Planungsaspekt (Aufgaben, Zeit, Ressourcen) im Projektverlauf Veränderungen unterworfen sein. Jeder noch so sorgfältig erstellte Projektplan ist daher schnell veraltet und muss aufwendig nachjustiert oder umgeplant werden. Klassisches Projektmanagement ist daher (überspitzt ausgedrückt) ein fortwährender Kampf gegen unvorhergesehene, aber unausweichliche Veränderungen, der oft verloren wird.

*Auch im Scrum-Projekt kann ein Projektplan erforderlich sein.*

Scrum löst dieses Dilemma, indem auf einen solchen Projektplan verzichtet wird und stattdessen die oben beschriebenen agilen Projektmanagementinstrumente zum Einsatz kommen. Aber abhängig vom Projektumfeld kann es Gründe geben, warum auch in einem Scrum-Projekt ein Projektplan erforderlich ist. So kann ein Sprint-übergreifender Meilenstein- oder Zeitplan hilfreich oder notwendig sein zur frühzeitigen oder langfristigen vertraglichen Abstimmung mit Kunden, Lieferanten, Mitarbeitern und ggf. parallel laufenden Projekten. Und wenn Ressourcen beantragt oder beschafft werden müssen, kann es nützlich oder unter Umständen erforderlich sein, genau begründen zu können, wann und warum welche Ressourcen gebraucht werden. Ein schriftlicher Ressourcenplan, der mit einer systematischen Aufwandsschätzung unterlegt ist, hilft dabei.

Den oben genannten Schwächen kann durch iteratives und inkrementelles Entwickeln entgegengewirkt werden. Iterative und inkrementelle Entwicklung sind daher auch im klassischen Vorgehen bekannt und üblich.

*Iterative Entwicklung*

Iterative Modelle definieren ebenfalls unterschiedliche Projektphasen, sehen aber modellseitig explizit[13] vor, dass einzelne Phasen oder Phasensequenzen wiederholt durchlaufen (iteriert) werden. Eine Iteration dient dazu, eventuelle Schwächen oder Fehler im Phasenergebnis beim erneuten Phasendurchlauf zu korrigieren. Oder sie kann dazu dienen, das Phasenergebnis inhaltlich zu erweitern, also ein Produktinkrement zu erstellen. Ein Vertreter dieser Art von Modell ist der »Rational Unified Process« [URL: RUP].

Manchmal wird iteratives Entwickeln fälschlicherweise mit agilem Entwickeln gleichgesetzt. Innerhalb eines Scrum-Sprints kommen Aufgaben (Tasks) jeglichen Typs vor (von »Architektur verbessern« bis »Feature implementieren und testen«). Eine klassische Projektphase »kapselt« hingegen Aufgaben eines ganz bestimmten Aufgabentyps

13. Auch wenn ein lineares Modell zugrunde liegt, kann der Projektleiter eine Phase wiederholen, also iterieren lassen. Das kann gute, pragmatische Gründe haben, ist dann aber streng genommen eine Abweichung bzw. Variation des vom linearen Modell geforderten Vorgehens.

(z.B. »Architektur entwerfen«). Und auch die Forderung, dass jede Iteration (wie ein Sprint in Scrum) ein potenziell auslieferbares Produkt hervorbringt, muss iteratives Entwickeln nicht erfüllen.

Durch die Iteration einer klassischen Projektphase entsteht daher kein Sprint, wie Scrum ihn kennt! Wer iterativ entwickelt und auf Scrum umstellen will, muss diesen elementaren Unterschied verstehen und beachten. Auch eine Iteration in Extreme Programming (XP) ist nicht gleichzusetzen mit einem Sprint in Scrum. Ausgeliefert wird in XP nach einer beliebig festlegbaren Anzahl von Iterationen. Abhängig vom angepeilten Ziel kann ein anderer Aufgabenmix je Iteration anstehen, z.B. die Verbesserung der Architektur (Umbau des Systems durch Refactoring) oder die Ergänzung einer bestimmten Funktionalität (Design und Implementierung neuer Funktionen).

*Inkrementelle Entwicklung*

Inkrementelle Entwicklung ist das heute dominierende, übliche Verfahren und bedeutet, dass der Kunde oder Anwender das Produkt in wachsenden Ausbaustufen erhält. Oder aus Sicht des Herstellers: dass in gewissen zeitlichen Abständen neue, funktional erweiterte Produktreleases erstellt und ausgeliefert werden. Inkrementelle Entwicklung setzt iteratives Entwickeln voraus, weshalb auch von inkrementell-iterativer Entwicklung gesprochen wird.

Die zeitliche Taktung, in der die Inkremente bzw. Releases entstehen, ist dabei je nach Vorgehensmodell unterschiedlich. Wird nach einem klassischen Modell gearbeitet, dann sind Releases im Bereich halbjährlich, jährlich oder länger üblich bzw. erreichbar. Agile Vorgehensweisen reduzieren die Releasezykluszeit drastisch. In Scrum soll jeder Sprint ein Release liefern, das an den Kunden ausgeliefert werden könnte, wenn dies gewünscht wird. In der Praxis wird zwischen internen (Release Candidates) und extern auszuliefernden Releases unterschieden. Die externe Releasefrequenz vieler Scrum-Projekte ist vierteljährlich bei monatlichen Sprints. Teams, die Continuous Integration (s. Kap. 5) zu Continuous Delivery perfektioniert haben, können eine tägliche Lieferung (Deployment) erreichen. Das setzt voraus, dass das Deployment automatisiert in eine vollständig kontrollierte Produktivumgebung erfolgt. Das ist bei manchen firmeninternen IT-Systemen möglich oder bei Webseiten oder Webshops, die so per »Nightly Deployment« aktuell gehalten werden.

## 2.4 Gegenüberstellung der Modelle

Zur zusammenfassenden Gegenüberstellung der Modelle ist es hilfreich, die Dimensionen Projektmanagement, Personal-/Teamführung, Entwicklungstechniken und Qualitätsmanagement zu unterscheiden.

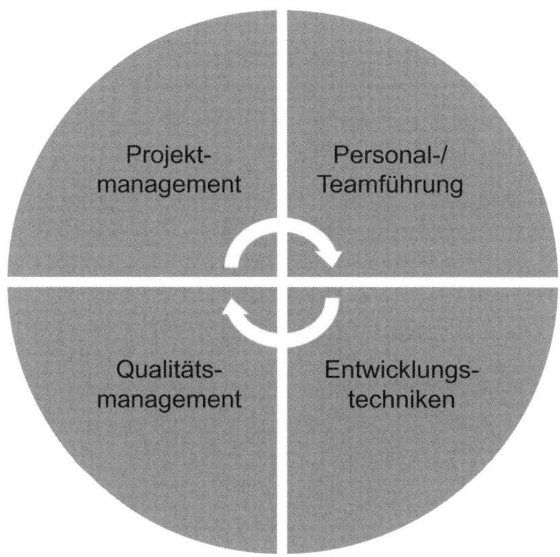


***Abb. 2–4***
*Dimensionen eines Vorgehensmodells*

Jedes Modell »kümmert« sich um diese Dimensionen unterschiedlich intensiv und propagiert je Dimension unterschiedliche methodische Ansätze und Philosophien:

- **Scrum** ist ein empirisch, adaptiver Projektmanagementansatz. Ausführliches Planen wird ersetzt durch die Fähigkeit, schnell, flexibel und angemessen zu reagieren. Bestimmte Entwicklungstechniken werden nicht gefordert. Aber es ist üblich, Techniken aus XP einzusetzen. Qualität entsteht durch fachliches Können und konsequentes Anwenden der vereinbarten Entwicklungstechniken. Das Team arbeitet eigenverantwortlich (im Idealbild ohne fachlich weisungsbefugten Vorgesetzten). Über vorgeschriebene »Routinehandlungen« (wie z.B. Retrospektive) ist ein kontinuierlicher, auf Projektebene laufender Verbesserungsprozess integriert.
- **Kanban** ist ein Ansatz zur Aufgabensteuerung in dauerhaft organisierten Gruppen oder Abteilungen und nicht primär für die Projektsteuerung gedacht. Arbeitstechniken werden nicht vorgegeben. Das Team arbeitet in einer gemeinsamen Wertschöpfungskette, in der jeder spezialisiert ist auf »seine Arbeitsstation« im Prozess. Qualität entsteht durch fachliches Können und sofortiges Ausmerzen und Korrigieren von Fehlern. Über »Routinehandlungen« (wie

z.B. Retrospektive) ist ein kontinuierlicher Verbesserungsprozess integriert.

- **Klassische Modelle** basieren auf einem deterministisch, vorausplanenden Projektmanagementansatz. Das Team arbeitet auf Weisung des Projektleiters (als fachlichen Vorgesetzten). Der Projektleiter überprüft den Fortschritt und ist für die Einleitung von Korrekturmaßnahmen verantwortlich. Welche Entwicklungstechniken genutzt werden, hängt vom Umfang des zugrunde liegenden Modells ab und von ggf. zu beachtenden firmenspezifischen Prozessvorgaben (Qualitätsmanagementsystem). Ein kontinuierlicher Verbesserungsprozess ist in der Regel vorgesehen und wirkt auf Ebene des Qualitätsmanagementsystems über regelmäßige interne und externe Audits.

***Tab. 2–1*** *Gegenüberstellung der Modelle*

Tabelle 2–1 stellt die wichtigsten Unterschiede nochmals gegenüber[14].

| | | Scrum | Kanban | Klassisches Vorgehensmodell |
|---|---|---|---|---|
| Projekt-management | **Produktplanung** | Produktvision, User Story Map, Product Backlog | – | Roadmap |
| | **Projektplanung** | Product Backlog | – | Projektplan mit Meilensteinen |
| | **Aufgaben-planung** | Sprint Backlog je Iteration | Backlog | Arbeitspakete |
| | **Iteration** | Iterationen fester Länge (Sprints) | kontinuierlich | gemäß Projektplan |
| | **Iterationsdauer** | typ. 1–4 Wochen | – | gemäß Projektplan |
| | **Statusverfolgung** | täglich, im Team, am Whiteboard | täglich, im Team, am Whiteboard | Meilenstein-orientiert, durch den Projektleiter |
| | **Timeboxing** | ja | nein | individuelle Entscheidung des Projektleiters |
| | **Auslieferung** | je Iteration, am Sprint-Ende | kontinuierlich, jede erledigte Aufgabe | je Release oder am Projektende |
| | **Änderungs-management** | per Backlog-Update | per Backlog-Update | per Änderungs-management (CR) |
| | **Metriken** | Burndown-Chart | Work-in-Progress (WIP) | Termineinhaltung, Aufwand, Kosten |

→

14. Eine Gegenüberstellung speziell von Kanban und Scrum findet sich in [URL: Kanban].

| | | Scrum | Kanban | Klassisches Vorgehensmodell |
|---|---|---|---|---|
| Qualitäts-management | **Prozess-verbesserung** | Retrospektive, Überprüfung und Anpassung (bottom-up) | Kaizen | interne und externe Auditierung (z.B. nach ISO 9001), Prozessverbesserungs-programme (top-down) |
| | **Verifikation/ Test** | im Sprint kontinuierlich | je Task | in den jeweiligen Testphasen gegen korrespondierende Spezifikation |
| | **Validierung/ Abnahme** | Sprint-Review mit Produktdemo am Sprint-Ende gegen Akzeptanzkriterien | je Task gegen Akzeptanzkriterien | Abnahmetest am Projektende |
| Entwicklungs-techniken | **Techniken** | üblich, aber nicht vorgeschrieben: Pair Programming[a], Continuous Integration (CI)[b], Test First Programming[c], Incremental Design[d], Clean Code[e], Refactoring[f] | nicht vorgeschrieben | abhängig vom Modell; schwergewichtige Modelle enthalten teilweise Vorgaben zu Codierrichtlinien, Tooling etc. |
| Personal-führung | **Werte und Prinzipien** | Agiles Manifest, Scrum-Werte: Commitment, Fokus, Offenheit, Respekt, Mut | Kaizen, Lean Management, Agiles Manifest | Projektmanagement, Prozessmodell, kontinuierliche Verbesserung (ISO 9000) |
| | **Organisation** | Scrum-Team, Product Owner, Scrum Master | | Teamleitung, Projektleitung, Projektorganisation |
| | **Weiterbildung** | Eigeninitiative, »besser werden wollen«, Lernen des Teams | Lernen des Teams | Weiterbildungspläne, Personalentwicklung |
| | **Arbeitsteilung** | interdisziplinär (cross-funktionales Team/Whole-Team-Ansatz) | Spezialisten je »Station« im Prozess | Spezialistentum |

a. Aus XP: »Write all production code with two people sitting at one machine« [Beck & Andres 04, S. 42].

b. Aus XP: »Integrate and test changes after no more than a couple of hours« [Beck & Andres 04, S. 49].

c. Aus XP: »Write a failing automated test before changing any code« [Beck & Andres 04, S. 50].

d. Aus XP: »Invest in the design of the system every day« [Beck & Andres 04, S. 51].

e. »We'll know how to write good code. And we'll know how to transform bad code into good code« [Martin 08, S. 2].

f. »For each few lines of code we add, we pause and reflect on the new design. Did we just degrade it? If so we clean it up ...« [Martin 08, S. 172].

## 2.5 Agile Skalierung

Die in den vorstehenden Abschnitten vorgestellten agilen Frameworks (XP, Scrum, Kanban) beschreiben Vorgehensweisen für die Durchführung und das Management einzelner Softwareprojekte. Ihre Methoden, Spielregeln und die zugehörigen Rollen wirken und funktionieren auf Projektebene.

Bei der Entwicklung großer Produkte oder mehrerer Produkte (einer Produktfamilie oder Produktlinie) oder in der IT-Organisation größerer Unternehmen besteht jedoch die Notwendigkeit, die Zusammenarbeit dieser parallelen Projekte oder Teilprojekte (die jedes für sich agil arbeiten) zu organisieren und zu koordinieren. Das bedeutet, dass Mechanismen existieren und angewendet werden müssen, mittels derer die Ziele und Inhalte der Einzelprojekte untereinander und hinsichtlich übergeordneter Unternehmensziele ausgerichtet werden können. Und es müssen Mechanismen vorhanden sein und praktiziert werden, um die zeitliche Abfolge und die Rhythmen der Iterationen bzw. Sprints zwischen den parallel laufenden Projekten zu koordinieren. Beides soll die Agilität auf Projektebene nicht behindern.

Ein weiteres Motiv ist, die Zusammenarbeit zwischen agilen Projekten und anderen Unternehmensbereichen (Fachbereichsabteilungen, Marketing, Vertrieb, Unternehmensleitung u.a.) zu verbessern und zu »agilisieren«, was zu dem Wunsch führt, dass auch diese Unternehmenseinheiten in ihren eigenen Abläufen agile Arbeitsweisen einführen und praktizieren.

Da XP, Scrum oder Kanban (in ihrer ursprünglichen Form) hierfür keine Mechanismen kennen, wurden Frameworks zur agilen Skalierung (Agile Scaling Frameworks) entwickelt. Die derzeit populärsten derartigen Frameworks[15] mit ihren wichtigsten Kennzeichen nach [Dimoulis & Lammering 23] sind:

- **Large-Scale Scrum (LeSS):** veröffentlicht 2005 von Craig Larman und Bas Vodde zur Skalierung von Scrum mit zwei bis acht Scrum-Teams oder +9 Scrum-Teams (»Less Huge«).
- **Nexus:** veröffentlicht 2015 von Ken Schwaber[16] zur leichtgewichtigen Skalierung von Scrum für drei bis neun Scrum-Teams.
- **Scaled Agile Framework® (SAFe®):** veröffentlicht 2011 von Dean Leffingwell und Drew Jemilo zur Skalierung von Scrum, Kanban und XP für große Projekte mit 50 bis 125 Personen oder größer. SAFe®

15. In alphabetischer Reihenfolge.
16. *https://de.wikipedia.org/wiki/Ken_Schwaber.*

koordiniert mehrere agile Teams durch Zusammenführung in einem sogenannten »Agile Release Train« (ART). Weitere SAFe®-Ebenen (»Large Solution«, »Portfolio«) bieten Vorschläge und Richtlinien zur Unterstützung der »Business Agility« eines Unternehmens.

- **Scrum@Scale:** veröffentlicht 2018 von Jeff Sutherland[17] zur Skalierung von Scrum. Fasst zwei bis fünf Scrum-Teams zu einem »Scrum of Scrums Team« zusammen. Weitere Skalierung auf nächster Ebene durch »Scrum of Scrum of Scrums« (SoSoS).

Details zu diesen Frameworks finden sich auf den zugehörigen Webseiten unter [URL: Scaled Agile].

## 2.6 Checkfragen und Übungen

### 2.6.1 Self-Assessment

*Fragen, anhand derer die Leserinnen und Leser nach jedem Kapitel ihre eigene Situation bzw. ihr eigenes Projekt hinsichtlich »wie agil sind wir« beurteilen können.*

1. Nutzen wir in unserem Projekt klassische (Projektmanagement-) Praktiken? Wenn ja, welche?
2. Nutzen wir in unserem Projekt agile Praktiken? Wenn ja, welche?
3. Welche dieser Praktiken funktionieren gut, welche weniger gut? Warum?
4. Haben wir eines der Frameworks (XP, Scrum, Kanban) vollständig umgesetzt? Welche Praktik fehlt uns (noch)?

### 2.6.2 Methoden und Techniken

*Fragen, anhand derer die Leserinnen und Leser nach jedem Kapitel den Stoff rekapitulieren können.*

1. Was ist eine »Iteration«? Was ist ein »Backlog«?
2. Was bedeutet »Timeboxing« und wozu dient dieses Konzept?
3. Beschreiben Sie die Aufgaben der Rolle »Scrum Master«.
4. Beschreiben Sie die Aufgaben der Rolle »Product Owner«.
5. Was meint der Begriff »Whole-Team Approach«?

17. *https://de.wikipedsa.org/wiki/Jeff_Sutherland.*

### 2.6.3 Weiterführende Übungen

*Übungen und Fragen, anhand derer die Leserinnen und Leser einige Punkte, die im Kapitel eventuell nur angerissen wurden, weiter durchdenken können.*

1. Erläutern Sie die Unterschiede und Gemeinsamkeiten zwischen XP, Scrum und Kanban in jeder der Dimensionen »Projektmanagement«, »Qualitätsmanagement«, »Entwicklungstechniken«, »Personalführung«.
2. Erläutern Sie die Motive für agile Skalierung.
3. Welche weiteren Praktiken führen die vorgestellten agilen »Skalierungsframeworks« jeweils ein?

# 3 Produktplanung im agilen Projekt

*»Agiles« Arbeiten bedeutet keineswegs, »planlos« zu arbeiten. Kapitel 3 beschreibt daher, welche leichtgewichtigen Techniken und Instrumente zur Produktplanung zum Einsatz kommen und wie Produkt- bzw. Kundenanforderungen »agil« ermittelt, überprüft und dokumentiert werden. Das Kapitel richtet sich an Leserinnen und Leser, die in das Thema »agile Entwicklung« einsteigen. Die Erläuterungen und Hinweise, welchen Beitrag die jeweiligen Instrumente zur Fehlervermeidung beitragen, sind jedoch auch für die Zielgruppe mit agiler Projekterfahrung wertvoll.*

Agiles Projektmanagement setzt darauf, dass das Team von Sprint zu Sprint dazulernt. Entscheidungen, die sich als suboptimal oder falsch erweisen, können im folgenden Sprint revidiert werden. Auf veränderte Rahmenbedingungen kann von Sprint zu Sprint reagiert werden. Jedes neue Produktinkrement, das Sprint für Sprint entsteht, liefert dem Team, aber auch dem Kunden neue Einsichten und ein tieferes Verständnis der Produktanforderungen. Und natürlich generiert jedes Inkrement neue und eventuell bessere Ideen, was das Produkt leisten sollte, aber auch neue Ideen und zusätzliche Erfahrungen dazu, wie das Produkt am besten und elegantesten implementiert werden kann.

All diese Ideen und Erfahrungen kann und muss das Team regelmäßig auswerten. Punkte, die einen Nutzen versprechen, werden in das Product Backlog aufgenommen. In jeder Sprint-Planung besteht dann die Möglichkeit, die aktuell als am nützlichsten bewerteten Ideen zu realisieren, indem man entsprechende Aufgaben formuliert und diese in den Sprint aufnimmt.

*Adaptive, empirische Planung*

Diese adaptive, empirische Planung schafft eine sehr hohe Flexibilität. »Ständiges Dazulernen« ist im Prozess verankert. Ebenso die Bereitschaft, aber eben auch die Fähigkeit, kurzfristig auf veränderte Kundenwünsche und neue Rahmenbedingungen zu reagieren.

Die Fähigkeit, in jedem Sprint die Richtung ändern zu können, bedeutet aber nicht, dass dem Team keine Richtung vorgegeben werden muss. Wer nur reagiert, wird auch mit Scrum kein erfolgreiches Projekt zustande bringen. Auch ein agiles Team benötigt Zielvorgaben, die über die aktuelle Iteration hinausreichen und auf die es über mehrere Iterationen bzw. Sprints hinweg hinarbeiten kann. Die Instrumente, die helfen, eine Richtung vorzugeben, werden in den folgenden Abschnitten vorgestellt.

## 3.1 Produktvision

Die Produktvision ist ein Bild, das möglichst prägnant zusammenfasst, wie das Produkt einmal »aussehen« und was es einmal in Summe leisten soll. Je knapper und anschaulicher diese Botschaft formuliert wird, umso einprägsamer und besser. Dazu reicht eventuell eine Skizze am Flipchart, eine Liste der Top-10-Features, die der Kunde sich wünscht, oder ein Bild des Wettbewerbsprodukts, das man übertreffen möchte.

*Product Backlog*

Das Product Backlog (s. Abschnitt 3.3) ist als »Vision« in der Regel ungeeignet. Dazu ist es zu detailliert und enthält zu viele Einträge. Im Gegenteil: Ein umfangreiches Backlog kann dazu führen, dass das Produktziel in der Masse der Backlog Items verloren geht. Außerdem muss die Produktvision ja gerade dabei helfen, die Backlog Items zu priorisieren und zielführende von weniger relevanten Items unterscheiden zu können. Das eHome-Team formuliert Folgendes:

**Fallbeispiel eHome-Controller 3–1: Produktvision**

Der Product Owner hat das Entwicklungsteam zu einem Workshop eingeladen, um den Projektauftrag zu besprechen und gemeinsam eine Produktvision zu entwickeln. Das Team geht dabei von den Vorgaben der Geschäftsleitung und den an den Support am häufigsten herangetragenen Kundenwünschen aus.

Das System soll auf Smartphones und anderen mobilen Geräten laufen und es muss Geräte von Fremdherstellern steuern und jederzeit neu am Markt erscheinende Geräte einbinden können. Darauf basierend formuliert der Product Owner in Zusammenarbeit mit seinem Team im Laufe des Workshops folgende Entwicklungsziele:

- Webbrowser-basierte Bedienoberfläche:
  Das heißt, der Bewohner des eHome kann seine Wohnung oder sein Haus per Browser vom PC aus steuern oder auch per Smartphone oder Tablet. Da die Software im Browser läuft, entfällt für den Endanwender eine aufwendige und komplizierte Softwareinstallation.
- Einfache, anschauliche Bedienung:
  Alle im Haus vorhandenen Zimmer und die dort steuerbaren Geräte sollen durch Icons oder (vom Anwender hochladbare) Fotos dargestellt werden. Die Bedienoberfläche soll nicht »technisch« aussehen. Auch IT-Laien sollen das System bedienen können.

→

- Herstellerübergreifend:
  Der Controller soll grundsätzlich die Aktoren und Sensoren verschiedenster Hersteller ansprechen können. Über geeignete Adapter kann das System deshalb mit den Busprotokollen verschiedener Hersteller kommunizieren.

## 3.2 Architekturvision

Wenn über die Produktvision geklärt ist, was das Produkt einmal sein und können soll, dann kann das Team darüber nachdenken, wie dies technisch zu realisieren ist. Auch hier ist es nötig, dass das Team ein gemeinsames Verständnis der technischen Realisierung entwickelt. Dies leistet die Architekturvision. Sie schafft bereits zu Beginn des Projekts ein Übersichtsbild des Produkts und seiner »Baugruppen«. Basierend auf der Produktvision entwirft das eHome-Team folgende grobe Zielarchitektur für sein Produkt und hält diese in einem Architekturdiagramm[1] grafisch fest:

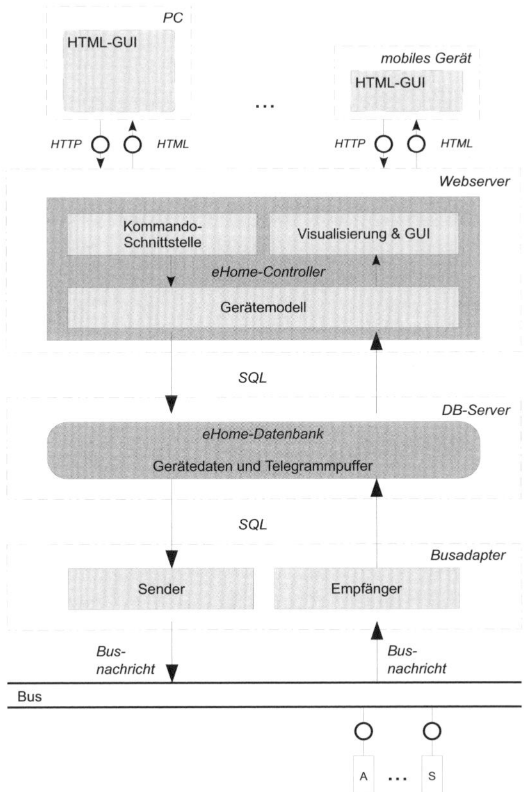


***Fallbeispiel eHome-Controller 3–2:*** *eHome-Controller-Architektur*

1. Notation angelehnt an FMC [URL: FMC].

*Diagramme – informell, semiformal oder formal*

Ein solches Architekturdiagramm kann in einer formalen, standardisierten Notation abgefasst werden, z.B. in UML [URL: UML] oder SysML [URL: SysML], oder in einer semiformalen Notation (z.B. nach [URL: FMC]). Aber auch eine informelle Skizze am Flipchart kann ausreichend sein. Entscheidend ist, dass alle im Team (einschließlich Product Owner und Scrum Master) das Diagramm verstehen[2].

*Architekturvision als Wegweiser für Programmierung und Test*

Je anschaulicher das Architekturdiagramm ist, umso besser. Wie die Produktvision ist die Architekturvision ein Wegweiser durch das Product Backlog und durch alle weiteren Sprints. Sie hilft, eine tragfähige Realisierung zu finden, die eben nicht in jedem Sprint völlig neu zur Debatte steht. Und sie unterstützt dabei, aus technischer Sicht sinnvolle Aufgabenpakete zu schnüren und diese im Team und über die Sprints vernünftig zu verteilen.

Auch für das Testen, insbesondere für die Integrationstests, legt die Architekturvision frühzeitig wichtige Grundlagen, indem sie die wichtigsten Systemkomponenten und deren Schnittstellen als einzuplanende Testobjekte und Testschnittstellen sichtbar macht. Tests und andere Qualitätssicherungsmaßnahmen können so ab dem ersten Sprint an der Architektur des entstehenden Systems ausgerichtet werden.

*Emergente Architektur*

Dass das Team die Architektur des zu bauenden Systems frühzeitig durchdenkt und im Architekturdiagramm festhält, bedeutet nicht, dass diese Architektur damit in Stein gemeißelt ist. Natürlich kann bei Bedarf auch die Architektur überarbeitet und Sprint für Sprint angepasst werden. Das soll sogar so passieren. Erfahrungen aus der fortschreitenden Implementierung und Feedback aus den Produktdemos müssen wenn nötig in besseren Versionen der Architektur ihren Niederschlag finden. Aber es ist etwas anderes, eine wohlüberlegte Architektur schrittweise zu verbessern, als ohne abgesprochene Architektur die Entwickler planlos eine Reihe von Klassen programmieren zu lassen.

## 3.3 Product Backlog

Im Product Backlog sammelt und priorisiert der Product Owner alle Anforderungen, die vom zu entwickelnden Produkt einmal erfüllt werden sollen oder dafür in Betracht kommen. Das Product Backlog ist allerdings kein Projektplan und auch keine Aufgabenliste. Es ist lediglich eine Sammlung oder ein »Merkzettel« aller bekannten Anforderungen oder Wünsche an das Produkt. Durch Priorisierung werden diese nach ihrer Relevanz bzw. ihrem Wertbeitrag zum Produkt geord-

2. Leserinnen und Leser, die mehr über Softwarearchitektur erfahren möchten, finden eine Einführung in das Thema z.B. in [Gharbi et al. 23].

net. Aber auch diese Priorisierung ist noch keine verpflichtende Festlegung, ob und wann ein Punkt tatsächlich realisiert wird. Der Product Owner des eHome-Controllers hat folgendes initiale Product Backlog zusammengestellt und die Einträge nach dem von ihm eingeschätzten Geschäftswert[3] priorisiert:

***Fallbeispiel eHome-Controller 3-3:*** *Initiales Product Backlog für den eHome-Controller*

| Bezeichner | Prio | Beschreibung/Akzeptanzkriterien |
|---|---|---|
| **Steuern und Messen** | | Als eHome-Bewohner kann ich über den eHome-Controller alle angeschlossenen elektrischen Geräte steuern und Messdaten von Sensoren abrufen, damit ich alle Geräte einheitlich, einfach und von zentraler Stelle aus bedienen kann. |
| | 2 | ☐ *In der GUI wird für jedes angeschlossene Gerät (Aktor oder Sensor) dessen aktueller Zustand angezeigt.* |
| | 1 | ☐ *Aktor: Durch Anklicken können die Schaltfunktionen des jeweiligen Aktors ausgeführt werden.* |
| | 2 | ☐ *Sensor: Durch Anklicken werden die aktuellen Messdaten vom Sensor abgerufen und angezeigt.* |
| **Busadapter** | | Als eHome-Bewohner möchte ich Geräte verschiedener Hersteller anbinden können, damit ich nicht von einem einzigen Hersteller abhängig bin. |
| | 1 | ☐ *Ein Busadapter übersetzt die eHome-Controller-Steuerbefehle in das Protokoll des jeweiligen Busstandards oder Herstellers.* |
| | 1 | ☐ *Alle »eHome-Tools«-Geräte lassen sich über den »eHome-Tools-Adapter« ansprechen.* |
| **Geräte steuern** | | Als eHome-Bewohner kann ich Geräte unterschiedlicher Klassen (z.B. Lampen, Dimmer, Rollos) steuern, wobei der eHome-Controller nur die für eine Geräteklasse gültigen Steuerbefehle zulässt, damit eine Fehlbedienung verhindert wird.<br>*Als eHome-Bewohner kann ich:* |
| | 1 | ☐ *angeschlossene Lampen an- und ausschalten,* |
| | 3 | ☐ *die Helligkeit einer Lampe über einen Dimmer von 0% ... 100% einstellen,* |
| | 2 | ☐ *Rollos hoch- und herunterfahren oder um einen bestimmten Winkel kippen.* |

→

3. Über die Priorität wird die gewünschte Fertigstellungsreihenfolge nicht eindeutig festgelegt und auch nicht erzwungen. Das Team kann, orientiert an der Priorität, in der Sprint-Planung unter Anforderungen auswählen und erhält so mehr Spielraum in seiner Planung.

| Bezeichner | Prio | Beschreibung/Akzeptanzkriterien |
|---|---|---|
| **GUI** | | Als eHome-Bewohner möchte ich mein eHome-System über einen Webbrowser bedienen, damit ich auf dem Endgerät (PC oder mobiles Gerät) keine spezielle Software installieren muss.<br>*Die GUI läuft in folgenden Browsern ab der jeweiligen Browser-Version:* |
| | 1 | ☐ *Chrome 97.0* |
| | 2 | ☐ *Firefox 95.0* |
| | 3 | ☐ *Microsoft Edge 96.0* |
| **GUI-Icons** | 2 | Als eHome-Bewohner möchte ich, dass jede Geräteklasse im Browser durch ein passendes Icon symbolisiert wird, damit ich die Geräte leicht finden und bedienen kann und die Bedienoberfläche cool aussieht. |
| **Schalt-programme** | 3 | Als eHome-Bewohner möchte ich Schaltprogramme definieren und starten, z. B. »an Wochentagen alle Rollos um 7:00 kippen; um 8:30 an der Südseite alle Rollos vollständig hochfahren; um 20:30 alle Rollos schließen«, damit ich mich um Routineabläufe nicht mehr kümmern muss. |

Wie alle Planungsdokumente in Scrum ändert sich auch das Product Backlog von Sprint zu Sprint. Neue Wünsche und Ideen kommen hinzu, die Prioritäten werden umverteilt, obsolete Anforderungen werden gestrichen, Einzelpunkte werden in Cluster gruppiert, grobe Ideen werden verfeinert und in genauere Einzelanforderungen aufgesplittet usw. Verantwortlich für die Pflege des Product Backlog ist der Product Owner.

*Releaseplanung des Product Owners*

Bei der Formulierung und Priorisierung der Backlog-Einträge stimmt sich der Product Owner mit den jeweils zuständigen Vertretern bzw. Fachbereichen des Auftraggebers und mit seinem Scrum-Team regelmäßig ab. Diejenigen Backlog-Einträge, die im nächsten zur Veröffentlichung vorgesehenen Release umgesetzt sein sollen, sind dabei naturgemäß detaillierter auszuarbeiten. Für Wünsche, die weniger Priorität haben bzw. spätere Sprints oder Releases betreffen, genügt eine grobgranulare, stichpunktartige Erfassung. Diese Tätigkeit, das Backlog releaseorientiert zu pflegen und zu priorisieren, wird daher auch als Releaseplanung bezeichnet.

Der Scrum Master als Counterpart des Product Owners wirkt hier inhaltlich nicht mit. Er hat nur sicherzustellen, dass ein Product Backlog gemäß Scrum-Prozess geführt wird.

## 3.4 Agiles Requirements Engineering

*Requirements-Engineering-Prozess*

Die im Backlog gesammelten Anforderungen (engl. Requirements) müssen zielgerichtet ermittelt werden. Diese Tätigkeit wird als »Anforderungsermittlung« oder »Anforderungserhebung« bezeichnet und ist der erste Schritt im »Requirements-Engineering-Prozess«, der in die Hauptaufgaben »Ermittlung« (engl. Elicitation), »Dokumentation« (engl. Documentation), »Validierung« (engl. Validation) und »Verwaltung« (engl. Management) von Anforderungen gegliedert werden kann (s. [URL: IREB FLHB, LE 1.4]). Verantwortlich dafür, dass diese Tätigkeiten im agilen Projekt angemessen stattfinden, ist der Product Owner (s. Abschnitt 2.1).

*RE klassisch vs. agile*

Im klassischen Wasserfall-Denken wird Requirements Engineering als linearer Prozess aufgefasst, der am Anfang des Projekts einmalig durchgeführt wird und als Ergebnis eine »Anforderungsspezifikation« liefert (vgl. Abb. 2–3). Dass Projekte fehlschlagen, hat jedoch oft seine Ursache in Spezifikationen, die auf diese Weise entstanden sind. Denn der Inhalt solcher Spezifikationen spiegelt naturgemäß den Wissenstand zu Projektbeginn wider und ist somit zwangsläufig fast immer unvollständig, in Teilen widersprüchlich und inhaltlich schnell veraltet.

Daher wird im agilen Projekt auch das Requirements Engineering als iterativ-inkrementeller Prozess verstanden. Dies bedeutet, dass sowohl die Anzahl der Anforderungen, die bekannt bzw. identifiziert sind, als auch der Detailgrad, in dem sie jeweils verstanden und dokumentiert sind, von Sprint zu Sprint anwachsen. Die folgenden Abschnitte erläutern die Hauptaufgaben im agilen Requirements Engineering genauer.

*Anforderungen ermitteln*

Im Rahmen der Anforderungserhebung muss der Product Owner sicherstellen, dass der Input aller relevanten Stakeholder abgefragt wird. Die sorgfältige Identifikation dieser Stakeholder als Quellen möglicher Anforderungen[4] und die Beziehungspflege zu ihnen sind daher erfolgskritische Aufgaben des Product Owners. Im Dialog mit jedem Stakeholder sind dessen jeweilige Anforderungen, Wünsche oder Ideen[5] zu identifizieren und gemeinsam herauszuarbeiten, was damit gemeint ist. Das ist jedoch kein einmaliges »Abfragen« der Stakeholder, sondern soll in Form von Feedbackschleifen organisiert sein,

4. Weitere Anforderungsquellen können Gesetze, Normen, technische Regelwerke, Vorgängersysteme etc. sein. Auch solche Quellen muss der Product Owner identifizieren. Oft enthalten sie Anforderungen, deren Einhaltung die Stakeholder als »selbstverständlich« voraussetzen, ohne dass einer der Stakeholder dies explizit erwähnt.
5. Das heißt, die Wünsche und Anforderungen des Fachbereichs bzw. der Organisation, die der jeweilige Stakeholder vertritt, aber auch persönliche Ideen des Stakeholders.

d.h. als gegenseitiger Austausch, der iterativ über die Sprints hinweg stattfindet.

An diesem Austausch mit den Stakeholdern soll das gesamte agile (Entwicklungs-)Team direkt beteiligt werden[6], beispielsweise im Rahmen von gemeinsamen Workshops zur Detaillierung einzelner Anforderungen und insbesondere im Rahmen der Sprint-Reviews bzw. Produktdemos (s. Abschnitt 7.5.1), in denen das Team den aktuellen Produktstand den Stakeholdern vorstellt, deren Feedback dazu einholt und mit ihnen diskutiert.

*Anforderungen dokumentieren*

Die Anforderungen, die ermittelt bzw. erhoben wurden, müssen im Backlog erfasst werden. In welcher Form und in welcher Detailtiefe das geschieht, schreibt Scrum nicht vor. Hier können der Product Owner und das Team sich auf jede Form einigen, die sie als für ihr Projekt zweckmäßig betrachten, beispielsweise im Stil der Backlog-Einträge im Fallbeispiel 3–3 oben. Ist bei einer komplexen Anforderung eine genauere Spezifikation notwendig, kann diese als Anlage ergänzt und aus dem kurzen Backlog-Text heraus referenziert werden.

Entscheidend ist, dass die gewählte Form es leicht macht, neue Anforderungen zu ergänzen und vorhandene Anforderungen zu ändern, zu präzisieren oder in kleinere Einheiten aufzusplitten.

Unabhängig von der Form soll die Dokumentation aber nur gerade so umfangreich und detailliert sein, wie es das Entwicklungsteam benötigt, um die Anforderungen implementieren zu können. Die direkte Kommunikation[7] im Team und mit den Stakeholdern soll durch schriftliche Dokumentation nicht ersetzt werden[8].

*Anforderungen validieren*

Im Laufe des Projekts werden der Product Owner und das Team immer wieder damit konfrontiert sein, dass Anforderungen oder Abnahmekriterien genannt und identifiziert wurden, die »schwammig« sind oder von verschiedenen Stakeholdern unterschiedlich interpretiert werden oder die inkonsistent sind oder sich gänzlich widersprechen. Die Ursache kann in Informationsdefiziten oder Missverständnissen liegen. Dann müssen und können Rückfragen oder Meetings die Sache aufklären.

Es können sich aber auch unterschiedliche Zielvorstellungen der Stakeholder bzw. Zielkonflikte der jeweiligen Fachabteilungen dahinter verbergen. Es gehört dann zu den Aufgaben des Product Owners,

---

6. In klassischen Projekten sind diese Tätigkeiten meist einzelnen Personen in speziellen Rollen (z.B. Business-Analyst) übertragen. Im agilen Projekt wird Anforderungserhebung als cross-funktionale Aufgabe gelebt.
7. Persönliche Treffen, Chats, Online-Meetings etc.
8. Wir wertschätzen »Funktionierende Software mehr als umfassende Dokumentation«, s. [URL: Agiles Manifest].

eine Konfliktbereinigung[9] unter den Beteiligten herbeizuführen. Das kann im Idealfall durch Vermitteln zwischen den Stakeholdern erfolgen, sodass diese sich auf eine gemeinsame Interpretation oder Priorisierung einigen, oder indem eine Entscheidung erbeten oder gefordert wird, welche Anforderung in welcher Formulierung als Entwicklungsgrundlage verwendet werden soll und welche nicht.

Rückfragen, Meetings und interne Abstimmungen werden (nicht nur in den schwierigen Konfliktfällen) Zeit erfordern und sich unter Umständen über mehrere Sprints hinziehen. Feedback vom Team an die Stakeholder (z. B. über Aufwände und Vor- und Nachteile verschiedener technischer Lösungsmöglichkeiten) kann zur Klärung und Entscheidungsfindung beitragen. Die betroffenen Anforderungen werden im Backlog einstweilen notiert, damit sie nicht verloren gehen. Dabei muss aber markiert werden, dass es sich um noch nicht abgestimmte Anforderungen handelt. Punkte, die noch unklar sind, sollten als Fragen aufgenommen werden.

Ziel der Abstimmungen ist es, dass jede Anforderung bestmöglich verstanden bzw. herausgearbeitet wird und im Backlog dann inhaltlich prägnant und korrekt erfasst ist, sodass darauf basierend die Implementierung erfolgen kann. Die Anforderung gilt dann als »fertig« ermittelt (erhoben und abgestimmt) und ist Kandidat zur Übernahme in das Sprint Backlog eines der folgenden Sprints (s. »Definition of Ready«, Abschnitt 2.1 »Sprint Backlog«).

*Anforderungen verwalten*

Das Product Backlog enthält den jeweils aktuellen Stand aller bekannten Anforderungen. In vielen Projekten wird es jedoch wünschenswert oder sogar notwendig sein (z. B., wenn sicherheitskritische Software entwickelt wird), auch die Anforderungshistorie[10] zu dokumentieren und mitzuführen. Solche Änderungsinformationen im Backlog zu notieren, macht dieses schnell sehr unübersichtlich und änderungsunfreundlich und ist daher nicht praktikabel.

Ab einem gewissen Projektumfang ist es notwendig und effizienter, spezielle Werkzeuge zum Anforderungsmanagement (engl. Requirements Management Tools) einzusetzen, die dann in Verbindung mit Werkzeugen für das Änderungs-/Fehlermanagement und das Konfigurationsmanagement des entstehenden Sourcecodes die durchgängige Nachverfolgbarkeit (engl. Traceability, s. Abschnitt 7.3.2) der kompletten Änderungshistorie ermöglichen.

---

9. Jede unterbliebene Abstimmung und jeder ungelöste Konflikt hat das Potenzial, den Projekterfolg zu gefährden.
10. Zum Beispiel: Welche frühere Textfassung lag vor? Aufgrund welchen Stakeholder-Inputs oder welcher Beschlussfassungen entwickelte sich diese zur aktuellen Fassung? Wie sahen die zugehörigen Abnahmekriterien aus? Welche dieser Versionen ist aktuell im Programmcode umgesetzt?

*User Story*

Eine häufig verwendete, bewährte Notation zur Dokumentation von Anforderungen ist die »User Story« (s. [URL: User Story]). Hier wird jede Anforderung umgangssprachlich, aber in einem festen, kurzen Textmuster formuliert:

»Als <Rolle> möchte ich <Ziel/Wunsch>, damit <Nutzen>«

An diesem Textmuster (nach [Cohn 04]) orientiert sich auch das eHome-Team bei der Formulierung seiner Backlog-Einträge (s. Fallbeispiel 3–3 oben). In der Praxis sind viele Spielarten solcher Textmuster und Satzschablonen in Gebrauch[11].

*User Story vs. Epic*

Bei der Formulierung einer User Story soll darauf geachtet werden, dass der Inhalt der User Story im Rahmen eines Sprints umgesetzt werden kann. Ist eine User Story[12] umfangreicher, soll sie (top-down) in kleinere Stories zerlegt und verfeinert werden. Die ursprüngliche, zu große Anforderung kann dann umformuliert werden zu einer »Zusammenfassung« der Detail-Stories. Eine solche grobgranulare oder abstrakte »User Story« wird auch als »Epic« bezeichnet (vgl. Glossar). Auch das umgekehrte Vorgehen (bottom-up) ist möglich: »Größere Ansammlungen von untereinander verbundenen Features oder eine Sammlung von Unter-Features, die zu einem einzigen, komplexen Feature zusammengeführt werden, werden als ›Epic‹ bezeichnet« (Foundation Level Extension Syllabus Agile Tester, 2017 [URL: ISTQB Syllabus]). Im Rahmen der Arbeit mit dem Backlog ist darauf zu achten, dass (abstrakte) Epics durch User Stories vollständig genug abgedeckt und konkretisiert werden.

*INVEST-Kriterien*

Um die Qualität einer User Story zu beurteilen, können der Product Owner und das Team die sogenannten INVEST-Kriterien [URL: INVEST] heranziehen. Eine gute User Story ist demnach:

- unabhängig (**Independent**) von anderen User Stories,
- verhandelbar (**Negotiable**), d.h. bietet dem Team noch Gestaltungsspielraum in der Umsetzung,
- wertvoll (**Valuable**) für den Anwender bzw. Kunden,
- so beschrieben und verstanden, dass der Umsetzungsaufwand abschätzbar (**Estimatable**) ist,
- von knapper Größe (**Small**) – zu große User Stories müssen aufgespalten werden,

11. [Mavin et al. 09] stellen mit »Easy Approach to Requirements Syntax (EARS)« ein ganzes System solcher Satzschablonen vor. [ISO 29148] definiert das Muster: [<Bedingung>]<Subjekt><Aktion><Objekte>[<Einschränkung>]. Eine Zusammenfassung zum Thema Satzschablonen findet sich in [URL: IREB FLHB, Abschnitt 3.3.1].
12. Beziehungsweise die durch sie beschriebene Funktionalität.

- testbar (**Testable**), u.a. dadurch, dass hinreichend präzise Akzeptanzkriterien beschrieben sind.

*Akzeptanzkriterien*

Wie bereits erläutert, ist es wichtig, sicherzustellen, dass alle Beteiligten eine Anforderung gleich interpretieren. Dies geschieht über die Konkretisierung der Anforderung[13] durch Abnahme- bzw. Akzeptanzkriterien[14]: »Jede User Story sollte durch eine Reihe von Akzeptanzkriterien begleitet werden, d.h. von Kriterien, die die Implementierung der User Story erfüllen muss, um von den Stakeholdern akzeptiert zu werden. Akzeptanzkriterien machen eine User Story konkreter und weniger mehrdeutig. Das hilft, Umsetzungsfehler aufgrund von Missverständnissen zu vermeiden« [URL: IREB FLHB, Abschnitt 3.3.1.2].

Zu den beiden letzten User Stories im Backlog unseres Beispiels (s. Fallbeispiel 3–3) sind noch keine Akzeptanzkriterien formuliert. Der Scrum Master bittet das Team, dies nachzuholen (s. auch Abschnitt 3.10.3).

*Tester wirken mit.*

Die Tester im Team wirken bei der Formulierung der Anforderungen mit, insbesondere indem sie Akzeptanzkriterien hinterfragen und wo nötig verbessern oder ergänzen. Sie schätzen den späteren Testaufwand je User Story ab und planen, welche (Akzeptanz-)Testfälle je Story (in den anschließenden Sprints) zu entwickeln und durchzuführen sind (vgl. Abschnitt 6.3.3). Und auch bei der Identifikation und Analyse von Projekt- und Qualitätsrisiken anhand der Backlog-Einträge sollen Tester ihre Erfahrung einbringen.

*3C-Konzept*

Bei der Erstellung von User Stories können sich Product Owner und Team auch am »3C-Konzept« nach [Jeffries et al. 00] und [Jeffries 01] orientieren, das den Einsatz des Instruments »User Story« im agilen Requirements-Engineering-Prozess wie folgt beschreibt:

- **Card:**
  Die Story Card ist das physische Medium, auf dem die User Story, die Abnahmekriterien und organisatorische Zusatzinformationen (Priorität, geschätzter Aufwand und Dauer für Entwicklung und Test etc.) notiert werden. Über den Story-Namen wird die Karte im Backlog referenziert.

13. Unabhängig davon, ob diese als User Story oder in anderer Form vorliegt.
14. Die Begriffe »Abnahme« und »Akzeptanz« sind alternative Übersetzungen des englischsprachigen Begriffs »Acceptance«.

- **Conversation:**
  Die inhaltliche Klärung und Erarbeitung der User Story erfolgt kollaborativ im Dialog mit den betroffenen Stakeholdern. Der Dialog beginnt in der Releaseplanung und wird fortgeführt, bis die User Story fertig zur Übernahme in den Sprint ist.
- **Confirmation:**
  Die korrekte Umsetzung jeder User Story muss explizit bestätigt werden. Dies geschieht anhand der je Story vereinbarten Abnahmekriterien. Die Kriterien können als positive (Story ist erfüllt, wenn ...) und als negative Aspekte (Story ist noch nicht erfüllt, wenn ...) formuliert werden. Die Kriterien müssen im weiteren Projektverlauf in Akzeptanztestfälle (s. Abschnitte 6.3 und 6.4) überführt werden oder können direkt als Akzeptanztestfälle notiert werden.

*Weitere Techniken, um Anforderungen zu ermitteln und zu dokumentieren*

Agiles Requirements Engineering setzt auf leichtgewichtige Methoden zur Erhebung und Dokumentation von Anforderungen. Also auf Methoden, die leicht erlernbar sind und einfach angewendet werden können. User Stories sind ein Beispiel dafür: Die Satzmuster sind leicht verständlich und schnell erlernt, die Notation ist grob schematisiert, aber flexibel adaptierbar, und die Informationsmenge, über die gesprochen wird, passt auf ein kleines Kärtchen.

Neben User Stories können im agilen Projekt aber auch andere Requirements-Engineering-Methoden eingesetzt werden, wo immer dies für das Verständnis der Materie hilfreich oder notwendig ist. Daher profitiert ein agiles Team, wenn die Teammitglieder eine breitere Palette solcher Methoden (auch formalere aus dem klassischen Requirements Engineering und Software Engineering) kennen und Dokumente in der jeweiligen Notation lesen sowie einige dieser Verfahren auch selbst anwenden können. Einige Beispiele für weitere Methoden und Techniken, die bei der Ermittlung und Dokumentation von Anforderungen eingesetzt werden können, sind:

- **Diagramme:** Das Software Engineering kennt eine Vielzahl unterschiedlicher Diagrammtypen, beispielsweise Klassendiagramme, Zustandsdiagramme, Entity-Relationship-Diagramme oder Anwendungsfalldiagramme. Diagramme werden eingesetzt, um Softwaresysteme oder bestimmte Aspekte solcher Systeme zu modellieren und ihren Aufbau zu veranschaulichen. Auch können durch die Analyse eines Diagramms eventuelle Inkonsistenzen oder Lücken in Aufbau oder Funktion des dargestellten Systems erkannt werden. Die in der Praxis wichtigsten Diagrammtypen sind im Rahmen der Unified Modeling Language (UML) standardisiert. Nähere Informationen liefern [URL: UML Diagrams] und [URL: UML].

- **Use Cases (Anwendungsfälle):** Ein Anwendungsfall beschreibt einen bestimmten Ausschnitt des nach außen sichtbaren Verhaltens eines (Software-)Systems. Anwendungsfälle werden (wie User Stories[15]) verwendet, um Anforderungen an ein System in strukturierter Form zu erfassen und zu dokumentieren, und dienen damit natürlich auch als Testbasis zur Ableitung von Testfällen. Die Notation erfolgt in Textform (Use-Case-Spezifikation oder Anwendungsfallspezifikation) und/oder in grafischer Form (Use-Case-Diagramm oder Anwendungsfalldiagramm). Letztere sind ebenfalls in UML standardisiert (s. [URL: UML]).
- **Storyboards:** Ein »Storyboard« (»Drehbuch«) ist »eine Folge visueller Bildschirminhalte, die das Zusammenspiel zwischen einem Benutzer und einem interaktiven System veranschaulicht« [URL: CPUX]. Die Bildelemente sind grobe Skizzen (Wireframes) der geplanten Bildschirminhalte und können unterschiedlich ausgeführt sein, z. B. als Strichzeichnung auf Papier, als Zeichnung eines Grafikprogramms oder als prototypische Implementierung. Sie werden verwendet, um Anwendern und Stakeholdern zu visualisieren, wie bestimmte Bedienabläufe im geplanten System aussehen können. Da die Skizzen kostengünstig erstellt und unkompliziert geändert werden können, eignen sich Storyboards sehr gut, um in engen Feedbackschleifen mit dem Kunden die beste Design- bzw. Lösungsvariante herauszuarbeiten. Im User Interface Design (UX Design) und insbesondere bei der Entwicklung von webbasierten Bedienoberflächen oder Webseiten werden Storyboards daher regelmäßig eingesetzt.
- **Personas:** In den bisherigen Erläuterungen zur Anforderungsermittlung wurde davon ausgegangen, dass einzelne Personen bekannt und ansprechbar sind , die als Stakeholder die Anforderungen und Interessen einer Fachabteilung oder einer Anwendergruppe vertreten und kommunizieren. Dies ist aber nicht immer gegeben. Oft steht der Product Owner vor der Situation, dass ein Produkt oder ein Produktfeature für bestimmte Marktsegmente bzw. bestimmte Zielgruppen zugeschnitten werden soll. Ein Dialog mit einzelnen Vertretern jeder Zielgruppe ist dann oft nicht möglich, weil die Zielpersonen nicht bekannt sind und ein Kontaktaufbau aufwendig und langwierig wäre oder nicht zielführend, weil die jeweilige Einzelmeinung die Zielgruppe als Ganzes ohnehin nicht ausreichend repräsentieren würde. In solchen Fällen kann mit »Personas« gearbeitet werden.

15. User Stories können als vereinfachte Form einer Use-Case-Spezifikation angesehen werden (vgl. [URL: Use Case]).

> Eine Persona ist »eine fiktive Figur, die eine Gruppe von Benutzern mit ähnlichen Bedürfnissen, Werten und Gewohnheiten darstellt, von denen erwartet wird, dass sie ein System in ähnlicher Weise nutzen« [URL: IREB, Glossar]. Dadurch, dass jede Interessengruppe über je eine entsprechend konstruierte Persona charakterisiert wird, können Product Owner und Entwicklungsteam dann User Stories ableiten, indem sie sich fragen, wie ein durch die betreffende Persona beschriebener Anwender mit dem System arbeiten würde und welche Anforderungen er hätte. Das Charakterisieren von Zielgruppen über Personas ist eine gut bekannte Technik im Marketing (s. [Kirchem & Waack 21]) und im Produktdesign (s. [Nielsen 19]). In der Softwareentwicklung wird es insbesondere beim UX Design eingesetzt (s. [URL: CPUX]).

Die vorstehenden Erläuterungen machen deutlich, dass es alles andere als einfach ist, Anforderungen und Wünsche an ein zu entwickelndes System und die mit dem Entwicklungsvorhaben verbundenen Zielvorstellungen zu identifizieren und präzise herauszuarbeiten. Im agilen Projekt ist die Auseinandersetzung mit und das Ermitteln, Verfeinern und Hinterfragen von Anforderungen eine Aufgabe, die in jeder Iteration ansteht: Ein regelmäßiger Dialog mit schnellem Feedback (sowohl aus informeller Kommunikation als auch aus strukturierten Review-Meetings) hilft dem Entwicklungsteam, die Anforderungen der Stakeholder und der anvisierten Zielgruppen bestmöglich zu verstehen. Die Anwendung von Requirements-Engineering-Verfahren unterstützt dabei, die Erkenntnisse in Form von User Stories und Epics zu dokumentieren, Auswirkungen und Abhängigkeiten zwischen den Anforderungen zu analysieren, aber auch Lücken zu erkennen (z.B. fehlende nicht funktionale Anforderungen). Dies alles erhöht die Chancen, dass ein Produkt entsteht, das die Anforderungen der Kunden bestmöglich erfüllt[16].

16. Leser, die mehr über (agiles) Requirements Engineering erfahren möchten, finden einen guten Einstieg u.a. in [Pohl & Rupp 21], [Bergsmann 23], [URL: IREB FLHB].

## 3.5 User Story Map

Ein weiteres wichtiges agiles Planungsinstrument ist die »User Story Map« (oder kurz »Story Map«). Sie ist eine zweidimensionale Anordnung der User Stories: »Die horizontale Achse repräsentiert die Prioritätenrangfolge jeder User Story, während die vertikale Achse die erreichte Detailtiefe (bzw. zunehmende Verfeinerung) in der Umsetzung darstellt« [URL: ISTQB CTAL-ATT]. Eine Story Map stellt somit die Verbindung her zwischen den Planungsebenen »Product Backlog« und »Sprint Backlog« (s. Abschnitt 3.6).

Mit der Story Map kann der Product Owner zusammen mit dem Team planen und visualisieren, welche Sprint-Ziele in den kommenden Sprints erreicht werden sollen. Ein Sprint-Ziel kann eine wichtige Anforderung sein, die implementiert werden soll, oder auch ein Anforderungscluster bzw. Thema, dem sich ein Sprint schwerpunktmäßig widmen soll. Auch Prozessverbesserungsziele, die das Team erreichen möchte, können als Sprint-Ziel formuliert werden. Für die ersten drei Sprints hat das eHome-Team folgende Story Map erstellt:

***Fallbeispiel eHome-Controller 3–4:*** *Initiale Story Map des eHome-Teams*

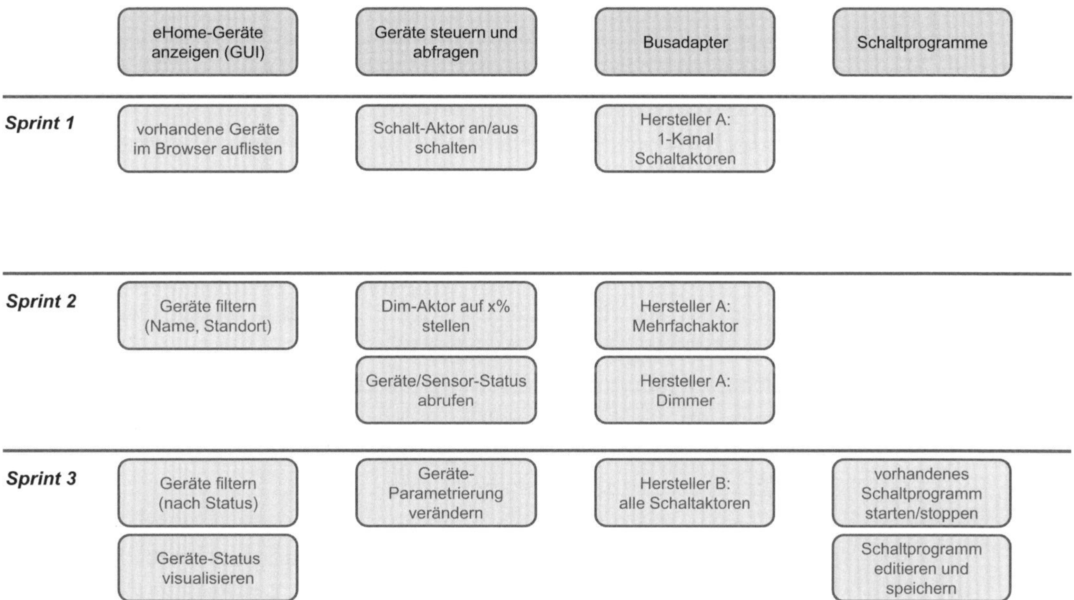


*Story Map ist nicht verpflichtend.*

Die Story Map ist aber lediglich eine Absichtserklärung. Das Team garantiert nicht, dass alle diese Ziele in den jeweiligen Sprints angegangen und erreicht werden. Sowohl die Ziele als auch deren Zuordnung zu den Sprints können sich ändern, und zwar aufgrund von neuem

Kundenfeedback, aber auch aufgrund zunehmender technischer Erfahrung, die das Team bei der Implementierung gewinnt.

Wenn der Product Owner die Story Map an seine Kunden kommuniziert, muss er klarmachen, dass damit keine Zusagen verbunden sind, dass bestimmte Funktionsinhalte in bestimmten Releases enthalten sein werden. Natürlich darf dies auch nicht (evtl. am Team vorbei) vertraglich zugesichert werden. Passiert so etwas, dann würden diese Zusagen die agile Arbeitsweise untergraben und das Team ziemlich schnell auf ein klassisch inkrementelles Softwareentwicklungsvorgehen zurückwerfen.

*Vorteile gegenüber klassischer Roadmap*

Obwohl der Product Owner seinen Kunden keinerlei Garantien gibt, wann das Produkt welchen Funktionsstand erreicht, hat eine Story Map gegenüber einer klassischen Roadmap für beide Seiten Vorteile:

- Vertrieb oder Product Owner geben keine Terminzusagen, die das Team nicht einhalten kann. In klassischen Projekten sind solche Zusagen aus Sicht des Entwicklungsteams ja ohnehin oft unrealistisch und nur einseitig »vom Vertrieb« versprochen, ohne Commitment der Entwickler. Gerät das Projekt in Verzug, muss der Vertrieb zurückrudern und eine neue Roadmap präsentieren. Eine Story Map ist der stressfreiere Weg und leistet am Ende dasselbe wie eine vermeintlich verbindliche Roadmap.
- Der Kunde erhält ein realistisches Bild, welche Features er in welcher Reihenfolge und mit welcher Realisierungstiefe erwarten kann und welche Features das Team mit welcher Priorität umsetzt. Da der Kunde erfährt, zu welchen anderen Themen »seine« Lieblingsfeatures in Konkurrenz stehen, kann er fundierter Feedback geben, mit welchen Planvarianten er leben kann und mit welchen nicht.
- Der Kunde erhält die Möglichkeit, aktiv Einfluss auf die Priorisierung zu nehmen. Das Team kann einen Bewertungsprozess aufsetzen, um die Wünsche verschiedener Kunden oder Anwendergruppen zu gewichten und in einem nachvollziehbaren Verfahren in die Priorisierung einfließen zu lassen.
- Der Hersteller hat mehr Spielraum, um widerstreitende Interessen durch Umpriorisieren und durch neues Zuordnen zu früheren oder späteren Sprints auszugleichen. In klassischen Projekten sind diese Möglichkeiten oft eingeschränkt oder blockiert, weil die Roadmap einigen Kunden schon »zugesagt« wurde. Und eine solche Zusage kann natürlich kaum oder nur sehr schwer wieder zurückgenommen werden.

## 3.6 Sprint Backlog

*Sprint-Planung, Iterationsplanung*

Zu Beginn eines Sprints, im Rahmen seiner Sprint- oder Iterationsplanung (z.B. in einem Sprint-Planungsmeeting), »zieht« das Team diejenigen Einträge aus dem Product Backlog in das Sprint Backlog, die im anstehenden Sprint erledigt werden sollen. Dabei identifiziert das Team alle Aufgaben, die zu erledigen sind, um die ausgewählten Anforderungen oder Arbeitsergebnisse zu entwickeln und um das Sprint-Ziel (das in der Story Map vereinbart ist) zu erreichen.

Das Team muss hierbei darauf achten, dass im Sprint Backlog nur Anforderungen landen, die genau genug formuliert und gut genug verstanden sind. Andernfalls muss eine Klärung erfolgen oder die Anforderung wird für den Sprint abgelehnt (s.a. die Abschnitte 2.1, 2.4 und 7.6.2).

*Pull-Prinzip*

Das Team übernimmt nicht mehr Aufgaben in den Sprint, als es mit der verfügbaren Kapazität innerhalb des Sprints erfahrungsgemäß abarbeiten kann. Das heißt, das Team bestimmt, was es leisten kann (Pull-Prinzip)! Dazu ist es notwendig, den Aufwand jeder Aufgabe möglichst genau abzuschätzen. Auch dieses Abschätzen vollzieht sich als Teamprozess, z.B. mithilfe der Schätztechnik »Planning Poker«.

*Planning Poker*

Jedes Teammitglied schätzt für sich, wie viel Aufwand jede der vorgesehenen Aufgaben verursachen wird. Dies umfasst auch den Testaufwand. Liegen alle Schätzungen vor, wird je Aufgabe ein Durchschnittswert[17] gebildet. Werden deutlich differierende Schätzungen sichtbar, wird geklärt, ob die Aufgabeninhalte eventuell unterschiedlich interpretiert wurden, und die Aufgabe nochmals besprochen. Danach wird ein zweites Mal geschätzt. Auf diese Art erhält das Team erfahrungsgemäß gute Schätzungen.

Im Gegensatz zum klassischen Projektplan, wo der Projektleiter dem Projektteam vorgibt, was bis wann zu erledigen ist, stellt das Sprint Backlog ein Commitment des Teams gegenüber dem Product Owner dar. Das Team bestätigt, dass es das Sprint-Ziel erreichen wird und die zur Erreichung des Ziels erforderlichen Aufgaben[18] innerhalb des Sprints erfolgreich erledigen kann und wird. Dieses Commitment ist die Gegenleistung für die Möglichkeit, selbst die Aufgaben auswählen und selbst den Aufwand schätzen zu können. Ohne diese beiden »Freiheiten« kann das Team dieses Commitment nicht leisten!

---

17. Oft wird der »Median« der Schätzwerte anstatt des »arithmetischen Mittelwerts« herangezogen, da dann Schätzwerte, die sehr stark nach oben oder unten ausreißen, weniger ins Gewicht fallen.
18. Im Laufe des Sprints können einzelne Aufgaben durchaus umformuliert werden, wenn sich herausstellt, dass das Sprint-Ziel so einfacher zu erreichen ist.

*Velocity visualisiert im Burndown-Chart*

Wie viele Aufgaben das Team in einem Sprint abarbeiten kann, hängt von der Größe der Aufgaben (z.B. per Planning Poker in »Story Points« abgeschätzt) und der Produktivität des Teams ab. Die Produktivität des Teams kann gemessen werden, indem die Gesamtzahl von Story Points, die das Team je Iteration abarbeitet, ermittelt und verfolgt wird. Diese Größe wird auch »Team-Velocity« genannt und mittels »Burndown-Chart« [URL: Burndown-Chart] visualisiert.

*Potentially Shippable Product*

Am Ende des Sprints soll als Ergebnis ein potenziell nutzbares bzw. auslieferbares Produkt (Potentially Shippable Product) vorliegen. In frühen Sprints muss dazu zumindest ein Prototyp entstehen, der dem Kunden vorgeführt werden kann. In späteren Sprints muss ein Releasestand resultieren, der Verbesserungen enthält und (auch beim Kunden) den vorherigen Stand jederzeit ersetzen kann. Dieser Anspruch, ausliefern zu können, hat einige Konsequenzen – gerade auch für die Qualitätssicherung (QS) und das Testen im Scrum-Projekt:

- Die Implementierung der im Sprint zu realisierenden Features muss getestet sein! Alle nötigen Test- und QS-Arbeiten müssen daher immer im Sprint zwingend miteingeplant werden. Es gibt keine »Testphase nach dem Sprint«. Wie viel Testaufwand angemessen oder nötig ist, hängt davon ab, wie viel Risiko im jeweiligen Feature bzw. dessen Implementierung steckt. Die Iterationsplanung sollte daher eine solche Risikoanalyse, an der die Testexperten im Team mitwirken, beinhalten.
- Das versprochene Feature muss für den Kunden nutzbar sein. Das heißt, alle erforderlichen Teilfunktionen vom z.B. Treiber bis zur GUI müssen vorhanden sein und ineinandergreifen. Das Produkt entsteht nicht (wie klassisch oft üblich) »schichtweise« (von der niedrigsten zur höchsten Architekturschicht), sondern »säulenartig«.
- Eine Gefahr besteht darin, dass Funktionen zu generisch programmiert werden. Natürlich kann und sollte das Team in der Architektur generische Funktionen oder generische Bibliotheksklassen vorsehen, die anderen Klassen gemeinsame Dienste anbieten. Das kann mittelfristig den Implementierungsaufwand erheblich reduzieren. Aber oft werden solche Klassen zu umfangreich angelegt, weil sie alle nur denkbaren künftigen Anwendungsfälle unterstützen sollen. Am Ende eines Projekts zeigt sich dann, dass von all den generisch angelegten Möglichkeiten die Applikation tatsächlich nur 10%, 20% oder 30% wirklich verwendet. Alles andere wird nicht wirklich gebraucht und die dort investierte Arbeitszeit war verschwendet. Und zu den ungenutzten Teilen liegt dann auch keinerlei belastbares Feedback vor. Deshalb ist es wichtig, darauf zu achten, dass solche Bibliotheksklassen im Sprint nur so weit ausge-

baut werden, wie sie von den anderen Systemteilen im gleichen Sprint auch sofort genutzt werden.

- Es muss eingeplant werden, dass eine Aufgabe erst dann »fertig« oder »done« ist, wenn ihre »Done«-Kriterien erfüllt sind. Das bedeutet, dass »hinter« jeder Aufgabe weitere Einzelschritte stehen (wie z.B. »Codereview durchführen«, »Testfälle entwerfen«, »Testfälle automatisieren«, »Anwenderdokumentation aktualisieren«), die früher im klassischen Vorgehen übersehen wurden oder eben in einer späteren Projektphase stattgefunden haben. In der Sprint-Planung müssen alle diese »begleitenden« Aufgaben (explizit oder implizit als »Done«-Kriterien) mitbedacht werden! Dadurch wird der Aufwand für scheinbar dieselbe Aufgabe plötzlich wesentlich höher. Die Netto-Featuremenge, die bearbeitet wird, ist geringer. Aber diese Features sind am Sprint-Ende dann eben auch wirklich »done«.

## 3.7 Team Charta

In klassisch arbeitenden Projekten ist es Stand der Technik, einen Qualitätssicherungsplan nach [IEEE 730] und Testpläne nach [ISO 29119][19] zu erstellen und als Arbeitsgrundlage zu verwenden. Sowohl ein QS-Plan als auch ein Testplan können viele Seiten umfassende, schwergewichtige Dokumente sein. In der Regel beziehen sich diese Pläne auf weitere, übergeordnete Vorgaben zur Qualitätspolitik und zum Qualitätsmanagement des Unternehmens (s. Kap. 7) und machen Aussagen, wie diese auf Projektebene umgesetzt werden sollen.

In der Praxis sind gerade bei QS- und Testplan zwischen der geplanten »Wunschwelt« und der Projektrealität oft sehr gravierende Umsetzungslücken zu beobachten. Auch sind Themen wie »Projektorganisation«, »Verfahren/Konventionen« oder »Zeitplan«, die in den genannten Normen als Gliederungspunkte im QS- bzw. Testplan gefordert werden, im Scrum-Projekt hinfällig. Denn diese Aspekte werden vom Scrum-Framework bereits ausreichend vorgegeben. Andere Themen wie z.B. »Lieferantenmanagement«, »Teststrategie« oder »Testinfrastruktur« sind jedoch – nur weil nach Scrum gearbeitet wird – nicht einfach obsolet.

*IEEE 730 und ISO 29119 als Checklisten einsetzen*

Sofern keine externen regulatorischen Anforderungen (vgl. Abschnitt 7.3) normkonforme Pläne fordern, kann im Scrum-Projekt auf beide Pläne verzichtet werden. Stattdessen können [IEEE 730] und

19. Teil 3 der ISO 29119 hat hier die frühere Norm [IEEE 829] abgelöst.

[ISO 29119][20] im Sinne von Checklisten eingesetzt werden, die der Scrum Master mit dem Team durchgeht (beispielsweise im Rahmen der Retrospektiven), um zu überprüfen, welche Normforderungen für das eigene Projekt als relevant erachtet werden und explizit zu regeln sind. Dort, wo Regelungsbedarf bejaht wird, formuliert dann das Team in knapper Form »seine« jeweiligen Spielregeln. Punkte, zu denen kein Regelungsbedarf gesehen wird, werden weggelassen.

Das Dokument, in dem das Team seine Spielregeln festhält, ist die sogenannte »Team Charta«. Hier werden auch die QS-/testbezogenen Spielregeln festgehalten (vgl. Kap. 7). Der entscheidende Unterschied zu klassischen QM-Dokumenten ist: Die »Team Charta« enthält keine »von außen« auferlegten Regeln, sondern sie ist (wie auch das Sprint Backlog) ein Commitment des Teams. Da es »freiwillige« Spielregeln sind und die vereinbarten Vorgehensweisen sich natürlich vielfach auf bekannte agile Praktiken stützen, kann die schriftliche Beschreibung kurz und knapp ausfallen. Das eHome-Team hat sich folgende Spielregeln gegeben:

***Fallbeispiel eHome-Controller 3–5:***
*Team Charta*

**Team Charta**

– wie wir Scrum im Projekt eHome-Controller leben –

**Sprint**

- Dauer: 4 Wochen
- Der Sprint startet mit der Sprint-Planung
- und endet mit der Retrospektive.

**Meetings**

- Daily Scrum: täglich 11:00, max. 15 min, Product Owner soll teilnehmen
- Sprint-Planung: Mittwoch (Sprint-Anfang) 9:00, höchstens 1 Tag
- Retrospektive: Dienstag (Sprint-Ende) 11:00

**Praktiken**

- Requirements: als User Stories oder Epics formulieren, 3C-Konzept und INVEST-Kriterien anwenden
- Planning Poker:
  - Abschätzung in Story Points (SP),
    Mindestpunktzahl: 1 SP pro Aufgabe,
    Höchstpunktzahl: 13 SP pro Aufgabe,
    zu große Aufgaben aufteilen
- Akzeptanzkriterien: klären und protokollieren und durch mindestens einen System-/Akzeptanztestfall umsetzen

---

20. Teil 6 der ISO 29119 enthält einen Leitfaden, der Hilfestellung gibt, wie ISO 29119 in agilen Projekten interpretiert und umgesetzt werden kann.

## 3.8 Testplanung und Testmanagement

### 3.8.1 Klassische Aufgaben

In klassischen, beispielsweise nach V-Modell arbeitenden Projekten hat der Testmanager üblicherweise folgende Verantwortlichkeiten und Aufgaben:

- **Den Test organisieren:**
  Benötigte Ressourcen (Personal, Testinfrastruktur inkl. Testwerkzeuge) planen und beschaffen, Testteam(s) aufbauen, Qualifikation sicherstellen.
- **Die Teststrategie festlegen:**
  Testziele, Testobjekte, adäquate Testmethoden auswählen, Kriterien für Teststart und Testende festlegen, Aufwand und Kosten schätzen, Risiken und Wirtschaftlichkeit abwägen, Teststrategie auf Basis der Testergebnisse und des Projektverlaufs angemessen anpassen bzw. fortentwickeln.
- **Den Test inhaltlich planen:**
  Inhalt, Umfang und Priorität der Testfälle festlegen.
- **Die Testarbeiten leiten:**
  Testaufgaben verteilen und mit den Entwicklungsarbeiten koordinieren, den Fortschritt anhand geeigneter Metriken überwachen, Testergebnisse auswerten und kommunizieren.
- **Beraten:**
  Die Projektleitung bezüglich Produktqualität und Produktfreigaben beraten und ggf. mitentscheiden.

Der klassische Testmanager ist demnach in zwei Rollen tätig:

- Als »Teilprojektleiter Test« organisiert und leitet er das oder die Testteam(s).
- Als »Experte für Softwaretest« plant und verantwortet er inhaltlich, wie und was getestet wird.

### 3.8.2 Testmanagement in Scrum

Ein Scrum-Team ist ein sich selbst organisierendes, interdisziplinäres Team. Es gibt keinen Projektleiter, der dem Team sagt, was zu tun ist, sondern Scrum vertraut darauf, dass ein Team sich selbst steuert. Das Team ist gemeinsam für alle Arbeiten zuständig. Programmierung und Testen sind nicht getrennt, sondern werden im selben Team gemeinsam erledigt.

*Ein Scrum-Team hat keinen »Teilprojektleiter Test«.*

Dementsprechend gibt es in einem Scrum-Team auch keinen »Teilprojektleiter Test«. Die oben genannten Testmanagementaufgaben existieren natürlich dennoch und müssen daher anders verteilt werden.

Die organisatorischen Aufgaben (»Test organisieren«) fallen in den Aufgabenbereich des Scrum Masters. Wenn die Testinfrastruktur oder die Testwerkzeuge unzureichend sind oder fehlen oder die softwaretestspezifische Ausbildung von Teammitgliedern verbessert werden muss, dann sind das typische »Impediments«, die der Scrum Master abstellen muss.

Die Leitungsaufgaben werden im Rahmen der Sprint-Planungspraktiken abgedeckt. So werden Testaufgaben entweder explizit über eigene Aufgaben geplant und überwacht oder implizit als Teil der Done-Kriterien anderer Aufgaben. Die Erfassung und Auswertung des Testfortschritts und der Testergebnisse erfolgen bei funktionierender Continuous Integration (s. Abschnitt 5.5) hoch automatisiert, sodass manuelle Aufgaben in diesem Bereich minimiert sind. Der »klassische Testmanager« wird hier in der Tat weitgehend überflüssig.

Anders sieht es bei den testfachlichen Aufgabenbereichen »Teststrategie festlegen« und »Test inhaltlich planen« aus. Scrum erwartet theoretisch, dass alle diese mit Testen zusammenhängenden Sachentscheidungen vom Team gemeinsam vorbereitet und getroffen werden. Wie in anderen Fachgebieten, so sind aber auch im Softwaretest ein ausreichendes Know-how und eine gewisse Erfahrung im Fachgebiet eine Voraussetzung für sachgerechte Entscheidungen.

*Ein Teammitglied mit Testexpertise wird benötigt.*

Deshalb sollte mindestens eine Person im Team »hauptamtlich« für Testen zuständig sein und über eine Ausbildung[21] und Erfahrung als professioneller Softwaretester verfügen. Diese Person steuert dann ihre spezielle Expertise bei, um die Softwaretests inhaltlich fachgerecht, risikoorientiert und wirtschaftlich aufzusetzen und über alle Sprints hinweg zu realisieren, und sie berät den Product Owner bezüglich Produktqualität und Produktfreigaben. Es spricht nichts dagegen, diese Person auch im Scrum-Team »Testmanager« zu nennen. Einen guten Beitrag können auch externe Testspezialisten leisten, die zur methodischen Unterstützung angefordert und eingesetzt werden.

*Fehlermanagement*

In agilen Projekten, und damit auch in Scrum, spielt das Fehlermanagement eine untergeordnetere Rolle als in klassischen Projekten. Das hat im Wesentlichen drei Gründe: Erstens kann ein Fehler durch die automatisierten Tests in der Regel beliebig reproduziert werden; zweitens arbeiten alle Teammitglieder eng zusammen und stehen in ei-

---

21. Der internationale Standard ist hier die Ausbildung und Zertifizierung zum ISTQB® Certified Tester. Weitere Informationen finden sich in Abschnitt 7.7.

nem ständigen, gegenseitigen Austausch[22], auch über aktuell bekannte Fehler und Codeprobleme. Und drittens werden Fehler im Idealfall sofort nach Entdeckung behoben. Aus diesen Gründen entfällt oftmals die Notwendigkeit, einen Fehler zu dokumentieren. Der Eintrag des Fehlers in das Fehlermanagementsystem brächte keinen Zusatznutzen. Denn der für die Behebung Verantwortliche kennt den Fehler oder kann ihn jederzeit reproduzieren und die Information über den Fehler muss auch nicht aufgehoben werden bis zur viel später erfolgenden Korrektur. Diese ideale Situation besteht zwar oft, aber eben auch in Scrum nicht immer! Deshalb ist es auch in Scrum-Projekten nötig, einen toolgestützten Prozess für das Fehlermanagement[23] aufzubauen und zu leben. Ein Eintrag in das Fehlermanagementsystem muss dann erfolgen, wenn einer der folgenden Gründe zutrifft:

- Wenn der Fehler nicht durch einen automatisierten Test aufgedeckt worden ist, sondern durch einen manuellen Test oder in einem sonstigen Kontext, dann dient die Fehlermeldung dazu, den Fehler reproduzieren zu können.
- Wenn der Fehler weiter gehende Analysen oder Entscheidungen erfordert, die weitere Programmierer oder Personen (in oder auch außerhalb des Teams) betreffen, dann wird eine Fehlermeldung benötigt, um die betroffenen Personen zuverlässig zu informieren (bei Integrationstests oder Systemtests ist dies sehr häufig der Fall).
- Wenn der Fehler nicht im selben Sprint behoben werden kann oder soll, dann stellt die Fehlermeldung sicher, dass die Behebung nicht vergessen wird.

### 3.8.3 Teststufen, Testpyramide, Testquadranten

Auch in einem agilen bzw. mit Scrum gesteuerten Projekt werden Tests auf jeder der aus dem V-Modell (s. Abb. 2–3) bekannten Teststufen benötigt! Diese Teststufen charakterisieren technisch unterschiedliche Tests, die unterschiedliche Ziele verfolgen und bei denen deshalb unterschiedliche Testmethoden und unterschiedliche Testwerkzeuge zum Einsatz kommen und spezialisiertes Test-Know-how benötigt wird.

---

22. Ursprung sind auch hier die Hauptpraktiken aus XP, wie »Räumlich zusammensitzen« oder »Pair Programming« (vgl. [Beck & Andres 04]).
23. Anforderungen an den Fehlermanagementprozess und den Inhalt von Fehlermeldungen liefert [ISO 29119], die [IEEE 829] ersetzt hat.

*V-Modell-Prinzipien gelten weiter.*

Die Prinzipien, die das V-Modell eingeführt hat, sind auch im agilen Projekt wichtig und gültig:

- Konstruktions- und Testaktivitäten (linke Seite/rechte Seite des »V«) tragen gleichberechtigt zum Produkt bei.
- Tests einer Teststufe prüfen das Produkt auf einer ganz bestimmten Abstraktionsebene.
- Prüfungen können den Charakter einer »Verifizierung« (haben wir das Produkt richtig entwickelt?) oder einer »Validierung« (haben wir das richtige Produkt entwickelt?) besitzen.

*Teststufen: parallel statt nacheinander*

Allerdings laufen im Scrum-Projekt diese Tests nicht nacheinander in aufeinanderfolgenden Projektphasen ab, sondern parallel innerhalb jedes Sprints. Im Idealfall täglich! Wie dies funktioniert, wird in den folgenden Kapiteln 4, 5 und 6 ausführlich dargestellt.

*Testpyramide: Verteilung der Tests über sämtliche Teststufen*

Die Testpyramide [Cohn 09] ist ein Konzept bzw. eine Metapher, die dem Scrum-Team hilft, zu überprüfen, ob die vorhandenen Testfälle angemessen über sämtliche Teststufen verteilt sind[24]. In einem vorbildlich arbeitenden Projekt sollte sich eine pyramidenförmige Verteilung ergeben, wie im rechten Teil der Abbildung 3–1 schematisch zu sehen:

**Abb. 3–1** *Testpyramide im klassischen vs. agilen Projekt*

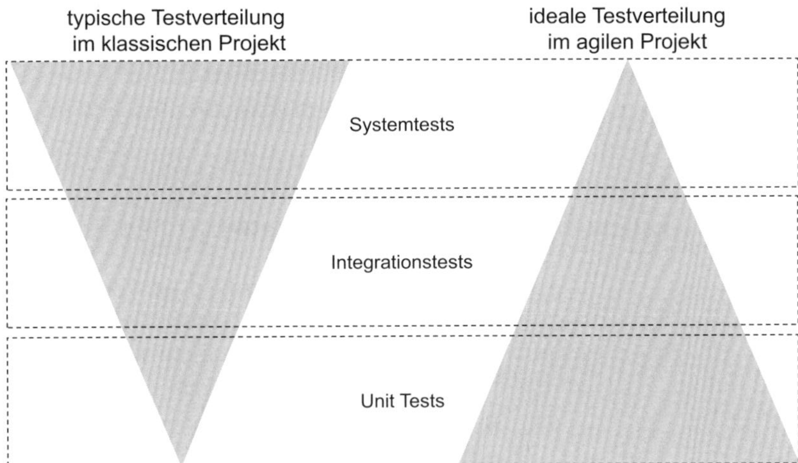


24. Dazu erhält jeder Testfall im Testmanagementwerkzeug ein Label, das markiert, welcher Teststufe der Testfall zugeordnet ist. Dann kann gezählt und visualisiert werden, wie viele Testfälle (manuelle und/oder automatisierte) je Stufe vorhanden sind, ob und wo die Verteilung optimiert werden sollte und wie sie sich von Sprint zu Sprint ggf. ändert.

Wie in Kapitel 4 beschrieben, können Unit Tests relativ einfach automatisiert werden und weisen kurze Laufzeiten auf. Die automatisierte Durchführung kann sehr schnell, beliebig oft und aufwandsarm erfolgen. Außerdem liefern sie den Programmierern frühestmögliches Feedback zu jeder Codeänderung. Daher wird ein agiles Team möglichst viele automatisierte Unit Tests erstellen, pflegen und einsetzen. Integrationstests (s. Kap. 5) ergänzen diese Unit Tests. Sie können ähnlich wie Unit Tests automatisiert erstellt und automatisiert ausgeführt werden. Die Testumgebung ist jedoch in der Regel komplexer und ihre Laufzeit ist im Schnitt länger als die der Unit Tests. Die Anzahl sollte daher geringer sein als die der Unit Tests. Tests auf Systemebene sind am aufwendigsten, sowohl was ihre Erstellung, Automatisierung als auch ihre Durchführung betrifft. Daher möchte ein agiles Team möglichst wenige Testfälle auf dieser Ebene ansiedeln und in Relation zu den Unit Tests wird es eine viel geringere Anzahl an Systemtests (automatisierte und manuelle) erstellen und einsetzen. Aus diesen Überlegungen heraus ergibt sich die oben gezeigte, anzustrebende pyramidenförmige Verteilung der Testfälle.

In klassisch arbeitenden Projekten war das Verhältnis oft genau andersherum (was teilweise heute immer noch zutrifft): Die als unabhängiges Team organisierte Systemtestgruppe besaß sehr viele manuelle Systemtests und hatte zusätzlich eine umfangreiche GUI-Testautomatisierung aufgebaut. Die in Sachen Qualitätssicherung und Testen teilweise wenig erfahrenen und gering motivierten Programmierer hatten keinerlei oder nur ansatzweise Unit Tests erstellt. Die Pyramide stand in solchen Projekten »auf dem Kopf«.

Teams, die vom klassischen Vorgehen auf ein agiles Vorgehen umstellen, sind deshalb meistens mit der Herausforderung konfrontiert, massiv in die Entwicklung zusätzlicher Unit Tests und Integrationstests investieren zu müssen.

*Testquadranten: Katalog der zu berücksichtigenden Testarten*

Anhand des Konzepts der Testquadranten (beschrieben von Brian Marick 2003 in [URL: Testing-Quadrants] und [Crispin & Gregory 08]) kann das Team überprüfen, ob es alle wichtigen Testarten auf den dazu passenden Teststufen durch Testfälle berücksichtigt hat. Das Modell klassifiziert Testarten entlang zweier Achsen: Auf der y-Achse werden technologieorientierte (technology facing) vs. geschäftsprozessorientierte (business facing) Tests unterschieden, auf der x-Achse teamunterstützende (support programming, support team) vs. produkthinterfragende (critique, evaluate product) Tests. Daraus resultiert die Einteilung von Testarten in die folgenden vier Quadranten:

- Q1:
  Technologieorientierte Tests zur Absicherung von neuem oder geändertem Code (die Programmierer unterstützend) → automatisierte Unit Tests und Integrationstests.
- Q2:
  Geschäftsprozessorientierte Tests zur Absicherung von neuem oder geändertem Code → manuelle und automatisierte, funktionale Tests auf Systemebene.
- Q3:
  Geschäftsprozessorientierte manuelle Tests, die das Produkt hinterfragen → explorative Tests, Usability-Tests, Benutzerakzeptanz-/Abnahmetests, Alpha- und Beta-Tests.
- Q4:
  Technologieorientierte Tests, die das Produkt hinterfragen → Performanz-, Last-, Stress- und Skalierbarkeitstests, Tests auf Zugriffssicherheit (Security), Wartbarkeit, Kompatibilität, Interoperabilität, Datenmigration, Infrastruktur und Wiederherstellung. Diese Tests werden oft automatisiert durchgeführt.

**Abb. 3–2**
*Die Testquadranten*

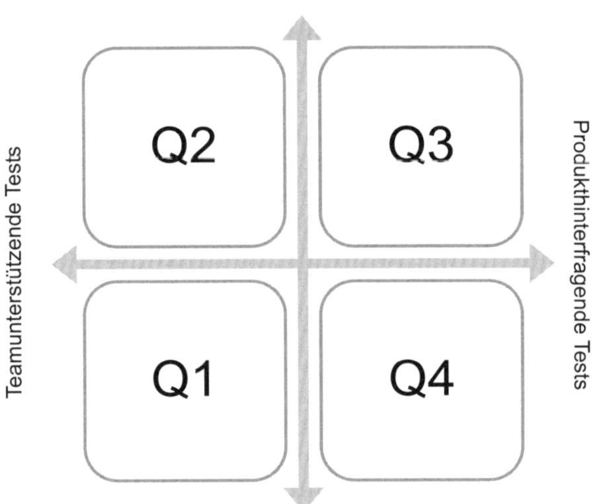

### 3.8.4 Agile Testpraktiken

*Klassische Testdesigntechniken als Basis*

Auch in agilen Projekten sind die grundlegenden, klassischen Testdesigntechniken, wie Äquivalenzklassenanalyse, Grenzwertanalyse oder zustandsbasierter Test, unverzichtbar[25].

Der Scrum Master oder das in der Rolle des Testmanagers tätige Teammitglied muss dafür sorgen, dass diese klassischen Techniken angewendet werden. Ein einfacher Einstieg gelingt durch die intuitive Anwendung der Techniken in Mindmapping-Sitzungen: Hier werden in Gruppenarbeit Testziele, mögliche Testfälle und zugehörige Testdaten gesammelt und in einer Mindmap ([URL: Mindmap]) strukturiert und dokumentiert. Parallel sollten Schulungen der Techniken stattfinden, an denen alle Teammitglieder, auch diejenigen, die sich primär als Programmierer sehen, teilnehmen (s.a. Abschnitt 7.7).

*Ergänzende Praktiken*

Zusätzlich sind folgende ergänzende Praktiken für agile Teams beim Entwickeln von Testfällen hilfreich:

- **Inkrementelles Testdesign:**
  Zunächst werden (z.B. für eine User Story) einfache Testfälle entworfen und angewendet. In den folgenden Sprints werden diese Testfälle dann um komplexere Varianten oder Sonderfälle angereichert. Das heißt, es gibt keine »fertige« Testspezifikation, sondern die Tests wachsen über das gesamte Projekt hinweg.
- **Requirements-Engineering-Techniken:**
  Jede der in Abschnitt 3.4 vorgestellten Techniken zur Ermittlung und Dokumentation von Anforderungen kann und soll auch eingesetzt werden, um Testfälle zu identifizieren, mit denen die Erfüllung der jeweiligen Anforderung bzw. ihrer Akzeptanzkriterien überprüft werden kann.
- **Arbeiten in Zweiergruppen (Pairing):**
  Zwei Teammitglieder (z.B. Tester und Entwickler, zwei Tester, zwei Programmierer) entwerfen Testfälle gemeinsam bzw. im Dialog (s.a. Abschnitt 6.5.2).

### 3.8.5 Zielbild für agiles Testen

In Abschnitt 3.1 wurde erläutert, warum es wichtig ist, dass ein agiles Team mit der »Produktvision« über ein Zielbild verfügt, wie das zu erstellende Produkt einmal aussehen soll, damit über die Iterationen bzw. Sprints hinweg darauf hingearbeitet werden kann.

---

25. Eine Beschreibung dieser grundlegenden Testentwurfsverfahren findet sich z.B. in [Spillner & Linz 19]. Die agilen Testtechniken ergänzen diese.

Auch für die testbezogenen Arbeitsweisen und Projektergebnisse sollte das Team ein gemeinsames Zielbild besitzen, damit auch die Testaufgaben über die Sprints hinweg ineinandergreifen. Die folgenden allgemeinen Leitlinien können als Benchmark dienen, anhand derer das Team sein projektspezifisches Zielbild ableiten kann:

- **Frühzeitiges Testen (Early Testing, »Shift-Left«):**
  Arbeitsergebnisse (Deliverables) sollen zum jeweils frühestmöglichen Zeitpunkt überprüft werden, also möglichst unmittelbar, nachdem das betreffende Arbeitsergebnis vorliegt. Beispiele hierfür sind:
  - Das Überprüfen der Produktanforderungen durch intensive Abstimmung mit den Stakeholdern und das Einfordern von Rückbestätigung zu jeder erfassten Anforderung (s. Abschnitt 3.4).
  - Das Überprüfen von Spezifikationen und Sourcecode durch Reviews (s. die Abschnitte 4.5, 6.6, 6.10 und 7.5).
  - Das Verlagern von Testfällen (inklusive nicht funktionaler Tests) vom Systemtest in den Unit Test und Integrationstest (s. »Testpyramide« in Abschnitt 3.8.3).
  - Das Schreiben von (automatisierten) Tests vor der Erstellung des Produktcodes (s. »Test First« in den Abschnitten 4.2 und 6.5).
  - Ein automatisierter CI/CD-Prozess inklusive statischer Codeanalyse (siehe Abschnitt 5.5).

Allen diesen Maßnahmen ist gemeinsam, dass (aus Sicht eines klassischen, wasserfallartigen Entwicklungsprozesses) Prüfungen und Tests in frühere Prozessphasen verschoben werden – also nach links im Prozessdiagramm. Diese Maßnahmen werden daher auch als »Shift-Left«(-Strategie) bezeichnet.

- **Kontinuierliches Testen (Continuous Testing):**
  Prüfungen und Tests finden in jedem Sprint statt und innerhalb jedes Sprints kontinuierlich. Dies beinhaltet sowohl den (erstmaligen) Test neuer oder geänderter Arbeitsergebnisse als auch den regelmäßigen Regressionstest vorhandener Komponenten auf jeder Teststufe (s. Kap. 4, 5 und 6).
- **Automatisiertes Testen:**
  Manuelle Prüfungen und Tests werden automatisiert (soweit das für die betreffende Prüfung wirtschaftlich und technisch machbar ist) und als automatisierter Prüfschritt in den CI/CD-Prozess eingefügt (s. Abschnitte 5.5 und 6.4).

- **Produktüberwachung im Betrieb (Product Monitoring, »Shift-Right«):** An Produktversionen, die bei Anwendern im Einsatz sind, werden Daten erhoben, die Informationen liefern, wie sich das Produkt im »Echtbetrieb« verhält. Diese Informationen gehen als Feedback systematisch in die Feature-Planung der nächsten Releases ein. Derartige Maßnahmen (die aus Sicht eines klassischen, wasserfallartigen Entwicklungsprozesses Prüfungen in den Betrieb – also nach rechts im Prozessdiagramm – verlagern, werden auch als »Shift-Right«(-Strategie) bezeichnet und sind ein wichtiges Element im DevOps-Ansatz (siehe Abschnitt 6.10).

## 3.9 Agiles Planen einführen

Wenn ein agiles Projekt startet und erst recht, wenn ein agiles Vorgehen (zum Beispiel nach Scrum) erstmalig eingeführt wird, dann muss der Scrum Master sicherstellen, dass zu Beginn die oben besprochenen Planungsinstrumente (Team Charta mit den Spielregeln des Teams, Produktvision, Architekturvision, initiales Product Backlog, User Story Map) vom Product Owner in Zusammenarbeit mit dem Team tatsächlich erarbeitet werden.

Dabei geht Prägnanz vor Detailtiefe:

- Eine kurze Liste der Top-10-Features ist hilfreicher als ein umfangreiches Lastenheft.
- Eine grobe Skizze der Systemarchitektur ist hilfreicher als ein ausgefeiltes UML-Diagramm.
- Die Zuordnung der Prio-1-Themen zu den nächsten drei Sprints ist hilfreicher als der Versuch, das gesamte Product Backlog auf die Serie aller künftigen Sprints abzubilden.

*Sprint Zero*

In manchen Projekten wird die gesamte erste Iteration des Projekts ausschließlich solchen Planungs- und Vorbereitungsarbeiten (z.B. die Auswahl, Beschaffung und Installation der Entwicklungs- und Testwerkzeuge/Frameworks oder die Diskussion und initiale Erstellung der Teststrategie) gewidmet. Diese das Projekt »vorbereitende« Iteration wird oft als »Sprint Zero« oder »Sprint Null« bezeichnet.

*Schatten-Backlogs verhindern*

Beim Führen der Backlogs ist immer wieder darauf zu achten, dass alle Aufgaben, die für das Team und das Produkt eine Rolle spielen, in das Backlog aufgenommen werden. Passiert das nicht, entstehen schnell »Schatten-Backlogs«, also private Arbeitspunktelisten der Teammitglieder.

Wenn einzelne Mitarbeiter dem Team nur in Teilzeit zuarbeiten bzw. andere Aufgabenbereiche parallel verantworten, dann muss in der Sprint-Planung dieser reduzierten Teamkapazität realistisch Rechnung getragen werden. Wenn beispielsweise ein Teammitglied nebenbei auch Kundensupportaufgaben wahrnimmt, dann kann es nicht mit 100 % Kapazität im Sprint eingeplant werden. Das Team sollte nicht darauf spekulieren, dass in diesem Sprint weniger Support anfallen wird als sonst.

Und der Scrum Master muss darauf achten, dass testbezogene Aufgaben nicht vergessen oder vernachlässigt werden.

## 3.10 Checkfragen und Übungen

### 3.10.1 Self-Assessment

*Fragen, anhand derer die Leserinnen und Leser nach jedem Kapitel ihre eigene Situation bzw. ihr eigenes Projekt hinsichtlich »wie agil sind wir« beurteilen können.*

1. Sind Produkt- und Architekturvision für mein Projekt/Produkt explizit formuliert? Wie lauten diese? Wer hat diese Dokumente erstellt? Wer pflegt diese?
2. Wie werden Anforderungen ermittelt? Werden die wesentlichen Schritte des 3C-Konzepts durchlaufen? Wie gestaltet sich der Dialog mit den Stakeholdern?
3. Wie werden Anforderungen notiert? Gibt es ein Satzschema als Vorlage? Werden Akzeptanzkriterien dokumentiert?
4. Erfüllen beispielhaft herausgenommene Anforderungen aus meinem Backlog die INVEST-Kriterien für eine gute Anforderungsbeschreibung?
5. Wie sieht das Product Backlog meines Projekts aus? Wie ist es strukturiert? Wer pflegt das Product Backlog? Anhand welcher Kriterien werden die Product-Backlog-Einträge priorisiert?
6. Gibt es eine Sprint-übergreifende Planung? Wird eine User Story Map eingesetzt? Wie verbindlich ist diese Planung?
7. Wie sieht das Sprint Backlog meines Projekts aus? Wie ist es strukturiert? Wer pflegt das Sprint Backlog? Wer darf Einträge verändern? Ist der Sprint geschützt?
8. Wie sieht die »Definition of Done« meines Teams aus?
9. Besitzt mein Team eine »Team Charta«? Wenn nein, wo und durch wen wurden die Spielregeln des Teams festgelegt?
10. Wie sieht das »Testmanagement« aus? Gibt es einen Testmanager? Wer erledigt die Aufgaben dieser Rolle?

11. Welche Teststufen unterscheiden/praktizieren wir? Wie viele Testfälle sind auf Unit-, Integrations- und Systemtestebene jeweils vorhanden? Wie viele davon liegen automatisiert vor?
12. Haben wir ein Zielbild, wohin wir unser Testvorgehen entwickeln wollen?

### 3.10.2 Methoden und Techniken

*Fragen, anhand derer die Leserinnen und Leser nach jedem Kapitel den Stoff rekapitulieren können.*

1. Wozu dient die Architekturvision?
2. Was ist der Unterschied zwischen »Product Backlog« und »Sprint Backlog«?
3. Was sind die Unterschiede zwischen »Use Case«, »User Story« und »Epic«?
4. Wozu dient eine »User Story Map«?
5. Warum muss in der Sprint-Planung eine genaue Aufwandsschätzung aller für den Sprint vorgesehenen Aufgaben vorgenommen werden?
6. Was bedeutet die Formulierung »der Sprint ist geschützt«?
7. Wie werden Test- und QS-Arbeiten im »Sprint Backlog« dargestellt?
8. Wozu dient die »Team Charta«?
9. Erläutern Sie den agilen Requirements-Engineering-Prozess und den Zusammenhang mit dem »3C-Konzept«.
10. Nennen und erläutern Sie die »INVEST-Kriterien«. Wozu dienen sie?
11. Erläutern Sie das Konzept der Testpyramide.
12. Erläutern Sie das Konzept der Testquadranten und nennen Sie die in jedem Quadranten enthaltenen Testarten.
13. Was ist eine »Story Card«?
14. Was ist ein »Sprint Zero«?

### 3.10.3 Weiterführende Übungen

*Übungen und Fragen, anhand derer die Leserinnen und Leser einige Punkte, die im Kapitel eventuell nur angerissen wurden, weiter durchdenken können.*

1. Erläutern Sie, in welchen Aspekten die Architekturvision bzw. die Sollarchitektur des Produkts die Sprint-Planung beeinflusst.
2. Formulieren Sie die im Backlog aus Fallbeispiel 3–3 fehlenden Akzeptanzkriterien.
3. Formulieren Sie Tests, die Sie durchführen würden, um festzustellen, ob eine Produktversion diese Akzeptanzkriterien erfüllt.
4. Auf welcher Ebene im V-Modell ordnen Sie diese Tests ein?

# 4 Unit Tests und Test First

*Kapitel 4 erklärt, was Unit Tests leisten und wie Unit Tests automatisiert werden. Systemtester, Fachtester oder Projektbeteiligte ohne oder mit wenig Programmiererfahrung finden hier Grundlagen über Techniken und Werkzeuge im entwicklungsnahen Test, die ihnen helfen, enger mit Programmierern und Unit-Testern zusammenzuarbeiten. Teammitglieder mit Erfahrung im Unit Test erhalten Hinweise, die ihnen helfen, ihre Unit Tests zu verbessern. Ausgehend von diesen Grundlagen wird »Test First« vorgestellt und die hohe Bedeutung dieser Praktik für agile Projekte erläutert.*

## 4.1 Unit Tests

Der Begriff »Unit Test« wird häufig mit dem Begriff »Entwicklertest« gleichgesetzt und subsumiert dann alle Arten von Tests, die von den Entwicklern einer Software selbst durchgeführt werden. Diese Unterscheidung anhand des verantwortlichen Personenkreises mag in klassischen Projekten (mit getrennten Testteams für Integrations- und Systemtest) teilweise sinnvoll gewesen sein. Im Scrum-Projekt, wo alle Aufgaben vom Team gemeinsam erledigt werden, ist diese Unterscheidung nicht mehr zielführend. Sinnvoller ist es, die Tests nach den unterschiedlichen Testobjekten einzuordnen, die den jeweiligen Tests unterzogen werden.

*Unit Tests prüfen interne Aspekte eines isolierten Softwarebausteins.*

Mit Unit Tests[1] werden alle dynamischen[2] Tests bezeichnet, die einen einzelnen Softwarebaustein prüfen. Nach [Spillner & Linz 19] ist kennzeichnend, dass der betreffende Softwarebaustein isoliert von

1. Das ISTQB® Glossary [URL: ISTQB-Glossar] verwendet das Synonym »Komponententests« (engl. »Component Tests«). Der Begriff »Unit Test« ist allerdings, insbesondere in der Entwicklergemeinde, nach wie vor der mehrheitlich verwendete Begriff.
2. Ein »dynamischer« Test ist ein Test, bei dem das Testobjekt durch den Test ausgeführt wird. Im Gegensatz dazu gibt es »statische Prüfungen«, die das Testobjekt bzw. dessen Struktur lediglich analysieren, aber das Testobjekt nicht ausführen (vgl. [Spillner & Linz 19]).

anderen Bausteinen des Systems überprüft wird. Die Isolierung hat dabei den Zweck, bausteinexterne Einflüsse auszuschließen. Deckt der Test eine Fehlerwirkung auf, lässt sich diese dann klar dem getesteten Baustein zuordnen und die Suche nach der Fehlerursache wird so erleichtert.

Bei nicht objektorientierter Programmierung können Funktionen, Module oder Skripte als Bausteine bzw. elementare Einheiten auftreten. In der objektorientierten Programmierung[3] sind »Klassen« und deren Methoden die kleinsten Bausteine, die isoliert ausführbar und somit isoliert testbar sind. Da die objektorientierte Programmierung heute der Regelfall ist, wird in diesem Kapitel das Thema Unit Tests am Beispiel des Tests von Klassen erklärt[4].

### 4.1.1 Klassen und Objekte

Eine Klasse besteht aus einem Satz von Variablen (auch »Attribute« oder »Eigenschaften« genannt) und einem Satz von Methoden (in verschiedenen Programmiersprachen auch »Funktionen« genannt). Die Variablen können abhängig von ihrem Typ mit verschiedenen Werten belegt werden. Die Methoden operieren auf den Variablen und manipulieren deren Werte.

Eine Klasse ist allerdings »nur« ein abstraktes Schema. Bei der Programmausführung werden aus dem abstrakten Klassenschema konkrete (im Speicher des ausführenden Rechners vorhandene) Objekte erzeugt. Diese Objekte sind Instanzen des jeweiligen durch die Klasse definierten Schemas. Ihr Verhalten ist durch die Programmanweisungen, also die Methoden der Klasse, festgelegt. Aus der Belegung aller Variablen eines Objekts zu einem bestimmten Zeitpunkt resultiert der Zustand des betreffenden Objekts zu diesem Zeitpunkt. Ein Objekt kann, verursacht durch wertändernde Zugriffe auf seine Variablen, seinen Status über die Zeit ändern. Verschiedene Objekte, erzeugt aus ein und derselben Klasse, besitzen somit in aller Regel voneinander abweichende Zustände. Anhand der Klasse `Device`[5] des eHome-Controllers lässt sich das sehr gut veranschaulichen:

---

3. Eine Einführung in das Thema »Test objektorientierter Software« bietet z.B. [Vigenschow 10].
4. Die zu testende »Unit« kann auch eine aus mehreren (elementaren) Bausteinen zusammengesetzte Einheit sein und auch solche zusammengesetzten Einheiten können Unit Tests unterzogen werden. Alle Ausführungen dieses Kapitels gelten daher sinngemäß auch für den Test solcher zusammengesetzten Einheiten.

**Fallbeispiel eHome-Controller 4–1a: Klasse »Device«**

In der GUI des eHome-Controllers soll der aktuelle Schaltzustand jedes angeschlossenen elektrischen Geräts angezeigt werden (vgl. Product Backlog »Steuern und Messen«, Fallbeispiel 3–3).

Um das zu erreichen, programmiert das Team eine Klasse `Device`, wobei jedes Objekt dieser Klasse ein Gerät (z.B. eine bestimmte Lampe im eHome) repräsentieren soll. Dazu besitzt die Klasse die Variable `$status`, die den aktuellen Schaltzustand des betreffenden Geräts darstellen soll. Über die Methoden `set_status()` und `get_status()` kann der Schaltstatus verändert bzw. ausgelesen werden:

```
class Device {                                          // version 1
    public $name = '';
    public $status = '';
    public function __construct($my_name) {
          $this->name = $my_name;
    }
    public function set_status ($new_status) {
          $this->status = $new_status;
    }
    public function get_status () {
          return $this->status;
    }
}
```

Die Klasse `Device` existiert als Programmcode im eHome-System nur einmal, kann aber zur Laufzeit beliebig viele `Device`-Objekte erzeugen, z.B. ein Objekt »Küchenlicht« oder eine »Steckdose Flur«. Alle diese Objekte verhalten sich gleichartig, wie auch von der Klasse `Device` vorgesehen. Dennoch kann jedes individuelle Gerät zu einem bestimmten Zeitpunkt einen unterschiedlichen Status besitzen, z.B. das Küchenlicht ist *ein*, die Steckdose im Flur *aus*.

Aus den oben erläuterten grundlegenden Eigenschaften von Klassen und Objekten lässt sich die Aufgabenstellung im Unit Test unmittelbar ableiten: Es muss getestet werden, ob die Klasse korrekt arbeitet, und zwar unter Beachtung der unterschiedlichen Objektzustände, die die Klassenobjekte einnehmen können. Die beiden folgenden Abschnitte erklären die dazu nötigen Testmethoden.

---

5. Die Beispielklasse ist, wie alle Codebeispiele in diesem Buch, in »PHP« geschrieben. Obwohl es vollwertige Methoden sind, werden diese in »PHP« mit dem vorangestellten Schlüsselwort »function« definiert. Bezeichner für Variablen müssen mit einem einleitenden »$« beginnen. Der Operator für den Zugriff auf Objekte, Variablen oder Methoden ist »->«. Eine Einführung in »PHP« bietet z.B. [Gutmans et al. 05]. Weiterführende Konzepte erklärt z.B. [Schlossnagle 06]. Online findet man Informationen unter [URL: PHP]. (Unit-)Testen von PHP-Programmen wird in [Bergmann & Priebsch 10] erklärt.

### 4.1.2 Test der Methoden einer Klasse

Was ist nötig, um durch Unit Tests zu prüfen, ob eine Klasse »korrekt« arbeitet? Eine naheliegende Antwort lautet »jede Methode der Klasse muss getestet werden«. Im eHome-Beispiel schreibt das Team dazu eine zur Klasse `Device` korrespondierende Testerklasse, die die Testfälle für `Device` enthält, und nennen diese `DeviceTest`:

**Fallbeispiel eHome-Controller 4–1b:**
**Testerklasse `DeviceTest`**

```
include 'Device.php';                          // the class to be tested
class DeviceTest {                                          // version 1
    public function test_KitchenLightOn() {
        $device = new Device('kitchen light');                  // setup
        $device->set_status('on');                     // test procedure
        if ($device->status == 'on')                            // check
            $myResult = TRUE;
        else $myResult = FALSE;
    unset($device);                                          // teardown
    return $myResult;
}
}
$myTestSuite = new DeviceTest();
$myTestResult = $myTestSuite->test_KitchenLightOn();
if ($myTestResult == TRUE)                           // execute test case
        echo 'passed';
else    echo 'failed';
```

Die Klasse `DeviceTest` im obigen Beispiel enthält mit `test_KitchenLightOn` nur einen einzigen, sehr einfachen Testfall. Dieser macht aber den prinzipiellen Aufbau eines Unit Test schon gut sichtbar:

- Ein Testfall wird nach einem festen Schema aufgebaut:
  - **setup:**
    Das Testobjekt wird erzeugt bzw. initialisiert, im Beispiel ein Objekt mit Namen `kitchen light`.
  - **test procedure:**
    Die eigentlichen Testschritte werden ausgeführt. Im Beispiel wird über die Methode `set_status()` der Status des `kitchen light`-Objekts auf on gesetzt und anschließend der resultierende Wert gelesen.

- **check/assert:**
  Ein Soll-Ist-Vergleich prüft, ob der Test geglückt oder fehlgeschlagen ist (passed/failed). Da der Testfall im Beispiel prüfen soll, ob die Methode `set_status()` korrekt arbeitet, wird einfach verglichen, ob der Wert der Objektvariablen `status` derselbe ist, der per `set_status()` vorher gesetzt wurde.
- **teardown:**
  Durch geeignete »Aufräum«-Schritte wird der Ausgangszustand wiederhergestellt. Zweck ist, dass der Testfall sein Testobjekt und die Testumgebung so hinterlässt, wie er es »vorgefunden« hat. Wird dies diszipliniert gemacht, sind alle Testfälle voneinander unabhängig und können deshalb in beliebiger Reihenfolge ausgeführt werden. Im Beispiel wird das im **setup** erzeugte `kitchen light`-Objekt wieder gelöscht[6].

- Ein Testfall dient zum Test genau einer Methode!
  - Wenn in den Abschnitten **test procedure** und **check** des Testfalls folgende Anweisungen ergänzt werden, kann die zweite Klassenmethode `get_status()` im selben Testfall mit überprüft werden:

```
...
   $device = new Device('kitchen light');                    // setup
   $device->set_status('on');                   // test procedure step 1
   $status_read = $device->get_status();        // test procedure step 2
   if ($status_read == 'on')                                 // check
         $myResult = TRUE;
      else$myResult = FALSE;
   unset($device);                                        // teardown
...
```

  - Wenn der Testfall scheitert und `failed` zurückliefert, sieht der Tester am Ergebnis dann aber nicht, ob `set_status()` oder `get_status()` die Ursache für das Fehlverhalten war. Das erschwert die Fehleranalyse. Deshalb ist es guter Stil, jeden Testfall möglichst auf einen einzigen Prüfaspekt zu beschränken.

6. Im Beispiel ist dieser »teardown«-Abschnitt eigentlich nicht nötig, denn das Aufräumen bzw. Zerstören des (im 'setup') zuvor erzeugten Objekts erledigt PHP beim Verlassen der Methode test_KitchenLightOn() automatisch. In Programmiersprachen (wie z.B. in C oder C++), die keine solche automatische Speicherbereinigung besitzen, muss das Zerstören erzeugter Objekte – wie im Beispiel – von Hand codiert werden.

Wenn `test_KitchenLightOn` ausgeführt wird, dann werden 6 von 8 Codezeilen der Klasse `Device` durchlaufen, was 6/8 = 75 % Line Coverage entspricht. In der Version mit eingebautem Test von `get_status()` (mittels `$status_read = $device->get_status()`) werden sogar 100 % Line Coverage erreicht! Das liegt natürlich daran, dass die Klasse `Device` derart einfach ist. Aber die Schlussfolgerung, dass das Testobjekt deshalb korrekt ist, wäre ein fataler Irrtum. Die Klasse `Device` weist erhebliche Mängel auf:

- Die Variable `$status` soll laut ihrer Spezifikation den aktuellen Schaltzustand eines Geräts darstellen, und zwar über die Werte `on` oder `off`. Das funktioniert auch. Nur leider kann an `$status` auch jeder beliebige andere Wert zugewiesen werden, z.B. `'30%'`. Für eine Steckdose macht das aber keinerlei Sinn. Die Klasse `Device` muss daher sicherstellen, dass `$status` ausschließlich die beiden Zustandswerte `on` oder `off` annehmen kann. Dazu muss in der Methode `set_status()` eine entsprechende Sicherheitsabfrage ergänzt werden.
- Wenn diese Sicherheitsabfrage eingebaut ist, muss anschließend noch verhindert werden, dass `$status` direkt (also unter Umgehung von `set_status()`) manipuliert werden kann. Derzeit sind alle Variablen der Klasse als `public` deklariert, also von außen zugänglich. Selbst wenn ein verbessertes `set_status()` garantiert, dass `$status` nur noch mit `on` oder `off` belegt werden kann, so wäre es immer noch möglich, mit `$device->status='30%'` einen eigentlich unzulässigen Statuswert zuzuweisen. Die Klasse könnte dann Zustände annehmen, die ihre Methoden nicht verarbeiten können oder die der gewollten Funktionsweise der Klasse zuwiderlaufen. Deshalb muss jeder direkte Zugriff auf `$status` verhindert werden, indem diese Klassenvariable als `private` deklariert wird.
- Auch die Variable `$name` ist `public` und muss als `private` deklariert werden. Ein weiterer Schwachpunkt bzgl. `$name` ist, dass `$name` zwar beim Erzeugen eines Objekts über den Klassenkonstruktor `__construct()` gesetzt wird, aber später nicht mehr ausgelesen werden kann. Offensichtlich fehlt eine Methode `get_name()`. Sobald `$name` als `private` deklariert ist, stellt sich dann die Frage, ob nun auch eine Methode `set_name()` benötigt wird. Die Spezifikation sagt dazu nichts aus. Ob `set_name()` erforderlich ist, hängt davon ab, wie man elektrische Verbraucher modellieren möchte: Geht man davon aus, dass Geräte ihren Platz wechseln können, dann wird man den Namen änderbar machen (`kitchen light` könnte dann z.B. zu `floor light` verändert werden); meint man mit `kitchen light` aber »die Lampe, die am Stromkabel in der Mitte der

Küchendecke hängt«, dann ist ein konstanter Name vermutlich »realitätsnäher«.

Keiner dieser Mängel der Beispielklasse `Device` ist von obigem Unit Test adressiert, geschweige denn aufgedeckt worden. Folgendes lässt sich daraus lernen:

- Eine Codezeilenabdeckung (Line Coverage) kleiner 100 % zeigt an, dass Testfälle fehlen. Aber der Umkehrschluss ist unzulässig! Eine Coverage von 100 % bedeutet nicht, dass die Testfälle ausreichen.
- Bereits im Unit Test werden anforderungs- oder spezifikationsbasierte Testfälle benötigt. Werden Unit Tests ausschließlich codestrukturbasiert (Whitebox-Tests) entworfen, lässt sich nicht feststellen, ob Anforderungen fehlinterpretiert oder vergessen wurden.
- Um gewisse Codeeigenschaften (z. B. »alle Variablen sind `private`«) zu prüfen, sind statische Codeanalysen oder Codereviews geeignetere Maßnahmen als ein dynamischer Test.
- Die Faustregel »Jede Methode muss getestet werden« ist nicht falsch. Aber nur ein Testfall je Methode ist (außer bei parameterfreien Methoden) viel zu wenig! Selbst zum Test der trivialen Methode `set_status()` sind mindestens 4 Testfälle nötig, und zwar je einer für die Werte `'on'`, `'off'`, `'30%'` und `''`[7]. Das heißt, je Methode müssen über Äquivalenzklassenanalyse und Grenzwertanalyse[8] ausreichend viele Testfälle systematisch ermittelt werden.

*Codedesign und Refactoring*

Wie in den obigen Ausführungen deutlich wird, hängt im Unit Test die Anzahl der nötigen Testfälle und damit der Testaufwand stark vom Design des Sourcecodes ab. Aufwandstreiber sind hier insbesondere eine hohe Anzahl von Methodenparametern und komplexe, verschachtelte Bedingungsabfragen innerhalb der Methode. Das Team sollte deshalb in seinen Codereviews für jede Methode prüfen, ob diese ggf. so überarbeitet (refaktorisiert) werden können, dass die Zahl der Methodenparameter verringert werden kann und Bedingungsabfragen vereinfacht werden können.

Nachdem das eHome-Team die oben geschilderten Probleme erkannt hat, wird die Klasse `Device` zu der folgenden zweiten Version verbessert:

---

7. Die beiden gültigen Werte, ein ungültiger Wert und eine Variante mit einem nicht gesetzten Parameter (»leere« Zeichenkette).
8. Eine Beschreibung dieser Testentwurfsverfahren findet sich z. B. in [Spillner & Linz 19].

**Fallbeispiel eHome-Controller 4–2a:
verbesserte Klasse `Device`**

```
class Device {                                          // version 2
   private $name;
   private $status;
   public function __construct($my_name) {
      $this->name = $my_name;
      $this->status = 'unknown';
   }
   public function get_name () {
      return $this->name;
   }
   public function set_status ($new_status) {
      if (is_validStatus($new_status)){
         $this->status = $new_status;
         return TRUE;
         }
      else return FALSE;
   }
   public function get_status () {
      return $this->status;
   }
   private function is_validStatus ($status) {
      if ($status=='on' OR $status=='off')
         return TRUE;
      else return FALSE;
   }
}
```

Die `public`-Methoden der verbesserten Klasse bilden das öffentliche Interface (API) der Klasse `Device` und müssen durch hinreichend viele Testfälle abgedeckt werden. Die Leserinnen und Leser mögen zur Übung selbst durchspielen, welche Line Coverage sich ergibt, wenn man obigen Testfall `test_KitchenLightOn` nun auf diese neue Version 2 der Klasse `Device` ausführt (vgl. Abschnitt 4.6.2). Auch das eHome-Team diskutiert diese Frage und verbessert die Klasse `DeviceTest`:

**Fallbeispiel eHome-Controller 4–2b:
verbesserte Testerklasse `DeviceTest`**

Der zuständige Programmierer ergänzt in `DeviceTest` einen Testfall für den Statuswert `'30%'`. Da die Variable `$status` der Klasse `Device` jetzt als `private` deklariert ist, kann ein Testfall die Variable `$status` nicht mehr direkt abfragen, sondern muss dazu die passende API-Methode des Testobjekts `getStatus()` verwenden.

→

Die Klasse DeviceTest (Version 2.1) enthält nun zwei Testfälle, die nach gleichem Schema aufgebaut sind und die sich eigentlich nur im Abschnitt test procedure unterscheiden. Alle anderen Codezeilen wiederholen sich. Zur Verbesserung der Codequalität lagert der Programmierer redundanten Code in eine übergeordnete Klasse TestFrame aus[a]. Zusätzlich ergänzt er die noch fehlenden Testfälle für 'off' und ''. Version 2.2 der Klasse DeviceTest sieht jetzt folgendermaßen aus:

```
include 'Device.php';                          // the class to be tested
include 'TestFrame.php';    /// simple home made Unit Test Framework
class DeviceTest extends TestFrame {                        // version 2.2
   public function test_KitchenLightOn() {
      $device = new Device('kitchen light');                     // setup
      $device->set_status('on');                        // test procedure
      $this->assertEquals('on', $device->get_status()
               , 'KitchenLightOn');                              // check
      unset($device);                                         // teardown
   }
   public function test_KitchenLightOff() {
      $device = new Device('kitchen light');                     // setup
      $device->set_status('off');                       // test procedure
      $this->assertEquals('off', $device->get_status(),
               'KitchenLightOff');                               // check
      unset($device);                                         // teardown
   }
   public function test_setStatusInvalid30() {
      $device = new Device('kitchen light');                     // setup
      $device->set_status('30%');                       // test procedure
      $this->assertEquals('unknown', $device->get_status(),
               'setStatusInvalid30');                            // check
      unset($device);                                         // teardown
      }
   public function test_setStatusInvalidEmpty() {
      $device = new Device('kitchen light');                     // setup
      $device->set_status('');                          // test procedure
      $this->assertEquals('unknown', $device->get_status(),
               'setStatusInvalidEmpty');                         // check
      unset($device);                                         // teardown
   }
}
$myTestSuite = new DeviceTest();
$myTestSuite->test_KitchenLightOn();           // execute test case 1
$myTestSuite->test_KitchenLightOff();          // execute test case 2
$myTestSuite->test_setStatusInvalid30();       // execute test case 3
$myTestSuite->test_setStatusInvalidEmpty();    // execute test case 4
$myTestSuite->printResult();
```

→

Aus dem Ablauf der Tests resultieren 100% Line Coverage. Im anschließenden Review der Testfälle weist der Testpartner des Programmierers jedoch darauf hin, dass diese Testfälle das Testobjekt trotzdem nicht adäquat prüfen! Denn gegenüber Version 1 der zu testenden Klasse `Device` wurden drei Codeänderungen vorgenommen:

- Im Konstruktor wird der initiale Status mit dem (hierdurch neu eingeführten) Wert `unknown` initialisiert.
- `set_status()` lässt nur noch gültige Statuswerte zu.
- Die Gültigkeitsprüfung der Statuswerte wird in der neuen Methode `is_validStatus()` erledigt.

Die wesentliche, neue Funktionalität der Klasse `Device` ist in der neuen Methode `is_validStatus()` enthalten, die darüber »entscheidet«, welche Werte »gültige« Statuswerte sind. Ein ausreichender Test von `is_validStatus()` muss überprüfen, ob die Methode gültige Werte als »gültig« erkennt und alle ungültigen Werte abweist.

Genau das prüfen die Testfälle aber nicht! Sie prüfen lediglich das Verhalten von `set_status()`. Zwar wird `is_validStatus()` dabei indirekt aufgerufen und »mitgetestet«. Aber eben zu oberflächlich. Und so fällt nicht auf, dass der neu eingeführte Statuswert `'unknown'` von `is_validStatus()` als ungültiger Statuswert klassifiziert wird. Welches Verhalten hier wirklich gewünscht ist, ist unklar. Aber es spricht einiges dafür, dass `is_validStatus('unknown')` den Wert `TRUE` zurückliefern sollte.

In Übung 3 des Abschnitts 4.6.2 können die Leserinnen und Leser dies selbst durchdenken.

a. Der Sourcecode dieser Klasse TestFrame ist, wie der Code der anderen Klassen, auf der Webseite zum Buch [URL: SWT-knowledge] zu finden.

Oben wurde die Faustregel aufgestellt: »Jede Methode muss getestet werden.« Gilt das auch für `private`-Methoden? Die Antwort lautet:

- **Theoretisch »ja«:**
  Denn andernfalls werden die `private`-Methoden nur implizit getestet über Aufrufe aus den `public`-Methoden. Und ob die `private`-Methoden dabei ausreichend geprüft werden, ist sehr unklar, auch dann, wenn alle Testfälle mit `passed` durchlaufen. Denn eine `private`-Methode könnte ja (fehlerhaften) Code enthalten, der von den aufrufenden `public`-Methoden nicht ausgelöst wird, oder aber auch Code, der nur im Kontext der jetzigen `public`-Methoden korrekt erscheint, in »Wirklichkeit« aber Lücken oder Fehler enthält, die sich erst bemerkbar machen, wenn die Klasse später erweitert wird oder durch neue Klassen anders genutzt wird.

- **Praktisch »nein«:**
  In der Praxis begnügt man sich damit, nur das API einer Klasse (also dessen `public`-Methoden und ggf. `public`-Variablen) zu testen[9]. Man geht dabei allerdings (oft unreflektiert) von zwei Annahmen aus:

  a) Die `public`-Methoden werden so umfassend getestet, dass die indirekt ausgelösten Aufrufe alle `private`-Methoden ausreichend mittesten.
  b) Wenn eine `private`-Methode verändert wird, werden fehlerhafte Änderungen über das Fehlschlagen mindestens eines Tests der `public`-Methoden erkannt.

  Wenn die Testfälle der `public`-Methoden »umfassend« sind, ist das zwar immer noch nicht gesichert, aber immerhin mit passabler Wahrscheinlichkeit gegeben. »Umfassend« bedeutet dabei:

  - Für jede `public`-Methode sind Testfälle zu erstellen mittels Äquivalenzklassenanalyse und Grenzwertanalyse über sämtliche Methodenparameter.
  - Für jede `private`-Methode ist (per Review der Testfälle) zu prüfen, ob deren Parameter bzgl. Äquivalenzklassen und Grenzwerten (implizit) ebenfalls hinreichend abgedeckt werden[10]. Ist dies nicht der Fall und findet man keinen zusätzlichen API-Testfall, dann ist dies ein Indiz für einen Designfehler. Eventuell ist eine `private`-Methode zu generisch angelegt oder sie gehört in eine andere oder eine neue Klasse »verlegt«.

*Test von `private`-Methoden*

Falls `private`-Methoden nicht nur indirekt, sondern (zusammen mit den API-Tests) auch explizit getestet werden sollen, dann stellt sich das Problem, dass ein Testfall die privaten Methoden des Testobjekts nicht aufrufen kann[11]. Wie geht man damit um? Man könnte den nötigen Testcode in der zu prüfenden Klasse codieren oder den Testcode während des Testlaufs in das Testobjekt »injizieren«. Damit verändert man aber für Testzwecke den Produktivcode. Die Gefahr ist groß, dass solcher Testcode irgendwann unbeabsichtigt im Produktiveinsatz akti-

---

9. [Meszaros 07, S. 40] nennt diese Strategie das »Use the Front Door First«-Prinzip.
10. 100 % Line Coverage als Kriterium ist zu schwach. Eine `private`-Methode p(x) könnte einen Parameter x besitzen, der im Code der Methode z. B. nur für Werte x < 100 verarbeitet wird. Der Zweig x >= 100 wurde weggelassen oder vergessen. Wenn die API-Tests diesen Parameter nur mit Werten < 100 aufrufen, wird das nicht entdeckt. Auch wenn die resultierende Line Coverage 100 % ist.
11. Je nach Programmiersprache kann das auf unterschiedlichen Wegen umgangen werden. In C++ kann eine Testerklasse in der Testobjektklasse als friend deklariert werden. In PHP kann mittels der Methode `setAccessible` des Reflection API eine `private`-Variable von außerhalb zugänglich gemacht werden.

viert werden könnte und dann eventuell ein sehr unangenehmes Produktverhalten erzeugt. Eingeschleuster Testcode erhöht das Risiko von Fehlfunktionen im Produktivsystem. Testen hat aber das Ziel, Risiko zu mindern.

*Don't Modify the SUT*

Deshalb sollte vermieden werden, dass der Produktivcode mit Testcode instrumentiert wird. Mit »Don't Modify the SUT[12]« und »Keep Test Logic Out of Production Code« widmet [Meszaros 07] dieser Problematik zwei seiner 13 »Principles« für gute Testautomatisierung.

### 4.1.3 Test der Objektzustände

Im voranstehenden Abschnitt wurde betrachtet, wie man sinnvolle und ausreichend viele Testfälle zum Test der öffentlichen Methoden einer Klasse findet. Die gefundenen Testfälle wurden dann genutzt, um jede Methode einzeln zu testen.

Leider genügt ein solches isoliertes Prüfen jeder einzelnen Methode einer Klasse aber nicht, um ausreichend zu testen, ob eine Klasse insgesamt korrekt funktioniert. Denn wie in Abschnitt 4.1.1 erläutert, definiert eine Klasse nicht nur Methoden, sondern auch einen Satz von Variablen. Jedes aus der Klasse erzeugte Objekt besitzt damit zu jedem Zeitpunkt einen ganz bestimmten Zustand, der durch die aktuelle Belegung aller Variablen des jeweiligen Objekts festgelegt ist.

Die Funktion bzw. Reaktion einer Methode hängt deshalb im Allgemeinfall nicht nur davon ab, mit welchen Parameterwerten die Methode aufgerufen wird, sondern auch davon, welche Wertbelegung andere Objektvariablen gerade besitzen, die methodenintern ausgewertet werden. Das Verhalten eines Objekts und somit auch die Reaktion auf einen Testfall kann daher unterschiedlich ausfallen, je nachdem, welche »Historie« das Objekt durchlaufen hat und in welchem Zustand es sich vor Aufruf des Testfalls gerade befindet. Zur Definition und Veranschaulichung des gewünschten Verhaltens werden Zustandsmodelle verwendet.

12. SUT = system under test.

**Fallbeispiel eHome-Controller 4–3a: Zustandsdiagramm für eHome-Geräte**

Das eHome-Team hat das Sollverhalten der Klasse `Device` mit folgendem Zustandsdiagramm modelliert:

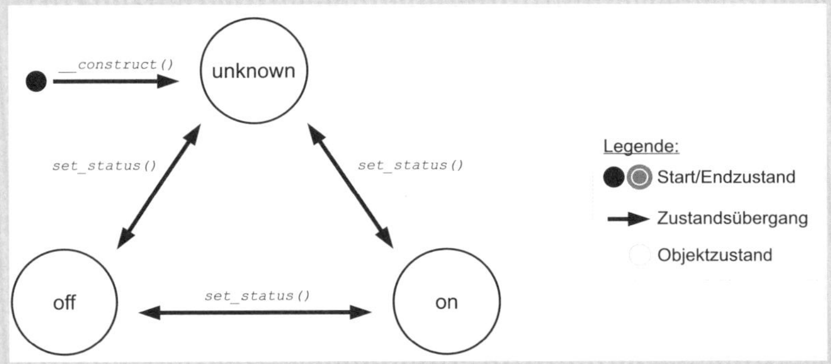


Das Diagramm zeigt die drei möglichen Schaltzustände (im Programmcode realisiert durch die Klassenvariable `$status`) eines `Device`.

Wenn ein `Device`-Objekt neu erzeugt wird, befindet es sich zunächst im Status unknown. Über die Methode `set_status` lässt sich der Status umschalten. Die Methode `get_status` kann in jedem Status aufgerufen werden, nimmt aber keinerlei Veränderung am Status vor. Aus Gründen der Übersichtlichkeit wurde sie im Diagramm daher weggelassen. Ebenfalls nicht dargestellt wird die Klassenvariable `$name`.

Aus theoretischer Sicht ergibt sich der Zustandsraum eines Objekts aus der Kombination aller Werte aller Klassenvariablen. Im Beispiel sind das die Werte der beiden Variablen `$status` und `$name`. Da aber im Falle des Beispiels zwischen `$status` und `$name` keinerlei funktionaler Zusammenhang, also keine Wechselwirkung besteht, »zerfällt« `Device` in zwei voneinander unabhängige Zustandsräume. Fachlich »interessant« ist (im aktuellen Sprint) nur der Zustandsraum, der durch `$status` »aufgespannt« wird. Nur diesen hat das Team im Diagramm modelliert.

*Zustandsbezogenes Testen*

Ein Objekt (oder allgemeiner ein System), dessen Verhalten von seiner Historie abhängt, also zustandsabhängig ist, muss zustandsbezogen getestet werden. Man spricht dann von »zustandsbezogenem Testen«. Zur vollständigen Definition eines zustandsbezogenen (Unit-)Testfalls gehören folgende Informationen (nach [Spillner & Linz 19, Abschnitt 5.1.3]):

1. Der Ausgangszustand des Testobjekts
2. Die Parameterdaten, mit denen die zu prüfende Methode aufgerufen wird
3. Die erwartete Rückgabe bzw. Reaktion (inkl. möglicher Seiteneffekte) der Methode
4. Der erwartete neue Folgezustand des Testobjekts

Das Zustandsmodell zeigt dem Tester, welche Zustände ein Objekt während seiner Lebensdauer prinzipiell annehmen kann. Für jeden dieser Zustände ist zu prüfen, ob das Objekt sich gemäß seiner Spezifikation verhält. Dazu sind nach [Vigenschow 10] für jeden Zustand durch geeignete zustandsbezogene Testfälle folgende Aspekte zu prüfen:

- alle gültigen Methodenaufrufe, die im betreffenden Zustand akzeptiert werden sollen;
- aber auch alle Methodenaufrufe, die im betreffenden Zustand nicht erlaubt sind und deshalb durch die jeweilige Methode abzulehnen sind.

Mit diesem Vorgehen wird gewährleistet, dass jeder Zustand sowohl mit »Positiv«-Testfällen als auch mit »Negativ«-Testfällen abgedeckt wird. Erstere prüfen, ob das Testobjekt gemäß seiner Spezifikation arbeitet. Letztere prüfen, ob das Testobjekt auch bei Verwendung entgegen der Spezifikation sinnvoll und vor allem robust reagiert. Typische Fehler, die dabei aufgedeckt werden können, sind (vgl. [Vigenschow 10, Abschnitt 9.4.1]):

- **Fehlender Zustandsübergang:**
  Eine Methode wird abgelehnt, obwohl sie akzeptiert werden sollte.
- **Unerlaubter Zustandsübergang:**
  Eine Methode wird akzeptiert, obwohl sie abgewiesen werden sollte.
- **Falsche Aktion:**
  Eine Methode berechnet ein falsches Ergebnis.
- **Falscher Folgezustand:**
  Eine Methode setzt Variablenwerte falsch, sodass sich das Testobjekt anschließend nicht im spezifizierten Folgezustand befindet.

**Fallbeispiel eHome-Controller 4–3b:
zustandsbezogenes Testen der Klasse `Device`**

Das eHome-Team reviewt die vorhandenen Testfälle, um zu sehen, inwieweit diese die Klasse `Device` bereits zustandsbasiert testen, und stellt dabei Folgendes fest:

Die Testfälle für `set_status` aus Abschnitt 4.1.2 erfüllen die Punkte 1, 2 und 4 der Definition: Über einen 'setup'-Abschnitt wird in jedem `set_status`-Testfall das Testobjekt in einen bestimmten Zustand versetzt und dann im `check`-Abschnitt überprüft, ob der durch `$status` repräsentierte, gewünschte Zielzustand erreicht wird.

→

Vollkommen vergessen hat das Team Punkt 3: Die Rückgabewerte (`TRUE`/`FALSE`) der `set_status`-Methode werden nicht überprüft. Beim Abgleich der Testfälle mit dem Zustandsdiagramm fällt außerdem auf, dass bisher kein einziger Testfall existiert, der einen Zustandswechsel zwischen `on` und `off` auslöst, weder in die eine noch in die andere Richtung. Im Betrieb des Systems ist das aber sicherlich der aus Anwendersicht wichtigste Use Case eines `Device`-Objekts.

Ebenso wird nicht geprüft, ob der gesamte Zustandsraum abgedeckt wird, und auch nicht, ob Zustände (bzw. Methodenaufrufe) eventuell in einer bestimmten Reihenfolge durchlaufen werden müssen.

### 4.1.4 Zustandsbezogene Coverage-Kriterien

Wenn jeder Zustand des Zustandsmodells durch Testfälle abgedeckt wird, ist das einfachste Coverage-Kriterium für zustandsbezogenes Testen, die Zustandsabdeckung, zu 100 % erfüllt. Wie das Beispiel schön illustriert, bedeutet 100 % Zustandsabdeckung allerdings nicht, dass jeder Zustandsübergang bzw. jede Kante ausgelöst wurde. Kantenabdeckung ist ein strengeres Kriterium[13].

*Zustands- und Kantenabdeckung*

Wie verhält es sich, wenn (gemäß der oben beschriebenen Teststrategie) in jedem Zustand alle gültigen und ungültigen Methodenaufrufe ausgeführt werden? Im Beispiel garantiert das, dass auch jede Kante ausgeführt wird. Denn in der Beispielklasse korrespondiert jeder Kantenübergang mit dem Aufruf einer Methode (`set_status`). Und da alle Klassenvariablen `private` sind, gibt es auch keinen Zustand, der ohne Methodenaufruf bzw. »an den Methoden vorbei« erreicht werden kann. Im allgemeinen Fall kann man sich als Tester aber weder auf das eine noch auf das andere verlassen: Wenn die Klasse `public`-Variablen aufweist, muss der direkte Variablenzugriff wie eine weitere Klassenmethode im Testablauf einbezogen werden. Und wenn das Zustandsmodell ein fachliches Zustandsmodell beschreibt (also nur die aus Anwendungssicht fachlich relevante Teilmenge des theoretisch durch alle Variablen aufgespannten Zustandsraums), dann muss zwischen den Aufrufen der Klassenmethoden und den (fachlichen) Zustandsübergängen keine offensichtliche, direkte Beziehung bestehen. In solchen Fällen garantiert obige Teststrategie keine volle Kantenabdeckung.

13. Kantenabdeckung umfasst die Zustandsabdeckung, sofern der Zustandsgraph zusammenhängend ist (also jeder Zustand durch mindestens eine Kante erreichbar ist). Aus Testsicht muss man davon ausgehen, dass in der Implementierung Kantenübergänge vergessen wurden, und die erreichte Kantenabdeckung daher mit dem (fachlichen) Zustandsmodell vergleichen.

*Pfadabdeckung*

Das dritte für zustandsbezogenes Testen relevante Coverage-Kriterium ist die Pfadabdeckung. Hier wird gemessen, welche unterschiedlichen Wege durch das Zustandsmodell die Testfälle »durchschritten« haben. Wenn wie im eHome-Beispiel (fachliche) Zustandsübergänge mit einzelnen Methoden der Klasse assoziiert sind, dann erzeugen entsprechende Methodensequenzen entsprechende Pfade durch das (fachliche) Modell. Da Zustandsmodelle Zyklen aufweisen können, können Pfade eine beliebige Länge besitzen und somit können (auch bei endlich vielen Kanten) unendlich viele Pfade existieren. Will man eine zu erreichende Pfadabdeckung vorgeben, sollte daher auch eine maximale Pfadlänge angegeben werden.

**Fallbeispiel eHome-Controller 4–3c: Pfadabdeckung der Klasse `Device`**

Im eHome-Beispiel könnte mit 2 Pfaden der Länge 4 eine Pfadabdeckung von 25% (2 von 8 möglichen Pfaden der Länge 4) erreicht werden:

```
__construct() → set_status('off') → set_status('on') → set_status('unknown');
__construct() → set_status('on') → set_status('off') → set_status('on');
```

Dabei würden diese Testsequenzen 100% Zustands- und 100% Kantenabdeckung mitabdecken. Nachfolgende Grafik zeigt den Zustandsbaum für eHome-Geräte:

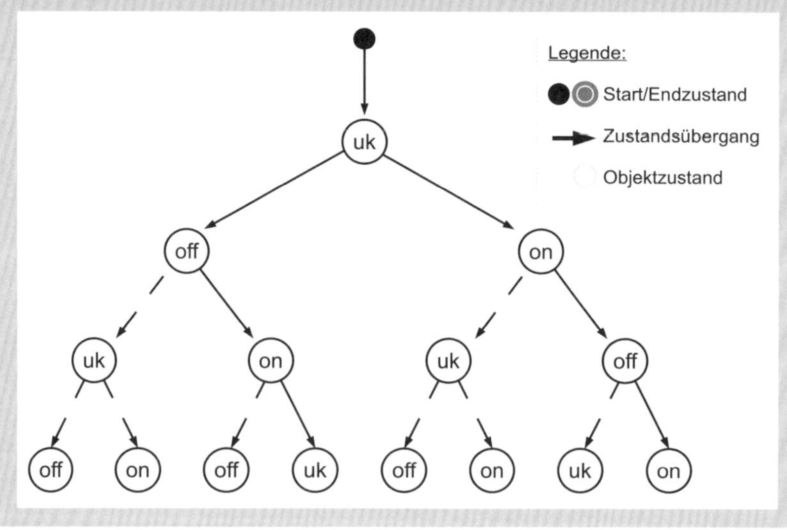


Sofern vorab oder anschließend für jeden möglichen Zustand alle möglichen »Negativ«-Tests (laut Spezifikation unzulässige Methodenaufrufe, die abgewiesen werden müssen) durchgeführt werden, ist es ausreichend, die Sequenzen nur aus »Positiv«-Tests zusammenzusetzen. Das heißt, für die »Negativ«-Tests ist Zustandsabdeckung ausreichend.

*Zustandsbaum*

Um die möglichen Pfade eines Zustandsmodells systematisch zu ermitteln, transformiert man das Zustandsmodell in einen (in obiger Grafik zu sehenden) Zustandsbaum. Die entsprechende Prozedur ist in [Spillner & Linz 19], [Vigenschow 10] u.a. ausführlich beschrieben. Aus dem Zustandsbaum lassen sich dann alle Pfade bis zur gewählten Maximallänge unmittelbar ablesen.

Will man die Anzahl der zu prüfenden Pfade weiter beschränken, dann sollte dies orientiert an den Use Cases und risikobasiert erfolgen. In vielen Fällen spiegeln die Pfade verschiedene Nutzungsszenarien der Klasse wider und lassen sich hinsichtlich ihrer Nutzungshäufigkeit oder Kritikalität ordnen.

### 4.1.5 Test mittels Methodenpermutation

Im voranstehenden Abschnitt wurden Testfälle anhand eines Zustandsmodells abgeleitet. Das Zustandsmodell zeigte eine anwendungsfachliche Abstraktion des Programmcodes. Im eHome-Beispiel etwa wurde der Zustandsraum der Klasse nur ausschnittweise modelliert. Die Klassenvariable `$name` wurde als fachlich uninteressant gewertet und nicht weiter beachtet. Die zustandsbezogenen Tests waren in diesem Sinne spezifikationsbasierte Tests.

Wie kann man nun vorgehen, wenn kein Zustandsmodell als Spezifikation vorliegt oder eine Klasse aus anderen Gründen rein codebasiert getestet werden muss? [Bashir & Goel 99] beschreiben eine Methode, die dort »Method-interaction testing« genannt wird und die sich in solchen Fällen anwenden lässt oder zumindest eine gute Heuristik liefert, welche und wie viele Testfälle ausgewählt werden sollten. Diese Methode wird in diesem Abschnitt kurz vorgestellt.

Der Ausgangspunkt ist derselbe wie in Abschnitt 4.1.3 oben: Die zu testende Klasse verfügt über eine Reihe von öffentlichen Methoden und privaten Klassenvariablen. Objekte der Klasse besitzen deshalb einen Zustand und es muss zustandsbasiert getestet werden. Da alle Klassenvariablen privat sind, kann der Objektzustand ausschließlich durch Aufrufsequenzen der öffentlichen Methoden verändert werden.

Für eine Klasse mit z.B. 10 `public`-Methoden wäre die Anzahl aller möglichen Aufrufsequenzen dieser Methoden (wobei jede Methode nur einmal vorkommt, also keine Variationen der Methodenparameter und keine Mehrfachaufrufe berücksichtigt sind) bereits $S = 10! = 3.628.800$ (s. [Bashir & Goel 99, Abschnitt 6.2]).

*Zerlegung einer Klasse in Slices*

Der Aufwand wächst exponentiell mit der Anzahl der Methoden. [Bashir & Goel 99] beschreiben nun ein Verfahren, das die Anzahl der zu verkettenden Methoden drastisch reduziert. Die Klasse wird dazu in sogenannte »Slices« zerlegt. Ein Slice besteht dabei aus je einer einzigen Klassenvariablen und allen Methoden, die auf dieser Variablen operieren (lesend oder schreibend). Eine Methode kann in mehreren Slices vorkommen, eine Variable aber nur in einem einzigen Slice. Statt alle Methoden miteinander zu Sequenzen zu kombinieren, werden nur noch die Methoden aus demselben Slice kombiniert.

**Fallbeispiel eHome-Controller 4–3d:**
**Zerlegung der Klasse `Device` in Slices**

Für Version 2 der Klasse `Device` errechnet sich die Anzahl möglicher Aufrufsequenzen bei vollständiger Kombination (ohne Konstruktoraufruf) zu:

```
S = 3! = 3*2*1 = 6
```

Die Klasse `Device` kann in zwei »Ersatzklassen« bzw. Slices zerlegt werden:

```
Sname={ get_name() }; Sstatus={ set_status(), get_status() }.
```

Die Anzahl der nötigen Testsequenzen errechnet sich dann zu:

```
S = 1! + 2! = 3
```

Hat man die zu testende Klasse entsprechend in Slices zerlegt, dann schlagen [Bashir & Goel 99] für jeden Slice folgende Teststrategie[14] vor:

1. Test der Konstruktoren und get-Methoden durch Sequenzen der Form:

   **Konstruktor → Reporter**[15]

   Der Reporter liest die entsprechenden Variablenwerte und übergibt diese an die Testerklasse. Die Testerklasse vergleicht diese Istwerte dann mit anzugebenden Sollwerten. So wird geprüft, ob der Konstruktor die Objekte richtig initialisiert.

2. Test der get-Methoden durch zufällig erzeugte Sequenzen der Form:

   **Konstruktor → Transformer, …, Transformer → Reporter**

   Die Transformer manipulieren die Objektvariablen. Der Reporter muss nach jeder Sequenz ein Ergebnis liefern können. Dieses wird verglichen mit dem Inhalt der privaten Klassenvariablen. Dazu muss die Testerklasse als »friend« deklariert werden. Damit ist es

14. Hier verkürzt und vereinfacht dargestellt. Details entnehme man [Bashir & Goel 99].
15. [Bashir & Goel 99] nennen get-Methoden »Reporter« und set-Methoden »Transformer«.

nicht nötig, für jede der unter Umständen einige Hundert oder Tausend Sequenzen manuell einen Sollwert vorzugeben.

3. Test der set-Methoden durch zufällig erzeugte Sequenzen der Form:

   **Konstruktor → Transformer, ..., Transformer**

   Die Transformer manipulieren die Objektvariablen und ändern damit den Objektstatus. Nach jedem Zustandsübergang wird geprüft, ob der richtige Folgezustand erreicht ist. Der Tester muss dazu in der Lage sein, zustandslokal passende »Delta-Checks« auszuführen, um zu vermeiden, für jede der unter Umständen einige Hundert oder Tausend Sequenzen manuell einen Sollwert vorzugeben.

Schlägt eine Sequenz fehl, dann ist zunächst unklar, welche Methode innerhalb der Sequenz die Ursache ist. Zur Fehlereingrenzung verkürzt man daher schrittweise die Sequenz so lange, bis der Test wieder mit »passed« durchläuft.

Diese Teststrategie hat natürlich auch Schwächen: Beispielsweise die Notwendigkeit, die Testerklasse als »friend« deklarieren zu müssen. Die größte Einschränkung besteht aber darin, dass das Verfahren nicht angibt, mit welchen Parametern die Transformer aufzurufen sind. Damit die vollautomatische Prüfung funktioniert, sind sehr viele automatisch durch Permutation generierte Aufrufketten nötig. Aber je mehr Ketten generiert werden, umso unmöglicher ist es, manuell die geeigneten Aufrufparameter in den Testcode einzutragen. Außerdem werden keine Varianten über diese Parameterwerte gebildet.

Das Interessante an der Methode ist aber (und deshalb wird sie hier vorgestellt), dass sie eine Heuristik aufzeigt, wie rein codebasiert (also auch ohne fachliches Zustandsmodell) für den Klassentest nützliche Aufrufketten gebildet werden können. Und in Fällen, wo man es mit Methoden zu tun hat, die sehr einfache oder gar keine Aufrufparameter erwarten, zeigt sie einen Weg zur Testgenerierung und für einen vollautomatischen Brute-Force-Test auf.

## 4.2 Test First

Abschnitt 4.1 hat an einigen Beispielen wichtige Grundlagen über Unit Tests vorgestellt. Der Programmcode (im Beispiel die Klasse `Device`) wurde erstellt, dann wurden Testfälle entworfen unter Nutzung von Informationen aus der Spezifikation des Systems, aber auch unter Nutzung von Wissen über die Struktur des Programmcodes. Anschließend wurden diese Testfälle programmiert und automatisiert ausgeführt. Und zu guter Letzt hatte der zuständige Programmierer die Aufgabe, alle Fehler und Mängel, die die Tests aufgedeckt haben, im Programmcode zu korrigieren. Danach begann der Testzyklus mit dem korrigierten Code erneut. Wird dieses Unit-Test-Vorgehen im Projekt konsequent angewendet, d.h. für jede Code-Unit und bei jeder Codeänderung, dann ist es ein wirksames Mittel, um Implementierungsfehler, aber auch Spezifikationsmängel frühzeitig aufzudecken und zu beheben.

*Bevor du Code änderst, schreibe einen automatisierten Test, der fehlschlägt.*

Mit »Test First« steht allerdings eine noch wirksamere Vorgehensweise zur Verfügung. Test First stammt (wie viele agile Techniken) aus »XP« und ist eine der grundlegenden agilen Entwicklungspraktiken und dreht die klassische Reihenfolge »erst programmieren – anschließend testen« um 180 Grad um. Test First bedeutet, dass vor einer Codeänderung überlegt wird, welche Testfälle nötig sind, um zu zeigen, dass die geänderte Software das gewünschte neue Verhalten tatsächlich besitzt. Diese Tests werden entworfen und automatisiert. Erst danach werden diese Tests ausgeführt! Da der zu testende neue oder geänderte Programmcode zu diesem Zeitpunkt noch nicht existiert, scheitern diese Tests natürlich. Kurz gefasst lautet das Rezept: Bevor du Code änderst, schreibe einen automatisierten Test, der fehlschlägt[16].

*Test-First-Zyklus: write test → write feature → refactor*

Erst nachdem die Testfälle automatisiert vorliegen, beginnt der Programmierer mit der Codierung des zu implementierenden Features bzw. des neuen Produktcodes. Dann wird dieser Codestand mit den zuvor automatisierten Testfällen getestet. Liefern die Testfälle als Testergebnis »failed« (man sagt auch, das Testergebnis ist »rot«), dann verbessert der Programmierer den Produktcode so lange, bis alle Testfälle fehlerfrei absolviert werden. Laufen die Tests ohne Fehler mit »passed« durch (man sagt auch, das Testergebnis ist »grün«), dann ist die Programmieraufgabe fertiggestellt.

*Refactoring*

Anschließend können Programmcode und ggf. Testcode in ihrer Struktur verbessert werden, allerdings ohne dabei die Funktionalität des Codes zu verändern. Eine solche Überarbeitung von Sourcecode zur »Strukturverbesserung«, ohne Veränderung der Funktionalität wird als »Refactoring« bezeichnet. Abbildung 4–1 illustriert diese drei Schritte im Test-First-Zyklus.

---

16. »Write a failing automated test before changing any code« [Beck & Andres 04, S. 50].

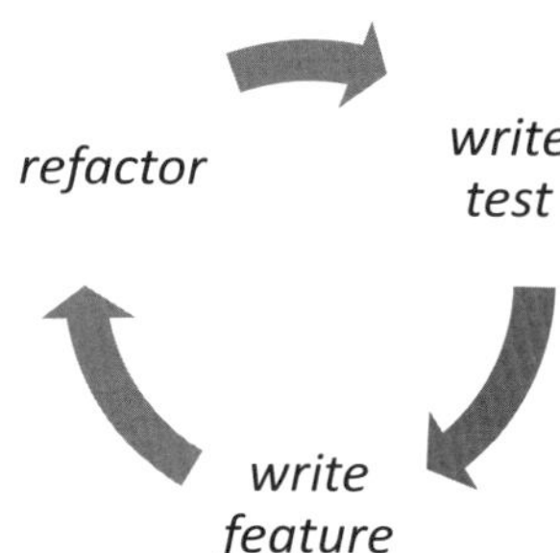


*Abb. 4–1*
*Test-First-Zyklus*

*Testgetriebene Entwicklung*

Die Tests »treiben« den Entwickler sozusagen an. Man spricht deshalb auch von »testgetriebener Entwicklung« (engl. »Test-Driven Development«, »Test-First Programming« oder kurz »Test First«, s.a. [Link 02, Abschnitt 1.3]). Wie häufig der Programmierer den Test-First-Zyklus anwendet, ist von Team zu Team unterschiedlich oder auch der persönlichen Vorliebe des Programmierers überlassen. Das kann einmal oder mehrmals pro Tag sein, z.B. wenn der Programmierer seinen Code in das Konfigurationsmanagement des Teams einstellt, bis hin zum »kontinuierlichen Unit Test«, wo der Programmierer jede einzelne Codezeile, die er einbaut oder ändert, sofort durch automatisierte Unit Tests überprüft.

Ein Team, das Test First konsequent anwendet, erhöht noch einmal drastisch die Wirksamkeit von Unit Tests als Qualitätssicherungsinstrument! Und zwar aus folgenden Gründen:

- **Testen ersetzt Ausprobieren:**
  Üblicherweise lässt jeder Programmierer den Code, den er gerade schreibt, immer wieder in kürzeren Abständen auf seinem Entwicklungsrechner ablaufen, um »auszuprobieren«, ob der Code tut, was er soll. Verlangt der Code Eingabewerte, dann wird meistens ad hoc überlegt, welche Werte verwendet werden sollen. Im Programmcode wird an geeigneter Stelle ein entsprechend parametrisierter Methodenaufruf eingefügt. Über die zu erwartenden Sollwerte wird (wenn überhaupt) flüchtig nachgedacht. Statt Check-Abfragen einzubauen, die prüfen, ob eine Variable einen zuvor festgelegten Sollwert angenommen hat, wird der Wert der interessierenden Variable meistens per »print«-Befehl oder im Debugger ausgegeben und abgelesen. Wenn das Programm dann unerwartet nicht tut, was es soll, dann wird mit anderen Eingabewerten weiterprobiert und das »Ausprobieren« geht nahtlos ins »Debugging« über. Dieses »Ausprobieren« ist sehr ineffizient! Es ist zum einen zeitaufwendig, weil man immer aufs Neue Testaufrufe und Ergebnisausgabe-Anweisungen in seinen Code einfügen und wieder ändern muss. Zum anderen findet man in der

Regel nur die allergröbsten Fehler. Denn diese Vorgehensweise entspricht in etwa dem Test mit einem einzigen »geradeaus«-Testfall. Sonderfälle, verschiedene Kombinationen von Eingabewerten oder Robustheitstests mit ungültigen Daten unterbleiben in aller Regel. Wenn der Programmierer sich stattdessen Zeit nimmt und sich eine Liste sinnvoller Testfälle (inkl. Eingabewerte und Sollwerte) überlegt und aufschreibt, dann wird aus planlosem, ineffizientem Ausprobieren schnell wirksames Testen. Bereits das Aufschreiben von Testfällen führt dazu, dass plötzlich Sonderfälle und eine Reihe »interessanter« Eingabekombinationen dem Programmierer bewusst werden. Oft erkennt der Programmierer schon, ohne diese Tests laufen zu lassen, was alles noch in seinem Code fehlt. Um Test First anzuwenden, muss man »lediglich« den Zeitpunkt, ab dem man seine Testfälle aufschreibt, vorverlegen: vom »mache ich irgendwann« über »parallel zum Programmieren« zu »vor der ersten Zeile Sourcecode«.

- **Testfälle liefern objektives Feedback über den Arbeitsfortschritt:** Sind die nötigen Testfälle, die die Sollfunktion des zu erstellenden Codes prüfen, von Anfang an lauffähig vorhanden, dann zeigt jeder einzelne Testfall, den der Programmierer zum Durchlaufen bringt, objektiv und unbestechlich, dass er ein Stück weitergekommen ist auf dem Weg zum fertigen und funktionierenden Code. Der Programmierer kann die Testfälle von seiner ersten Programmzeile an als objektives »Fertig«-Kriterium nutzen. Die Gefahr, viele Stunden lang »in die falsche Richtung« zu programmieren, wird minimiert und die Testfälle helfen, sich darauf zu konzentrieren, entweder einen neuen zusätzlich notwendigen Testfall zu schreiben oder einen bestimmten Testfall, der noch fehlschlägt, zum Durchlaufen zu bringen[17].
- **Tests ersetzen Prosa-Spezifikationen:** Ein Testfall prüft, ob das Testobjekt für einen bestimmten Eingabewert den korrekten Sollwert bzw. die korrekte Sollreaktion liefert. Man kann den Testfall aber nicht nur als Prüfanweisung lesen, sondern auch als Definition des Sollverhaltens. Jeder Testfall spezifiziert, welcher Input welchen Sollwert erzeugen muss. Test First bedeutet, dass man vor Beginn der Codierung das Sollverhalten des zu erstellenden Codes in Form von Testfällen spezifiziert. Und indem man diese Testfälle automatisiert, erzeugt man nichts anderes als eine maschinenlesbare, sehr genaue funktionale Spezifikation des zu erstellenden Codes. Spezifikation und Prüfanweisung wer-

17. »It's clear what to do next: either write another test or make the broken test work« [Beck & Andres 04, S. 51].

den zu ein und demselben Artefakt. Die Arbeitsschritte »Spezifikation erstellen« und »Prüfanweisung schreiben« werden zu einem Arbeitsschritt. Der Nachteil ist, dass Personen ohne Programmier-Know-how eine solche Spezifikation nur schwer oder gar nicht verstehen können. Das lässt sich entschärfen, wenn erläuternde Kommentare in die Testprogramme aufgenommen werden. Diese Kommentare müssen den Zweck der Testfälle zusammenfassend darstellen und zusätzlich Details je Testfall (z.B. bestimmte Inputdaten und warum diese »interessant« sind) erläutern. Eine weitere Möglichkeit, die Tests nicht nur maschinenlesbar, sondern auch für Menschen lesbar abzufassen, besteht darin, die Testfälle in einer geeigneten fachspezifischen »Kommandosprache« zu notieren. Ein »Kommando« repräsentiert dann jeweils eine bestimmte Teilfunktionalität. Diese Art der Notation eignet sich besonders für Systemtests und wird in Abschnitt 4.6 noch näher behandelt.

- **Test First verbessert die Qualität der öffentlichen Schnittstellen (API):**
  Wie in Abschnitt 4.1.2 erläutert, testen Unit Tests das Testobjekt über den Aufruf von dessen `public`-Methoden. Wenn die Unit Tests geschrieben werden, bevor das Testobjekt existiert, dann bedeutet das, dass der Ersteller des Tests durch Hinschreiben der Testfälle definiert, wie die jeweiligen `public`-Methoden heißen sollen, welche Parameter sie besitzen sollen und wie sie zu verwenden sind. Testentwurf und Definition des API verschmelzen. In diesem Prozess betrachtet der Testfallersteller das Testobjekt ausschließlich »von außen«, aus Sicht eines künftigen Anwenders des Testobjekts. Die entstehenden Tests und Testsequenzen werden mit hoher Wahrscheinlichkeit diejenigen Methodenaufrufe enthalten, die Anwender des Testobjekts später benötigen. Aber auch nicht mehr! Denn Dinge, die zur Nutzung des Testobjekts nicht nötig sind, werden von den Tests nicht abgefragt werden. So entsteht ein API des Testobjekts, das anwendungsorientiert, schlank und überschaubar ist.

- **Test First verbessert die Testbarkeit:**
  Sobald die Testfälle vorliegen, hat der Programmierer die Pflicht, seinen Code so zu schreiben und wenn nötig so lange zu verbessern, bis alle Testfälle fehlerfrei absolviert werden. Das bedeutet natürlich, dass sein Code die von den Tests verlangte Testschnittstelle bereitstellen und bedienen muss. Statt wie früher die Tests an den Programmcode anzupassen, gilt jetzt: Der Programmcode muss so geschrieben werden, dass er durch die vorliegenden Unit Tests testbar ist. Und solange der Code nicht testbar ist, ist er nicht fertig! Wird Test First konsequent eingesetzt (durch jeden Programmierer, für jede Code-Unit, bei jeder Änderung), dann tritt

dieser Effekt auf jeder Granularitätsstufe des Programmcodes ein. Als Ergebnis entsteht Programmcode, der auf jeder Ebene seiner Architektur über passende Testschnittstellen verfügt und auf jeder dieser Ebenen automatisiert testbar ist. Das ist nicht nur ein großer Vorteil für den Test. Das Produkt besitzt dann ein klarer strukturiertes Design und ist leichter zu warten und leichter zu erweitern.

### 4.2.1 Test First und Scrum

Test First ist eine der 13 Basispraktiken aus XP[18]. Scrum selbst fordert nicht, dass Test First eingesetzt werden muss. Agile Softwareentwicklung funktioniert auch mit klassisch gehandhabten Unit Tests, ohne Test First. Ein agiles Team, das Test First anwendet, kann aber signifikante zusätzliche Vorteile ernten: zum einen alle im voranstehenden Absatz beschriebenen »technischen« Vorteile von Test First und darüber hinaus eine nochmalige »Beschleunigung« seines Feedbackzyklus.

*Mikro-Feedbackzyklus*

Denn Test First liefert jedem Programmierer einen zusätzlichen »Mikro-Feedbackzyklus« innerhalb eines einzelnen Programmiertasks. Der Programmierer kann für jede einzelne Codezeile, die er bearbeitet, eine sofortige Rückmeldung erhalten über Erfolg oder Misserfolg jeder Änderung. Die Dauer der Feedbackschleife liegt (wenn gewünscht) im Sekunden- oder Minutenbereich. Nötig dazu ist allerdings eine performante Einbindung der automatisierten Unit Tests in das Continuous Integration des Teams (s. Kap. 5).

Im Nachhinein erstellte »normale« Unit Tests leisten das nur teilweise! Denn »normale« Unit Tests prüfen nur die existierende Funktionalität. Sie können verhindern, dass die vorhandene Funktionalität durch neuen Code oder durch Codeänderungen unbeabsichtigt beschädigt wird. Aber über die Funktion von neuem Sourcecode, der gerade eben erst geschrieben wird, können sie nichts aussagen. Die hierzu notwendigen Testfälle fehlen ja noch und werden beim »normalen« Unit-Testen erst erstellt, nachdem der Programmierer seinen neuen Code abgeliefert hat.

Test First stattet den Programmierer demgegenüber auch mit allen nötigen Tests für die neue Funktionalität aus. Die Unit Tests des Teams decken also immer den neu entstehenden Code mit ab.

---

18. [Beck & Andres 04] erklären folgende 13 XP »Primary Practices«: Sit Together, Whole Team, Informative Workspace, Energized Work, Pair Programming, Stories, Weekly Cycle, Quarterly Cycle, Slack, Ten-Minute Build, Continuous Integration, Test-First Programming, Incremental Design.

### 4.2.2 Test First einführen

Die Idee hinter Test First ist leicht verständlich und der Nutzen, den Test First verspricht, ist überwältigend. Dennoch wird sich Test First nicht »von alleine« im Team durchsetzen. Denn die Anwendung erfordert nachhaltige Disziplin und Übung!

*Denkweise umstellen*

Es ist alles andere als einfach, Testfälle zu entwerfen und zu schreiben, wenn noch kein Testobjekt vorliegt. Programmierer und Tester müssen dazu ihre gewohnte Herangehensweise und Denkweise umstellen. Test First zwingt zu einem abstrakteren Denken als »herkömmliches« Unit-Testen. Alle Programmierer im Team müssen ihre Fähigkeiten ausbauen, »in APIs zu denken«. Einem Softwaredesigner, der es gewohnt ist, APIs zu entwerfen, wird es eventuell leicht fallen, passende Testfälle vorab zu schreiben. Einem Programmierer, der vielleicht seit Jahren gewohnt ist, nur fertig vorgegebene APIs zu implementieren, wird dies schwerer fallen. Aber ob routiniert oder nicht: Es wird immer wieder Situationen geben, wo es nicht auf Anhieb gelingt, einen passenden Testfall zu formulieren. Die Versuchung ist dann groß, doch mit dem Codieren des Programmcodes zu beginnen und vom »Test-First-Pfad« abzuweichen. Dieser Versuchung muss das Team widerstehen.

*In der Taskplanung berücksichtigen*

Das erfordert, dass Test First von der Taskplanung aktiv unterstützt wird, indem separate Tasks für Testentwurf und Testautomatisierung eingeplant werden und erst danach die Tasks zur Implementierung des Programmcodes. Wenn das Team noch wenig Praxis mit Test First gesammelt hat, ist das die empfehlenswerte Methode. Liegt mehr Erfahrung und Übung vor, dann kann dazu übergegangen werden, die Tests lediglich als »Fertig«-Kriterien der Feature-Tasks aufzuführen. Konsequenter und besser ist es, wenn das Taskboard entsprechend umstrukturiert wird und es die Arbeitsschritte »write test → run test → change code« in dieser neuen Reihenfolge abbildet. Dann wird Test First für das ganze Team sichtbar und täglich im Daily Scrum thematisiert.

*Schulung und Coaching*

Darüber hinaus muss der Scrum Master die Einführung und Umstellung auf Test First mit flankierenden Maßnahmen unterstützen. Ein wesentliches Element sind hier Schulungen und Coaching über Unit Tests und die in Abschnitt 4.1 behandelten Testtechniken. Test First bedeutet ja nicht nur, dass die Reihenfolge geändert wird, wann Tests zu schreiben sind. Viel öfter bedeutet es, dass Programmierer erstmals verpflichtet werden, für jede neue Funktionalität und für jedes neue Codestück Tests tatsächlich zu entwerfen. Damit werden plötzlich viel höhere Anforderungen gestellt an das Wissen, wie man verschiedene Aspekte sachgerecht und effizient testet. Vorher konnte man »schwierige« Tests vielleicht einfach beiseiteschieben oder nachfolgenden Teststufen überlassen. Mit Test First ist man nun gezwungen, einen Testfall abzuliefern. Auf der anderen Seite hat das Team aber überhaupt keinen Nutzen, wenn diese Testfälle inhaltlich und handwerklich dann nicht gut gemacht sind. Im Gegenteil: Schlecht gemachte, lückenhafte Testfälle spiegeln dem Team eine falsche Sicherheit vor, die nicht wirklich gegeben ist. Abschnitt 4.1 gibt einige Beispiele, die zeigen, dass es selbst für sehr simple Klassen nicht trivial ist, angemessene und gute Testfälle zu entwerfen. Die Schlagkraft von automatisierten Unit Tests resultiert aber nicht aus der Menge der Tests. Automatisierte Tests nützen nur dann etwas, wenn die richtigen Testfälle entworfen und automatisiert werden. Und das erfordert solides Know-how über Testtechniken!

*Pair Programming*

Die Einführung fällt leichter, wenn die Arbeitsweise im Team auf Pair Programming umgestellt wird, wobei jedes Paar dann als Tester-Programmierer-Paar arbeitet. Das bedeutet nicht, dass die Rollen fest und dauerhaft verteilt werden. Im Gegenteil: Die Rollen können taskweise oder in einem gewissen Rhythmus (z.B. alle zwei Stunden) getauscht werden. Und auch die Zuordnung der Personen zu Zweierteams kann beliebig wechseln. Welche Spielregeln gelten sollen, muss das Team für sich selbst ausprobieren und festlegen! Der Scrum Master muss diesen Findungsprozess aber anstoßen, beobachten und wenn nötig dabei steuernd eingreifen.

*Testcode-Review*

Eine weitere wichtige Maßnahme ist die Einführung von Testcode-Reviews, und zwar gerade am Anfang nicht nur innerhalb der Zweierteams, sondern auch in größerer Runde, um den Know-how-Transfer über Unit-Testentwurf und Unit-Testautomatisierung im Team zu fördern.

Test First hat massive Auswirkungen auf den Prozess und den Stil, in dem das Team Software entwirft. Falls im Team Softwaredesigner mitarbeiten, die es gewohnt sind, »elitäre« Designs abzuliefern, und die vielleicht ungern akzeptieren, dass andere Teammitglieder in ihr Design »reinreden«, wird es zu Problemen kommen. Denn mit Einführung von Test First werden auch Designentscheidungen testgetrieben getroffen. Und auch der erfahrenste und beste Softwarearchitekt wird sich gefallen lassen müssen, dass ein Teammitglied, das gerade neue Tests entwirft, sich das Design vielleicht etwas anders und testfreundlicher vorstellt und dann so in die Testfälle codiert. Architekturdiskussionen, z.B. wie das API einer Klasse aufgebaut sein soll oder wie externe Objekte, die die Klasse benötigt, an die Klasse übergeben werden sollen, werden jetzt testgetrieben geführt. Alternativen und Entscheidungen werden viel stärker hinterfragt als vorher. Das Softwaredesign wird im Team entwickelt und nicht mehr wie bisher durch einzelne Designer oder durch willkürliche Entscheidungen einzelner Programmierer vorgegeben. Test First erfordert und beschleunigt somit die Entwicklung des Scrum-Teams hin zum interdisziplinären

Team. Nicht jedes Teammitglied ist darüber eventuell gleichermaßen »erfreut«. Falls Mitglieder im Team sind, die diesen neuen Stil dauerhaft nicht akzeptieren, müssen diese Personen ausgetauscht werden.

*Test First als Schlüsselkompetenz*

Test First ist eine Schlüsselkompetenz für Scrum-Teams. Die Vorgehensweise muss bewusst und mit Nachdruck eingeübt werden. Der Scrum Master steht hier in der Verantwortung, die Einführung aufmerksam und angemessen zu begleiten und zu steuern. Auch auf Ebene der Systemtests bzw. Akzeptanztests kann Test First als Vorgehensweise eingeführt und eingesetzt werden (s. Kap. 6).

### 4.2.3 Test First anwenden

Auch das eHome-Team hat beschlossen, nach Test First vorzugehen. Alle Implementierungsaufgaben erhalten ab sofort als »Eingangskriterium« den Verweis auf einen korrespondierenden Testentwurf- und Testautomatisierungs-Task:

**Fallbeispiel eHome-Controller 4–4a:**
**testgetriebene Entwicklung der `Dimmer`-Klasse**

Nach dem morgendlichen Daily-Scrum-Meeting holt sich einer der Programmierer eine neue Implementierungsaufgabe vom Whiteboard. Da das Team beschlossen hat, ab sofort Test First und Pair Programming zu praktizieren, sucht er sich einen Tester als heutigen Partner aus. Der Task, den sie nun zusammen lösen müssen, lautet:

»Zu entwickeln ist eine von `Device` abgeleitete neue `Dimmer`-Klasse. Ein Dimmer ist ein elektronischer Baustein (Aktor), mit dem die Helligkeit von Lampen von 0% bis 100% stufenlos geregelt werden kann. Ein `Dimmer`-Objekt dient dazu, einen solchen `Dimmer`-Aktor innerhalb des eHome-Controllers zu repräsentieren.«
Als »Fertig«-Kriterien werden festgelegt:

- Unit Tests als `class DimmerTest` automatisiert
- PHPUnit als Testframework
- `class Dimmer` codiert
- `DimmerTest` 100% passed mit 100% Line Coverage für `class Dimmer`

Routinemäßig beginnt der Programmierer damit, die ersten Zeilen der neuen `Dimmer`-Klasse in seinen Editor einzutippen. Doch sein Partner unterbricht ihn und erinnert daran, dass zuerst die Klasse `DimmerTest` erstellt werden muss! Gemeinsam erstellen sie daher folgenden Unit-Testcode:

→

```
include 'Dimmer.php';                          // the class to be tested
include 'TestFrame.php';                       // our simple 'homemade'
                                               // unit test framework
class DimmerTest extends TestFrame {                         // version 1
    public function test_createDimmer() {
                                          // check initial dim-level is 0%
        $dimmer = new Dimmer('lounge chair light');               // setup
        $dimLevel = $dimmer->get_dimLevel();             // test procedure
        $this->assertEquals($dimLevel,0,'createDimmer');          // check
        unset($dimmer);                                         // teardown
    }
}
$myTestSuite = new DimmerTest();
$myTestSuite->test_createDimmer();                 // execute test case 1
$myTestSuite->printResult();
```

Dieser erste Testfall `test_createDimmer()` läuft natürlich nicht durch. Beim Versuch, den Testcode laufen zu lassen, »beschwert« sich der Testcode, dass er die Klasse `Dimmer` nicht findet[19]. Da die Klasse ja erst noch programmiert werden muss, ist das zu erwarten. Genau wie von der Test-First-Praktik gefordert, hat das Zweierteam im Beispiel also einen »fehlschlagenden Testfall« erstellt. Der Testcode ist sehr einfach, aber er spezifiziert dennoch schon sehr genau, wie sich die neue `Dimmer`-Klasse verhalten soll:

- Über den Klassenkonstruktor wird (genauso wie in der Klasse `Device`) der Name des `Dimmer`-Objekts gesetzt.
- Es gibt eine API-Methode `get_dimLevel()`, über die abgefragt wird, welche »Helligkeit« eingestellt ist.
- Ein neu erzeugtes `Dimmer`-Objekt besitzt die Helligkeit 0[20].

Der Text der zugehörigen Taskkarte beschreibt die Sollfunktion auf einer viel gröberen Ebene. Ohne Test First hätte der Programmierer jetzt hohe Freiheitsgrade und könnte bzw. müsste während des Programmierens entscheiden, wie er die `Dimmer`-Klasse implementiert, d.h., welche API-Methoden die Klasse haben soll und wie sich diese Methoden im Detail verhalten. In einem Scrum-Projekt ohne Test First wären diese Designentscheidungen des Programmierers nirgends explizit dokumentiert. Sie würden sich nur implizit im erstellten Sourcecode manifestieren. In klassisch ablaufenden Projekten, z.B. nach dem V-Modell, würden diese Entscheidungen in der Spezifikationsphase getroffen und

19. Der PHP-Interpreter meldet »PHP Fatal error: Class 'Dimmer' not found«.
20. Im Testcode wird das über die TestFrame-Methode assertEquals() geprüft. Die Erklärung dazu folgt im nächsten Kapitel.

(wenn diszipliniert gearbeitet wird) in einer »Feinspezifikation« festgehalten werden.

*Der Testcode ist die Spezifikation.*

Mit Test First ist die Situation anders: Der Testcode selbst ist die Spezifikation! Mit Test First besitzt das Team daher nicht nur eine Praktik, die sicherstellt, dass Tests entworfen und automatisiert werden. Sondern Test First überbrückt auch die andernfalls vorhandene Abstraktionslücke zwischen grober Feature-Task (die begrifflich eher auf Ebene der Systemarchitektur formuliert ist) und Sourcecode.

Ohne Test First bliebe die Alternative, einen Task »Feinspezifikation erstellen« als Vorbedingung des jeweiligen Feature-Tasks zu fordern. Test First leistet genau das und liefert aber zusätzlich (in Form der automatisierten Testfälle) eine vom Rechner automatisch ausführbare Feinspezifikation.

**Fallbeispiel eHome-Controller 4–4b: testgetriebene Entwicklung der `Dimmer`-Klasse**

Die beiden Partner besprechen miteinander den erstellten Unit-Testcode. Während der Tester vorschlägt, weitere Testfälle zu ergänzen, empfiehlt der Programmierer, die `Dimmer`-Klasse nun so weit zu implementieren, bis der gerade erstellte erste Testfall durchläuft. Dagegen spricht nichts, und so entsteht folgender Programmcode:

```
include 'Device.php';
class Dimmer extends Device {                           // version 1
    private $dimLevel=0;
    public function get_dimLevel() {
        return $this->dimLevel;
    }
}
```

Nach Ausführung der Unit Tests meldet die Testerklasse folgendes Testergebnis:

```
Assertions: 1 / passed: 1 / failed: 0
```

Nach diesem Erfolgserlebnis möchte der Programmierer die `Dimmer`-Klasse sofort erweitern. Aber der Tester stoppt ihn und erinnert an die vereinbarte Spielregel:

> »Bevor du Code änderst, schreibe einen automatisierten Test, der fehlschlägt[a]«.

Die beiden befolgen die Spielregel und erweitern statt des Programmcodes erst einmal den Unit-Testcode. Außerdem nutzen sie ab sofort (statt des selbst erstellten TestFrame) das Unit-Test-Framework »PHPUnit« und stellen die Testfälle entsprechend um:

→

```
include 'Dimmer.php';                          // the class to be tested
class DimmerTest extends PHPUnit_Framework_TestCase { // version 2
    private $myDimmer;
    public function setUp() { // setup steps for all test cases
        $this->myDimmer = new Dimmer('lounge chair light');
    }
    public function tearDown() {
                                     // teardown steps for all test cases
        unset($this->myDimmer);
    }
    Public function test_createDimmer() {
                                        // check, initial dim-level is 0%
        $dimLevel = $this->myDimmer->get_dimLevel();
        $this->assertEquals(0, $dimLevel);
    }
    public function test_set_dimLevel_to_default() {
        $this->myDimmer->set_dimLevel();
        $dimLevel = $this->myDimmer->get_dimLevel();
        $this->assertEquals(50, $dimLevel);  // default shall be 50%
    }
    public function test_set_dimLevel_to_min() {
        $this->myDimmer->set_dimLevel(0);
        $dimLevel = $this->myDimmer->get_dimLevel();
        $this->assertEquals(0, $dimLevel);          // min shall be 0%
        }
    public function test_set_dimLevel_to_max() {
        $this->myDimmer->set_dimLevel(100);
        $dimLevel = $this->myDimmer->get_dimLevel();
        $this->assertEquals(100, $dimLevel);     // max shall be 100%
    }
    public function test_set_dimLevel_below_min() {
        $this->myDimmer->set_dimLevel(-1);
        $dimLevel = $this->myDimmer->get_dimLevel();
        $this->assertEquals(0, $dimLevel);          // min shall be 0%
    }
    public function test_set_dimLevel_above_max() {
        $this->myDimmer->set_dimLevel(101);
        $dimLevel = $this->myDimmer->get_dimLevel();
        $this->assertEquals(100, $dimLevel);     // max shall be 100%
    }
}
```

→

Erneut lassen sie die Unit Tests laufen, jetzt durch Aufruf von PHPUnit. Doch da der Testcode die benötigte API-Methode `set_dimLevel()`[b] nicht findet, bricht der Testlauf ab. Es fällt allerdings nicht schwer, diese Methode im `Dimmer`-Code zu ergänzen:

```
public function set_dimLevel($dimTo=0) {
    if (($dimTo >0) AND ($dimTo <100))
                $this->dimLevel = $dimTo;
}
```

Anschließend starten sie die Unit Tests erneut:

```
> phpunit DimmerTest.v2.php
PHPUnit 3.7.1 by Sebastian Bergmann.Time: 0 seconds, Memory: 1.50Mb
There were 3 failures:
1) DimmerTest::test_set_dimLevel_to_default
Failed asserting that 0 matches expected 50.
...
2) DimmerTest::test_set_dimLevel_to_max
Failed asserting that 0 matches expected 100.
...
```

Anschließend starten sie die Unit Tests erneut:

```
> phpunit DimmerTest.v2.php
PHPUnit 3.7.1 by Sebastian Bergmann.
Time: 0 seconds, Memory: 1.50Mb
There were 3 failures:
1) DimmerTest::test_set_dimLevel_to_default
Failed asserting that 0 matches expected 50.
...
2) DimmerTest::test_set_dimLevel_to_max
Failed asserting that 0 matches expected 100.
...
3) DimmerTest::test_set_dimLevel_above_max
Failed asserting that 0 matches expected 100.
...
Tests: 6, Assertions: 6, Failures: 3
```

Drei Bugs!

Der Programmierer war felsenfest überzeugt, dass er diese triviale Methode auf Anhieb korrekt hingeschrieben hatte. Etwas zerknirscht korrigiert er den Code. Aber insgeheim denkt er sich: »Test First ist gar nicht so schlecht.«

a. »Write a failing automated test before changing any code« [Beck & Andres 04, S. 50].
b. PHP Fatal error: Call to undefined method Dimmer::set_dimLevel().

Die nötige Korrektur von `set_dimLevel()` können die Leserinnen und Leser mit Übung 1 in Abschnitt 4.6.3 erledigen oder im Beispielcode auf der Webseite zum Buch [URL: SWT-knowledge] nachvollziehen.

## 4.3 Unit-Test-Frameworks

Einen Unit Test zu automatisieren, ist im Prinzip einfach. In den bisherigen Beispielen wurde gezeigt, wie es funktioniert:

- Für die zu testende Klasse `'Xyz'` (Testobjekt) wird eine Testerklasse `'XyzTest'` (Testrahmen) erstellt.
- Die zu automatisierenden Testfälle werden als Methoden der Testerklasse `'XyzTest'` implementiert. Dabei wird jeder Testfall durch genau eine Methode realisiert.
- Der Name der Testfallmethode wird so gewählt, dass er in knapper Form den Inhalt des Testfalls wiedergibt. Dies trägt zur Lesbarkeit und zur Wartbarkeit der Unit Tests bei.
- Jeder Testfall bzw. jede Testfallmethode wird in die vier Abschnitte `'setup'`, `'test procedure'`, `'check'` und `'teardown'` gegliedert. Jeder Testfall soll dabei nur einen Aspekt des Testobjekts prüfen, was bedeutet, dass eine Testmethode nur genau einen `'check'` enthalten soll.
- Der `'check'` ist ein Soll-Ist-Vergleich. Das heißt, für eine bestimmte Eigenschaft des Testobjekts (gegeben durch den Inhalt einer oder mehrerer Klassenvariablen) wird verglichen, ob der aktuelle Wert dieser Eigenschaft mit dem spezifizierten bzw. gewünschten Sollwert übereinstimmt.
- Wenn Soll- und Istwert übereinstimmen, ist der Testfall durchgelaufen (`'passed'`). Sind Soll- und Istwert verschieden, dann ist der Testfall fehlgeschlagen (`'failed'`).
- Die Testfälle können einzeln durch Aufruf der entsprechenden Testfallmethode gestartet oder gesammelt werden. Für Letzteres stellt das Testframework eine Methode `'run'` bereit, über die sämtliche Testfälle einer Testerklasse (in der Regel in der Reihenfolge, in der sie in der Klasse notiert sind) gestartet werden können.

Jeder Testfall und jede Testerklasse werden nach demselben Muster programmiert. Da auf diese Weise sehr viele, sehr ähnlich aufgebaute Testprogrammzeilen entstehen, werden immer wieder vorkommende, gleichartige Schritte in eine übergeordnete Framework-Klasse ausgelagert. In den Fallbeispielen bis 4–4a wurde dazu eine sehr einfache Testframework-Klasse `TestFrame` implementiert, die eine zentrale Check-Funktion `asssertEquals` zur Verfügung stellt und über diese Funktion auch die Einzelergebnisse aller gelaufenen Testfälle aufsammelt. Zusätzlich bietet sie eine Funktion `printResult`, die das Testgesamtergebnis ausgibt. Die Testerklassen erben diese Funktionen (vgl. Fallbeispiel 4–4a: `DeviceTest extends TestFrame`).

Es gibt viele weitere Hilfsfunktionen, um die Klasse `TestFrame` erweitert werden könnte, z.B. eine Funktion zur Protokollierung der Testdaten und Testergebnisse mit Datum und Uhrzeit oder eine Funktion zum Einlesen von Testdaten aus einer Testdatentabelle. Des Weiteren sollte das Framework möglichst automatisch erkennen, welche Testfälle eine Testerklasse enthält, und in der Lage sein, diese »am Stück« auszuführen, ohne dass der Tester für jeden Testfall einen expliziten Aufruf codieren muss. Ebenso ist es nützlich, wenn `setUp`- und `tearDown`-Schritte, die allen Testfällen gemeinsam sind, ausgelagert werden können und dann vom Framework automatisch, vor und nach jedem Testfall, ausgelöst werden.

*xUnit-Frameworks*

Wer Unit Tests automatisiert, muss solche Hilfsfunktionen allerdings nicht aufwendig selbst programmieren, sondern kann dazu auf fertige Unit-Test-Frameworks zurückgreifen, die alle üblicherweise benötigten Hilfsfunktionen bereitstellen. Diese Unit-Test-Frameworks werden in Open-Source-Projekten entwickelt und gepflegt und stehen im Internet für alle gängigen Programmiersprachen kostenfrei zur Verfügung. Für die Programmiersprache Java ist dies JUnit, für C++ CppUnit und für .Net NUnit. Alle diese Frameworks orientieren sich an einem Framework SUnit, das Kent Beck entworfen und 1998 vorgestellt hat (s. [URL: SUnit]), und sind daher vergleichbar aufgebaut. Allgemein spricht man daher auch von xUnit-Frameworks[21].

Im eHome-Beispiel wird PHPUnit [URL: PHPUnit] eingesetzt und wenn man den Testcode aus Fallbeispiel 4–2 mit dem Testcode aus Fallbeispiel 4–4 vergleicht, wird deutlich, wie und wo sich der Testcode durch Einsatz eines solchen Frameworks vereinfacht.

## 4.4 Stubs, Mocks und Dummies

Die Klasse `Device` aus den bisher gezeigten Beispielen besitzt (in ihren bisherigen Versionen) keinerlei Abhängigkeiten zu anderen Bausteinen des eHome-Systems. Sie ist isoliert lauffähig und kann deshalb durch Unit Tests ohne Weiteres isoliert getestet werden. In der Praxis hat man es im Unit Test aber in der Regel mit einem Softwarebaustein (z.B. einer Klasse) zu tun, der Abhängigkeiten zu anderen Bausteinen aufweist und der ohne diese zusätzlichen Bausteine nicht ablauffähig ist.

Um das Testobjekt zu testen, müssten dann alle Bausteine, die das Testobjekt benötigt, in der Testumgebung installiert und im Testlauf mit verwendet werden. Genau das will man im Unit Test aber vermeiden! Denn zum einen sind einige oder alle der notwendigen Bausteine

21. [Meszaros 07] liefert eine ausführliche Erklärung dieser xUnit-Frameworks.

zum Testzeitpunkt eventuell noch gar nicht vorhanden, weil ihre Implementierung erst Gegenstand späterer Sprints ist. Und zum anderen würde das Ziel des Unit Test, nämlich das Testobjekt isoliert zu testen, durch Einbindung der anderen Bausteine aufgeweicht oder aufgegeben.

Die Lösung besteht darin, die benötigten Bausteine (DOC, »Depended-On Component«), von denen das Testobjekt abhängt, für den Test durch Platzhalter (»Test Doubles«) zu ersetzen. Nach [Meszaros 07] unterscheidet man dabei zwischen folgenden Platzhaltertypen:

**Abb. 4–2**
*Platzhaltertypen*

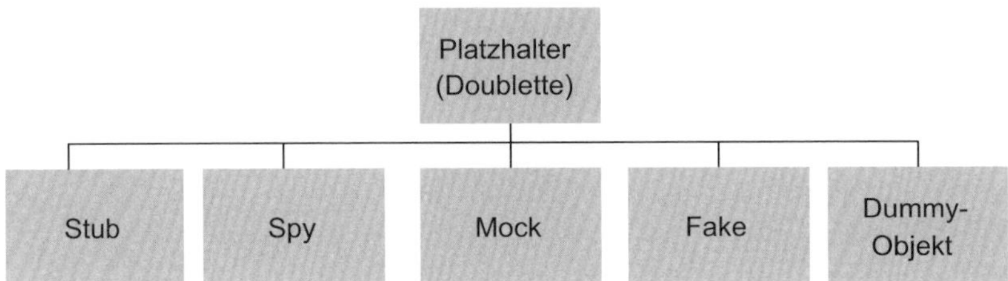


- **Stub:**
  Ersetzt einen benötigten Baustein (DOC) durch einen Ersatzbaustein mit identischem Interface, der nach festem Muster (ausgewählte) Reaktionen bzw. Berechnungsergebnisse des DOC zurückgibt. Aus Sicht des Testfalls fungiert ein Stub damit wie ein zusätzlicher indirekter Test-Input-Parameter (Indirect Input).
- **Spy:**
  Ein Stub, der zusätzlich über einen Mechanismus zur Protokollierung verfügt, sodass die Aufrufe und Daten (Indirect Output), die vom Testobjekt übergeben werden, aufgezeichnet (»ausspioniert«) werden können. Die protokollierten Daten können zur Feststellung des Testergebnisses notwendig sein oder zu Diagnose/Debugging-Zwecken herangezogen werden.
- **Mock:**
  Ein »intelligenter« Stub, der die Aufrufe und Daten, die er vom Testobjekt erhält, auswertet, auf Zulässigkeit und Korrektheit prüft und abhängig von dieser Auswertung eine Reaktion bzw. ein Berechnungsergebnis an das Testobjekt zurückgibt. Aus Sicht des Testfalls fungiert ein Mock wie ein zusätzlicher Verifikationsschritt für `'indirect output'` des Testobjekts.
- **Fake:**
  Ersetzt ein DOC, das im Test benötigt wird, aber ansonsten keinen Einfluss auf das Testergebnis hat, durch eine (stark) vereinfachte Implementierung.

- **Dummy:**
  Ein Pseudoobjekt, ein leeres Objekt, ein Null-Pointer o. Ä., das ein Datenobjekt, das vom Testobjekt oder vom DOC syntaktisch benötigt wird, ersetzt, das aber nicht ausgewertet wird und somit auch kein Teil der Testfalldaten ist.

Bei der Aufwandsplanung muss sich das Team darüber im Klaren sein, dass im Scrum-Projekt die Nutzung von Testplatzhaltern von höherer Bedeutung ist als in klassischen Projekten:

- Aufgrund der inkrementellen Entwicklung ist es eher die Regel als die Ausnahme, dass benötigte Bausteine nicht fertig oder nicht vorhanden sind und fehlen. Um den Unit Test nicht zu blockieren und dennoch »frühzeitiges Feedback« geben zu können, ist es dann unverzichtbar, fehlende Bausteine durch Platzhalter zu ersetzen.
- Als Konsequenz aus Test First werden die automatisierten Unit Tests nach jeder Codeänderung ausgelöst. Unter Umständen geschieht dies zur Prüfung jeder einzelnen geänderten Codezeile und damit eventuell im Abstand weniger Minuten. Die Laufzeit der Unit Tests muss deshalb so kurz wie möglich sein. Auch dies ist ein Argument für den Rückgriff auf Stubs, Mocks und andere Platzhaltertypen.

Die Programmierung der nötigen Platzhalter ist ein Teil der Testautomatisierung und kann mit signifikantem Aufwand verbunden sein. In der Sprint-Planung ist dies realistisch zu berücksichtigen.

*Service-Virtualisierung und API-Simulation-Tools*

Der Aufwand zur Erstellung von Platzhaltern kann durch den Einsatz sogenannter »Mock-Server« und/oder anderer API-Simulation-Tools[22] reduziert werden. Ein solches API-Simulation-Tool erhält als Input die (abstrakte) Schnittstellendefinition der zu simulierenden Systemkomponente (also zum Beispiel die API-Definition einer noch nicht vorhandenen Backend-Komponente des zu entwickelnden Produkts) und generiert dann einen Mock-Prozess, der das Verhalten der Komponente in einem gewissen Umfang simuliert (indem er nach einem API-Call z. B. einen bestimmten vordefinierten Statuscode zurücksendet oder andere vordefinierte Antwortdaten). Der Einsatz solcher Tools und Techniken wird auch als »Service-Virtualisierung«[23] bezeichnet.

22. Siehe [URL: API-Simulation-Tools].
23. Siehe [URL: Service Virtualization], zum Begriff »Virtualisierung« (von Hardware/Software) siehe Abschnitt 5.5.3.

## 4.5 Testmanagement im Unit Test

Unabhängig davon, ob klassisch oder agil gearbeitet wird: Auf Ebene der Unit Tests wird das Testmanagement oft vernachlässigt. Man glaubt, die Entwickler oder im Scrum-Projekt das Team erledigen die nötigen Unit Tests ohne Vorgaben und Absprachen. Tatsächlich gibt es aber eine Reihe von Punkten, zu denen Absprachen getroffen werden sollten:

- **Unit-Test-Framework:**
  Der Scrum Master oder der Testmanager[24] muss dafür sorgen, dass alle Teammitglieder ihre Tests gleichartig strukturieren. Eine Situation, bei der jeder Programmierer »seine« Unit Tests auf seinem eigenen Entwicklungsrechner verwaltet und das Projektteam weder weiß, welche Unit Tests es gibt, noch wo sich diese befinden, noch welche dieser Tests wann wirklich ausgeführt werden, muss vermieden werden. Zu den notwendigen Vorgaben und Absprachen gehört die Vereinbarung eines zentralen Ablageorts und einer gemeinsamen Ablagestruktur für alle Unit Tests im Entwicklungsnetzwerk des Teams: Um die Produktinstallation bzw. Auslieferung nicht zu erschweren, ist es empfehlenswert, den Testcode vom Programmcode getrennt in einer parallelen Verzeichnisstruktur zu halten[25]. Regeln sollte es auch geben für die einheitliche Benennung der Testerklassen und der Testfälle und nicht zuletzt Regeln für die innere Struktur eines Testfalls (vgl. Abschnitt 4.1.2). Der Testmanager sollte auch darauf drängen, dass das Team ein fertiges xUnit-Framework einsetzt und nutzt. Nur in begründeten Ausnahmefällen ist es nötig und sinnvoll, dass sich das Team ein eigenes proprietäres Framework baut. Zeit und Aufwand sind statt in ein eigenes Framework besser in den Entwurf und die Automatisierung der Testfälle zu investieren.
- **Coverage-Messung:**
  Der Scrum Master oder Testmanager muss dafür sorgen, dass die Test-Coverage zuverlässig gemessen und ihre Entwicklung über die Sprints hinweg regelmäßig ausgewertet wird. Dazu ist ein geeignetes Werkzeug zur Coverage-Messung in die CI-Umgebung zu integrieren (s. Kap. 5). Dieses sollte mindestens die Abdeckung der Klassen, die Abdeckung der Methoden je Klasse und die Anweisungs-

---

24. Abschnitt 3.8.2 erklärt diese Rolle im Scrum-Team.
25. Im Fallbeispiel sind aus didaktischen Gründen Programmcode und Testcode in gemeinsamen Verzeichnissen abgelegt, weil es hier darum geht, Programmcode und Testcode in ihrem Zusammenspiel zu sehen.

abdeckung innerhalb der Methoden messen und darstellen können. Die Messung macht natürlich nur Sinn, wenn parallel passende Limits für die zu erreichende Test-Coverage verabredet sind. Auch im Scrum-Projekt ist es weder möglich noch wirtschaftlich, alle Teile des Programmcodes gleich intensiv zu testen. Die Coverage-Limits können daher je Teilsystem oder je Unit unterschiedlich scharf formuliert werden. Für welche Units welche Coverage-Limits zu erfüllen sind, muss sich dann an einer Risikobewertung der Units orientieren.

- **Statische Codeanalyse:**
  Die Unit Tests (dynamische Tests auf Unit-Ebene) sollten durch statische Codeanalysen[26] (statische Tests) ergänzt werden. Hier gibt es je nach verwendeter Programmiersprache unterschiedlich leistungsfähige Codeanalyse-Werkzeuge und das für das Team geeignetste ist auszuwählen, passend zu parametrieren und in die CI-Umgebung zu integrieren (vgl. Kap. 5). Das Ziel sollte sein, dass sämtliche Codierungsrichtlinien, die das Team einhalten will, durch das Codeanalysetool automatisch überprüft werden. Alle angedachten oder aus Gewohnheit üblichen Codierungsrichtlinien, die nicht automatisch prüfbar sind, sollten verworfen werden.

- **Programmcodereviews:**
  Der Scrum Master oder Testmanager muss dafür sorgen, dass regelmäßig Reviews[27] des Programmcodes stattfinden. In Programmcodereviews sollte u.a. hinterfragt werden, inwieweit die aktuelle Klassenhierarchie der geplanten Systemarchitektur entspricht, ob die APIs der Klassen angemessen sind und ob durch Restrukturierung von Codeteilen Qualitätsverbesserungen (insbesondere bezüglich Wartbarkeit) erzielt werden könnten. Eine Fülle von nützlichen Rezepten und Hinweisen, wann solche Restrukturierungen angezeigt und sinnvoll sind, liefern die Clean Code Patterns aus [Martin 08][28].

26. Abschnitt 8.1 präsentiert eine Fallstudie zum Einsatz von Codeanalyse in der Praxis. Für Grundlagen zum Thema »statischer Test« siehe [Spillner & Linz 19].
27. »Review« wird hier im Sinne des Oberbegriffs für Inspektion, Walkthrough, Pair-Review und andere Review-Varianten verwendet. Welche Variante jeweils angezeigt ist, muss sich an einer Risikobewertung der betreffenden Unit orientieren. Für Grundlagen zum Thema »Review« siehe [Spillner & Linz 19].
28. Darunter Rezepte für die Benennung von Bezeichnern und Variablen, für die Benennung und Strukturierung von Klassenmethoden und Klassen, für die Kommentierung und Formatierung des Quellcodes bis zu Hinweisen für die Benennung und Strukturierung der automatisierten Tests.

- **Testcode-Reviews:**
  Auch Reviews des Testcodes müssen regelmäßig stattfinden. Im Vordergrund steht hier die inhaltliche Beurteilung der Tests. Zum einen stellt sich für jeden vorhandenen Testfall die Frage: »Was soll dieser Testfall testen und leistet er das wirklich?« Hier ist zu hinterfragen, ob die passenden Testentwurfstechniken eingesetzt werden (beispielsweise Äquivalenzklassenmethode, Grenzwertanalyse, zustandsbasiertes Testen). Zeigen sich hier Defizite, sollten Trainingsmaßnahmen eingeleitet werden. Zum anderen wird die Frage gestellt: »Welche Testfälle fehlen noch?« Dies ist anhand der Spezifikation des jeweiligen Features oder der jeweiligen Klasse zu beantworten.

*Qualitätskriterien für Unit Tests*

In den Testcode-Reviews, aber auch im Zuge der Auswertung von gelaufenen Unit Tests muss regelmäßig hinterfragt werden, ob der Testcode bzgl. Inhalt, Umfang, Implementierungs- und Wartungsaufwand für das Projekt angemessen und ausreichend ist.

Folgende Kriterien, die jeder Unit Test erfüllen sollte, sollten hier als Checkpunkte dienen:

- **Deterministisch:** Ein Unit Test muss in jedem Testlauf – sofern dieser unter identischen Bedingungen (pre-conditions) mit identischem Testobjekt stattfindet – identische Testergebnisse liefern.
- **Atomar:** Ein Unit Test soll eine bestimmte, eng umgrenzte Eigenschaft des Testobjekts testen und das Testergebnis muss eine Aussage treffen, ob genau diese Eigenschaft erfüllt oder nicht erfüllt ist.
- **Isoliert:** Jeder Unit Test soll unabhängig sein von anderen Unit Tests und daher einzeln und isoliert ausführbar sein.
- **Schnell:** Ein einzelner Unit Test soll eine möglichst kurze Laufzeit haben und einfach (d.h. ohne umständliche Vorbereitungsschritte) ausführbar sein, damit auch größere Unit-Test-Pakete in einer möglichst kurzen Zeitspanne durchlaufen werden können. Lange Laufzeiten führen dazu, dass die Tests seltener eingesetzt werden.

*FIRST-Kriterien*

Analoge Kriterien werden auch unter dem Akronym »FIRST« zusammengefasst: Fast (schnell), Isolated (isoliert), Repeatable (wiederholbar), Self-Validating (selbstvalidierend: Der Testfall muss ein automatisch berechnetes Testergebnis zurückliefern), Thorough (gründlich: Der Testfall muss die zu überprüfende Eigenschaft des Testobjekts in angemessenem Umfang und Tiefe erledigen).

*Technische Schulden*

Wenn der Code eines Softwareprodukts Sprint für Sprint mit neuen Features ergänzt wird, dann kann nicht jeder dieser neuen Codeabschnitte in jedem Einzelfall sofort eine perfekte Umsetzung darstellen. Im Gegenteil: In nicht wenigen Fällen werden die Implementierungen unbeabsichtigt mangelbehaftet sein (schlampig, unnötig kompliziert, nicht skalierend, nur für wenig Sonderfälle tragfähig etc.). Solche unbeabsichtigten Probleme und Defizite im Code werden auch als »technische Schulden« bezeichnet. Wenn das Team nichts dagegen unternimmt, häufen sie sich über die Sprints hinweg immer weiter an, was langfristig sehr teuer werden kann. Das gilt gleichermaßen auch für den Testcode oder für Installationsskripte und anderen Code »außerhalb« des Produkts.

Auch hier können Codereviews (an denen auch die Testexperten im Team teilnehmen sollen!) und statische Codeanalyse dabei helfen, solche Problemstellen im Code noch während des laufenden Sprints zu finden, sodass eine kurzfristige Behebung möglich ist. Das ist in der Regel die aufwandsärmste und somit kostengünstigste Lösung.

In vielen Fällen müssen technische Schulden aber vorübergehend akzeptiert werden. Beispielsweise dann, wenn ganz bewusst eine vereinfachte Lösungsvariante implementiert wird, um das betreffende Feature in einer ersten Version »shippable« zu bekommen. Oder wenn aktuell keine Ressourcen vorhanden sind, um ein entdecktes Defizit sofort zu beheben. Für solche bekannte, aber aktuell nicht behebbare Defizite sollte dann ein Task ins Backlog aufgenommen werden.

*Die Team Charta dokumentiert die Spielregeln.*

Vorgaben und Absprachen zu den oben aufgelisteten Punkten sollte jedes agile Team oder Scrum-Team besitzen. Ist das noch nicht der Fall, dann muss der Scrum Master die Initiative ergreifen und die notwendigen ersten Absprachen herbeiführen und ein Teammitglied als »Testmanager« einsetzen. Die getroffenen Absprachen dokumentiert das Team in seiner Team Charta (vgl. Abschnitt 3.7). Wie bei allen Festlegungen in Scrum gilt auch hier, dass man von Sprint zu Sprint dazulernt und die selbst gesetzten Regeln modifizieren und ausbauen darf. Auch das eHome-Team geht so vor:

**Fallbeispiel eHome-Controller 4–5: Erweiterung der Team Charta**

In der Retrospektive nach dem ersten Sprint bespricht das eHome-Team auch den Status seiner Unit Tests. Das Team kommt zu dem Schluss, dass es hier schon recht gut aufgestellt ist. Damit das so bleibt, ergänzt der Scrum Master nach Abstimmung mit dem Team in der Team Charta folgende Richtlinien für Unit Tests:

**Team Charta**
– wie wir Scrum im Projekt eHome-Controller leben –

...

Praktiken

- ...
- Unit Test:
  - Test First: Bevor du Code änderst, schreibe einen automatisierten Test, der fehlschlägt.
  - Jede Klasse hat eine Testerklasse.
  - Zu jeder public-Methode existiert mindestens ein Testfall.
  - Jede Testerklasse wird durch eine zweite Person reviewt.

Außerdem wird das Teammitglied, das bereits über die größte Erfahrung in Sachen Test verfügt, zum Testmanager gewählt. Es wird ab sofort alle Aufgaben rund um das Testmanagement als primär Verantwortlicher erledigen und so vor allem den Scrum Master (der dem Team ja nur als Teilzeitkraft zur Verfügung steht) deutlich entlasten.

### 4.5.1 Unit-Test-Planung

Im Unit Test liegt der inhaltliche Schwerpunkt auf den Aspekten »Funktionalität« der Unit und »Robustheit« der Unit gegen Fehlverwendung (z.B. Aufruf mit unzulässigen Parametern). Auf diesen beiden Aspekten muss der Fokus der Unit Tests liegen und der Testmanager des Scrum-Teams hat dies sicherzustellen. Dazu geeignete Testentwurfsmethoden wurden zu Beginn dieses Kapitels vorgestellt.

*Programmierung von Platzhaltern einplanen*

Im Unit Test soll das betreffende Testobjekt isoliert getestet werden und die Unit-Test-Suite soll mit maximaler Geschwindigkeit ablaufen können. Um beide Ziele zu erreichen, ist der Einsatz von Platzhaltern (s. Abschnitt 4.4) erforderlich. Die Programmierung dieser Platzhalter ist ein Teil der Testautomatisierung und kann mit signifikantem Aufwand verbunden sein. In der Sprint-Planung ist dies realistisch zu berücksichtigen. Der Testmanager des Scrum-Teams muss darauf achten, dass die Erstellung von Platzhaltern tatsächlich erledigt wird. Unterbleibt dies (unbedacht oder um vermeintlich Zeit zu sparen), dann kann der Unit Test blockiert werden, bis alle vom Testobjekt benötigten Bausteine ebenfalls fertiggestellt sind. Und zusätzlich wird die Laufzeit der Unit Tests verlangsamt.

*Nicht funktionale Unit Tests ergänzen*

Wenn (nach einigen Sprints) zu beiden Aspekten automatisierte Tests in ausreichender Zahl und Qualität vorhanden sind, dann bietet es sich ergänzend an, die Unit-Test-Suite auch um nicht funktionale Tests zu ergänzen, beispielsweise um automatisierte Unit Tests, die Performance-Eigenschaften auf Klassenebene testen. Natürlich können solche nicht funktionalen Unit Tests keinesfalls bestimmte nicht funktionale Eigenschaften im Produkt gewährleisten. Dazu werden zwingend entsprechende nicht funktionale Tests auf Systemebene benötigt! Aber sie können vorhandene Schwachstellen sehr frühzeitig anzeigen. Daher ist es nützlich, nicht funktionale Eigenschaften, die die jeweilige Unit aufgrund ihrer Aufgabe oder ihrer Stellung innerhalb der Systemarchitektur maßgeblich beeinflusst, schon auf Unit-Test-Ebene abzuprüfen. Hier existiert in vielen Projekten ein hohes Potenzial, um noch früher Feedback z.B. über Performance-Eigenschaften zu erhalten, die üblicherweise erst spät im Projekt durch nachgeschaltete Systemtests ermittelt werden.

## 4.6 Checkfragen und Übungen

### 4.6.1 Self-Assessment

*Fragen, anhand derer die Leserinnen und Leser nach jedem Kapitel ihre eigene Situation bzw. ihr eigenes Projekt hinsichtlich »wie agil sind wir« beurteilen können.*

1. Besitzt mein Team automatisierte Unit Tests? Wie viele? Für welche Klassen?
2. Verwaltet jeder Programmierer seine Tests für sich oder sind alle Unit Tests an zentraler Stelle abgelegt? Wird ein Unit-Test-Framework eingesetzt?
3. In welcher Testumgebung werden die Tests ausgeführt? Auf dem Rechner des jeweiligen Programmierers oder auf einem CI-Server? Ist diese Testumgebung definiert und zuverlässig reproduzierbar?
4. Wann werden diese Unit Tests ausgeführt? Nach Wahl des Programmierers? Im Rahmen von Build-Läufen? Beim Check-in von Code ins Konfigurationsmanagement? Automatisch durch die Continuous-Integration-Umgebung (vgl. Abschnitt 5.5)?

5. Welche Coverage-Kriterien werden verfolgt? Coverage von Klassen (z.B. zu jeder Klasse muss eine Testerklasse existieren)? Coverage von Methoden (z.B. mindestens ein Testfall je `public`-Methode)? Line Coverage? Zweigabdeckung? Pfadabdeckung? Zustandsbezogene Coverage?
6. Welche Coverage-Werte sind als Ziel vorgegeben? Wie oft werden diese Werte gemessen? Welche Coverage-Werte werden (jeweils) erreicht?
7. Welche Werte sind jetzt/heute erreicht? Wo kann das Team diese Werte ablesen? Wo finde ich diese Werte, wenn ich sie jetzt wissen will?
8. Gibt es Reviews der Testfälle? Regelmäßig? Mit welchen Erkenntnissen? Welche Maßnahmen sind eingeleitet, um die Testabdeckung und/oder die Qualität der Unit Tests weiter zu erhöhen?
9. Welche Testentwurfstechniken werden (nachvollziehbar) angewendet? Äquivalenzklassenanalyse? Grenzwertanalyse? Zustandsbasiertes Testen? Ist das Team in diesen Techniken geschult?
10. Wann werden die Tests entworfen? Bevor codiert wird (Test First)? Nachdem die zu testende Unit als Programmcode ausführbar vorliegt? Am Sprint-Ende?
11. Wer wertet die Testprotokolle bzw. Testergebnisse aus und prüft, ob ein Feature »fertig« ist ?
12. Nach welchen »Spielregeln« wird entschieden, welche Fehler, die in Unit Tests auftreten, über das Fehlermanagement verfolgt werden und welche nicht? Wie wird sichergestellt, dass alle in den Unit Tests aufgedeckten Fehler korrigiert werden?
13. Welche Qualitätssicherungsmaßnahmen außer Unit Tests werden vom Team eingesetzt? Automatische Codeanalysen? Codereviews?
14. Sind die Qualitätssicherungs- und Testmaßnahmen und ihre Ergebnisse Thema im Daily Scrum und in den Retrospektiven? Was ist die aktuelle Erkenntnis? Welche konkreten Verbesserungsmaßnahmen sind vereinbart? An welchen wird im aktuellen Sprint gearbeitet?

### 4.6.2 Methoden und Techniken

*Fragen, anhand derer die Leserinnen und Leser nach jedem Kapitel den Stoff rekapitulieren können.*

1. Aus welchen Abschnitten sollte jeder (Unit-)Testfall bestehen? Erläutern Sie die Aufgabe jedes dieser Abschnitte.
2. Welche Line Coverage ergibt sich durch Ablauf des Testfalls `test_KitchenLightOn` auf Version 2 der Klasse `Device` im Fallbeispiel 4–2a?
3. Ergänzen Sie einen Testfall `test_setStatusUnknown`, der prüft, ob der Statuswert `unknown` durch `is_validStatus()` als *gültiger* Statuswert klassifiziert wird. Warum ist im Vergleich zu den anderen Testfällen der Testerklasse ein zusätzlicher Testschritt nötig?
4. Frage zum Zustandsdiagramm in Fallbeispiel 4–3a: Wenn die Unit Tests der Klasse 100 % Line Coverage auf Codeebene erreichen, werden alle Klassenmethoden mindestens einmal aufgerufen. Darf daraus geschlossen werden, dass die Tests im Zustandsmodell auch 100 % Kantenabdeckung erreichen? Begründung?
5. Was versteht man unter »Service-Virtualisierung«?
6. Begründen Sie, warum der Einsatz von »Test First« zu besseren APIs und verbesserter Testbarkeit führt.
7. Welche Probleme können bei der Einführung von »Test First« auftreten und wie kann der Scrum Master dem begegnen?

### 4.6.3 Weiterführende Übungen

*Übungen und Fragen, anhand derer die Leserinnen und Leser einige Punkte, die im Kapitel eventuell nur angerissen wurden, weiter durchdenken können.*

1. Korrigieren Sie die Methode `set_dimLevel()` der Klasse `Dimmer`, sodass die Testfälle in Fallbeispiel 4–4b erfolgreich durchlaufen.
2. Zerlegen Sie unter Anwendung der Methode von [Bashir & Goel 99] die `Dimmer`-Klasse in »Slices«. Welche Slices erhalten Sie? Welche Testfallsequenzen sollten demnach für `Dimmer` ausgeführt werden?
3. `dim('0%')` soll bedeuten, dass das gesteuerte Gerät in den Zustand `'off'` wechselt. Formulieren Sie einen Testfall, der dieses Verhalten spezifiziert.
4. Ein `dim`-Befehl soll im Zustand `unknown` oder im Zustand `off` keine Wirkung haben. Formulieren Sie Testfälle, die dieses Verhalten spezifizieren.
5. Aufgrund dieser zusätzlichen Anforderungen wird der Code der Klasse `Dimmer` ergänzt zu einer neuen Version v3. Ändern sich dadurch die o.g. Slices? Wenn ja, welche Auswirkung hat das auf die erforderlichen Testfallsequenzen?
6. Das eHome-System soll Geräte auch zeitgesteuert ein- und ausschalten können. Dies soll mithilfe einer neuen Klasse `Timer` realisiert werden. Da das Team Test First anwendet, benötigt es zuerst die passenden Unit-Testfälle für diese neue Klasse. Helfen Sie dem Team und schreiben Sie Unit-Testfälle, die folgendes Verhalten eines einfachen `Timer` spezifizieren:

   Mit `set_interval()` kann die Zeit in Sekunden bis zum Ablauf des Timers eingestellt werden. `start()` startet den Timer; `stop()` stoppt ihn. `is_finished()`[29] gibt `TRUE` zurück, wenn der Timer abgelaufen ist, ansonsten `FALSE`.

   Welche Lücken in der Spezifikation fallen Ihnen auf?

29. Dass ein sinnvoller »Timer« bei Ablauf einen Interrupt auslöst bzw. einen Interrupt-Handler startet, lassen wir hier der Einfachheit halber außer Acht.

# 5 Integrationstests und Continuous Integration

*In diesem Kapitel wird erklärt, wie sich Integrationstests von Unit Tests unterscheiden, wie das Team Integrationstestfälle entwirft und diese zusammen mit den Unit Tests in einer Continuous-Integration-Umgebung vollautomatisiert und kontinuierlich durchführt.*

## 5.1 Integrationstests

Ein Softwaresystem besteht aus vielen Einzelbausteinen. Damit es in Betrieb gehen kann, muss nicht nur jeder einzelne dieser Bausteine korrekt und zuverlässig funktionieren, sondern alle Bausteine müssen in der vorgesehenen Weise korrekt miteinander zusammenarbeiten. Dies zu prüfen ist die Aufgabe von Integrationstests.

*Integrationstests prüfen das Zusammenspiel von Bausteinen.*

Integrationstests haben das Ziel, Fehlerzustände im Zusammenspiel und damit »in den Schnittstellen« der beteiligten Bausteine aufzufinden. Um einen Integrationstest durchzuführen, werden jeweils zwei Bausteine miteinander verbunden (integriert) und dann durch geeignete Integrationstestfälle »angesteuert«. Abbildung 5–1 zeigt dies schematisch am Beispiel zweier Klassen.

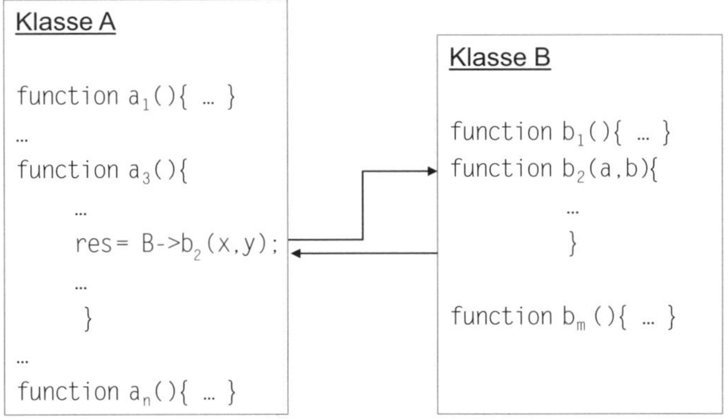


**Abb. 5–1** *Integrationstest am Beispiel zweier Klassen*

Die Schnittstelle (Interface) von Klasse A besteht aus den Methoden `a1,...,an` und das Interface von Klasse B aus den Methoden `b1,...,bm`. Beide Klassen haben ihre vorangegangenen Unit Tests erfolgreich »bestanden«. Die Integrationstestfälle müssen jetzt zusätzlich noch prüfen, ob A und B korrekt zusammenarbeiten. Diese Wechselwirkung erfolgt (im o.g. Beispiel) über die Methode `b2`, die B bereitstellt und die A innerhalb seiner Methode `a3` aufruft[1]. Zu prüfen ist im Beispiel also, ob `b2` richtig aufgerufen wird und ob `b2` dann die gewünschten Ergebnisse an A zurückliefert.

### 5.1.1 Typische Integrationsfehler und Ursachen

Obwohl A und B jeder für sich korrekt funktionieren, kann im Zusammenspiel beider Bausteine eine Reihe von Fehlerwirkungen auftreten. Die erste Gruppe sind **Schnittstellenfehler:**

- **A ruft eine falsche Methode von B auf:**
  Angenommen, A ist eine Klasse innerhalb der Bedienoberfläche des eHome-Controllers und B die Klasse, die Geräte repräsentiert. Um das Küchenlicht auszuschalten, müsste A beispielsweise die Methode `switch('Kueche', 'Licht', 'aus')` in B aufrufen; im Programmtext von A ist aber fälschlicherweise `dim('Kueche', 'Licht', '50')` codiert.
- **A ruft die richtige Methode von B auf, aber mit anderen Parameterwerten, als es für das korrekte Verhalten nötig ist:**
  Beispiel: A soll das Küchenlicht anschalten. Aufgerufen wird aber `switch('Wohnzimmer', 'Licht')`. Der erste Parameter ist semantisch falsch. Der dritte Parameter fehlt.
- **Die beiden Bausteine codieren die übergebenen Daten unterschiedlich:**
  So bedeutet in A der Aufruf `dim('Kueche', 'Licht', '50')`, dass das Licht auf 50 % Helligkeit gedimmt werden soll. Die Helligkeit wird als Wert zwischen `0` und `100` codiert. Die `dim()`-Methode in B erwartet den Helligkeitswert aber als Gleitkommazahl zwischen `0` und `1` codiert, hier also als Wert `0.5`.

1. A benötigt B (genauer ein Objekt der Klasse B), um lauffähig zu sein. Oder anders ausgedrückt: A hängt von B ab.

- **A ruft die gewünschte Methode von B korrekt auf, aber zum falschen Zeitpunkt oder in der falschen Reihenfolge** (vgl. Abschnitt 4.1.3):
  Zum Beispiel könnte es sein, dass zu dem Zeitpunkt, wo A auf B zugreift, das benötigte B-Objekt noch nicht existiert. Der Zugriff auf das nicht existierende B-Objekt verursacht im A-Objekt dann einen Laufzeitfehler. Existiert das B-Objekt, dann kann es passieren, dass eine Variable von B (zu dem Zeitpunkt, wo A auf B zugreift) noch nicht oder falsch initialisiert ist. Hier kommt es dann zu einem Laufzeitfehler in B oder das Ergebnis, das B berechnet und an A zurückgibt, ist (wegen des falschen Werts der Variablen in B) falsch. Wenn A mit diesem falschen Ergebnis weiterarbeitet, können dann weitere Folgefehler in A auftreten.

Falls die Bausteine asynchron kommunizieren[2], dann können zusätzlich zu obigen Schnittstellenfehlern folgende weitere Fehlertypen auftreten:

- **Timingfehler:**
  - A sendet seine Daten zu einem Zeitpunkt, an dem B nicht empfangsbereit ist.
  - B sendet das Ergebnis zu früh oder zu spät an A zurück, sodass A das Ergebnis nicht empfängt oder nicht verarbeitet.
  - A erkennt das Ausbleiben der Ergebnisnachricht (timeout) nicht oder reagiert darauf nicht angemessen (etwa durch Wiederholung seiner Nachricht).
- **Durchsatz-/Kapazitätsfehler:**
  - A sendet mehr Daten, als B in einer bestimmten Zeiteinheit abarbeiten kann. Als Folge gehen Daten verloren oder Datenbereiche in B »laufen über«.
  - B sendet mehr Daten an A zurück, als A verarbeiten kann.
- **Performance-Fehler:**
  - A sendet schneller oder öfter, als B reagieren kann. Als Gegenmaßnahme wartet A auf B oder wiederholt die Datensendung. Infolgedessen sinkt die Verarbeitungsgeschwindigkeit der integrierten Bausteine unter eine gewünschte Mindest-Performance.

---

2. Die beteiligten Kommunikationspartner senden und empfangen die jeweiligen Daten, ohne dabei (wie bei synchroner Kommunikation) aufeinander zu warten. Stattdessen werden die Daten asynchron in/aus einem gemeinsamen Datenpuffer geschrieben/gelesen.

Falls die Bausteine außerdem auf verschiedenen Hardwaresystemen verteilt ablaufen, können zusätzlich auch **Übertragungsfehler** auftreten:

- Der Übertragungsweg (z.B. die Netzwerkverbindung) ist gestört oder ausgefallen. Als Folge werden Daten verfälscht oder verstümmelt oder gar nicht übertragen.

*Fehlerquellen*

Wenn die zwei betroffenen Bausteine von verschiedenen Programmierern oder unterschiedlichen Teams entwickelt werden, ist die Gefahr, dass es zu solchen Integrationsfehlern kommt, besonders groß. Die Ursache sind dann meistens Missverständnisse oder unterschiedliche Interpretationen der Spezifikation oder einfach mangelnde Absprache zwischen den zuständigen Entwicklern.

Eine weitere Fehlerquelle sind Codeänderungen bzw. Softwareupdates: Einer der Bausteine wird geändert, aber dabei wird vergessen, den zweiten (abhängigen oder benötigten) Baustein passend mit zu ändern. Bei compilerbasierten und statisch typisierten Programmiersprachen können derartige syntaktische Schnittstellenfehler vom Compiler erkannt werden. In vielen interpreterbasierten Sprachen wie z.B. in PHP wird ein solcher Fehler (abhängig vom eingestellten Warning-Level) erst zur Laufzeit sichtbar.

**Fallbeispiel eHome Controller 5–1:**
**Integrationsfehler durch unvollständiges Refactoring**

In der Klasse `Device` wurde die Methode `set_status()` um einen Aufruf `write()` erweitert, der bei einem zulässigen Statuswechsel das betreffende Schalttelegramm in den Datenbankpuffer schreibt. Der Programmierer der Datenbankschnittstellen-Klasse hat diese Methode aber in `writeMsg()` umbenannt und vergessen, den Aufruf dieser Methode in der `Device`-Klasse ebenfalls umzubenennen. Da der zuständige Programmierer die Warnmeldungen seines PHP-Interpreters abgeschaltet hat, bleibt der Fehler zunächst unentdeckt. Erst im nächtlichen Integrationstestlauf kommt es beim Aufruf von `write()` dann zu einem Laufzeitfehler.

Die Gefahr, sich Integrationsfehler durch Codeänderungen bzw. Updates einzuhandeln, ist in agilen Projekten besonders hoch. Denn die kontinuierliche Änderung und Verbesserung des Codes ist hier nicht die Ausnahme, sondern die Regel. Deshalb müssen, auch wenn nur ein Baustein geändert wurde, nicht nur dessen Unit Tests wiederholt werden, sondern auch alle Integrationstests für alle Integrationseinheiten, die mit dem geänderten Baustein in Wechselwirkung stehen.

### 5.1.2 Integrationstestfälle entwerfen

Integrationstestfälle haben die Aufgabe, Fehler der oben dargestellten Typen aufzudecken. Wenn zwei Bausteine A und B integriert werden und A den Baustein B verwendet, dann werden dazu Testfälle für A benötigt, die alle relevanten Nutzungen von B auslösen. Der entsprechende Testaufbau sieht dabei wie folgt aus:

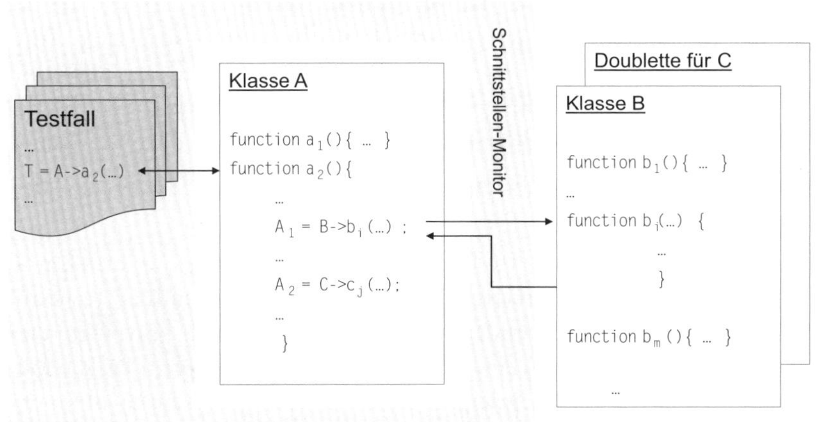


**Abb. 5–2** *Testaufbau und Testschnittstellen im Integrationstest*

*Integrationstestfälle systematisch herleiten*

Ein Verfahren, um die benötigten Integrationstestfälle systematisch herzuleiten, besteht aus den folgenden Schritten:

1. **Wechselwirkung analysieren:**
   Feststellen und auflisten, welche Methoden oder Dienste von B durch A genutzt werden. Feststellen (z.B. anhand des Architekturdiagramms), ob weitere Wechselwirkungen mit weiteren Bausteinen existieren, und vorsehen, dass diese Bausteine in der Testumgebung durch Platzhalter ersetzt werden.
2. **Äquivalenzklassenanalyse:**
   Für jede dieser Methoden bzw. jeden Dienst analysieren, welche Parametersätze bzw. Nachrichten jeweils übertragen werden, und mittels Äquivalenzklassenanalyse jeweils ermitteln, welche verhaltensrelevanten Parametersatz- bzw. Nachrichtenvarianten es gibt.
3. **Testfallinput ermitteln:**
   Im API von A diejenigen API-Aufrufe oder Aufrufsequenzen ermitteln, die nötig sind, um im Aufruf von B diejenigen Parametersätze bzw. Nachrichten auszulösen, die dafür sorgen, dass alle in Schritt 2 ermittelten Äquivalenzklassen abgedeckt werden.

4. **Soll-Ist-Vergleich definieren:**
   Je Testfallinput die zugehörige Sollreaktion von B und A bestimmen und festlegen, »wo und wie« die Istreaktion beobachtet und ausgewertet wird. Infrage kommen dabei das API von A und/oder B, der `'indirect output'` von A und/oder B oder der (dann mitzuschneidende) Datenverkehr über die Übertragungsschnittstelle selbst.
5. **Robustheit bei asynchroner Kommunikation:**
   Für Aufrufe von B, die asynchron erfolgen, sind zusätzlich Testfälle zu entwerfen, die auf Timing-, Durchsatz-, Kapazitäts- und Performance-Fehler abstellen. Bei Bausteinen, die auf verschiedenen Rechnern bzw. Hardware verteilt sind, sind darüber hinaus Testfälle zu ergänzen, die das Verhalten bei Datenübertragungsfehlern prüfen.

Schritt 5 ist nur notwendig, falls die Bausteine parallel ablaufen und asynchron gekoppelt sind. Ist dies der Fall, dann stehen hier Tests auf Robustheit im Vordergrund. Das heißt, die Testfälle »provozieren« einen Fehlerzustand (z.B. ein Timeout) und es wird geprüft bzw. beobachtet, ob und wie das integrierte System diesen Fehlerzustand »abfängt« und fehlertolerant reagiert.

Das Verfahren ist auch anwendbar, wenn einer oder beide Bausteine zusammengesetzte Bausteine sind. Das heißt, nach diesem Verfahren können grundsätzlich auch Integrationstestfälle für den Test der Integration von komplexeren Komponenten oder Subsystemen oder für den Systemintegrationstest entworfen werden (vgl. Abschnitt 5.3).

**Fallbeispiel eHome-Controller 5–2:**
**robustes Reagieren bei Verbindungsunterbrechung**

Ein `Device`-Objekt im eHome-Controller darf seinen Schaltstatus erst »umschalten« (z.B. von »on« nach »off« bzw. von »an« nach »aus«), nachdem das angesprochene physikalische Gerät (oder dessen Simulation) den Schaltvorgang ausgeführt hat und zur Bestätigung ein Quittungssignal zurückgesendet hat. Trifft die Quittung innerhalb der vorgegebenen Timeout-Zeitschranke ein, muss das `Device`-Objekt seinen Zustand entsprechend umschalten. Bleibt diese Quittung aus, so soll das betreffende `Device`-Objekt den Schaltvorgang einmal wiederholen.

Aufgrund der Architektur des eHome-Systems (vgl. Fallbeispiel 3–2 auf S. 33) gibt es drei verschiedene Punkte, an denen die Verbindung zwischen eHome-Controller und physikalischem Endgerät unterbrochen oder gestört sein kann:

→

a) eHome-Controller → Telegrammpuffer (Datenbank)
b) Telegrammpuffer (Datenbank) → Busadapter
c) Busadapter → Bussystem

Im Integrationstest soll das korrekte Reagieren des eHome-Controllers geprüft werden, ohne dass das System (wie im Systemtest) an einen »echten«, physikalisch vorhandenen Bus angeschlossen ist.

Für den Test von Situation a) wird folgende »Simulation« gewählt: Nach dem Versenden der Schaltnachricht schließt der Testfall die Datenbankverbindung. Die Datenbank ist damit nicht mehr erreichbar. Das ursprüngliche Schalttelegram darf allerdings in dieser Situation *nicht* wiederholt werden (da es ja aus der DB bereits weiterübertragen sein könnte). Stattdessen muss nach Wiederherstellung der DB-Verbindung ein »Recovery«-Lauf ausgeführt werden, bei dem das System den Status aller physikalischen Geräte neu anfordert und in die DB einliest. Diese Funktionalität ist allerdings erst für einen späteren Sprint vorgesehen.

Für den Test von Situation b) wird im Test-Setup der Telegramm-Empfangspuffer in der Datenbank gelöscht, sodass mit Sicherheit keine Quittungstelegramme ausgelesen werden können. Die Timeout-Zeitschranke wird auf einen minimalen Wert eingestellt, damit der Integrationstest nicht durch Wartezeiten verlangsamt wird. Um zu prüfen, dass das `Device`-Objekt seine Schaltnachricht wiederholt hat, prüft der Test, ob in der Datenbank nun zwei identische Schaltnachrichten zu finden sind.

Um Situation c) zu prüfen, wird der Busadapter durch einen »Stub« ersetzt, der parametrierbar ist und für jedes Schaltkommando nach Ablauf der parametrierten Wartezeit ein Quittungssignal sendet oder kein Quittungssignal sendet.

### 5.1.3 Abgrenzung zu Unit Tests

Aus programmiertechnischer Sicht sind Integrationstests den Unit Tests sehr ähnlich. Bei beiden Testarten wird das Testobjekt über sein API angesteuert und in den meisten Projekten wird zur Testautomatisierung dasselbe Unit-Test-Framework eingesetzt (das eHome-Team beispielsweise implementiert beide Arten von Tests mit dem PHP-Unit-Testframework). Aufgrund dieser technischen Ähnlichkeiten wird zwischen Unit- und Integrationstestfällen oft nicht ausreichend differenziert. Aus Testsicht adressieren beide Testarten aber unterschiedliche Eigenschaften der zu testenden Software:

- **Unit-Testfälle** werden entworfen und ausgeführt, um zu prüfen, ob ein einzelner Softwarebaustein (z.B. eine Klasse und ihre Methoden) wie gewünscht arbeitet. Der Test zielt auf die Aspekte »interne Funktionalität« der Unit und »Robustheit« der Unit gegen Fehlverwendung (z.B. Aufruf mit falschen Parameterwerten). Die Testfälle müssen die Methoden und deren Parameter möglichst umfassend abdecken. Der Baustein wird zum Test isoliert, d.h., benötigte andere Bausteine sind durch Platzhalter ersetzt. Wenn ein Fehler aufgedeckt wird, so ist dadurch klar, dass dessen Ursache »innerhalb« des getesteten Bausteins liegt.

- **Integrationstestfälle** werden entworfen und ausgeführt, um zu prüfen, ob zwei Softwarebausteine (z.B. zwei Klassen) wie gewünscht zusammenarbeiten. Der Test untersucht und prüft den Datenaustausch zwischen den Bausteinen. Die Testfälle müssen die »Datenpakete« bzw. Nachrichten, die ausgetauscht werden können, möglichst umfassend (d.h. in möglichst vielen relevanten Varianten) abdecken. Die Bausteine werden zum Test miteinander verbunden. Wenn ein Fehler aufgedeckt wird, so kann dessen Ursache in einem der beiden Bausteine liegen oder (bei verteilten Bausteinen) auch im Übertragungsweg.
- **Testabdeckung:** Wenn im oben gezeigten Testaufbau auf Baustein A die Unit Tests für A ausgeführt werden, dann ist es natürlich nicht ausgeschlossen, dass dadurch implizit auch Wechselwirkungen zwischen A und B ausgelöst werden, die einigen Integrationstests entsprechen. Aber dies ist dann dem Zufall geschuldet! Auch wenn zusätzlich die Unit Tests für B ausgeführt werden, verbessert das in der Regel nicht die für den Integrationstest ausschlaggebende Testabdeckung. Andersherum gilt: Wenn man die Integrationstestfälle als Unit-Testfälle verwendet, also die Integrationstestfälle für A und B zum Unit Test von A einsetzt, dann wird diese Testsuite mit hoher Wahrscheinlichkeit für wechselwirkungsbehaftete Methoden von A redundante Testfälle enthalten, aber bei wechselwirkungsfreien Methoden Lücken aufweisen.
- **Testwerkzeuge:** Ergänzend zu den Unit-Test-Frameworks, die im Unit Test und im Integrationstest eingesetzt werden, kommen speziell im Integrationstest noch sogenannte Monitore zum Einsatz. Monitore sind Diagnoseinstrumente, die den Datenverkehr, der über die zu testenden Schnittstellen, Busse und Netzwerkverbindungen läuft, mitlesen und in für Menschen lesbare Formate decodieren können. Für Standardprotokolle (z.B. TCP/IP-Netzwerkprotokoll) sind solche Monitorwerkzeuge am Markt erhältlich oder liegen dem Betriebssystem bei (beispielsweise »tcpdump« unter Linux). Zur Beobachtung projektspezifischer Schnittstellen und Protokolle wird das Team in der Regel individuelle Monitore entwickeln oder einen Standardmonitor entsprechend erweitern.

Wenn Softwarebausteine integriert werden, dann genügt es zum Test des Zusammenspiels der betreffenden Bausteine also nicht, nur die Unit Tests dieser Bausteine zu wiederholen. Denn aus dem Zusammenspiel der Bausteine ergeben sich neue Prüfaspekte, die durch zusätzliche Integrationstests abzudecken sind. Trotz der hohen technischen Ähnlichkeit beider Testarten muss daher zwischen Unit Tests und Integrationstests differenziert werden und beide Testsuiten müssen unter Nutzung der in Kapitel 4 und 5 dargestellten spezifischen Testentwurfsverfahren individuell zusammengestellt werden.

## 5.2 Einfluss der Systemarchitektur

In Kapitel 4 wurden einige grobe Faustregeln angegeben, wie viele Unit Tests für eine Klasse mindestens vorzusehen sind. Lassen sich vergleichbare Faustregeln angeben, die helfen, in ähnlicher Weise auch den Integrationstestaufwand abzuschätzen?

Intuitiv einsichtig ist, dass die Zahl der notwendigen Integrationstestfälle umso höher ist, je größer und komplexer ein System ist. Die Systemgröße kann vereinfachend durch die Anzahl der miteinander zu integrierenden Bausteine ausgedrückt werden, wie auch die Komplexität des Systems durch die Anzahl der Abhängigkeiten zwischen diesen Bausteinen. Das Teilsystem aus Abbildung 5–1 besteht aus zwei Klassen, wobei Klasse A von Klasse B abhängt. Es hätte demnach die Größe 2 und eine Komplexität von 1.

Da ein Baustein Abhängigkeiten zu mehreren anderen Systemteilen aufweisen kann, kann die Anzahl dieser Querbeziehungen, in Relation zur Anzahl der Bausteine, überproportional oder sogar exponentiell anwachsen. Wie sich dieses Wachstum genau verhält, hängt von der konkreten Architektur des Systems ab. Abbildung 5–3 veranschaulicht das.

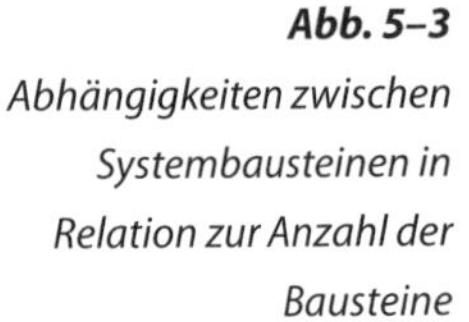

***Abb. 5–3***
*Abhängigkeiten zwischen Systembausteinen in Relation zur Anzahl der Bausteine*

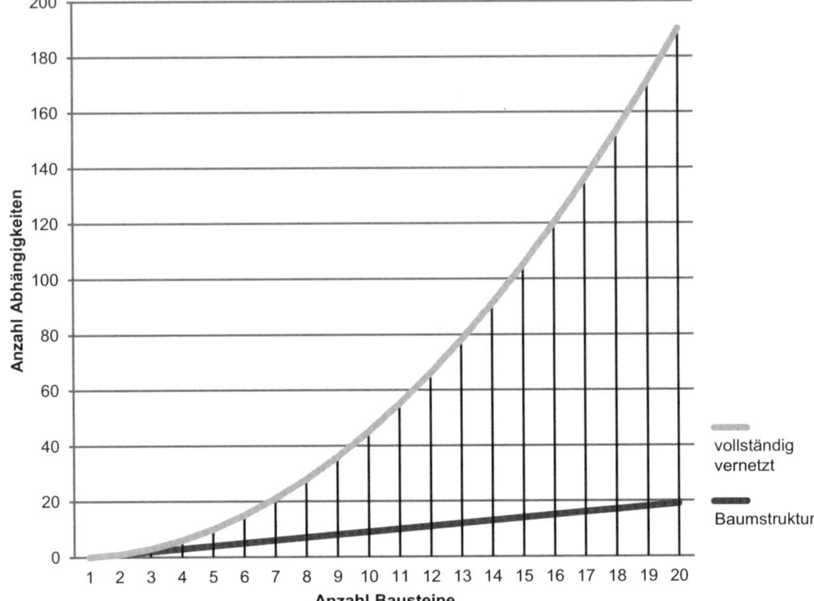


Abbildung 5–3 zeigt das Wachstum der Abhängigkeiten (k) mit steigender Anzahl der gekoppelten Bausteine. Sind die Bausteine in einer Baumstruktur verbunden, ergibt sich ein lineares Wachstum (k = (n - 1)). Bei netzartiger Verknüpfung ergibt sich ein quadratisches Wachstum (k = n (n - 1) / 2).

Bei der Zählung der Abhängigkeiten muss jede Richtung, in der eine Abhängigkeit besteht, getrennt gezählt werden. Kommunizieren also zwei Bausteine A und B bilateral miteinander, dann gibt es zwei Abhängigkeiten zu testen: von A nach B und von B nach A. Eine weiterführende Diskussion über Schnittstellen, Abhängigkeiten und Auswirkungen für den Integrationstest findet sich in [Winter et al. 12].

**Fallbeispiel eHome-Controller 5–3:**
**Abhängigkeit zwischen Controller-Baustein und Busgerät**

Im PC-Browser wird per Button »Licht Küche an« die Nachricht `switch('Kueche', 'Licht', 'an')` ausgelöst und an den Bus gesendet. Der elektronische Schalter, der das Küchenlicht elektrisch schaltet, muss diese Nachricht ausführen und mit Antwortnachricht »Licht ist an« quittieren.

Ein dazugehöriger Integrationstest muss zwei Prüfungen beinhalten:

- `switch('Kueche', 'Licht', 'an')` versenden und am Schaltaktor prüfen, ob der Schaltbefehl ausgeführt wird, und
- im Browser prüfen, ob (innerhalb eines testumgebungsabhängigen Timeout-Intervalls) die Quittungsnachricht zurückkommt.

In diesem Beispiel sind zwei Prüfschritte nötig, weil zwischen Browser und Schalter eben zwei Abhängigkeiten bestehen und nicht nur eine.

### 5.2.1 Abhängigkeiten und Schnittstellen

Schwieriger, als die Größe eines Systems abzuschätzen (z.B. durch Zählen aller vorhandenen Klassen), ist es, die Anzahl aller im System enthaltenen gegenseitigen Abhängigkeiten zu ermitteln. Abhängigkeiten zwischen Bausteinen liegen oftmals nicht explizit, sondern implizit bzw. indirekt vor:

- Eine explizite Abhängigkeit ist gegeben, wenn wie in Abbildung 5–1 ein Baustein A einen Baustein B über dessen API-Schnittstelle aufruft. Die Tatsache, dass A den Baustein B benötigt, ist im Programmcode unmittelbar ablesbar. Explizite Abhängigkeiten lassen sich daher durch den Compiler bzw. durch entsprechende statische Codeanalyse (also ohne die Bausteine auszuführen) identifizieren.
- Eine implizite bzw. indirekte Abhängigkeit kann vorliegen, wenn Bausteine eine gemeinsame Ressource teilen. Dies ist beispielsweise der Fall, wenn zwei oder mehrere Bausteine auf dieselbe globale Variable zugreifen oder eine Datei im Filesystem gemeinsam nutzen oder auf eine Datenbank bzw. Datenbanktabelle gemeinsam zugreifen.

*Indirekte Abhängigkeit durch gemeinsame Ressource*

Die indirekte Abhängigkeit entsteht dann, wenn wenigstens einer der beteiligten Bausteine auf die gemeinsame Ressource schreibend zugreift und den Inhalt des Datenobjekts verändert und der zweite oder weitere Bausteine dieses Datenobjekt lesen und abhängig von dessen Inhalt reagieren. Obwohl die Bausteine sich gegenseitig nicht explizit aufrufen, sind die lesenden Bausteine über das gemeinsame Datenobjekt dennoch indirekt vom Daten schreibenden Baustein beeinflusst. Und wenn zwei der Bausteine beide lesend und schreibend auf das Datenobjekt zugreifen, ergibt sich eine bilaterale Wechselwirkung zwischen beiden. Im Programmtext der Bausteine erkennt man jedoch nur den Zugriff auf die Datenressource. Aber man erkennt nicht unmittelbar, ob oder wann ein zweiter oder weitere Bausteine diese Ressource ebenfalls nutzen.

Indirekte Abhängigkeiten werden deshalb leicht übersehen und es wird dann vergessen, die beteiligten, indirekt voneinander abhängenden Bausteine einem Integrationstest zu unterziehen. Sind diese Abhängigkeiten aber erkannt, dann lassen sich die nötigen Integrationstests im Prinzip auf dieselbe Weise ermitteln und ausführen wie bei explizit gekoppelten Bausteinen:

- Bei explizit gekoppelten Bausteinen müssen die Integrationstests die relevanten Varianten der Methodenaufrufe (Parameterkombinationen) oder des Nachrichtenaustausches (im Falle asynchroner Kommunikation) abdecken.

- Bei indirekt gekoppelten Bausteinen müssen entweder die relevanten Kombinationen der Schreib-/Lesesequenzen auf die gemeinsame Ressource abgedeckt werden und/oder die relevanten möglichen Varianten des Inhalts der gemeinsamen Ressource. Letzteres kann bedeuten, dass für den Test umfangreiche Testdatenbestände erzeugt oder vorgehalten werden müssen.

### 5.2.2 Testbarkeit und Testaufwand

Während die Anzahl der Unit Tests mit der Anzahl der Bausteine[3] korreliert, hängt die Anzahl der benötigten Integrationstests von der Anzahl der Abhängigkeiten zwischen den Bausteinen ab. Wie viele solche Abhängigkeiten existieren, hängt von der Architektur des zu testenden Systems ab.

Moderne, objektorientiert entworfene und programmierte Systeme besitzen hier in der Regel eine sehr stark vernetzte Struktur aus vielen kleinen Klassen, die miteinander interagieren. Dies führt zu einer stark erhöhten Bedeutung des Integrationstests. Denn »die Objektorientierung hat die Fehlerquellen von den Modulen bzw. den Klassen zu den Interaktionen zwischen den Klassen versetzt. Ein großer Teil der Fehler und fast alle kritischen Fehler in einem objektorientierten System können [deshalb] nur über den Integrationstest gefunden werden« [Winter et al. 12].

Der Integrationstest kann dann sehr aufwendig werden, weil bei einer netzartigen Systemarchitektur, wie oben beschrieben, die Anzahl der Abhängigkeiten in Relation zur Anzahl der Bausteine überproportional groß sein kann. Umgekehrt kann der Integrationstestaufwand aber auch enorm reduziert werden, wenn es gelingt, die Systemarchitektur geeignet zu vereinfachen.

Neben der Objektorientierung als Aufwandstreiber ist im agilen Projekt das iterative Vorgehen als weiterer Aufwandstreiber zu beachten. Denn wenn das zu bauende System in einem Sprint um neue Features ergänzt wird, bedeutet das meistens, dass das System um zusätzliche Klassen oder andere zusätzliche Softwarebausteine erweitert wird. In jeder Iteration müssen daher nicht nur die vorhandenen Integrationstests wiederholt werden, sondern immer wieder auch neue, zusätzliche Integrationstests entworfen, automatisiert und durchgeführt werden.

Um zu verhindern, dass der Integrationstestaufwand dabei überproportional ansteigt, ist es im agilen Projekt notwendig, die Systemarchitektur im Blick zu behalten und regelmäßig Refactorings durchzuführen, mit dem Ziel, die Systemarchitektur wieder zu vereinfachen.

---

3. Dies ist eine stark vereinfachte Abschätzung, die u.a. annimmt, dass alle Klassen ähnlich groß (Anzahl der Methoden) und ähnlich komplex (interne Wechselwirkung der Methoden) sind.

*Integrationstestaufwand und Testbarkeit*

Der Integrationstestaufwand hängt allerdings nicht nur von der Anzahl der zu prüfenden Abhängigkeiten ab, sondern auch davon, wie gut oder schlecht jede dieser Schnittstellen testbar ist. »Testbarkeit« bezeichnet nach der Definition in [Spillner & Linz 19] die Mühelosigkeit und Geschwindigkeit, mit der die Funktionalität und das Leistungsniveau eines Systems (auch nach jeder Anpassung) getestet werden kann. Ein »schlechter testbares« System verursacht bei vergleichbarer Funktionalität einen höheren Testaufwand als ein »besser testbares« System.

Übertragen auf den Integrationstest und die dort zu testenden Abhängigkeiten bzw. Schnittstellen bedeutet das: Eine Abhängigkeit ist leicht testbar, wenn sie für den Tester leicht identifizierbar ist (z.B. im Sourcecode), wenn sie für den Tester oder das Testframework leicht zugänglich und leicht beobachtbar ist (z.B. über einen dokumentierten API-Aufruf und einen Schnittstellenmonitor) und wenn die Schnittstelle »schmal« ist, d.h., wenn die Anzahl der abzudeckenden Datenvarianten klein ist. Der im Zuge einer Integration zu leistende Testaufwand korreliert dann mit der Anzahl aller betroffenen Abhängigkeiten und deren Testbarkeit.

Beides sind Eigenschaften der Systemarchitektur. Eine gute Systemarchitektur zeichnet sich daher u.a. dadurch aus, dass Teilsysteme klar voneinander abgegrenzt sind und nur über wenige »schmale« und explizite Schnittstellen Wechselwirkungen bestehen.

Um die Architektur zu verbessern, sollten u.a. implizite Abhängigkeiten in explizite Abhängigkeiten transformiert werden. Das bedeutet, dass gemeinsame, globale Datenressourcen in separate Klassen gekapselt werden. Das API dieser Klasse stellt den Datenzugriff dann als »Service« zur Verfügung. Das hat zum einen den Vorteil, dass die API-Aufrufe nun im Code klar erkennbar sind. Zum anderen kann in der Klasse die Erkennung und (Ausnahme-)Behandlung unzulässiger Datenbelegungen »zentral« erledigt werden. Die entsprechenden Prüfungen müssen dann nicht mehr in jedem Baustein, der die Datenressource nutzt, einzeln implementiert werden. Die Komplexität der dienstnutzenden Bausteine wird vermindert und der Testaufwand für Robustheitstestfälle verlagert sich vom Integrationstest der dienstnutzenden Bausteine in den Unit Test der Serviceklasse.

## 5.3 Integrationsstufen

In den oben stehenden Abschnitten wurde erläutert, wie Integrationstestfälle für den Test der Integration einzelner Klassen entwickelt werden. Durch fortgesetzte Integration werden dabei Klassen als elementare Bausteine zu größeren Clustern, z.B. zu Paketen (packages) oder Teilsystemen, zusammengefasst. Diese Pakete oder Teilsysteme können dann ihrerseits wiederum als eigenständige Bausteine angesehen werden. Je nachdem, auf welcher Abstraktionsebene der Integrationsprozess betrachtet wird, weisen die Bausteine, die miteinander integriert werden, also unterschiedliche Granularität auf.

### 5.3.1 Klassenintegration

Die Integration von Klassen ist die niedrigste Integrationsstufe, die im Integrationstest auftritt. Kleinere Einheiten, wie z.B. einzelne Methoden, sind (zumindest in der objektorientierten Programmierung) innerhalb einer Klasse gekapselt. Ihr Test wird daher dem Unit Test zugeordnet. Bei der Integration von Klassen[4] können wiederum mehrere Arten unterschieden werden:

- **Vertikale Integration** bezeichnet die Integration von Klassen entlang ihrer Vererbungshierarchie. Wenn eine Klasse A ihre Eigenschaften an eine Klasse B vererbt, dann stehen alle nicht privaten Methoden und Variablen von A in B zur Verfügung und können in B aufgerufen bzw. benutzt werden. Wenn Klasse A verändert wird (z.B. weil in einem Sprint die Realisierung eines Features verändert wird), dann ist die Gefahr gegeben, dass sich Methoden aus A anders verhalten. In Folge können dann unter Umständen in B Aufrufe von A scheitern oder anders als vorher reagieren. Deshalb muss nach Änderungen in A ein erneuter Test zwischen A und B durchgeführt werden. Methoden in B (z.B. $m_B$) können aber auch Methoden aus A (z.B. $m_A$) überschreiben. Werden an solchen Stellen Änderungen vorgenommen, muss ebenfalls der Test wiederholt werden. Ein einfaches Beispiel ist die – vielleicht unbeabsichtigte – Änderung des Namens von $m_B$: Als »Resultat« wird statt $m_B$ dann $m_A$ aufgerufen, was ein völlig anderes Verhalten ergeben kann. Auf Grundlage der Klassenhierarchie können diese Art Tests als Integrationstests zwischen den Klassen der Vererbungshierarchie aufgefasst werden. Zur Programmlaufzeit liegt aber in den meisten Fällen nur ein einziges Klassenobjekt vor, das den Code seiner Methoden ausführt (dass ein Teil davon ererbt wurde, spielt dann für das Objekt keine Rolle). Aus dieser Sichtweise heraus können Tests entlang einer Vererbungshierarchie auch als Unit Tests eingeordnet werden. Wie das jeweilige Scrum-Team dies handhabt, ist sekundär. Wichtig ist, dass das Team entsprechende »Vererbungs«-Testfälle besitzt und nach Änderungen wiederholt.

---

4. Eine ausführlichere Diskussion, u.a. über geeignete Testreihenfolgen und durch Vererbung entstehende Herausforderungen, findet sich in [Vigenschow 10] und [Winter et al. 12].

- **Horizontale Integration** bezeichnet die Integration entlang einer »Benutzt«-Beziehung (Klassenassoziation). Hier existieren zwei (nicht über Vererbung verwandte) Klassen A und B und zur Laufzeit mindestens je eine Objektinstanz je Klasse. Wenn A eine Methode aus B aufruft, dann besteht zwischen A und B eine Abhängigkeit und es ist nötig, die Wechselwirkung zwischen A und B über passende Integrationstestfälle zu überprüfen.
- **Zusammengesetzte Klassen bzw. Objekte:** Eine spezielle Form der »Benutzt«-Beziehung liegt vor, wenn eine Klasse A eine andere Klasse B als Datenstruktur enthält. Wenn A auf B zugreift, dann »benutzt« auch hier A die Methoden und/oder Variablen der Klasse B. Ein expliziter Integrationstest zwischen A und B, der notwendig wäre, wird aber oftmals vergessen, weil B einfach als Teil von A angesehen wird. Im Unit Test von A wird die Benutzung von B dann mehr oder weniger zufällig implizit mitgetestet. Falls an einen expliziten Test gedacht wird, wird der Test allerdings schwierig. Denn B ist (bei sauberer objektorientierter Programmierung) ja innerhalb A gekapselt und privat. Man kann B im Test also kaum oder gar nicht »beobachten«. Eine Lösung ist, mit »Dependency Injection« (s. z.B. [Meszaros 07, Kap. 26]) zu arbeiten. Das abhängige Objekt (im Beispiel die Klasse B) wird nicht statisch als Variable von A eingebettet, sondern dem Klassenkonstruktor von A als Parameter übergeben. Damit wird B von außen beobachtbar. Außerdem kann B dann für den Integrationstest auch leicht durch einen »Spy« ersetzt werden, aber auch im Unit Test durch einen »Stub« oder »Mock«, was den Unit Test von A erheblich erleichtern kann (vgl. Kap. 4).

### 5.3.2 Teilsystemintegration

In den obigen Ausführungen und Beispielen wurden jeweils zwei Klassen zusammengefügt und durch Integrationstestfälle geprüft. Verhält sich das Klassenpaar wie gewünscht, dann kann man das Paar als neu entstandenen, zusammengesetzten Baustein auffassen. Diesem zusammengesetzten Baustein kann dann eine weitere Klasse hinzugefügt werden. Auf diese Weise entsteht durch schrittweise Integration ein Cluster von miteinander korrekt zusammenspielenden Klassen. Ein solcher Cluster wird oft als Paket oder auch »Teilsystem« bezeichnet. Wie die Schnittstelle eines solchen Clusters nach außen aussieht, hängt von der verwendeten Programmiersprache ab. Manche Sprachen erlauben es, ein Paket-Interface explizit zu spezifizieren, in anderen Programmiersprachen ergibt sich das Interface einfach als Summe aller APIs der Klassen im Cluster.

Ist es möglich, das Paket-Interface explizit anzugeben, dann sollte das getan werden. Der Grund ist derselbe wie die Unterscheidung zwischen `public`- und `private`-Methoden auf Ebene der Klassen: Die Funktionalität wird gekapselt und die Anzahl der extern sichtbaren und benutzbaren Methoden wird verringert. Dadurch wird die Testbarkeit erhöht! Das so entstandene Teilsystem kann dann wieder als ein einziger Baustein angesehen werden.

Hat man die Klassencluster zu Teilsystemen integriert, so kann das System auf einer höheren Abstraktionsebene als Menge von Teilsystemen betrachtet werden. Aus einer Ansammlung von z. B. einigen Hundert Klassen ist konzeptionell eine Menge von vielleicht einem Dutzend Teilsystemen geworden. Jedes dieser Teilsysteme kann jetzt wiederum einem Unit Test unterzogen werden. Die nötigen Unit-Testfälle ergeben sich dabei aus den Unit- und Integrationstestfällen der extern sichtbaren API-Methoden des Teilsystems. Und analog zur Klassenintegration können die Teilsysteme dann schrittweise zu größeren Teilsystemen oder zum Gesamtsystem zusammengefügt werden. Die zugehörigen Integrationstestfälle lassen sich auf dieselbe Weise finden und implementieren, wie in diesem Abschnitt auf Ebene der Klassen beschrieben.

### 5.3.3 Systemintegration

Liegt das Gesamtsystem bzw. das Produkt integriert und fehlerfrei vor, so erfolgt als letzter Schritt der Kette der Integrationsschritte die Systemintegration. Hier geht es im Unterschied zu den voranstehenden Schritten darum, zu überprüfen, ob das Produkt über die vorgesehenen Schnittstellen mit seiner externen Umwelt fehlerfrei zusammenspielt. Diese Tests werden in der Praxis meistens als Teil des Systemtests (s. Kap. 6) in der Systemtestumgebung ausgeführt. Oft wird dabei zwischen Systemtestfällen und Systemintegrationstestfällen auch gar nicht unterschieden.

Eine kritische Variante der Systemintegration liegt vor, wenn das Softwaresystem in eine kundenspezifische, industrielle Anlage oder in ein individuelles Großgerät integriert werden muss. Die Zielhardware kann in solchen Fällen oft nur sehr eingeschränkt in der Systemtestumgebung nachgestellt werden. Obwohl der Schritt dann eigentlich »nur« eine Inbetriebnahme der Software sein dürfte, bei der Parametrierung und Systemabnahme im Vordergrund stehen, ist es de facto oft ein (ungewollter) Systemtest in der Einsatzumgebung. Für Teams, die nach Scrum arbeiten, ist so eine Situation ein sehr ernstes Impediment. Denn der Anspruch »Shipable Product« bedeutet, dass in der Kundenumgebung außer einer Parametrierung nichts mehr zu tun sein darf!

Ist dies nicht der Fall und zeigen sich stattdessen in der Kundenumgebung immer wieder unerkannte Fehler, so muss in den Ausbau der Testumgebung und/oder in die Entwicklung von Simulatoren investiert werden. Geschieht das nicht, dann wird aus Sicht des Kunden das Ziel von Scrum völlig verfehlt. Denn anstatt fehlerfreier Software bekommt er dann »garantiert« fehlerhafte Software und das auch noch in hoher Frequenz.

**Fallbeispiel eHome-Controller 5–4: Systemintegration**

a) **Gelungene Systemintegration**
Das eHome-System wird bei einem Endkunden durch einen Servicetechniker installiert. Nach Aufbau des Systems führt der Techniker eine Parametrierung durch, sodass die im Haus vorhandenen Busgeräte richtig und vollständig erkannt und im System zugeordnet werden. Dann führt er die vom Hersteller »eHome-Tools« mitgelieferten Diagnoseprogramme aus. Nachdem alles klappt, nimmt er den Kunden mit zu einem Rundgang durchs Haus und der Kunde löst je Raum die ihm wichtigsten Schaltfunktionen aus – einmal am Wandschalter und das zweite Mal über sein Smartphone.

b) **Gescheiterte Systemintegration**
Der Kunde hat ein Bussystem im Einsatz, das für das eHome-Team neu ist. Der Busadapter wurde auf Basis der Busspezifikation erstellt. Im eHome-Team-internen Systemtest ist dieses Bussystem aber nicht verfügbar. Dennoch wird ein System an den Kunden geliefert. Die Installation beim Kunden gelingt dem Techniker aber auch nach vielen Stunden und mehreren Anläufen nicht. Der Kunde tritt verärgert vom Kauf zurück.

## 5.4 Klassische Integrationsstrategien

In klassisch arbeitenden Projekten erfolgen Integration und Integrationstest in einer dem Unit Test (Komponententest) nachgeschalteten Projektphase (vgl. Abb. 2–3). Die Idee bzw. Annahme ist, dass zu Beginn der Integrationstestphase alle Softwarebausteine fertig implementiert und »Unit-getestet« vorliegen. Dann sucht das Integrationsteam Teilmengen heraus, deren Bausteine zusammengehören, überspielt diese in die Integrationstestumgebung und führt die zugehörigen Integrationstests aus. Klappen diese Tests, gilt das betreffende Teilsystem als integriert. Schlägt ein Test fehl, wird der ursächliche Baustein überarbeitet.

Welche Bausteine zu welchem Teilsystem gehören, ist durch die Architektur des Systems festgelegt. Theoretisch frei wählbar ist hingegen, in welcher Reihenfolge integriert wird. Nach [Spillner & Linz 19] kann dabei zwischen folgenden Basisstrategien unterschieden werden:

- **Top-down-Integration:**
  Die Integration beginnt mit dem Baustein, der weitere Bausteine aufruft, aber selbst (außer vom Betriebssystem) nicht aufgerufen wird.
- **Bottom-up-Integration:**
  Der Test beginnt mit den elementaren Bausteinen des Systems, die keine weiteren Bausteine aufrufen (außer Funktionen des Betriebssystems).
- **Ad-hoc-Integration:**
  Die Bausteine werden in der (zufälligen) Reihenfolge ihrer Fertigstellung integriert.

Top-down- und Bottom-up-Integration in Reinform setzen eine vollständig baumartige Architektur voraus. Je netzartiger die Architektur ist, umso stärker muss von diesen Basisstrategien abgewichen werden. Hinzu kommt, dass es auch in Projekten nach V-Modell selten vorkommt, dass alle Bausteine »fertig implementiert und Unit-getestet vorliegen«. Auch hier wird in der Praxis mit der Integration begonnen, obwohl einzelne Systemteile noch in der Implementierungsphase stecken. Dies führt dann zwangsläufig zu einer Ad-hoc-Integrationsstrategie.

## 5.5 Continuous Integration

Im agilen Projekt und damit auch in Scrum entstehen kontinuierlich geänderte oder neue Codebausteine. Wie geht man damit um? Eine am klassischen Vorgehen angelehnte Strategie wäre, zu warten, bis alle Arbeitsaufträge (Tasks) für Codeänderungen erledigt sind, und dann am Sprint-Ende alle Änderungen aller Programmierer in die Testumgebung zu überspielen und die Integrationstests zu fahren. Dass eine solche Integrationsstrategie den Zielen von Scrum zuwiderläuft, ist offensichtlich:

- Feedback vom Integrationstest zurück an den Programmierer wird unnötig verzögert. Im unglücklichsten Fall erhält ein Programmierer, der am ersten Tag des Sprints einen Codebaustein ändert, erst am letzten Tag des Sprints das Integrationstestergebnis zurück.
- Da die Integrationstests Fehler aufdecken können und auch aufdecken werden, muss Zeit für Fehlerkorrektur eingeplant werden. Der Sprint wird dadurch zwangsweise serialisiert in die Phasen Codierung, Unit Test, Integration/Integrationstest und Fehlerkorrektur. Als Ergebnis entsteht das sogenannte »Water Scrum«, ein phasenorientiertes wasserfallartiges Vorgehen innerhalb des Sprints.

Um das zu vermeiden, benötigt das Team eine bessere Integrationsstrategie: »Continuous Integration«.

*Continuous Integration*

Continuous Integration (CI) ist die konsequente Weiterentwicklung inkrementeller Integrationsstrategien und bezeichnet die Praxis, dass die Mitglieder eines Softwareentwicklungsteams ihre Codeänderungen häufig integrieren, in der Regel mindestens einmal täglich oder häufiger (nach [URL: Continuous Integration]). Es beinhaltet, dass jeder geänderte Codebaustein nach seiner Fertigstellung in die zentrale Integrationsumgebung überspielt und dort in einen bereits integrierten Versionsstand (Build) integriert wird. Neue oder geänderte Bausteine werden also nicht mit anderen, ebenfalls neuen noch nicht integrierten Bausteinen zusammengeworfen! Als Ergebnis entsteht ein neuer Build, der dann wiederum sofort automatisiert auf Lauffähigkeit und Korrektheit überprüft wird.

### 5.5.1 Der CI-Prozess

Neben der zentralen Integrationsumgebung als Ankerpunkt zeichnet sich CI noch durch ein weiteres, entscheidendes Merkmal aus: CI ist ein vollautomatisierter Prozess. Nach [Duvall et al. 07] gehören folgende Elemente und Prozessschritte zu einem Continuous-Integration-Prozess:

- **Zentrales Code-Repository:**
  Das Team verwaltet den Programmcode und die automatisierten Tests in einem gemeinsamen, zentralen Code-Repository. Jeder Codebaustein steht unter Versionsverwaltung. Jeder Programmierer muss seinen Code dort einliefern (einchecken) – mindestens einmal täglich, besser nach jeder (auch kleinen) Codeänderung, also so oft wie möglich.
- **Automatischer Integrationslauf:**
  Jedes Einchecken von Code in das Code-Repository löst automatisch einen Integrationslauf aus. Dieser Integrationslauf findet auf einem sogenannten »CI-Server« statt und besteht aus folgenden Teilprozessen:
  - **Compilerlauf (Build):**
    Der Programmcode wird compiliert. Warnungen und Fehlermeldungen des Compilers werden protokolliert und vom CI-Server »eingesammelt«. Die typische Laufzeit je Modul liegt im Sekundenbereich.
  - **Statische Codeanalyse:**
    Nach erfolgreicher Compilierung wird eine weiter gehende statische Codeanalyse ausgeführt. Hier werden automatisch die vom Team verabschiedeten Codierungsrichtlinien überprüft und vereinbarte codebasierte Qualitätsmetriken gemessen (z.B. Ver-

schachtelungstiefe). Auch die Ergebnisse dieser Analysen und Messungen sammelt der CI-Server ein. Die typische Laufzeit liegt im Sekundenbereich. Wichtig ist, dass das Team nur solche Codierungsrichtlinien formuliert und anwendet, deren Einhaltung automatisiert überprüft werden kann. Für Codeeigenschaften, die nicht automatisch gemessen werden können (etwa mangels geeignetem Messwerkzeug) oder die nicht gemessen werden sollen (weil das Team sie für unerheblich hält), sollen auch keine Codierungsrichtlinien formuliert werden.

- **Delivery in die Testumgebung:**
  Ist der Code auf diese Weise statisch geprüft und compiliert, wird der ausführbare Code in die zuständige Testumgebung übertragen (Delivery). Die Testumgebung wird dazu vorab auf einen definierten Ausgangsstand zurückgesetzt. Dann wird das ausführbare System in der Testumgebung automatisch installiert.
- **Initialisierung:**
  Automatisiert werden sämtliche Initialisierungen ausgeführt, wie z.B. die Erzeugung und initiale Belegung der Datenbanktabellen des Systems. Auch die für die nachfolgenden Tests notwendigen Testdaten werden eingespielt.
- **Unit Test:**
  Dann starten die automatisierten Unit Tests für alle Units. Die Testergebnisse sammelt der CI-Server ein.
- **Integrationstest:**
  Anschließend werden die automatisierten Integrationstests gestartet. Auch diese Testergebnisse sammelt der CI-Server ein.
- **Systemtest:**
  Die automatisierten Systemtests werden gestartet. Die Testergebnisse sammelt der CI-Server ein. Wegen der in der Regel langen Laufzeit von Systemtests (oft im Bereich mehrerer Stunden) werden die Systemtests nicht in jedem CI-Lauf gestartet, sondern z.B. nur einmal täglich, meistens nachts.
- **Feedback und Dashboard:**
  Der CI-Server zeigt alle Ergebnisse auf einer für das Team sichtbaren Webseite (Dashboard) an. Fehlschläge und Probleme im CI-Lauf meldet er sofort, nicht nur im Dashboard, sondern auch aktiv, z.B. per E-Mail, direkt an den betroffenen Programmierer.

Abbildung 5–4 (nach [Duvall et al. 07], erweitert um Testumgebungen) zeigt eine solche CI-Umgebung schematisch.

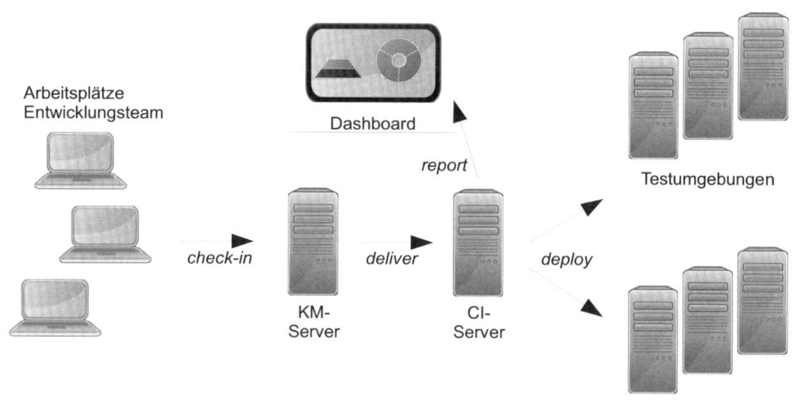


***Abb. 5–4***
*CI-Umgebung*

*CI-Dashboard*

Die Ergebnisse jedes CI-Teilprozesses werden, sofort wenn sie vorliegen, im Dashboard angezeigt, also nicht erst nach Abschluss des letzten CI-Schritts. Wie schnell die Rückkopplung der Informationen an das Team erfolgt, hängt von der Laufzeit jedes einzelnen CI-Schritts ab. Compiler und statische Analysen benötigen typischerweise einige Sekunden bis Minuten. Bei Unit Tests und Integrationstests bewegt man sich im Minutenbereich. Die Systemtests benötigen demgegenüber üblicherweise mehrere Stunden. Der CI-Server sammelt alle Ergebnisse, die im CI-Lauf anfallen, auf und stellt sie übersichtlich auf seinem CI-Dashboard dar. Jedes Teammitglied kann sich so über jeden CI-Lauf sofort informieren und hat jederzeit ein Bild über die aktuelle Qualität des Systems. Abbildung 5–5 zeigt als Beispiel das Dashbord des Test*Bench*-Teams (vgl. Fallstudie 8.3).

***Abb. 5–5***
*Dashbord mit typischen CI-Ergebnissen*

**Test Statistics Grid**

| Job | Success | | Failed | | Skipped | | Total |
|---|---|---|---|---|---|---|---|
| | # | % | # | % | # | % | # |
| iTB Nightly Test Automation | 814 | <100% | 0 | 0% | 6 | >0% | 820 |
| iTB - Essentials | 1174 | 100% | 0 | 0% | 0 | 0% | 1174 |
| iTB - Integration Tests | 6690 | 100% | 0 | 0% | 0 | 0% | 6690 |
| iTB - Packaging | 0 | 0% | 0 | 0% | 0 | 0% | 0 |
| iTB - Static Analysis | 0 | 0% | 0 | 0% | 0 | 0% | 0 |
| iTEP Export Plugin | 8 | 100% | 0 | 0% | 0 | 0% | 8 |
| iTEP4 | 9 | 100% | 0 | 0% | 0 | 0% | 9 |
| iTORX | 5 | 100% | 0 | 0% | 0 | 0% | 5 |
| Total | 8700 | <100% | 0 | 0% | 6 | >0% | 8706 |

**Code Coverages**

| Projekt ↓ | Klassen | Verzweigungen | Dateien | Zeilen | Methods | Packages |
|---|---|---|---|---|---|---|
| iTB - Integration Tests #2400 | 81% | 49% | 82% | 54% | 65% | 87% |
| **Total:** | **81%** | **49%** | **82%** | **54%** | **65%** | **87%** |

### 5.5.2 CI einführen

Aus technischer Sicht ist CI nichts Revolutionäres. Schon immer haben Softwareentwickler Compilerläufe über Skripte automatisiert. Die meisten Projekte nutzen ein Konfigurationsmanagementsystem zur Sourcecodeverwaltung. Viele Projekte bauen automatisiert einmal pro Nacht einen kompletten Build (»Nightly Build«). Gute Projekte unterziehen diesen Build automatisiert einer statischen Codeanalyse.

Wenn ein Team all dies bereits praktiziert, ist es schon sehr nahe am Ziel. Das Team muss »nur noch« seine Tests automatisieren und in den CI-Prozess einfügen. Wenn wenig oder nichts davon praktiziert wird, hat ein Team allerdings eine steile Lernkurve vor sich. CI weglassen oder die Einführung auf später verschieben, ist (aus den zu Beginn von Abschnitt 5.5 erläuterten Gründen) nicht ratsam.

Man kann die Sache auch aus einem anderen Blickwinkel betrachten: In vielen Projekten ist das Konfigurationsmanagement (KM) verbesserungswürdig und die Abläufe sind bei Weitem nicht so automatisiert, wie es technisch machbar wäre. Die Einführung von Scrum bietet dem Team dann die Chance, hier einen großen Verbesserungsschritt zu vollziehen.

*CI-Umgebung vor dem ersten Sprint aufbauen*

Der Aufbau der CI-Umgebung sollte aber schon vor dem ersten Sprint eingeleitet oder vollzogen werden. Denn je nachdem, wo das Team methodisch steht, kann dieser Aufbau mit einer völligen Neuorganisation des Software-Repositories des Teams verbunden sein. Das betrifft die Werkzeuge und kann bis zur Neuorganisation der Ablagestruktur für den Code und die Tests gehen. Dass die entsprechenden Skripte, die den CI-Prozess steuern, erstellt und natürlich getestet werden müssen, sollte auch klar sein. Sobald der erste Sprint begonnen hat und die Programmierer ihre Tasks abarbeiten, müssen sie den zu bearbeitenden Code auschecken, ergänzen, wieder einchecken und die Tests auslösen. Das heißt, ab dem ersten Sprint wird ein grundsätzlich funktionierender CI-Prozess benötigt. Folgende Schritte zum Aufbau einer CI-Umgebung sind empfehlenswert:

- **Konfigurationsmanagement-Bestandsaufnahme:**
  Welches Tool verwendet das Team derzeit zum Konfigurationsmanagement (KM)? Wie umfassend wird es genutzt? Gibt es Mitarbeiter oder Teilprojekte, die etwas anderes oder gar nichts nutzen? Wenn ja, warum? Wie empfinden die Teammitglieder den Umgang mit dem Tool? Einfach oder kompliziert? Wie schnell kann ein Build erstellt werden? Wo bzw. auf welchem Rechner läuft das Tool? Wird es zentral administriert oder hat das Team Kontrolle über Tool und Repository? Gibt es besser geeignete, alternative KM-Tools? Die

Antworten lassen sich sicherlich in einem Team-Workshop schnell zusammentragen. Ebenso Wünsche und Ideen, was alles verbessert werden sollte und könnte, damit das Konfigurationsmanagement künftig einfach, zuverlässig, schnell und »rund« läuft.

- **CI-Tools kennenlernen:**
Parallel zur Bestandsaufnahme informiert sich das Team über CI-Server-Software (als Startpunkt kann z.B. [URL: Toolliste] dienen). CI-Server sind Softwarewerkzeuge, die den CI-Prozess skriptgesteuert abfahren und die einzelnen Prozessschritte (z.B. einen Compilerlauf oder ein Testpaket) auslösen, überwachen und die Ergebnisse aufsammeln. Erfahrene Programmierer könnten sich dies aus Shell-Skripten natürlich selbst zusammenbasteln. Moderne CI-Server-Software bringt die wesentlichen Skripte vorgefertigt allerdings schon mit und bietet darüber hinaus ein Dashboard: also eine Webseite, auf der das Team den Status und die Ergebnisse der CI-Läufe jederzeit einsehen und verfolgen kann. Auch hier sollte das Team Informationen, die die Mitglieder gesammelt haben, in Workshops untereinander austauschen, einige Tools probeweise installieren und sich gegenseitig demonstrieren.

Bestandsaufnahme und Informationsphase sind wichtig, um eine möglichst hohe Akzeptanz der neuen CI-Umgebung im Team sicherzustellen. Auch der Scrum Master muss hier involviert sein. Denn eine schlechte CI-Umgebung ist ein ernstes Hindernis. Und eine der ersten Bewährungsproben des Scrum Masters im Zuge der Einführung von Scrum ist es, mitzuhelfen, eine gute CI-Umgebung aufzusetzen. Nach der Informationsphase geht es an die Implementierung:

- **KM/CI-Tool-Auswahl:**
Nach der Informationsphase entscheidet das Team, ob es beim vorhandenen KM-Tool bleibt oder auf ein anderes wechselt und welche CI-Server-Software eingesetzt werden soll. Beide Tools müssen gut zusammenspielen. Denn der CI-Server muss zuverlässig feststellen können, dass Code im KM geändert wurde, dann den Code aus dem KM auschecken und für den CI-Lauf bereitstellen.
- **KM/CI-Installation:**
Die Tools und ggf. neue Hardware werden beschafft und die Tools installiert. Im Minimum muss man einen separaten Rechner dafür vorsehen. Keinesfalls ist es sinnvoll, KM- oder CI-Tool auf einer Entwicklermaschine mitlaufen zu lassen. Auch an einen geeigneten Backup-Mechanismus und ggf. an eine Ausfallrisiko mindernde, redundante Auslegung des Systems ist zu denken.

- **KM-Migration:**
  Das alte Code-Repository wird in das neu aufgesetzte KM überführt. Wenn das Repository dabei neu strukturiert wird, kann dies ein aufwendiger und fehleranfälliger Schritt sein.
- **CI-Scripting:**
  Die mit dem CI-Server mitgelieferten Skripte werden so angepasst, dass sie in der konkreten CI-Umgebung arbeiten. Zuerst sind die Skripte zu erstellen und in Betrieb zu nehmen, die das Code-Repository auf Änderungen überwachen und dann den neuesten Codestand auschecken und an den Compiler übergeben.

Damit hat das Team einen minimalen Funktionsumfang aufgesetzt, den es zum Start erreichen muss und der funktional vergleichbar ist mit herkömmlichem Konfigurationsmanagement. Das Team hat dann zwar noch keinerlei automatisierte Prüfungen eingebunden, aber die Programmierer können ihren Code in das zentrale Repository einchecken, und das System erzeugt sofort einen Build. Dadurch wird sichergestellt, dass geänderter Code zumindest compilierfähig ist, also syntaktisch korrekt und vollständig ist.

Was jetzt noch fehlt, ist das Ergänzen und Einbinden der verschiedenen automatisierten Prüf- und Testpakete. Das Team kann und wird dies sukzessive im Rahmen der normalen Sprints tun, indem es entsprechende Tasks zur Ergänzung und Erweiterung der im CI enthaltenen Prüf- und Testpakete einplant. Die Automatisierungsziele, die man erreichen möchte, sind:

- Jeder Build wird sofort und immer den automatisierten Unit Tests unterzogen. Wenn das Team diszipliniert Test-Driven Development anwendet (vgl. Kap. 4), ist dies ein erreichbares Ziel. Eventuell verfügt das Team schon über automatisierte Unit Tests. Diese können dann in die CI-Umgebung überführt werden. Der Sourcecode der Tests und die Testdaten müssen dazu ebenfalls im KM versioniert verwaltet werden.
- Die Unit Tests werden um Integrationstests ergänzt. Bei vorhandenen Unit-Testpaketen kann es angezeigt sein, in den Paketen enthaltene Integrationstestfälle herauszulösen und in ein separates Integrationstestpaket zu verschieben. Ab diesem Zeitpunkt sollte sich das Team auch genauere Gedanken dazu machen, welche Testumgebung die Integrationstests benötigen und ob und wie man für die Unit Tests ggf. eine einfachere und schnellere Testumgebung aufsetzen kann. Entscheidet das Team, die Testumgebungen zu trennen, sind wiederum Tasks für das Erstellen der dann komplexeren Skripte sowie für das Aufsetzen der neuen Testumgebungen vorzusehen.

- Auch die Systemtests können umfassend automatisiert und in das CI eingebunden werden. Das ist möglich, wenn das Team, wie in Kapitel 6 beschrieben, das Test-First-Prinzip über die Unit- und Integrationstests hinaus bis auf die Systemtestebene konsequent anwendet.

Der Aufbau einer CI-Umgebung ist kein leichtes Unterfangen, das sich nebenher erledigen lässt. Die CI-Umgebung muss vom Team sorgfältig geplant werden. Ein Beispiel, wie ein Team den Aufbau schrittweise bewerkstelligen kann, zeigt Fallstudie 8.3. Der Aufbau wird unter Umständen einige Wochen Zeit benötigen. Zeit, die für »normale« Produktentwicklungsaufgaben dann nicht zur Verfügung steht.

*CI-Umgebung kann nicht »nebenher« aufgebaut werden.*

Auch wenn die CI-Umgebung als solche prinzipiell läuft, bedeutet das noch nicht, dass auch die Builds fehlerfrei gebaut werden können (s.a. [Pichler & Roock 11, Abschnitt 4.10]). Gab es beispielsweise vor der Umstellung auf CI keine statischen Codeanalysen, dann werden mit Zuschaltung solcher Codeanalysen in den Build-Prozess zunächst sehr viele Warnings und Fehlermeldungen produziert werden, auch in Bausteinen und Bereichen des Codes, die das Team längst als stabil und »fertig« abgehakt hatte. Hier muss das Team entweder seine Codeanalyseregeln entsprechend abschwächen oder die betroffenen Codebereiche umfangreich nachbearbeiten. Ganz analoge Effekte treten auf, wenn automatisierte Unit- und Integrationstests dazugeschaltet werden und so plötzlich die Testabdeckung erhöht wird. Auch wenn diese Tests schon vorher genutzt wurden und auf den Maschinen einzelner Entwickler funktioniert haben mögen: In der gemeinsamen, zentralen CI-Umgebung können die Testresultate ganz anders aussehen.

Nach außen hin und auch gegenüber dem Product Owner zeigt das Team in dieser CI-Einführungs- und Aufbauphase daher geringere Produktivität als vor Einführung von Scrum. Dadurch entsteht oft Ernüchterung oder gar Enttäuschung. Hier ist der Scrum Master gefordert, das Team vor ungerechtfertigter Kritik zu schützen und die Aufbauarbeiten im notwendigen Maß zu unterstützen.

### 5.5.3 Continuous Integration optimieren

An den CI-Prozess werden zwei konkurrierende Anforderungen gestellt: Zum einen sollen im CI-Lauf möglichst viele und umfassende Prüfungen ausgeführt werden, zum anderen soll ein CI-Lauf in möglichst kurzer Zeit ablaufen. Diese beiden Anforderungen gilt es, gegeneinander abzuwägen. An folgenden Stellschrauben kann das Team dabei drehen:

- **Paketierung der Tests:**
  Eine grobe Paketierung der Tests ist schon gegeben durch die Unterscheidung von statischer Analyse, Unit-, Integrations- und Systemtests. Die Testfälle innerhalb dieser Pakete sollten (unter Anwendung eines risikobasierten Testansatzes) zusätzlich priorisiert bzw. mit Prioritäten markiert werden. Die grundlegenden »Prio-1«-Testfälle wird man dann in jedem CI-Lauf starten. Niedriger priorisierte Testfälle nur dann, wenn genügend Zeit vorhanden ist (s.a. Abschnitt 6.8.3). Eine zusätzliche Möglichkeit ist, nur diejenigen Testfälle auszuführen, die Produktkomponenten adressieren, deren Code tatsächlich verändert wurde. Die Laufzeitersparnis durch ein prioritäts- und/oder situationsabhängiges Ausblenden oder Zuschalten von Tests kann enorm sein, insbesondere bei den Systemtests. Man erkauft sich in beiden Fällen die kürzere Laufzeit jedoch mit einem höheren Risiko. Denn welche Codeänderung welches Testpaket erfordert und welche Fehler eventuell übersehen werden, wenn ein Paket oder Teile eines Pakets ausgeblendet werden, lässt sich vorab nicht mit 100%-Sicherheit sagen. Fallstudie 8.1 zeigt Lösungswege auf, wie durch automatisierte Analysen des Produktcodes und der Testfälle ermittelt werden kann, welche der vorhandenen Testfälle den zuletzt geänderten Code tatsächlich erreichen. Die Testausführung kann dann auf diese änderungsrelevanten Testfälle eingeschränkt werden.
- **Abbruch der Tests:**
  Wenn ein Test scheitert, stellt sich die Frage, ob der CI-Lauf abgebrochen werden soll oder ob die nachfolgenden Tests des Pakets und/oder die nachfolgenden Testpakete dennoch ausgeführt werden sollen. Oft ist eine Fortsetzung auch gar nicht möglich, weil die folgenden Tests eine gewisse Grundfunktionalität des Testobjekts erwarten bzw. darauf aufbauen, dass frühere Tests erfolgreich sind. Ein Testabbruch verkürzt den CI-Lauf und der CI-Server steht schneller mit voller Kapazität dem nächsten CI-Versuch wieder zur Verfügung. Ein Abbruch kann jedoch für den Programmierer das Debugging und die Fehlerkorrektur erschweren, weil ihm Informationen aus nachfolgenden Tests fehlen, die zur Fehlerkorrektur hilfreich gewesen wären. Oder noch ärgerlicher: Die nachfolgenden Test hätten weitere Probleme aufgedeckt, die gleich mitkorrigiert hätten werden können. Die Skripte, die den CI-Lauf steuern, sollten hier eine einheitliche Testlaufkontrollstrategie implementieren, auf die sich das Team vorher verständigt hat.

- **Parallelisierung der Tests:**
  Eine Möglichkeit, schneller zu werden, liegt auch darin, Pakete parallel auszuführen. Der CI-Lauf würde im Idealfall nur noch so lange benötigen wie das längste Paket. Leider ist so eine Parallelisierung alles andere als einfach zu bewerkstelligen:
  - Pakete, die parallel ablaufen sollen, müssen voneinander unabhängig sein. Das heißt, kein Test aus Paket B darf Dinge voraussetzen, die ein Test aus Paket A ggf. verändert oder herstellt. Dies erfordert nicht nur eine passende Gliederung der Pakete, sondern auch entsprechend modular geschriebene Testfälle innerhalb der Pakete.
  - Das System, das getestet wird, muss an der betroffenen Testschnittstelle den parallelen Zugriff zulassen und verarbeiten können. Andernfalls wird der Test entweder vom Testobjekt serialisiert oder die Tests scheitern. Auch die Tests selbst müssen so ausgelegt sein, dass sie parallel arbeiten können. Sonst werden z. B. Testergebnisse gegenseitig überschrieben oder es ist in den Testprotokollen nicht mehr nachvollziehbar, welcher Eintrag von welchem Test stammt.
- **Parallelisierung der Testumgebungen:**
  Anstatt verschiedene Tests parallel auf dasselbe Testobjekt loszulassen, ist es meistens einfacher, das Testobjekt mehrfach zu installieren (z.B. in verschiedenen virtuellen Maschinen, s.u.) und die Testpakete auf diese Testumgebungen aufzuteilen. In Testumgebung 1 laufen dann z.B. die Unit Tests und einfache Integrationstests, in Testumgebung 2 die komplexeren Integrationstests und in Testumgebung 3 die Systemtests. Das erfordert eine teurere Hardware/Softwareausstattung, aber verspricht einige Vorteile. So kann jede Testumgebung gezielt mit der Hard- und Software ausgestattet werden, die für die jeweiligen Tests nötig ist, aber nicht mit mehr. Beispielsweise ist bei allen Systemen, die Datenbanken nutzen, im Systemtest eine produktionsnahe Datenbankinstallation notwendig, mit entsprechend großen Testdatenbeständen. Das Setup einer solchen Testdatenbank kann sehr lange Installationsprozeduren erfordern. Und auch der Zugriff auf die Datenbank im Testlauf ist relativ langsam. Daher wird in niedrigeren Teststufen statt einer »echten« Datenbank oftmals als Ersatz eine einfachere (evtl. rein hauptspeicherbasiert laufende), aber schnellere Datenbank eingesetzt. Sowohl das Setup als auch der Zugriff im Testlauf sind dann um Größenordnungen schneller.

- **Ausbau der Testhardware:**
  Ein naheliegendes Mittel, den CI-Prozess zu beschleunigen, ist der Einsatz schnellerer oder zusätzlicher Rechner. Leider ist das nicht selbstverständlich. In vielen Firmen ist es für ein Team schwieriger, 1.000 Euro zur Anschaffung eines neuen Rechners genehmigt zu bekommen, als ein Teammitglied abzustellen und eine Woche Aufwand zu investieren, um z.B. die Laufzeit eines Shell-Skripts zu optimieren.
- **Virtualisierung[5]:**
  »Virtualisierung bezeichnet in der Informatik die Nachbildung eines Hard- oder Softwareobjekts durch ein ähnliches Objekt vom selben Typ mithilfe einer Abstraktionsschicht. Dadurch lassen sich virtuelle (d.h. nicht physische) Geräte oder Dienste wie emulierte Hardware, Betriebssysteme, Datenspeicher oder Netzwerkressourcen erzeugen« [URL: Virtualisierung].

*Virtuelle Maschinen*

Mittels Virtualisierung ist es möglich, eine Testumgebung (inkl. des Testobjekts und aller benötigten Testwerkzeuge) statt auf »echter Hardware« in einer sogenannten virtuellen Maschine einzurichten und ablaufen zu lassen. Aufgrund der hohen Leistung moderner PC-Hardware ist es möglich und üblich, mehrere solche virtuelle Maschinen auf ein und demselben PC parallel zu betreiben. Dies ermöglicht die Ergänzung (z.B. um kundenspezifische Konfigurationen), Skalierung und Parallelisierung (s.o.) der vorhandenen Testumgebungen ohne immer weiteren Ausbau der Rechnerhardware. Ein weiterer wesentlicher Vorteil ist, dass sich die Konfiguration, aber auch der aktuelle Zustand jeder solchen virtuellen Maschine zu jedem Zeitpunkt als (Snapshot-)Datei speichern lässt. Das Rücksetzen oder Wiederherstellen einer Testumgebung in einen definierten Zustand oder die nachgelagerte Analyse des Zustands nach Ablauf bestimmter Tests ist damit zuverlässig machbar.

*Container*

Eine Form der Virtualisierung ist die sogenannte »Containervirtualisierung«[6]: Hier wird kein kompletter Rechner virtualisiert, sondern einzelne Anwendungen, Anwendungskomponenten oder Softwareservices werden in einem sogenannten »Container« paketiert und konfiguriert. Jeder solche Container kann dann (mittels zugehöriger Container-Steuerungssoftware) auf einem realen Rechner oder in einer virtuellen Maschine ausgeführt werden. Testumgebungen, Testwerkzeuge, aber auch die Testobjekte selbst, können damit als »vorgefertigte« Container

---

5. Nicht zu verwechseln mit dem Begriff »Service-Virtualisierung« (s. Abschnitt 4.4).
6. Näheres zur Container-Technologie und zu den Unterschieden zur klassischen Virtualisierung findet sich z.B. unter [URL: Virtualisierung Container].

(oder als Kombination solcher Container) für die Verwendung im Test bereitgestellt werden. Wie bei virtuellen Maschinen kann die Konfiguration (»Image«), aber auch der Zustand (»Snapshot«) eines Containers als Datei gespeichert und jederzeit wiederhergestellt werden.

*Kontinuierliche Optimierung der CI-Umgebung*

Die Pflege und Optimierung der CI-Umgebung und die Reduktion der Laufzeiten sind eine kontinuierliche Herausforderung, und ein langsamer CI-Prozess ist ein ernsthaftes Hindernis. Denn je langsamer das CI läuft, umso höher ist die Versuchung, Testpakete auszublenden oder gar auf ein Check-in zu verzichten, um den gesamten als langsam empfundenen CI-Lauf zu umgehen. Der Scrum Master muss hier tätig werden und dem Team helfen, den Missstand zu beseitigen.

In den Retrospektiven sollten daher immer auch Ansatzpunkte zur weiteren Verbesserung der CI-Umgebung gesammelt werden. Die Umsetzung dieser Verbesserungsideen wird dann im Rahmen der normalen Sprint-Planungen berücksichtigt. Scrum Master und Product Owner müssen hier in jedem Sprint gemeinsam abwägen zwischen kurzfristiger »Feature-Produktivität« des aktuellen Sprints und mittelfristiger, durch besseres CI steigender grundsätzlicher Teamproduktivität.

## 5.6 Testmanagement im Integrationstest

Testmanagement im Kontext Integrationstest bedeutet zunächst einmal, darauf zu achten, dass überhaupt passende und ausreichend viele Integrationstestfälle erstellt und durchgeführt werden. Denn wegen der hohen Ähnlichkeit zu Unit Tests ist den Programmierern und Testern im Team nicht immer klar, dass Integrationstestfälle fehlen und wo sie zu ergänzen sind.

Integrationstestfälle müssen an der Architektur des Systems ausgerichtet werden. Dazu ist es erforderlich, dass die Tester eine klare Vorstellung von der gewünschten Systemarchitektur besitzen. Auf der anderen Seite prüfen die Integrationstestfälle, ob die Architektur mit der Sollarchitektur übereinstimmt. Auch Integrationstestfälle können und sollten nach dem Test-First-Prinzip entworfen werden. Sie sind ein gutes Mittel, um vorzugeben und dann zu »beobachten«, wie sich die Systemarchitektur über die Sprints hinweg in die gewünschte Richtung entwickelt. Der Testmanager im Team kann diesen Prozess der Architekturentwicklung durch Test First sehr gut befördern und, indem er über die Integrationstestergebnisse informiert, auch gut moderieren und die teaminterne Diskussion anstoßen: z.B. über die Vereinfachung von Schnittstellen, die geeignete Abgrenzung von Teilsystemen, über Performance-Engpässe und Möglichkeiten zu deren Beseitigung etc. Das Ergebnis dieser Diskussionen spiegelt den Konsens im Team über die Sollarchitektur wider und muss in regelmäßigem Turnus explizit formuliert und dokumentiert werden: anschaulich durch Architekturgrafiken, aber auch durch Test-First-Integrationstestfälle, und damit automatisiert testbar. Geschieht das nicht, wächst das System bottom-up und es entsteht eine Menge von Klassen, deren Struktur sich im Laufe der Sprints mehr oder weniger zufällig ergibt.

Die Integrationsstrategie wird im Scrum-Projekt durch die User Story Map (vgl. Kap. 3) und innerhalb des einzelnen Sprints durch das Sprint Backlog bestimmt. Denn die Backlogs legen fest, welche Features in welchem Sprint realisiert werden, und damit, welche Softwarebausteine wann entstehen. Da jeder Baustein sofort bzw. kontinuierlich in das Gesamtsystem integriert wird, legt die Sprint-Planung auch die Integrationsreihenfolge vorab fest. Bei der Erstellung der User Story Map und bei der Entscheidung, wer wann im Sprint welchen Task beginnt, sollte deshalb die Integrationsreihenfolge, die sich das Team je nach Entscheidung »einhandelt«, mitbedacht werden. Sofern eine Wahlfreiheit besteht, ist dann eine Taskreihenfolge vorzuziehen, die den geringeren Integrationsaufwand nach sich zieht.

*Aufwand für Integrationstest in der Sprint-Planung berücksichtigen*

In der Sprint-Planung muss der Aufwand für Entwurf, Automatisierung und Update der Integrationstests realistisch mit eingeplant werden. Auch hier ist der Testmanager gefordert. Der Aufwand hierfür skaliert nicht mit der Anzahl geänderter oder neuer Bausteine, sondern mit der Anzahl der Abhängigkeiten zwischen den Bausteinen, und kann daher überproportional groß sein. Auch können signifikante Aufwände für den Aufbau der Testumgebung und zur Entwicklung von Platzhaltern anfallen. Aber nur durch die Automatisierung aller Integrationstests wird ermöglicht, dass der Integrationsprozess für jeden Codebaustein und nach jeder Änderung, also kontinuierlich, ausführbar ist.

*CI-Prozess optimieren*

Auch der CI-Prozess bedarf der Aufmerksamkeit des Testmanagers. Hier gilt es zu prüfen, ob zusätzliche Codeanalysen dazugeschaltet werden können, die Integrationsaspekte adressieren, z.B. die statische Prüfung von Schnittstellen auf Konsistenz bzw. Einhaltung abstrakter Schnittstellenbeschreibungen[7] oder die Prüfung von zu übertragenden Dateien oder Nachrichten auf Einhaltung bestimmter Formate[8]. Weitere Themen sind die optimale Paketierung der automatisierten Integrationstests und die fortlaufende Optimierung des CI-Prozesses bezüglich der Ablaufgeschwindigkeit.

7. Auf Basis formaler Schnittstellen- und Servicedefinitionssprachen wie z.B. IDL [URL: OMG] oder WDSL [URL: W3C].
8. Durch Tools zur Validierung der syntaktischen Struktur, z.B. von HTML-Seiten oder CSS-Definitionen [URL: W3C validator].

## 5.7 Checkfragen und Übungen

### 5.7.1 Self-Assessment

*Fragen, anhand derer die Leserinnen und Leser nach jedem Kapitel ihre eigene Situation bzw. ihr eigenes Projekt hinsichtlich »wie agil sind wir« beurteilen können.*

1. Besitzt mein Team automatisierte Integrationstests? Wie viele? Wie viele in Relation zu den Unit-Testfällen?
2. Wie und wo ist die gewünschte Systemarchitektur definiert bzw. dokumentiert? Prüfen die Integrationstestfälle »gegen« diese Sollarchitektur?
3. Gibt es Reviews, in denen Architektur und Testfälle gegeneinander abgeglichen werden? Regelmäßig? Mit welchen Erkenntnissen?
4. Für welche Schnittstellen gibt es Integrationstests? Welche Schnittstellenabdeckung (Coverage) wird erreicht?
5. Welche Coverage-Werte sind als Ziel vorgegeben? Wie oft werden diese Werte gemessen?
6. Welche Werte sind jetzt/heute erreicht? Wo kann das Team diese Werte ablesen? Wo finde ich diese Werte, wenn ich sie jetzt wissen will?
7. Welche Maßnahmen sind eingeleitet, um die Testabdeckung und/oder die Qualität der Integrationstests weiter zu erhöhen?
8. Werden Schnittstellenmonitore eingesetzt? Für welche Schnittstellen?
9. Existiert ein automatisierter CI-Prozess? Wie sieht dieser aus?
10. Wann werden die Integrationstests ausgeführt? Sind sie in die CI-Umgebung eingebunden?
11. In welcher Testumgebung werden die Integrationstests ausgeführt? Ist diese Testumgebung definiert und zuverlässig reproduzierbar? Wo nutzen wir »Virtualisierung«?
12. Wie sind die Laufzeiten der Integrationstests im Vergleich zu den Unit Tests?
13. Wann werden die Integrationstests entworfen? Auf Basis der Architekturbeschreibung, bevor codiert wird (Test First), wenn die zu integrierenden Bausteine als Programmcode ausführbar vorliegen oder am Sprint-Ende?
14. Werden Integrationsaufgaben im Sprint Backlog als Tasks explizit geplant?
15. Sind Integrationstests Teil der »Definition of Done«?
16. Welche Testergebnisse zeigen die Integrationstests jetzt/heute?
17. Wie viele und welche Fehler finden die Integrationstests im Vergleich zu den Unit Tests?

18. Wie erfolgen das Fehlermanagement und das Bugfixing, wenn Schnittstellen zu Teilsystemen fehlerhaft sind, die von anderen bzw. externen Teams verantwortet werden?
19. Wie werden Absprachen über solche teamübergreifende Schnittstellen festgehalten? Ist das ein Thema in den »Scrum of Scrums«?
20. Welche weiteren architektur- und schnittstellenbezogenen Prüfungen werden vom Team eingesetzt? Architekturreviews, automatische Analysen oder Validierungen von Schnittstellen oder Daten?
21. Sind der CI-Prozess und seine Ergebnisse ein Thema im Daily Scrum?
22. Sind Möglichkeiten zu dessen Verbesserung ein Thema in Retrospektiven? Was ist die aktuelle Erkenntnis? Welche konkreten Verbesserungsmaßnahmen sind vereinbart? An welchen wird im aktuellen Sprint gearbeitet?
23. Falls mehr als ein Scrum-Team am Produkt arbeiten: Nutzen sie einen gemeinsamen CI-Prozess? Wer verantwortet diesen? Wem »gehören« die CI-Werkzeuge und die Hardware? Ist das ein Thema in den Scrum of Scrums?

### 5.7.2 Methoden und Techniken

*Fragen, anhand derer die Leserinnen und Leser nach jedem Kapitel den Stoff rekapitulieren können.*

1. Welche typischen Integrationsfehler können vorkommen? Erläutern Sie die jeweiligen Symptome und Ursachen.
2. Wie können Integrationstestfälle systematisch hergeleitet werden? Nennen und erläutern Sie die nötigen Schritte.
3. Erläutern Sie die Gemeinsamkeiten und Unterschiede zwischen einem Unit-Testfall und einem Integrationstestfall.
4. Wann sind zwei Softwarebausteine voneinander abhängig? Wie unterscheiden sich explizite und implizite Abhängigkeit?
5. Erläutern Sie den Begriff »Testbarkeit«.
6. Warum und wie beeinflusst die Testbarkeit einer Schnittstelle den Aufwand der zugehörigen Integrationstests?
7. Warum kommt bei objektorientierten Systemen den Integrationstests eine erhöhte Bedeutung zu?
8. In welcher Form wirkt das iterative Vorgehen im Scrum-Projekt als zusätzlicher Treiber für den Integrationstestaufwand?
9. Warum kann ein Refactoring der Systemarchitektur den Integrationstestaufwand ggf. verringern?
10. Nennen Sie die verschiedenen Varianten der Klassenintegration.
11. Was versteht man unter Teilsystemintegration?

12. Was versteht man unter Systemintegration?
13. Erläutern Sie, wie die Sprint-Planung die Integrationsreihenfolge beeinflusst.
14. Welche Elemente und Prozessschritte gehören zu einem CI-Prozess?
15. »Ohne CI kein Scrum!« Diskutieren Sie diese Aussage.
16. Welche Schritte sind vorzusehen, wenn ein CI-Prozess eingeführt wird?
17. Welche Ansatzpunkte gibt es, um den CI-Prozess kontinuierlich zu optimieren?

### 5.7.3 Weiterführende Übungen

*Übungen und Fragen, anhand derer die Leserinnen und Leser einige Punkte, die im Kapitel eventuell nur angerissen wurden, weiter durchdenken können.*

1. Erläutern Sie, welche Art Integrationsfehler durch syntaktische Prüfungen (zur Compilezeit) aufgedeckt werden können und welche nicht.
2. Welche Integrationsfehler können nur bei asynchron gekoppelten Bausteinen auftreten? Warum?
3. Wie wirkt es sich aus, wenn ein Baustein fälschlicherweise synchron statt asynchron gekoppelt wird? Erläutern Sie das unterschiedliche Verhalten am Beispiel eines eHome-Rollosteuerungsbefehls. Wie kann ein Testfall aussehen, der prüft, ob der eHome-Rollosteuerungsbefehl tatsächlich asynchron abgearbeitet wird?
4. Softwarebausteine können implizit/indirekt voneinander abhängen. Erläutern Sie typische Quellen für solche indirekten Abhängigkeiten.
5. Erläutern Sie, wie implizite Abhängigkeit in explizite Abhängigkeit transformiert werden kann. Geben Sie ein Beispiel an.
6. Angenommen, drei Bausteine besitzen eine Datei als gemeinsame Ressource: Erläutern Sie, warum Negativtests bzw. Robustheitstests für diese Bausteine einen höheren Aufwand verursachen als bei Kapselung der Datei in einen zentralen Service. Warum ist das bei Positivtestfällen oder Happy-Path-Tests nicht so?

# 6 Systemtests und Continuous Testing

*Zusätzlich zu Unit Tests und Integrationstests sind auch Systemtests ein notwendiger Bestandteil in jedem agilen Projekt. In diesem Kapitel wird erklärt, wozu Systemtests dienen, wie sie aussehen und welche Anforderungen sie an die Testumgebung stellen. Die verschiedenen Möglichkeiten, wann Systemtests im Sprint durchgeführt werden können, werden gegenübergestellt. Agile Ausprägungen des Systemtests, wie explorativer Test und Abnahmetests, werden ebenfalls besprochen.*

## 6.1 Systemtests

Scrum gibt vor, dass am Ende eines jeden Sprints ein potenziell lieferbares Softwareprodukt vorliegt. Dieses soll sämtliche Anforderungen (die z.B. in Form von User Stories vorliegen, s. die Abschnitte 3.3 und 3.4) erfüllen, die an das Produkt in der im Sprint produzierten Version gestellt werden.

Um die Erfüllung dieser Anforderungen zu prüfen, sind Testfälle nötig, die das System aus Anwenderperspektive gegen die in den Anforderungen bzw. User Stories formulierten Akzeptanzkriterien (s. die Abschnitte 3.3 und 3.4) testen. Das bedeutet, dass diese Tests in der Regel die (grafische) Bedienschnittstelle des Systems als Testschnittstelle verwenden und die Tests in einer Testumgebung ablaufen müssen, die der späteren Einsatzumgebung des Systems möglichst nahekommt.

*Systemtests prüfen Aspekte, die in Unit Tests und Integrationstests nicht abgedeckt werden.*

Weder die Unit Tests noch die Integrationstests leisten das. Deshalb sind Systemtests zusätzlich notwendig. Sie prüfen Aspekte, die in Unit Tests und Integrationstests nicht abgedeckt werden. Betrachten wir das anhand unseres Fallbeispiels.

**Fallbeispiel eHome-Controller 6–1:**
**Testfälle im Systemtest**

Wenn der Anwender in seinem Browser den eHome-Controller aufruft und dort im Icon »Licht Küche« auf »an« klickt, dann erwartet er, dass auch tatsächlich die Deckenlampe in der Küche eingeschaltet wird. Der eHome-Systemtest muss daher zwei Dinge gewährleisten:

1. Anhand der Akzeptanzkriterien muss geprüft werden, ob das System die (im Backlog) formulierten Anforderungen erfüllt.
2. Dabei muss die gesamte Wirkungskette – von der Bedienoberfläche im Browser bis zum physikalischen Schaltvorgang – betrachtet und geprüft werden.

Der Testmanager des Teams hat dazu ausgehend vom eHome-Controller Backlog (s. Abschnitt 3.3) folgende Systemtestfälle (ST) formuliert:

**ST-1: Geräte steuern**

ST-1.1: »Licht Küche ein-/ausschalten«. Prüfen, ob der Schaltvorgang ausgeführt und im Browser visualisiert wird.

ST-1.2: Dimmbares »Licht Wohnzimmer« einschalten; Dimmstufe muss 50% betragen; auf 70% dimmen; auf 30% dimmen; jeweils Dimmstufe im Aktor und im Browser prüfen; auf 0% dimmen; Gerätestatus muss auf »off« gehen (bzw. auf »aus« in der deutschsprachigen Bedienoberfläche).

ST-1.3: »Rollo Wohnzimmer schließen und anschließend wieder öffnen«. Prüfen, ob das Rollo oder dessen Aktor entsprechend reagiert hat und die Aktion im Browser quittiert und visualisiert wurde.

**ST-2: ST-2: Schaltprogramme**

ST-2.1: Hinterlegen des folgenden auf »wochentags 07:00« terminierten Schaltprogramms: »alle Rollos kippen; um 8:30 an der Südseite alle Rollos vollständig hochfahren; um 20:30 alle Rollos schließen«.

**ST-3: ST-3: Messdaten abrufen**

ST-3.1: »Temperatur Wohnzimmer abrufen« durch Klick auf das entsprechende Icon im Browser.

ST-3.2: Das »Sturm«-Signal des Windsensors auslösen und prüfen, ob das zugeordnete Programm »alle Rollos hochfahren« ausgelöst wird.

Damit die Testfälle ausgeführt werden können, müssen im Testaufbau (Testumgebung) bestimmte Voraussetzungen (ENV) erfüllt sein, u.a.:

ENV-1: Der Browser (bzw. der PC oder das Smartphone, auf dem der Browser läuft) muss den eHome-Controller im Netzwerk finden und mit ihm kommunizieren können.

→

ENV-2: Die Schaltbefehle, die der Browser »auf Klick« absendet, müssen vom eHome-Controller an den richtigen Aktor weitergeleitet werden. Dazu muss der eHome-Controller »wissen«, welches Icon welchen Aktor und damit welches Gerät repräsentiert und physikalisch schaltet. Diese Gerätedaten müssen in der Datenbank (vgl. Fallbeispiel 3–2 auf S. 33) des eHome-Controllers richtig eingetragen und parametriert sein.

ENV-3: Der eHome-Controller muss über den Bus Kontakt zu den Aktoren bzw. Geräten herstellen können. Ein zum Busprotokoll passender Busadapter muss installiert sein.

ENV-4: Jeder Aktor muss die an ihn gerichteten Schaltbefehle bzw. Bustelegramme »verstehen« und richtig umsetzen. Dazu muss jeder Aktor passend parametriert und auch (physikalisch) korrekt verdrahtet sein.

ENV-5: Die zu schaltenden Verbraucher müssen mit ihren Schaltaktoren passend verdrahtet sein oder durch geeignete Anzeigeelemente oder Messgeräte simuliert werden.

*End-to-End-Test*

Systemtests prüfen, das zeigt das Beispiel sehr anschaulich, die gesamte Wirkungskette. In unserem Fallbeispiel löst ein Systemtestfall einen Datenfluss durch das gesamte System aus – von der Bedienoberfläche bis zum Aktor am Bus und wieder zurück in die Bedienoberfläche. Derart gestaltete Systemtests werden oft als »End-to-End-Tests«[1] bezeichnet. Die Punkte, an denen Testdaten eingespeist und Testergebnisse beobachtet werden (Points of Control and Observation), entsprechen hier den Punkten, an denen auch ein Endanwender die Funktion oder »Nichtfunktion« des Produkts wahrnimmt.

*Gegen Anforderungen testen und Lücken aufdecken*

Die Systemtestfälle können grundsätzlich direkt aus den im Product Backlog formulierten User Stories oder Use Cases[2] und deren Akzeptanzkriterien (s. auch die Abschnitte 3.3 und 3.4) abgeleitet werden. Das Team kann und soll aber hier nicht haltmachen, sondern kritisch nach Lücken in den Anforderungen suchen und vergessene Sonderfälle oder weitere »absehbare« Varianten identifizieren und dazu Testfälle notieren.

In der Diskussion mit dem Product Owner ist dann zu klären, ob und wo Anforderungen im Backlog aufgrund des Inputs der Tester zu präzisieren sind[3] und ob ggf. zusätzliche Anforderungen im Backlog zu ergänzen sind.

---

1. Nicht jeder Systemtestfall muss zwingend als End-to-End-Testfall ausgelegt sein.
2. Ein Use Case ist detaillierter als eine User Story. »Eine User-Story ist die Überschrift eines konkreten Szenarios, ein Use Case beinhaltet mehrere dieser Szenarien« [URL: Use Case].
3. Ein Verweis auf die entsprechenden Testfälle kann oft schon ausreichen.

**Fallbeispiel eHome-Controller 6–2:**
**Backlog-Update aufgrund von Feedback aus dem Systemtest**

In seinen Systemtestfällen hat das Team mit Testfall »ST-3.2« einen Testfall aufgenommen, zu dem im Backlog keine Anforderung existiert.

Dem Team und auch dem Product Owner ist aber bekannt, dass viele Sensoren existieren (z.B. Licht- oder Windsensoren), die bei Über- oder Unterschreiten eines einstellbaren Schwellwertes Alarmtelegramme versenden. Es ist klar, dass die Kunden auch vom eHome-Controller erwarten, dass dieser auf solche Alarmtelegramme reagiert. Daher wird im Backlog (vgl. Abschnitt 3.3) folgende neue Anforderung ergänzt:

| Bezeichner | Prio | Beschreibung/*Akzeptanzkriterien* |
|---|---|---|
| Auf Alarme reagieren | | Einem Sensor können ein oder mehrere »Schaltprogramme« zugeordnet werden, die starten, sobald der Busadapter vom betreffenden Sensor ein Alarmtelegramm empfangen und eingelesen hat. |
| | 2 | ☐ *Das »Sturm«-Signal eines Windsensors löst ein vorbereitetes Schaltprogramm »alle Rollos hochfahren« aus.* |
| | 3 | ☐ *Das Schaltprogramm startet maximal 1 Sekunde nach Eintreffen des Alarmtelegramms.* |

## 6.2 Systemtestumgebung

Systemtests erfordern meist eine komplexere Testumgebung als Unit Tests oder Integrationstests. Die verschiedenen Testumgebungen im eHome-Beispiel, die in den Kapiteln 4, 5 und 6 skizziert sind, illustrieren das. Denn im Systemtest muss die Testumgebung die späteren Einsatzbedingungen beim Endanwender möglichst realitätsnah abbilden. Der Systemtest soll ja gerade prüfen, ob das Produkt beim Endanwender funktionieren wird und nicht nur »im Labor«. Je realitätsnäher die Testumgebung, umso sicherer kann aus einem fehlerfrei laufenden Systemtest auf eine korrekte und reibungslose Funktion im Betrieb geschlossen werden. Umgekehrt erhöht eine zu vereinfachte Testumgebung das Risiko, dass die Systemtests Probleme nicht aufdecken und diese dann im Betrieb beim Kunden auftreten.

*Produktionsnähe der Testumgebung*

Den Grad, mit dem die Testumgebung die benötigten Merkmale der späteren Einsatz- bzw. Produktivumgebung abbildet, bezeichnet man auch mit »Produktionsnähe«[4]. Die Forderung nach möglichst hoher

4. [Brandes 11] liefert eine Formalisierung dieses Begriffs und ein Schema, mit dessen Hilfe Testumgebungen systematisch geplant und bezüglich Produktionsnähe objektiv verglichen werden können.

Produktionsnähe bedeutet auch, dass externe Bausteine, mit denen das Produkt in der Endanwenderlandschaft zusammenarbeiten muss, in der Testumgebung durch reale Komponenten oder durch realitätsnahe Simulationen solcher Komponenten dargestellt werden. Statt Testtreiber und Platzhalter werden also auf allen Ebenen möglichst die später tatsächlich zum Einsatz kommenden Hard- oder Softwareprodukte in der Testumgebung installiert (Rechnerhardware, Systemsoftware, Treibersoftware, Netzwerk, Fremdsysteme). Eine Systemtestumgebung kann deshalb sehr aufwendig, komplex und teuer sein.

Die hohe Zahl der zusammengeschalteten Komponenten bringt außerdem eine Vielzahl unterschiedlicher Aufbau- und Konfigurationsmöglichkeiten mit sich, in denen die Umgebung betrieben werden kann. Bestimmte Konfigurationen sind dabei typisch für bestimmte Anwendergruppen, Einsatzszenarien oder Kompatibilitätseigenschaften des zu prüfenden Produkts.

**Fallbeispiel eHome-Controller 6–3: Systemtestumgebung**

Die im Product Backlog (vgl. Abschnitt 3.3) gelistete Anforderung »läuft in Firefox ab Version 95.0« wird nicht durch einen einzelnen Testfall abgebildet, sondern durch die Testumgebung, indem eben dort Firefox 95.0 auf dem Client-PC installiert wird sowie ggf. ausgewählte neuere Versionen und auf jeden Fall die jeweils aktuell verfügbare jüngste Version.

Die Anforderung »Alle ›eHome-Tools‹-Geräte lassen sich über den ›eHome-Tools-Adapter‹ ansprechen« wird abgedeckt, indem in der Systemtestumgebung alle aktuell lieferbaren Busgeräte der Firma »eHome-Tools« aufgebaut und über einen Bus zusammengeschaltet werden.

Zum Test der Kompatibilität mit Geräten anderer Hersteller werden sukzessive weitere solche Aufbauten mit Geräten weiterer Hersteller aufgestellt.

*Systemtestaufwand*

Der Systemtestaufwand skaliert also nicht nur mit der Anzahl der Systemtestfälle, sondern auch mit der Anzahl abzudeckender Testumgebungskonfigurationen. Was bedeutet das für agile Projekte?

- »Stückliste« und Konfiguration der Systemtestumgebung müssen bewusst geplant und definiert werden. Nur dann ist klar, welche Aussagekraft die Tests haben, die in der Umgebung ablaufen. Dabei ist dann auch abzuwägen zwischen Aussagekraft und Kosten der Umgebung.
- Das initiale Setup einer Systemtestumgebung kann aufwendig, kostenintensiv und fehlerträchtig sein. Tasks zum Aufbau der Systemtestumgebung müssen bereits in frühen Sprints adressiert werden.

Wird das versäumt, läuft das Team Gefahr, zu spät belastbares Feedback aus den Systemtests zu erhalten (vgl. Abschnitt 6.8.1).

- In jedem Sprint müssen Tasks zur Pflege der Systemtestumgebung reserviert werden. Andernfalls veraltet die Testumgebung, was schwerwiegende Probleme mit sich bringt: Die eingerichteten Konfigurationen halten nicht mit der Entwicklung des Produkts Schritt und werden unbrauchbar, neue Konfigurationsvarianten, die durch neue Features nötig werden, werden nicht aufgebaut. Die Systemtests verlieren Sprint für Sprint an Aussagekraft oder sind gar nicht mehr ausführbar.
- Wegen der vielen beteiligten, oft sehr heterogenen Komponenten ist es schwer, Setup und Konfiguration der Systemtestumgebung zu automatisieren. Dennoch ist es ein lohnendes Investment. Auch hier ist darauf zu achten, dass regelmäßig entsprechende Tasks eingeplant werden.
- In den Retrospektiven (s. Abschnitt 7.2.3) sollte der Scrum Master immer wieder nach Möglichkeiten zur Optimierung der Testumgebung und insbesondere der Systemtestumgebung fragen. Allerdings sind die Optimierungsziele ganz unterschiedlich: Unit- und Integrationstestumgebungen werden für eine maximal hohe Ablaufgeschwindigkeit der Tests optimiert. Jeder Testfall prüft einen »kleinen« Funktionsausschnitt unter bewusst vereinfachten Randbedingungen (z.B. ein vorab festgelegtes Schaltkommando senden und in einer Datei aufzeichnen). Externe Bausteine (wie etwa der eHome-Bus oder die zu schaltenden Aktoren) sind dazu durch Platzhalter zu ersetzen (vgl. Kap. 4). Natürlich ist auch im Systemtest eine möglichst hohe Ablaufgeschwindigkeit der Testfälle wünschenswert. Aber vorrangig ist hier das Ziel, die Aussagekraft der Tests zu maximieren – im Zweifel eben auch zulasten der Testlaufzeit. Wegen dieser unterschiedlichen Ziele ist es auch notwendig, für die Systemtests eine eigene Umgebung aufzubauen, statt von Unit Tests bis Systemtests alle Tests in derselben Umgebung ablaufen zu lassen.
- Wegen hoher Kosten ist es in vielen Projekten unvermeidbar, dass die Systemtestumgebung dem Team nicht uneingeschränkt zur Verfügung steht, sondern mit anderen Teams oder anderen Produktentwicklungseinheiten geteilt werden muss. Eine solche Situation behindert dann die Taskplanung des Teams und führt unter Umständen dazu, dass das Team seine Systemtests in ganz bestimmten Zeitslots abspulen muss. Diese Zeitfenster sind dann vielleicht extern vorgegeben oder müssen zumindest mit anderen Teams koordiniert werden. Es ist Aufgabe des Scrum Masters, die notwendige Koordination herbeizuführen.

## 6.3 Manuelle Systemtests

Eine der größten Herausforderungen für agile Teams besteht darin, sämtliche Testfälle, die für die im Sprint entstehende Produktversion relevant sind, auch innerhalb des Sprints tatsächlich durchführen zu können. Im Idealfall sogar mehrmals oder täglich. In Abschnitt 6.8 wird diese Problematik noch ausführlich diskutiert.

Ein Weg, dieses Problem zu entschärfen, ist die umfassende Automatisierung der Tests (s. Abschnitt 6.4). Da es aber speziell im Systemtest (aus technischen und aus wirtschaftlichen Gründen) nicht sinnvoll ist und auch nicht gelingt, jeden Testfall zu automatisieren, bleibt in der Regel ein gewisser Anteil von Systemtests, die manuell durchgeführt werden müssen.

*Erfahrungsbasierte Testverfahren*

Gesucht sind daher Vorgehensweisen, die dem Team helfen, den Aufwand für manuelles Testen und die Dauer, die dies benötigt, zu reduzieren. Die im folgenden vorgestellten Ausprägungen von »erfahrungsbasierten Testverfahren« sind solche Vorgehensweisen.

### 6.3.1 Exploratives Testen

Exploratives Testen ist ein in der agilen Softwareentwicklung populäres, erfahrungsbasiertes Testvorgehen. Das Vorgehen kombiniert die Erkundung des zu testenden Systems mit Testfallentwurf und manueller Testdurchführung (s. [Crispin & Gregory 08]). Die wesentlichen Merkmale des Verfahrens sind:

- Der Tester legt vor Beginn der Testsitzung sein Testziel fest, indem er auswählt, welches Epic oder welche User Stories (oder Features) er testen will. Die Testsitzung wird auf diese fokussiert.
- Der genaue Testablauf bzw. die einzelnen Testschritte werden vorab nicht festgelegt. Auf eine detaillierte Testspezifikation wird also verzichtet. Lediglich die Testziele, welche Teile der Anforderungen in der vorliegenden Produktversion schon umgesetzt sein sollen, und einige Stichpunkte zu dieser gewünschten Funktionalität werden notiert, z.B.: Wer sind die typischen Anwender? Welche Aktionen sollen sie ausführen können? Welche Aufgabe wollen sie unter Nutzung des Features lösen?
- Anschließend versucht der Tester die betreffende Story oder das betreffende Feature mit dem System auszuführen und erkundet dabei, wie sich das System verhält. Bei dieser Erkundung orientiert er sich – im Sinne einer groben Landkarte – an den vorher formulierten

Testzielen und Stichpunkten. Die Liste dieser Testziele und Stichpunkte wird auch als »Test Charta«[5] bezeichnet.

- Zur Beurteilung, ob das Testobjekt wie gewünscht reagiert, zieht der Tester die Informationen über die zu testende Software heran, die ihm als Mitglied des Scrum-Teams zur Verfügung stehen und die er für nützlich erachtet. Das kann die Taskkarte oder der Backlog-Eintrag (Epic, User Story) sein, auf der das Feature kurz beschrieben ist, oder auch jede weitere Information. Knappe oder nicht vorhandene Dokumentation wird durch das aktive Erkunden des zu testenden Systems kompensiert.
- Den Testablauf bzw. den genauen Weg durch die Software steuert der Tester dabei abhängig von den Beobachtungen, die er während der Testsitzung macht. Bereiche der Software, die sich »normal« verhalten oder die ihm bereits bekannt sind, werden übersprungen oder nur flüchtig getestet. Stößt er auf »verdächtige« Stellen (engl. Code-Smell), also auf Punkte, an denen das Verhalten des Testobjekts vom persönlich erwarteten Verhalten in irgendeiner Form abweicht, so vertieft er seinen Test an dieser Stelle, um Genaueres über das Programmverhalten herauszufinden.
- Beobachtungen und Erkenntnisse werden sofort notiert. Das betrifft nicht nur Fehlermeldungen, sondern auch Notizen über Unklarheiten oder Rückfragen des Testers an den Product Owner oder an die Programmierer.

*Ideal zum schnellen Überprüfen neuer Features*

Der Tester benötigt weder eine detaillierte Spezifikation des Testobjekts noch eine Testspezifikation. Der Test entsteht während seiner Durchführung und es wird auf verdächtige oder fehlerhafte Bereiche fokussiert. Der Ansatz eignet sich damit hervorragend zum kurzfristigen und schnellen Überprüfen neuer oder auch unbekannter Features.

Die Nachteile sind: Die Qualität des Tests hängt in hohem Maße ab von der Erfahrung, der Disziplin und dem »Gespür« des Testers. Die Tests sind schwer oder gar nicht exakt wiederholbar und sie müssen manuell ausgeführt werden. Ferner besteht die Gefahr, dass der Tester im Testverlauf »abschweift« und letztlich trotz langer Testzeit nur eine geringe Fehlerfindungsrate erzielt.

5. Lat. Schrift, Schriftwerk, Buch, Karte. Nicht zu verwechseln mit »Team Charta« (s. Abschnitt 3.7). Die »Team Charta« enthält allgemeine Spielregeln zur Teamarbeit; eine »Test Charta« ist die Skizze oder grobe Landkarte für einen ganz bestimmten explorativen Test.

### 6.3.2 Sitzungsbasiertes Testen

Das sitzungsbasierte Testen (Session-Based Testing) ist eine Variante des explorativen Testens und versucht dessen o.g. Nachteile abzuschwächen. Die wesentlichen Merkmale des Verfahrens sind:

- Der Tester beschreibt sein Testziel in zwei bis drei Sätzen und legt seine Teststrategie fest.
- Die anschließende Testsitzung (Test Session) ist zeitlich begrenzt (Timeboxing) auf z.B. 90 Minuten[6] und in die Abschnitte Setup, Testdesign und Durchführung sowie Fehlerlokalisierung und Fehlerbericht gegliedert.
- Jede Testsitzung wird in einem festen und vorab festgelegten Format (Session Sheet) stichwortartig elektronisch protokolliert (Testziel, Angaben über das zu testende System und seine Umgebung, Angaben zur Vorgehensweise, Testabdeckung, knappe Beschreibung der Funktionalitäten, Oberflächenelemente, die im Test betrachtet wurden, gefundene Fehler, offene Fragen, Unklarheiten etc.). Ziel dabei ist, dass alle derartigen Testprotokolle des Teams elektronisch leicht verdichtet und ausgewertet werden können.

Das Verfahren nutzt die Vorteile des explorativen Testens und gibt ihm gleichzeitig eine formalere Struktur. Ein großer Nutzen liegt in den elektronischen Testprotokollen: Diese erhöhen deutlich die Reproduzierbarkeit der Tests und ermöglichen eine einheitliche Auswertung aller so vorgenommenen Tests nach gleichen Kriterien. Verwendet das Team in den Protokollen zudem eine schlüsselwortbasierte Notation (vgl. Abschnitt 6.4), dann wird dadurch auch die Basis gelegt zu einer nachträglichen Automatisierung der Tests.

Mit sitzungsbasiertem Testen kann sich auch ein Product Owner zusammen mit dem Kunden oder zusammen mit z.B. Usability-Spezialisten schnell einen Eindruck vom System machen und auch sehen, wie Endanwender damit umgehen. Erfahrungsgemäß ist es nützlich, wenn ein Tester an solchen Sitzungen teilnimmt und sicherstellt, dass alle Erkenntnisse, die in der Sitzung gewonnen werden, reproduzierbar erfasst werden.

6. Üblich ist eine Timebox zwischen 60-120 Min. Eine kürzere Dauer verhindert ein wirkliches »Erkunden«. Bei längerer Dauer lässt die Aufmerksamkeit nach.

### 6.3.3 Abnahmetests

In der Literatur über agile Softwareentwicklung wird oft nur von Unit Test und Abnahmetest[7] (Acceptance Test) gesprochen. Dabei entsteht der Eindruck, dass automatisierte Unit Tests und explorative, manuelle Tests die aus dem V-Modell bekannten Integrationstests und Systemtests überflüssig machen. Von manchen Autoren (u.a. [Crispin & Gregory 08][8]) wird der Begriff »Acceptance Testing« synonym zu »System Testing« verwendet. Nicht jeder Abnahmetestfall muss aber ein Systemtestfall sein, denn auch Unit-Testfälle oder Integrationstestfälle können als Teil in einer Abnahmetestsuite eingesetzt werden.

*Did we build the right system?*

Gemäß ISTQB®-Glossar ist der Abnahmetest »eine Teststufe mit dem Schwerpunkt zu bestimmen, ob ein System abgenommen werden kann«. Wenn (im Falle einer kundenspezifischen Entwicklung) der Kunde oder ein Vertreter des Kunden (in Scrum der Product Owner) die Abnahme durchführt, spricht man auch vom »Benutzerabnahmetest« (User Acceptance Test). Der Kunde bzw. der Product Owner hinterfragt hier, ob das Produkt seinen Zweck erfüllt und den erwarteten Nutzen bringt (»Did we build the right system?«).

In Scrum sind die Akzeptanz- bzw. Abnahmekriterien für jedes Feature bereits vor dem Sprint vom Product Owner mit dem Team abgestimmt worden und stehen im Backlog beim Eintrag des jeweiligen Features (vgl. Abschnitt 3.3). Die »Übersetzung« dieser Akzeptanzkriterien in geeignete Abnahmetestfälle und deren Automatisierung muss das Team im Sprint-Verlauf leisten.

*Abnahmetestgetriebene Entwicklung*

Werden diese Abnahmetests vor der Implementierung der jeweiligen User Story erstellt, dann spricht man auch von abnahmetest- oder akzeptanztestgetriebener Entwicklung[9] (Acceptance Test-Driven Development (ATDD), analog zu testgetriebener Entwicklung (Test-Driven Development (TDD)) im Unit Test (s. Abschnitt 4.2).

*TDD vs. ATDD*

Da Abnahmetests formuliert werden, um zu verifizieren, ob ein System aus Sicht eines Kunden oder Anwenders akzeptiert werden kann, werden ATDD-Tests (wie auch Tests im BDD-Stil, s. Abschnitt 6.4.3) auch als »kundenorientierte« Tests bezeichnet. Im Gegensatz dazu wird dann Test-Driven Development (TDD) bzw. Test First auf Unit-Test-/Integrationstestebene als »entwicklerorientiert« bezeichnet.

---

7. Die Begriffe »Abnahme« und »Akzeptanz« sind alternative Übersetzungen des englischen Begriffs »Acceptance«. Im Kontext Testen ist »Abnahme« bzw. »Abnahmetest« der gebräuchlichere Begriff.
8. »Acceptance tests verify that all aspects of the system, including qualities such as usability and performance, meet customer requirements« [Crispin & Gregory 08, Kap. 6].
9. Eine Einführung und Erklärung zugehöriger Werkzeuge findet sich z.B. in [Gärtner 13].

Da in Scrum der Product Owner der Vertreter des Kunden ist, sind Abnahmetests in Scrum in erster Linie ein Qualitätssicherungsinstrument des Product Owners, während Unit Tests, Integrations- und Systemtests ein Qualitätssicherungsinstrument des Teams sind (»Did we build the system right?«). Kunde/Product Owner und Team verfolgen mit ihren Tests unterschiedliche Ziele. Inhaltlich müssen Abnahmetests aber nicht grundverschieden von den Tests des Teams sein. So kann das Team Schritte eines vom Product Owner beschriebenen Abnahmetests als Testablauf auf einer anderen geeigneten Teststufe wiederverwenden. Andererseits kann auch der Product Owner Teile seiner Abnahmetests durchaus aus der Menge bereits vorhandener Systemtests zusammensetzen.

*Did we build the system right?*

In der Praxis wird der Abnahmetest innerhalb eines Sprints inhaltlich meistens auf die im jeweiligen Sprint geänderten oder neu entstandenen Produktaspekte eingeschränkt. Das Team führt diese Abnahmetestfälle dann in der Sprint-Demo dem Product Owner als manuellen explorativen Test vor. Wenn die übrigen Tests automatisiert erfolgen, ist das auch ohne großes Risiko machbar. Wenn aber außer diesen eingeschränkten Abnahmetests keine weiteren Systemtests im Sprint stattfanden, dann ist das Risiko groß, dass unerwünschte Seiteneffekte der Änderungen, die im Sprint gemacht wurden, unentdeckt bleiben.

*Manuelle Abnahmetests ergänzen die automatisierten Tests.*

## 6.4 Automatisierte Systemtests

Für Unit Tests und Integrationstests ist es in agilen Projekten Stand der Praxis, dass diese Tests nicht manuell durchgeführt werden, sondern in Form von xUnit-Testskripten automatisiert vorliegen. Wenn diese Testskripte in einer CI-Umgebung eingebunden sind, werden sie bei jeder Codeänderung automatisch aufgerufen und ausgeführt (vgl. Kap. 4 und 5). Unit Tests und Integrationstests werden in diesem Sinne kontinuierlich durchgeführt und liefern schnelles, kontinuierliches Feedback an das Team.

Diesen Komfort und diese Feedbackgeschwindigkeit möchte man gerne auch für die Systemtests erreichen. Leider gelingt das nicht so leicht. Zum einen behindert (wie oben erläutert) die komplexere Systemtestumgebung. Zum anderen fällt es schwerer, Systemtestfälle zu automatisieren, als xUnit Tests zu schreiben. Die Gründe dafür sind vielfältig:

- Als wichtigste Testschnittstelle dient die Bedienoberfläche (Graphical User Interface, GUI) des zu testenden Produkts. Hier werden spezielle GUI-Testwerkzeuge benötigt (s. [URL: Toolliste]). Die Ausführungsgeschwindigkeit solcher GUI-Testwerkzeuge ist wesentlich geringer als die Geschwindigkeit typischer xUnit Tests. Auch müssen die Tests häufig auf die Reaktion und Rückmeldung anderer Komponenten (beispielsweise auf die Antwort einer unterlagerten Datenbank) oder externer Systeme warten. Die Laufzeit eines GUI-Tests ist daher typischerweise um eine Größenordnung langsamer als die eines typischen Unit Test.

- Die Systemkonfiguration muss in klar definierte Ausgangszustände zurücksetzbar sein, auf denen die Testskripte zuverlässig aufsetzen können.
- Oft sind zusätzlich zur GUI weitere Testschnittstellen anzusprechen. Dies erfordert dann den Einsatz zusätzlicher Testautomaten. Es müssen dann Tests für verschiedene Testautomaten geschrieben und deren Ausführung koordiniert gesteuert werden.
- Für viele Testfälle muss die Testauswertung durch einen Menschen vorgenommen werden, da ein Soll-Ist-Vergleich der Ergebnisse maschinell nicht oder nur sehr aufwendig möglich ist.
- Aus ähnlichen Gründen sind für manche Systemtestfälle manuelle Bedieneingriffe notwendig, die ebenfalls nicht automatisiert werden können.
- Oft fehlen im Scrum-Team auch Personen mit dem Wissen und der Erfahrung über Systemtestautomatisierung.

### 6.4.1 Capture and Replay

Im Unit Test und Integrationstest liegt die Testschnittstelle auf Ebene des Programmcodes. Die Testfälle werden mittels xUnit erstellt und ein Testfall trägt jeweils zur Prüfung genau einer Methode des API des Testobjekts bei. Der Inhalt der Testfälle ergibt sich direkt aus der Sollfunktion jeder einzelnen API-Methode. Das »Vokabular«, in dem diese Tests formuliert sind, ist durch die Menge der API-Methoden und deren Parameter gegeben. Auf Ebene der Systemtests ist das anders gelagert. Als Testschnittstelle muss dort in der Regel die Bedienoberfläche des Produkts angesprochen werden. Als geeignetes Vokabular für Systemtests bieten sich daher die »Bedienschritte« an, die in der Bedienoberfläche möglich sind.

*Capture-and-Replay-Tools zeichnen Bediensequenzen auf.*

Mittels sogenannter Capture-and-Replay-Tools können solche Bediensequenzen aufgezeichnet werden. »Das Capture-and-Replay-Tool zeichnet während einer Testsitzung alle manuell durchgeführten Bedienschritte (Tastatureingaben, Mausklicks) auf, die der Tester am Testobjekt ausführt. Diese Bedienschritte speichert das Werkzeug als Testskript. Durch ›Abspielen‹ des Testskripts kann der aufgezeichnete Test beliebig oft automatisch wiederholt werden« [Spillner & Linz 19]. Im eHome-Beispiel könnte ein Testskript wie das folgende entstehen:

**Fallbeispiel eHome-Controller 6–4: Bediensequenz im Systemtest**

Der Tester öffnet die eHome-Controller-Applikation in seinem Browser und schaltet per Mausklick das »Licht am Küchenfenster« ein und aus. Nachfolgende Abbildung zeigt die eHome-Controller-GUI im Browser.

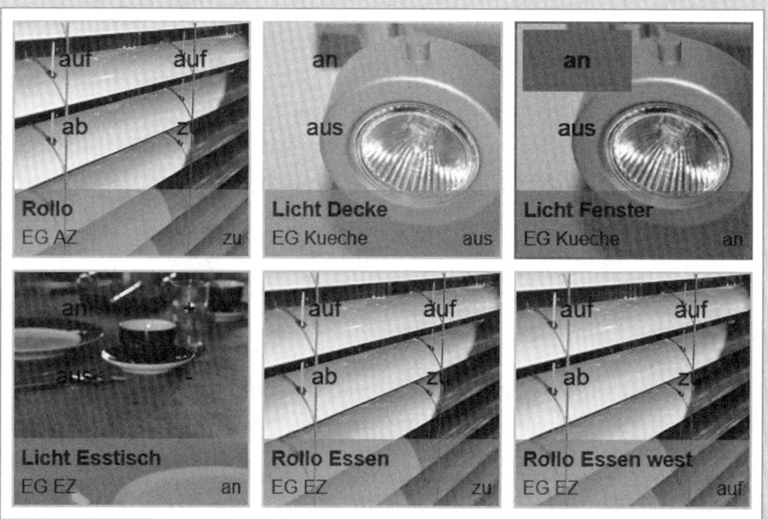


Seine Bedienschritte zeichnet er mit dem Capture-and-Replay-Tool »Selenium IDE« (s. [URL: Toolliste]) auf. Als Ergebnis erhält er beispielsweise folgendes Testskript:

```
open       http://ehome/eHomeController/index.php
clickAndWait xpath=(//a[contains(text(),'an')])[2]
clickAndWait xpath=(//a[contains(text(),'aus')])[2]
```

Das Testskript weist einige Schwächen auf. Zum einen testet es nicht wirklich, ob das »Licht am Küchenfenster« eingeschaltet wurde, sondern es löst lediglich Klicks auf den »an«- und »aus«-Button aus, ohne zu überprüfen, ob das System diese Kommandos tatsächlich ausführt. Zum anderen verknüpft es den Testfall eng mit der Bedienoberfläche und auch mit der Testumgebung. Denn der Testfall erwartet eine deutschsprachige Bedienoberfläche (»an«, »aus«), in der das »Licht am Küchenfenster« als zweites »Licht«-Icon erscheint. Und der Befehl `clickAndWait` verwendet eine im Testtool eingestellte Wartezeit, die sich aber je nach Testumgebung verändern kann.

Wenn man Systemtestfälle mittels Capture-and-Replay-Tool aufzeichnet und somit im Vokabular der »Bedienschritte« formuliert, läuft man sehr leicht in solche Fallen. Und man legt sich auf eine bestimmte Ausprägung oder Technologie der Bedienoberfläche (z.B. HTML) fest. Gerade die Bedienoberfläche ist aber ein Teil des Produkts, der sich über die Sprints hinweg erfahrungsgemäß stark verändert. Die Tests müssen dann in jedem Sprint immer wieder aufwendig an die veränderte Bedienlogik und/oder GUI-Technologie angepasst werden. Statt vorhandene Tests ständig zu pflegen, möchte man die Zeit im Sprint aber nutzen, um neue Tests für die neuen Funktionen zu erstellen. Ein weiteres Manko ist: Viele Produkte bieten dem Anwender alternative Oberflächen bzw. Layouts zur Auswahl an. Beispielsweise lässt sich der eHome-Controller nicht nur über die grafisch aufwendiger gestaltete PC-Browser-Webseite steuern, sondern auch über eine für Smartphones oder Tablets optimierte Webseite. Es ist weder wirtschaftlich noch zeitlich machbar, für jede dieser Oberflächen verschiedene Systemtests zu erstellen.

### 6.4.2 Daten- und schlüsselwortgetriebener Test

Das Team kann solche Schwierigkeiten vermeiden, wenn es als Systemtestvokabular statt der Bedienschritte ein abstrakteres Vokabular wählt, nämlich das Vokabular der Use Cases oder der Businesslogik der Anwendung.

*Keyword-Driven Testing*

Diese Methode, Systemtests zu formulieren, wird auch als »schlüsselwortgetriebener Test« oder »Keyword-Driven Testing«[10] bezeichnet und ist eine etablierte Technik zur Systemtestautomatisierung. Die Businesslogik des eHome-Controllers dreht sich um das »Schalten elektrischer Geräte« – und das eHome-Team beschließt, für seine Systemtests eine passende »domänenspezifische Testsprache«[11] zu definieren:

**Fallbeispiel eHome-Controller 6–5a:**
**Entwicklung einer DSL für den Systemtest**

Ein Hausbewohner und Anwender der eHome-Software steuert elektrische Geräte (z.B. Lampen) oder lässt sich Sensordaten anzeigen (z.B. Temperaturen). Lampen können geschaltet oder gedimmt werden, Sensoren können ausgelesen und mit Sollwerten belegt werden.

→

10. Eine ausführliche Darstellung dieser Methode findet sich in [Daigl & Rohner 22].
11. Die hier vorgestellte Kommando- bzw. Schlüsselwortnotation kann als eine einfache »Domain Specific Language« (DSL) aufgefasst werden. Als Werkzeug zur Testautomatisierung in agilen Projekten sind DSLs ein interessanter Ansatz. Komplexere DSLs besitzen Variablen, Kontrollstrukturen, Prozedurdefinitionen und andere Sprachkonstrukte. Einführungen in das Thema DSLs bieten z.B. [Ghosh 11], [Fowler & Parsons 10] und [Rahien 10]. Die Grundlagen zum Compilerbau finden sich z.B. in [Aho et al. 99].

»Sätze« einer sehr einfachen Sprache zum Umgang mit den Objekten dieser Domäne könnten daher nach dem Schema <Objektname> <Kommando> gebildet werden und wie folgt aussehen:

```
Küchenlampe einschalten;
Wohnzimmer-Temperatur anzeigen;
```

Eine verbessertes Schema erlaubt es, den Ort durch ein Zimmer und eventuell durch ein Geschoss zu identifizieren, und könnte so aussehen:

```
<Geschoss><Zimmer><Objekttyp><Objektname><Kommando><Parameter>
```

Dieses einfache Schema reicht aus, um schon relativ umfangreiche Steuerungssequenzen zu formulieren. So könnte die Hausherrin auf dem Nachhauseweg über ihr Smartphone folgende Befehlssequenz senden:

```
Garagentor auf
Wohnzimmer Heizung 20 Grad
Erdgeschoss Licht an[a]
Wohnzimmer Licht Sitzecke dimmen 60%[b]
Fernseher an[c]
```

a. Wenn der Objektname weggelassen wird, werden alle Geräte am angegebenen Ort gleichzeitig angesprochen.
b. Welche Parameter verfügbar sind, hängt vom jeweiligen Kommando ab.
c. Wenn der Objektname eindeutig ist, kann die Ortsangabe entfallen.

Wie man sieht, eignet sich diese DSL bereits gut, um in standardisierter Form praxisrelevante Use Cases zu notieren. Und als »Abfallprodukt« wurde gleichzeitig eine kommandoorientierte Bedienschnittstelle für den eHome-Controller spezifiziert. Um eine domänenspezifische Testsprache daraus zu machen, fehlt noch ein Schritt: Die Reaktionen des Systems müssen erkannt und mit Sollwerten verglichen werden können. Dazu wird außer den oben gezeigten »Aktionen« auch eine »check«-Funktion benötigt. Ein Systemtestfall könnte dann so spezifiziert werden:

**Fallbeispiel eHome-Controller 6–5b: Systemtestfall**

| Kommandosyntax | Funktionsaufrufe der Testablaufsteuerung |
|---|---|
| `Kueche Licht Fenster an` | `switch('Kueche','Licht','Fenster','an');` |
| `Kueche Licht Fenster status? an` | `assert('Kueche','Licht','Fenster','an');` |

Das »check«-Kommando `assert` liest den Status des Küchenlichts und prüft, ob dieser Status `'an'` ist. Je nachdem, wie viel »Intelligenz« man in den Parser für die Sprache und in die Testablaufsteuerung (die die Sprachkonstrukte letztlich ausführen können muss) einbaut, kann die Bedienschnittstelle, aber auch die Testsprache beliebig komfortabel werden.

*Data-Driven Testing*

Wenn die Syntax der Testschritte bzw. die Syntax der DSL es erlaubt, Parameter nicht nur als feste Werte (z.B. `'an'`, `'aus'`), sondern durch Variablen anzugeben, dann können die gewünschten Testdaten in eine Testdatentabelle ausgelagert werden. Die Testdaten werden dadurch von der Testlogik (d.h. der Sequenz der Testschritte) separiert. Das folgende Fallbeispiel zeigt die Idee:

**Fallbeispiel eHome-Controller 6–5c: datengetriebener Test**

```
switch  (FLOOR, ROOM, DEVICE, NAME, 'aus');[a]
assert  (FLOOR, ROOM, DEVICE, NAME, 'aus');
switch  (FLOOR, ROOM, DEVICE, NAME, 'an');
assert  (FLOOR, ROOM, DEVICE, NAME, 'an');
switch  (FLOOR, ROOM, DEVICE, NAME, 'aus');
```

| FLOOR | ROOM | DEVICE | NAME |
|---|---|---|---|
| EG | Wohnzimmer | Licht | Sitzecke |
| EG | Kueche | Licht | Fenster |
| OG | Kind | Steckdose | Fernseher |
| ... | | | |

a. Man kann auch das Kommando `'an'` oder `'aus'` in der Testdatentabelle hinterlegen. Der Zweck der Testsequenz ist es aber, zu prüfen, ob ein Gerät korrekt an- und wieder ausgeschaltet werden kann, und das für eine Reihe von Geräten. Dieser Testzweck wird deutlicher, wenn an/aus im Testfall codiert und nicht in der Testdatenliste ist.

Über die Variablen einer Testdatentabelle wird obige Testsequenz mit passenden Testdaten »versorgt«. So entsteht ein datengetriebener Test, der die in der Tabelle angegebenen Geräte aus- und anschaltet, prüft, ob die Schaltkommandos ausgeführt werden, und jedes Gerät zum Abschluss in den `'aus'`-Status zurückschaltet.

Die Vorgehensweise des datengetriebenen Testens kann in Testskripten jeder Teststufe (d.h. auch im Unit Test und im Integrationstest) angewendet werden. Auch in Testskripten, die ohne Schlüsselworte bzw. ohne DSL arbeiten, kann das Lesen der Testdaten aus externen Testdatentabellen realisiert werden.

**Datengetriebenes Testen – Vorteile für agile Teams**[a]

- Agile Teams können sich von Iteration zu Iteration schnell an die sich ändernden/erweiternden Funktionalitäten eines Produkts anpassen, da das Ändern/Hinzufügen neuer Datenkombinationen einfach ist und wenig oder keine Auswirkungen auf die bestehende Testautomatisierung hat.
- Agile Teams können die erforderliche Testüberdeckung einfach nach oben oder unten anpassen, indem sie Einträge in der Testdatentabelle hinzufügen, ändern oder entfernen. Auf diese Weise können agile Teams auch die Testdurchführungszeiten steuern, um die Bedingungen für ein Continuous Deployment (kontinuierliche Bereitstellung/Inbetriebnahme [URL: Continuous Deployment]) zu erfüllen.
- Datengetriebenes Testen unterstützt die Philosophie des multidisziplinären Arbeitens (working cross-functionally), da Testdatentabellen einfacher zu verstehen sind als Testskripte und daher eine effektivere Teilnahme von Teammitgliedern mit weniger technischem Know-how ermöglichen.
- Da Testdatentabellen leichter verständlich sind, unterstützt datengetriebenes Testen ein frühes Feedback zu Testfällen und Abnahmekriterien von Teammitgliedern mit weniger/keinem technischen Know-how und Kunden/Anwendern.
- Datengetriebenes Testen hilft agilen Teams, Testautomatisierungsaufgaben effizienter zu erledigen, da es nicht nur den Aufwand für die Entwicklung neuer Tests verringert, sondern auch die Wartung vorhandener datengetriebener Tests reduziert.

a. Da der Text der Syllabus-Kapitel »Data-Driven Testing« und »Keyword-Driven Testing« vom Autor dieses Buches (als Mitglied der für die erste Ausgabe zuständigen ISTQB®-Arbeitsgruppe) verfasst wurde, erlaubt er es sich hier, diese Textabschnitte wörtlich aus [URL: ISTQB CTAL-ATT] zu zitieren.

Da eine Schlüsselwortnotation oder eine DSL-basierte Notation in der Regel immer Variablen als Kommandoparameter kennt und zulässt, kann datengetriebenes Testen auch als »Vorstufe« von schlüsselwortgetriebenem Testen betrachtet werden. Den maximalen Nutzen entfalten die beiden Methoden jedoch in Kombination.

*Vorteile einer domänenspezifischen Testsprache*

Der Einsatz einer domänenspezifischen DSL als Testsprache (die schlüsselwortbasiert sein kann oder auch eine komplexere Syntax aufweisen kann) bietet folgende Vorteile:

- Die DSL verwendet einen Ausschnitt des Vokabulars der Anwendungsdomäne. Im Zuge der Aufnahme in die DSL oder spätestens durch die Art der Verwendung in den Testfällen werden die Begriffe in ihrer Bedeutung definiert oder zumindest gut eingegrenzt. Dies fördert eine klare und präzise Kommunikation im Entwicklungsteam und mit den Stakeholdern.
- Das DSL-Vokabular kann bereits zur Formulierung von Akzeptanzkriterien genutzt werden. Dies kann Missverständnisse reduzieren und unterstützt den Shift-Left-Gedanken (s. Abschnitt 3.8.4). Es kann nicht unerheblich zu schnellerem und präziserem Feedback an das Entwicklungsteam beitragen.
- Wenn die Testfälle im Vokabular der Anwendungsdomäne formuliert sind, können Personen, die mit der Anwendungsdomäne vertraut sind, diese verstehen. Mitarbeiter aus den Fachabteilungen und andere Stakeholder können daher leichter in die Erstellung der Tests (beispielsweise als Reviewer) einbezogen werden.
- Auch Mitarbeiter mit weniger Programmiererfahrung können automatisierte Testabläufe erstellen, indem sie die gewünschten Testabläufe aus dem DSL-Vokabular bausteinartig zusammensetzen.
- Ändert sich die Implementierung des Produkts, bleiben die Tests weiterhin gültig und ablauffähig. Die Tests im Beispiel können unverändert zum Test einer PC-Browser-Oberfläche verwendet werden, aber auch für den Test über eine unter Umständen ganz anders aussehende Oberfläche einer Smartphone-App.
- Die Testfälle eignen sich auch, um Tests auf niedrigeren Systemschnittstellen anzusteuern, ohne die Testfälle zu verändern! Im Beispiel könnte etwa ein entsprechender Testtreiber die Testfälle in Controller-Kommandos übersetzen und direkt den eHome-Controller ansprechen. Der Testtreiber kann dann als Stellvertreter (bzw. Doublette) der GUI dienen, sodass die Testfälle auch ohne GUI ablaufen können. Das reduziert die Testlaufzeit und es erlaubt den Test des Controllers schon im Rahmen der Unit Tests und Integrationstests – auch dann, wenn die GUI noch nicht fertiggestellt ist.

Natürlich ist dieser Komfort nicht umsonst zu haben: Im Team muss Einigkeit über die zu verwendenden Schlüsselworte herrschen und dieses Vokabular muss stabil sein. Es wird ein Interpreter benötigt, der die Kommandos in passende Funktionsaufrufe der Testablaufsteuerung übersetzt, eine passende Testablaufsteuerung, die die Kommandos ausführt, und ein Adapter, der die Testablaufsteuerung letztlich mit dem Testobjekt verbindet. Damit der Adapter im Testobjekt die jeweils anzusteuernden Objekte (im Falle einer Bedienoberfläche also Buttons, Checkboxen, Textfelder usw.) sicher erkennt, müssen diese Objekte feste Identifiers besitzen, die über die Sprints hinweg unverändert bleiben müssen. Andernfalls muss der Testcode von Sprint zu Sprint an die wechselnden Identifiers angepasst werden, was unnötigen Wartungsaufwand erzeugt. Abbildung 6–1 veranschaulicht, wie die verschiedenen Schichten einer solchen Testautomatisierung zusammenwirken.

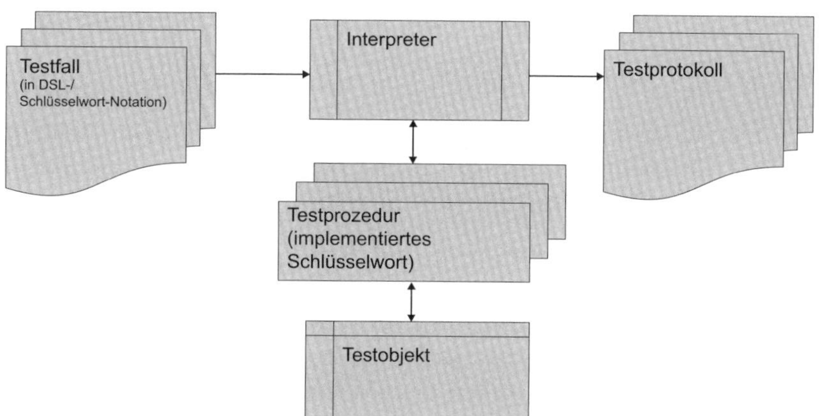


***Abb. 6–1***
*Dreischichtige Testarchitektur*

*Dreischichtige Testarchitektur*

Eine dreischichtige Testarchitektur sorgt für eine klare Trennung der Zuständigkeiten. Dinge, die in der Testlogik nichts zu suchen haben, sind in die Ablaufsteuerung oder den Adapter verschoben:

- **Entkopplung der Testumgebung:**
  Ein Parameter, wie z.B. eine einzustellende Timeout-Wartezeit, ist keine Eigenschaft des Testfalls, sondern eine Eigenschaft des Laufzeitverhaltens der Testumgebung. Daher sollten solche Parameter in die Ablaufsteuerung »ausgelagert« und dort z.B. als Methode einer Klasse »Testumgebung« (`TestEnvironment`) implementiert werden. Indem die Ablaufsteuerung diese Methode (z.B. `TestEnvironment->wait_for_MsgAck()`) aufruft, ist sichergestellt, dass automatisch immer genau so lange auf ein Quittungssignal gewartet wird, wie es die jeweilige Testumgebung erfordert. Wie lange gewartet werden muss, »entscheidet« jetzt die Testumgebung. Die Wartezeit ist nicht mehr Eigenschaft der Testlogik. Auf ähnliche Art können auch andere Eigenschaften der Testumgebung aus der Testlogik herausgehalten werden.
- **Entkopplung der Testschnittstelle:**
  Wenn die Testlogik zu sehr mit einer bestimmten Testschnittstelle verwoben ist, dann kann der Testfall nur über diese bestimmte Testschnittstelle ausgeführt werden. Im Gegensatz zu Unit Tests und Integrationstests gibt es im Systemtest häufig Situationen, wo die

gleichen Testfälle über verschiedene Testschnittstellen laufen sollen. Der eHome-Controller etwa kann über unterschiedliche Oberflächen bedient werden (verschiedene PC-Browser, verschiedene Smartphone-Browser und Apps, Kommandoschnittstellen). Indem die Testablaufsteuerung nicht direkt, sondern über einen Adapter auf die gewünschte Testschnittstelle zugreift, kann sie durch Austausch der Adapter mit verschiedenen Testschnittstellen kommunizieren, ohne dass die Testlogik verändert werden muss. Der Adapter leistet dann die »Übersetzung« der Testschritte in das Format der jeweiligen Testschnittstelle. Um Tests über die GUI des Testobjekts auszuführen, wird dann beispielsweise ein Adapter benötigt, der einen geeigneten GUI-Testautomaten (z. B. Selenium) ansteuert und in dessen Befehle übersetzt.

*Schlüsselwortgetriebene Systemtestautomatisierung erfordert initiales Investment.*

Wenn das Team seine Systemtests entwirft, muss es untersuchen, ob eine so hohe Modularität und Flexibilität im Projekt benötigt wird. In kleinen oder kurzlaufenden Projekten wird sich das vermutlich nicht auszahlen. Denn der Aufbau einer solchen dreischichtigen, schlüsselwortbasierten Systemtestautomatisierung erfordert ein nennenswertes initiales Investment. Allerdings gibt es am Markt heute Werkzeuge, die den Aufbau einer solchen Testarchitektur vereinfachen (s. [URL: Toolliste]).

Zum anderen kann die Aufbauarbeit inhaltlich stark entkoppelt werden von den Tasks, die zur Produktentwicklung nötig sind. In der Produktentwicklung werden die Produktfeatures implementiert und die zugehörigen Systemtests in Schlüsselwortnotation erfasst. Wenn die Testablaufsteuerung schon vorhanden ist, laufen die schlüsselwortgetriebenen Tests sofort! Ist die Testablaufsteuerung noch unvollständig, dann wird erst ein Teil der Systemtests automatisiert laufen. Diejenigen, die noch nicht ausführbar sind, müssen vorübergehend manuell ausgeführt werden. Aber die Testvorschrift, was der Tester manuell zu prüfen hat, die liegt in Schlüsselwortnotation bereits vor.

Zur Programmierung der Testablaufsteuerung ist nur geringes oder gar kein Wissen über die fachliche Logik der Anwendung nötig. Gefragt ist vielmehr gutes Testautomatisierungs-Know-how. Das Schreiben der Anwendung, das Schreiben der Systemtests (in Schlüsselwortnotation) und das Programmieren der Testablaufsteuerung sind deshalb Tasks, die an verschiedene Teammitglieder verteilt werden können. Die Sprint-Planung kann daher relativ gut »ausbalancieren«, dass die Testablaufsteuerung mit den Systemtests und dem Produkt in etwa Schritt hält. Ein größerer Aufwand ist freilich nötig, um eine geeignete Testablaufsteuerung erstmals im Team aufzubauen und in die CI-Umgebung zu integrieren. Dieser Aufgabenblock sollte im Rahmen des Aufbaus der CI-Umgebung vom ersten Sprint an angegangen und in den frühen Sprints stark gewichtet werden.

### 6.4.3 Behavior-Driven Testing

Ein weiterer Ansatz, um Tests in einer domänenspezifischen Sprache (DSL) zu formulieren und zu automatisieren, ist »Behavior-Driven Testing« (BDT). BDT ist ein Testautomatisierungsansatz aus dem sogenannten »Behavior-Driven Development« (verhaltensgetriebene Softwareentwicklung, s. [URL: BDD]). Im Unterschied zum oben beschriebenen schlüsselwortgetriebenen Test, wo mit einer tabellenorientierten Darstellung der Testfälle gearbeitet wird, bietet der BDT-Ansatz eine noch stärker an natürlicher Sprache angelehnte Notation.

Die Übergänge zwischen den Ansätzen sind allerdings fließend und lassen sich ineinander überführen. So ist es denkbar, auch für BDT-Testskripte die verwendeten Schlüsselworte in einem Repository zu verwalten und Möglichkeiten zur hierarchischen Strukturierung vorzusehen.

Für BDT steht eine Reihe von Frameworks zur Verfügung, z.B. Fit, FitNesse, Cucumber, JBehave, Specs2 oder Behat (vgl. [URL: Toolliste]), die die Automatisierung von BDT-Testfällen unterstützen. Der Automatisierungsansatz ist dabei vergleichbar mit dem oben beschriebenen Schlüsselwortansatz: Ein Produktfeature wird durch ein oder mehrere sogenannte »Scenarios« getestet. Ein Scenario entspricht dabei einem Systemtestfall und gliedert sich in `Given-When-Then`-Abschnitte, die in etwa den `setup-procedure-check`-Abschnitten eines Unit-Testfalls entsprechen (vgl. Abschnitt 4.1.2).

Im eHome-Beispiel könnte das Team das für PHP geeignete Framework »Behat« einsetzen und das folgende Testskript erstellen:

**Fallbeispiel eHome-Controller 6–6:**
**Systemtestfall formuliert als Behavior-Driven Test mit Behat**

```
Feature: Geraete_steuern
Als eHome-Bewohner kann ich Geraete unterschiedlicher Klassen
steuern, wobei der eHome-Controller nur die fuer eine Geraeteklasse
gueltigen Steuerbefehle zulaesst.

Scenario: Licht ein und ausschalten
    Given Geraet "Licht" in "Kueche" am "Fenster"
    When schalten "an" "Licht" in "Kueche" am "Fenster"
    Then status "Licht" in "Kueche" am "Fenster" ist "an"
```

Die im Scenario vorkommenden Schlüsselworte und Parameter (z.B. `schalten` und `"Licht"`) muss das eHome-Team durch unterlagerte Testskripte implementieren. Für das Kommando `schalten` ist beispielsweise eine PHP-Funktion nach folgendem Muster zu programmieren:

→

```
/**
* @When /^schalten "([^"]*)" "([^"]*)" in "([^"]*)" am "([^"]*)"$/
*/
public function schaltenInAm($arg1, $arg2, $arg3, $arg4) {
    ...
}
```

Bei der Ausführung des Tests ruft Behat dann diese PHP-Funktion mit folgenden Parametern auf:

```
schaltenInAm("an", "Licht", "Kueche", "Fenster");
```

Der Einsatz eines BDT-Frameworks führt also ebenfalls zu einer mehrschichtigen Testarchitektur (vgl. Abb. 6–1). Als Schnittstelle der Testautomatisierung zum Testobjekt nutzen BDT-Frameworks wie Unit-Test-Frameworks die APIs des betreffenden Testobjekts. Wenn diese APIs auf einer hohen Architekturebene angesiedelt sind, dann kann BDT Systemtestfälle, die ansonsten über die Bedienoberfläche des Produkts zugreifen müssten, teilweise ersetzen.

*BDT und API-Tests*

Auch Unit-Testfälle (s. Kap. 4) können prinzipiell in Form von BDT formuliert werden. Der zusätzliche Aufwand für die natürlichsprachliche Formulierung ist hier allerdings selten gerechtfertigt. Denn das API einer einzelnen Klasse implementiert in Relation zu einer Anforderung auf Systemebene meistens nur eine Teil- oder Basisfunktionalität. Und diese Funktionalität lässt sich im Vokabular des API (API-Methoden und deren Parameter) einfacher ausdrücken als im Vokabular der Systemanforderungen. Wenn man allerdings erreichen möchte, dass die Unit Tests auch von Personen verstanden werden, die keinen Programmcode bzw. keinen herkömmlichen Unit-Test-Code lesen können, dann kann BDT eine Lösung sein. Analoges gilt für Integrationstestfälle.

*BDT und User Stories*

Wenn im Team BDT eingesetzt wird und schon ein gewisser »Vorrat« an BDT-Tests entstanden ist, dann ist damit ein Vokabular und ein Schema vorhanden, das das Team auch im Requirements-Prozess einsetzen kann, um die User Stories und/oder deren Akzeptanzkriterien von vornherein in BDT-Notation als »ausführbare Szenarien« zu formulieren.

Dabei ist zu beachten, dass dieses Vokabular dazu dienen soll, die fachliche Sicht auf das System bzw. dessen fachlich gewünschtes Verhalten zu beschreiben. Technische Details, die für den Ablauf in Form von automatisierten Testfällen notwendig sind, aber für die Beschreibung des Systemverhaltens nicht relevant sind, müssen daher in unterlagerten Schichten der Testarchitektur angesiedelt werden.

BDT vs. ATDD vs. SBE

BDT und ATDD sind Methoden, um Tests auf Systemebene zu definieren. In BDD wird dazu das Gerkhin-Satzschema (»Given-When-Then«) verwendet und ein so formulierter BDT-Test ist per BDT-Tool direkt ausführbar. BDT legt den Schwerpunkt somit auf das Ziel »ausführbare Spezifikation«.

Das Ziel von ATDD ist primär, dass die Abnahmetests vor der Implementierung der Features definiert und geschrieben werden. ATDD legt den Schwerpunkt also auf den »Test First«-Gedanken. Wie der Test notiert wird, ist weniger streng festgelegt. Oft wird auch hier Gerkhin verwendet.

Eine weitere Variante ist unter dem Namen »Specification by Example« (SBE) populär. Der Gedanke hier ist, dass die Testfälle Beispiele dafür darstellen, wie das System durch seine Anwender eingesetzt werden kann. SBE zielt somit eher auf den inhaltlichen Stil der Testfälle ab. Der Nutzen ist, dass es Stakeholdern in der Regel leicht fällt, ihre Wünsche in Form von Beispielen zu beschreiben. Dies soll durch SBE unterstützt werden.

In der Praxis sind die Grenzen zwischen den Methoden fließend. Welche Variante dieser Methoden ein Team einsetzt, hängt letztlich davon ab, welches Testautomatisierungstool das Team verwendet, und die Bezeichnung der Methode richtet sich dann danach, ob der jeweilige Toolhersteller sein Tool als BDT-, ATDD- oder SBE-Tool vermarktet.

## 6.5 Test First im Systemtest

*Test First* bedeutet, dass der Entwickler, bevor er ein Stück Code ändert oder ein neues Stück Code schreibt, zuerst einen oder mehrere Testfälle entwirft und automatisiert, die den geänderten oder neuen Code hinreichend testen[12]. Der fehlerfreie Durchlauf dieser Testfälle wird als »Done«-Kriterium des Programmiertasks aufgenommen. Im Unit Test und Integrationstest funktioniert das sehr gut (vgl. Kap. 4 und 5). Aber lässt sich Test First auch für Systemtests praktizieren?

Wenn die Tests in einem GUI-Testwerkzeug aufgezeichnet oder codiert werden, dann muss das Testobjekt mit Bedienoberfläche vorhanden sein. Denn das GUI-Testwerkzeug greift unmittelbar auf die Bedienoberfläche des Testobjekts zu. Test First ist so nicht machbar.

Systemtestfälle per Schlüsselwortmethode oder BDT

Wenn die Systemtestfälle per Schlüsselwortmethode oder BDT im Vokabular der Businesslogik formuliert werden, dann entstehen Testfälle, die unabhängig sind von der technischen Realisierung des Produkts und insbesondere unabhängig von dessen Bedienoberfläche.

12. »Write a failing automated test before changing any code« [Beck & Andres 04, Kap. 7].

Dadurch ist man in der Lage, auch diese Testfälle zu entwerfen und zu notieren, bevor das Testobjekt existiert. Die Schlüsselwortmethode oder BDT sind also nicht nur ein Mittel, um Testautomatisierungen zu modularisieren, sondern auch Methoden, mittels der Test First für Systemtests möglich gemacht wird.

### 6.5.1 Systemtest-Repository

Damit das Team die Schlüsselwortmethode oder BDT, und damit Test First, erfolgreich praktizieren kann, muss es sich auf ein gemeinsames Schlüsselwortvokabular und eine gemeinsame Notation einigen! Wenn hier keine Absprachen und Festlegungen erfolgen, dann besteht die Gefahr, dass immer wieder neue Schlüsselworte eingeführt werden, die Dinge adressieren, die durch vorhandene Schlüsselworte in gleicher oder ähnlicher Form bereits abgedeckt werden. Dies führt dann zu redundanten oder in unterschiedlichen Fassungen vorhandenen Systemtestfällen. Benötigt wird deshalb ein zentrales »Lexikon«, in dem das Team seine Schlüsselworte sammelt und verwaltet.

Eine optimale Unterstützung bietet hier das Testwerkzeug Test-*Bench* (s. [URL: Toolliste]). Im Repository dieses Tools kann das Team sämtliche Schlüsselworte in einer einheitlichen Notation erfassen und speichern. Neue Testfälle können aus Schlüsselworten einfach per Drag & Drop zusammengesetzt werden. Müssen Testfälle oder Schlüsselworte geändert werden, können Querverweislisten generiert werden, die sofort zeigen, in welchem Testfall welche Schlüsselworte mit welchen Parametern verwendet werden. Auch bei sehr umfangreichen Systemtests können dann Änderungen und Erweiterungen der Systemtestsuite mit begrenztem Aufwand erledigt werden.

### 6.5.2 Pairing

Damit Test First auch im Systemtest funktioniert, sollte das Team als flankierende Technik »Pairing« einsetzen. Dabei ist es ideal, wenn je nach Art des zu erledigenden Tasks unterschiedliche Paare gebildet werden:

- **Neue Systemtestfälle entwerfen:**
  Bevor der Programmierer beginnt, Programmcode zu schreiben, muss er die erforderlichen Testfälle entwerfen. Dies sollte im »Pairing« gemeinsam mit einem Tester passieren, vor allem dann, wenn es um Systemtestfälle geht. Der Tester sorgt dabei dafür, dass die Systemtestfälle das System tatsächlich aus Sicht des späteren Anwenders unter die Lupe nehmen und dass alle Anforderungen, die dem zu implementierenden Feature zugrunde liegen, durch Testfälle abgedeckt werden.

Der Programmierer hingegen hilft dem Tester, die Testfälle auf den Test des jeweiligen Features zu fokussieren.

- **Entwurf und Pflege der Schlüsselworte:**
Hier steht das fachliche Wissen über die Anwendung und die Anwendungsdomäne im Vordergrund. Mit einem hinreichenden Know-how über die Anwendungsdomäne ist es relativ einfach, einzelne Schlüsselworte zu benennen, deren Parameter zu bestimmen und dann als Definition im Repository einzutragen. Die Aufgabe könnte ein einzelner Tester erledigen. Viel schwieriger ist es aber, eine durchdachte Schlüsselwortbibliothek aufzubauen und diese über alle Sprints hinweg konsistent zu halten. Die Erfahrung zeigt, dass zwei Tester im »Pairing« hier effizienter und mit besseren Ergebnissen arbeiten als »Einzelkämpfer«.
- **Automatisierung der Schlüsselworte:**
Hier geht es darum, auf niedrigeren Ebenen der Testablaufsteuerung einzelne Schlüsselworte durch Testskripte zu implementieren und damit zu automatisieren. Das erfordert Programmierung in der Skriptsprache des GUI-Testtools, kann aber auch Programmierung in xUnit oder anderen Skriptsprachen notwendig machen. Ein Team aus Testern und Programmierern kann hier ideal zusammenwirken.

## 6.6 Nicht funktionale Tests

Die Systemtestfälle aus den bisherigen Beispielen dieses Kapitels sind funktionale Testfälle. Mit ihnen prüft das Team, ob die Software die Anforderungen, die an seine Funktion gestellt werden (funktionale Anforderungen), erfüllt, also ob bestimmte Funktionen oder Features korrekt ausgeführt werden (z.B. »Licht einschalten«).

*ISO 25010*

An ein Softwareprodukt wird aber auch eine ganze Reihe nicht funktionaler Anforderungen gestellt. »Nicht funktionale Anforderungen beschreiben Attribute des funktionalen Verhaltens, also »wie gut« bzw. mit welcher Qualität das (Teil-)System seine Funktion erbringen soll. Ihre Umsetzung beeinflusst stark, wie zufrieden der Kunde bzw. Anwender mit dem Produkt ist und wie gerne er es einsetzt« [Spillner & Linz 19, Kap. 3]. Die Merkmale, die hier eine Rolle spielen, wie Effizienz (Performance efficiency), Kompatibilität (Compatibility), Benutzbarkeit (Usability), Zuverlässigkeit (Reliability), Schutz vor unbefugtem Zugriff (Security)[13], Wartungsfreundlichkeit (Maintainability)

13. »Sicherheit« im Sinne von »sicheres Verhalten bei Fehlbedienung oder Systemausfall« wird als »Safety« bezeichnet und ist nicht mit der Eigenschaft »Security« zu verwechseln.

sowie Übertragbarkeit (Portability) sind in [ISO 25010][14] beschrieben. Auch die Erfüllung nicht funktionaler Systemeigenschaften muss über entsprechende Tests (in der Regel im Systemtest) überprüft werden. Hierzu gehören nach [Spillner & Linz 19][15]:

- **Lasttest:**
  Messung des Systemverhaltens in Abhängigkeit steigender Systemlast (Load), z.B. steigende Anzahl parallel arbeitender Anwender, steigende Anzahl von Transaktionen einer Datenbank.
- **Performanztest:**
  Messung der Verarbeitungsgeschwindigkeit (Performance) bzw. Antwortzeit für bestimmte Anwendungsfälle, in der Regel in Abhängigkeit steigender Last.
- **Volumentest/Massentest/Stresstest:**
  Beobachtung des Systemverhaltens in Abhängigkeit zur Datenmenge (z.B. Verarbeitung sehr großer Dateien) und Beobachtung des Systemverhaltens bei Überlastung.
- **Test der Sicherheit (Security)** gegen unberechtigten Systemzugang oder Datenzugriff.
- **Test der Zuverlässigkeit (Reliability)** und Stabilität im Dauerbetrieb (z.B. Ausfälle pro Betriebsstunde bei gegebenem Benutzungsprofil).
- **Test auf Kompatibilität/Datenkonversion:**
  Prüfung der Verträglichkeit mit vorhandenen Systemen (Interoperability). Import/Export von Datenbeständen.
- **Test auf Robustheit** gegenüber Fehlbedienung, Fehlprogrammierung, Hardwareausfall usw. sowie Prüfung der Fehlerbehandlung und des Wiederanlaufverhaltens (Recovery).
- **Test unterschiedlicher Konfigurationen** des Systems, z.B. unterschiedliche Betriebssystemversionen, Landessprache, Hardwareplattform.
- **Test auf Benutzungsfreundlichkeit:**
  Prüfung von Erlernbarkeit und Angemessenheit der Bedienung (Usability); Verständlichkeit der Systemausgaben usw., jeweils bezogen auf die Bedürfnisse einer bestimmten Anwendergruppe (s. auch [ISO 9241]).

---

14. ISO 25010:2011 ist Teil der neuen Normenreihe »Software Engineering – Software Product Quality Requirements and Evaluation (SquaRE)« und hat 2011 Teil 1 der bisherigen Norm über Qualitätsmodelle [ISO 9126] abgelöst.
15. Das Testquadrantenmodell (s. Abschnitt 3.8.3) ordnet die nicht funktionalen Tests (»-ility«-Tests) in Quadrant 4 ein als »technologieorientierte, toolgestützte Tests«. Usability-Tests werden dagegen als manuelle Tests betrachtet und folglich in Quadrant 3 eingeordnet.

- **Prüfung der Dokumentation** auf Übereinstimmung mit dem Systemverhalten (Systemhandbücher, Bedienungsanleitungen, Schulungsunterlagen u.Ä.).
- **Prüfung auf Änderbarkeit/Wartbarkeit:**
  Verständlichkeit und Aktualität der Entwicklungsdokumente; modulare Systemstruktur usw.

Das Überprüfen und Testen all dieser Anforderungen stellt ein agiles Team vor einige Herausforderungen:

- Lasttests, Performanztests, Volumentests usw. sind per se umfangreiche, langlaufende Tests. Diese Tests können, wenn sie in den CI-Lauf eingebunden sind, diesen erheblich verlangsamen. Auch für einen Test im Rahmen des »Nightly Build« sind die Laufzeiten dieser Tests manchmal zu lang.
- Tests auf Robustheit, Hardwareausfall, Recovery usw. sind schwer automatisierbar und benötigen in der Regel manuelle Eingriffe zur Ausführung der Tests, aber auch zum vorbereitenden Setup der Testumgebung.
- Tests auf Benutzungsfreundlichkeit und die Prüfung der Dokumentation auf Aktualität und Vollständigkeit sowie des Codes auf u.a. Wartbarkeit erfordern manuelles Testen bzw. intensive Reviews.

Nicht funktionale Themen müssen früh und regelmäßig durch Reviews und Tests adressiert werden. Die naheliegende Lösung ist, all diese Tests in einen »Systemtest-Sprint« zu verschieben. Aber diese Strategie (s. Abschnitt 6.8.1) bringt massive Nachteile mit sich: Das Feedback kommt zu spät. Gerade bei nicht funktionalen Aspekten ist das noch gefährlicher. Denn Probleme, wie z.B. schlechte System-Performance oder schlechte Usability, haben ihre Ursache oft in grundlegenden Architektur- oder Designfehlern oder sind schlicht fehlendem Design geschuldet. Wenn dann z.B. ein Performance-Test solche Architekturprobleme aufdeckt, ist es selten damit getan, nur ein paar Codezeilen zu ändern. Oft ist ein großflächiges Refactoring notwendig. Das bedeutet: Gerade nicht funktionale Themen müssen früh und regelmäßig durch Reviews und Tests adressiert werden.

Um das Dilemma zu lösen, hat das Team verschiedene Ansatzpunkte:

- **Langlaufende Tests:**
  In der Sprint-Planung wird festgelegt, welche Features des Produkts im aktuellen Sprint neu eingebaut oder modifiziert werden. Für jedes dieser Features werden geeignete Akzeptanzkriterien vereinbart. In diese gehören auch alle nicht funktionalen Eigenschaften, die durch das betreffende Feature tangiert werden oder die die-

ses Feature lokal aufweisen soll. Der Entwurf und (soweit möglich) die Automatisierung geeigneter Tests, die diese nicht funktionalen Eigenschaften Feature-orientiert prüfen, sind Teil der Taskliste des betreffenden Features und müssen im Sprint miterledigt werden. Um dies sicherzustellen, sollte der Scrum Master anhand einer Checkliste für jedes Feature abfragen, welche der o.g. nicht funktionalen Tests das Team beim betreffenden Feature für relevant erachtet. Auch die erstmalige und mindestens einmalige Durchführung dieser Tests ist dann im selben Sprint unterzubringen! Geht man so vor, dann erhält das Team zumindest bis zum Ende des Sprints eine Rückkopplung darüber, wie gut die neuen Features ihre nicht funktionalen Anforderungen erfüllen oder ob sich ggf. Architekturprobleme abzeichnen, die dann im kommenden Sprint sofort angegangen werden können.

- Tests auf Robustheit, Hardwareausfall u.Ä. können als »explorative Tests« umgesetzt werden. Auf eine volle Regression aller Robustheitstests in jedem Sprint wird verzichtet. Stattdessen wird in der Sprint-Planung ausgewählt, welche Tests aus der Liste aller Robustheitstests im Sprint an die Reihe kommen. Auch hier gehören dann die entsprechenden Tasks in die Taskliste des Sprints.
- Die Prüfung von Benutzungsfreundlichkeit, Dokumentation, Codewartbarkeit u.Ä. wird durch Pairing frühzeitig und kontinuierlich adressiert. Statt umfangreicher, zeitraubender Reviews am Sprint-Ende oder erst in einem »Systemtest-Sprint« erfolgen die entsprechenden Checks täglich bzw. kontinuierlich in den Zweierteams als Vier-Augen-Prüfungen. Damit das zuverlässig geschieht, sollte der Scrum Master jedes Team mit einer Checkliste relevanter Prüfaspekte versorgen. Und er sollte durchaus stichprobenartig nachfragen, welche Reviewbefunde jedes Zweierteam diskutiert und welche Gegenmaßnahmen es ggf. eingeleitet hat. Da nicht funktionale Eigenschaften selten lokale Eigenschaften einer oder weniger Features sind, sondern meistens globale Systemeigenschaften bzw. die Systemarchitektur betroffen sind, ist es wichtig, dass solche Reviewbefunde regelmäßig auch im gesamten Team besprochen werden. Der Scrum Master muss sicherstellen, dass dies häufig genug stattfindet. Das Team muss dann abhängig vom Gesamtbild entscheiden, ob und welche Tasks z.B. zur Verbesserung der Benutzungsfreundlichkeit ins Product Backlog oder ins nächste Sprint Backlog aufgenommen werden.

Bei Prüfung und Test nicht funktionaler Anforderungen stellt sich auch für agile Teams das Problem, dass nicht funktionale Anforderungen oft nur lückenhaft und »schwammig« formuliert werden. Formulierungen wie »Das System soll leicht bedienbar sein« oder »schnell reagieren« sind in dieser Form nicht testbar und sind daher als Akzeptanzkriterium nicht brauchbar. Ein agiles Team kann dieses Problem aber leicht lösen, insbesondere dann, wenn Test First praktiziert wird. Dazu greift es zur Definition nicht funktionaler Eigenschaften, aber auch zum Test dieser Eigenschaften, auf seinen Fundus funktionaler Testfälle zurück:

»Aus den funktionalen Tests werden solche Szenarien ausgewählt, die einen Querschnitt durch die Funktionalität des Gesamtsystems repräsentieren. Die zu testende nicht funktionale Größe muss im betreffenden Testszenario beobachtbar sein. Beim Ablauf des Testszenarios wird dann die nicht funktionale Größe gemessen. Liegt der gemessene Wert unter einem vorgegebenen Grenzwert, gilt der Test als bestanden. Das funktionale Testszenario dient praktisch als Messvorschrift zur Ermittlung der zu untersuchenden nicht funktionalen Systemeigenschaft« [Spillner & Linz 19, Kap. 3]. So dienen die entsprechenden Testfälle zur Anforderungsdefinition, zur Dokumentation des Systemverhaltens und natürlich als Prüfanweisung.

## 6.7 Automatisierte Abnahmetests

Wenn der Product Owner seine Abnahmetests zusammenstellt, muss er sich nicht auf Systemtests beschränken! Auch automatisierte Unit- oder Integrationstestfälle können als Teil der Abnahmetestsuite sinnvoll sein. Und auch auf Ebene der Systemtests kann der Product Owner, statt manuell zu testen, auf automatisierte Systemtests zurückgreifen.

Entscheidend ist, welche Akzeptanzkriterien nachzuweisen sind. Diese müssen dann durch eine geeignete Teilmenge automatisierter Tests nachvollziehbar adressiert werden. Nur für solche Akzeptanzkriterien, zu denen (noch) keine passenden automatisierten Tests vorliegen, müssen die Abnahmetests manuell erfolgen.

**Fallbeispiel eHome-Controller 6–7:**
**Conformance-Testsuite:**

Die Firma »eHome-Tools« lizenziert ihr Produkt an eine Partnerfirma, die selbst ebenfalls Geräte zur Hausautomation herstellt und ihre Produkte mit der eHome-Controller-Software ausstatten möchte. Die Partnerfirma verlangt natürlich, dass der eHome-Controller die Produkte der Partnerfirma fehlerfrei bedienen kann. Daher ist eine umfangreiche automatisierte Conformance-Testsuite ein wichtiger Baustein, der im Zuge der Systemabnahme und Zertifizierung des eHome-Controllers durch den Partner durchlaufen werden muss. eHome-Tools selbst lässt diese Conformance-Testsuite in den eigenen Integrationstests im CI-Lauf mitlaufen und kann so die geforderte »Conformance«, und damit die Akzeptanz des Kunden, problemlos auch für jedes Update der Software sicherstellen.

## 6.8 Systemtests – wann?

In agilen Projekten liegt der Automatisierungsgrad der Systemtests meistens sehr viel niedriger als bei Unit Tests und Integrationstests[16]. Um die Systemtests durchzuführen, ist dann ein hoher manueller Aufwand nötig und das Team ist unter Umständen viele Tage damit beschäftigt, seine Systemtests durchzuführen. Da in jedem Sprint neue Features entstehen, die zusätzliche Systemtestfälle benötigen, wächst mit jedem Sprint auch die Zahl der nicht automatisierten, manuell durchzuführenden Systemtests. Das Problem verschärft sich von Sprint zu Sprint.

Schon nach wenigen Sprints ist nicht mehr daran zu denken, dass das Team (so wie im Unit Test oder Integrationstest) seine Systemtests in jedem Sprint, geschweige denn bei jeder Codeänderung, komplett abspult. Stattdessen muss das Team genau auswählen und planen, wann welche Systemtests an die Reihe kommen. Dabei kann grundsätzlich eine der nachfolgend erläuterten Strategien zum Zuge kommen.

16. In klassischen Projekten ist das Verhältnis oft genau andersherum: Die als unabhängiges Team organisierte Systemtestgruppe hat eine umfangreiche GUI-Testautomatisierung aufgebaut. Die in Sachen Qualitätssicherung und Testen oft wenig erfahrenen Programmierer aber haben keinerlei oder nur ansatzweise Unit Tests erstellt.

### 6.8.1 Systemtests im »letzten« Sprint

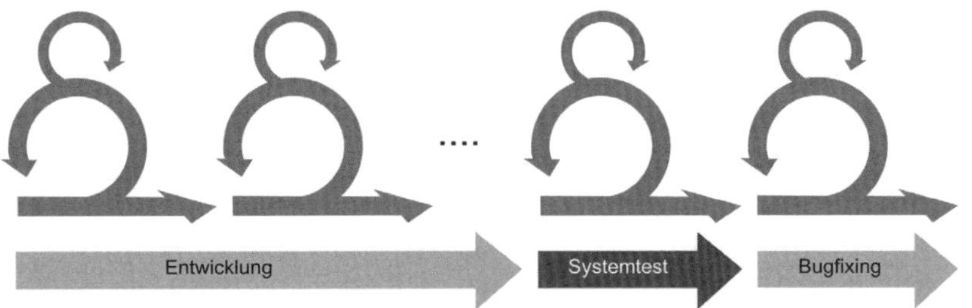


*Abb. 6–2*
*Systemtest im letzten Sprint*

Diese Strategie des nachgelagerten »Systemtest-Sprints« ist die einfachste Variante, wie Systemtests in Scrum zeitlich eingeplant werden können. Auch bei einem zu 100 % manuellen Systemtest kann diese Variante realisiert werden. Aus Sicht der Taskplanung ist sie problemlos steuerbar: Man bestimmt einen Sprint zum »Systemtest-Sprint« und vergibt in diesem Sprint dann ausschließlich Testaufgaben als Tasks. Die Strategie bringt aber gravierende Nachteile mit sich:

- Ob als Sprint-Ergebnis tatsächlich ein lieferbares Produkt vorliegt, ist erst sicher, nachdem auch der Systemtest-Sprint absolviert wurde. Steht der Systemtest-Sprint noch bevor, ist eine Auslieferung mit hohem Risiko verbunden.
- Welche Aufwände als Ergebnis der Systemtests für Bugfixing und Fehlernachtest dann auflaufen, ist bis zum Ende des Systemtest-Sprints unbekannt. Die Gefahr ist hoch, dass nach dem Systemtest-Sprint ungeplant weitere »Bugfixing-Sprints« und »Fehlernachtest-Sprints« zu absolvieren sind.
- Feedback aus dem Systemtest an die Entwicklung erfolgt erst im »letzten« Sprint und damit oft viel zu spät. Das Ziel »schnelles Feedback an die Programmierer« wird verfehlt.

Das Vorgehen entspricht somit im Grunde dem klassischen Systemtest nach V-Modell. Wichtige Vorteile, die agile Entwicklung erreichen will, insbesondere das potenziell auslieferbare Produkt an jedem Sprint-Ende, werden nicht unterstützt bzw. verfehlt.

*Unabhängiges Systemtestteam*

Abhilfe bringt, wenn in der Organisation ein unabhängiges Systemtestteam zur Verfügung steht (Fallstudie 8.6 »Scrum in der Medizintechnik« stellt ein Beispiel vor). Der Systemtest-Sprint kann dann sehr gut durch dieses separate Systemtestteam geleistet werden. Das »Produktteam« ist entlastet und kann im optimalen Fall mit dem nächsten »Entwicklungs-Sprint« fortfahren. So wird erreicht, dass Systemtest und Entwicklung parallel arbeiten, allerdings mit einem »Versatz« von einem Sprint. Bugs, die im Systemtest-Sprint gefunden werden, können im folgenden »Entwicklungs-Sprint« korrigiert werden. Aus Sicht der Programmierer dauert die Feedbackschleife dann zwei Sprints.

### 6.8.2 Systemtests am Sprint-Ende

***Abb. 6–3***
*Systemtests am Sprint-Ende*

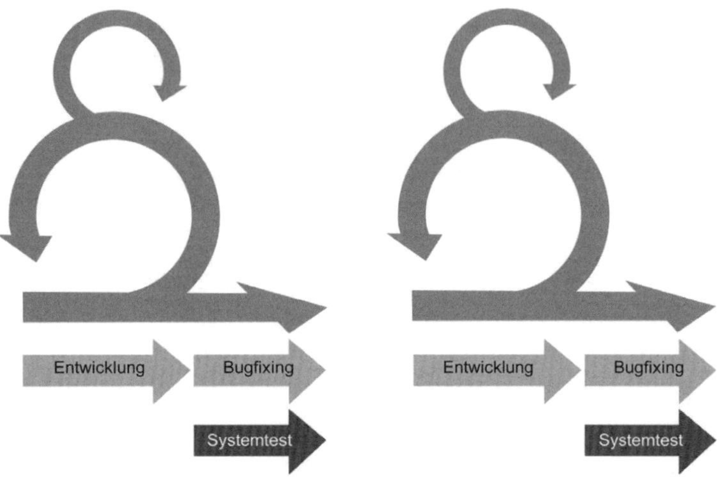


In dieser Strategie werden die Systemtests in einem kleinen Zeitfenster am Sprint-Ende untergebracht. Deshalb eignet sich diese Strategie für wenig komplexe Produkte mit niedrigem Systemtestaufwand. Steigt der Systemtestaufwand, dann muss das Team aus der Menge seiner Systemtests Sprint-spezifisch auswählen, welche durchgeführt werden sollen. Die Rolle des Testmanagers im Team darf dann nicht vernachlässigt werden. Eine mitwachsende Systemtestautomatisierung als Unterstützung verbessert die Situation. Nachteile der Strategie sind:

- Wie mit der Strategie »Systemtest-Sprint« ergeben sich unbekannte Bugfixing- und Fehlernachtestaufwände am Sprint-Ende. Dadurch wird die Timebox des aktuellen Sprints gefährdet.
- Um Zeit für Bugfixing-Tasks zu gewinnen und dennoch die Timebox einzuhalten, müssen regelmäßig User Stories aus dem Sprint Backlog entfernt und für Bugfixing und Nachtest geopfert werden.
- Da aus Zeitgründen nur eine Sprint-spezifische Auswahl der Systemtests absolviert werden kann, steigt (gegenüber einem Regressionstest mit allen Systemtestfällen) das Risiko, Fehler zu übersehen und in die nachfolgenden Sprints mitzuschleppen.
- Ein Programmierer muss für jede seiner Programmieraufgaben bis zum Sprint-Ende auf eine Rückmeldung warten. Wenn in die »Fertig«-Kriterien einer solchen Programmieraufgabe auch die zugehö-

rigen Systemtestfälle aufgenommen werden (wie es sein sollte), dann bleiben diese Tasks bis zum Sprint-Ende zwangsweise im Status »unerledigt«. Eine brauchbare Messung der »Velocity« ist dann nicht möglich.

Das Feedback an das Team erfolgt innerhalb desselben Sprints. Die Arbeiten innerhalb des Sprints werden aber wasserfallartig serialisiert. Denn da der Systemtest eine gewisse Zahl Fehler aufdecken wird, muss ein Zeitblock für Bugfixing und Fehlernachtest freigehalten werden. Der Sprint »zerfällt« damit in die Phasen »Programmierung«, »Systemtest«, »Bugfixing« und man spricht daher oft auch von »Water Scrum«.

*Sprints werden wasserfallartig serialisiert.*

### 6.8.3 Continuous Testing

Die »Continuous Testing«-Strategie überträgt die Prinzipien des Unit Test und Integrationstests in den Systemtest und ist die anzustrebende Lösungsvariante. »Continuous Testing« bedeutet, dass auch die Systemtestfälle weitgehend automatisiert werden und wie Unit-/Integrationstestfälle in der CI-Umgebung des Projekts (s. Abschnitt 5.5) eingebettet sind. Eine solche CI-Umgebung enthält dann alle automatisierten Tests des Projekts, von den Unit Tests über die Integrationstests bis zu den Systemtests. Das Ziel ist, dass automatisierte Tests auf jeder Stufe der Testpyramide (vgl. Abschnitt 3.8.3) frühestmöglich (im Idealfall nach jeder einzelnen Codeänderung) und kontinuierlich (beispielsweise mindestens einmal täglich) Feedback über die aktuell erreichte Systemqualität liefern.

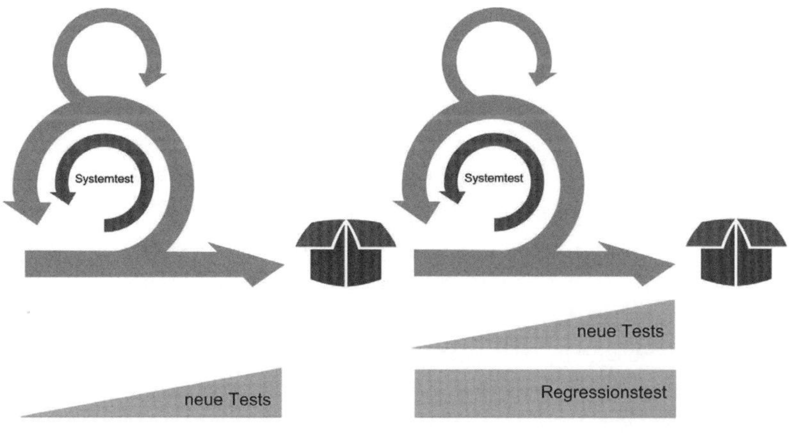


***Abb. 6–4***
*Continuous Testing: Systemtest nonstop*

*Balance finden zwischen Umfang und Laufzeit der Tests*

Da Systemtestfälle (insbesondere solche, die das Testobjekt über dessen GUI ansteuern) in der Regel eine wesentlich längere Laufzeit benötigen als Integrationstestfälle oder Unit-Testfälle (s. auch Abschnitt 3.8.3), wird sich die Gesamtlaufzeit aller automatisierten Tests signifikant verlängern, sobald Systemtestfälle in die CI-Umgebung aufgenommen werden.

Dies führt dann dazu, dass Entwickler die CI-Läufe umgehen oder weniger oft starten, um durch die lange laufenden Tests in ihrer Programmierarbeit nicht blockiert zu werden. Andererseits ist es aber gerade das Ziel der Continuous Integration, dass die in der CI-Umgebung enthaltenen automatisierten Tests so oft wie möglich ausgeführt werden. Im Idealfall automatisch direkt nach jeder Codeänderung, die irgendeiner der beteiligten Entwickler vorgenommen hat.

Um diesen Zielkonflikt aufzulösen, muss das Team eine Balance finden zwischen der Anzahl der in der CI aktiven Testfälle und der resultierenden Dauer eines CI-Laufs. Dazu werden die automatisierten Tests in Teilpakete (Testsuites) gruppiert, die in der CI-Umgebung flexibel zugeschaltet oder ausgeblendet werden können. Kriterien und Strategien, nach denen solche Pakete gebildet werden können, sind in Abschnitt 5.5.3 erläutert. Durch geschickte Auswahl und Kombination dieser Testpakete kann das Team dann erreichen, dass in jedem CI-Lauf eine minimale Teilmenge aus Unit Tests, Integrations- und Systemtests mit akzeptabler Geschwindigkeit durchläuft.

*Nightly Build*

Das Team erhält nur dann ein vollständiges Feedback, wenn alle Prüfungen und Tests, die automatisiert sind, im CI-Lauf ausgeführt werden. Aufgrund der langen Testlaufzeit werden solche vollständigen CI-Läufe in Zeiten verlegt, in denen das Team durch die Tests nicht betroffen ist. Dies ist am Wochenende oder nachts der Fall. Die Durchführung des CI-Laufs in der Nacht (»Nightly Build") hat den Vorteil, dass die Zeit in der Regel ausreicht, um alle vorhandenen Tests durchlaufen zu lassen und das Team spätestens am nächsten Morgen ein vollständiges Feedback aus den Tests inklusive Systemtestfeedback hat. Fallstudie 8.3 »Systemtest nonstop« zeigt ein Beispiel.

*Systemtests parallel zu neuen Features implementieren*

Dies setzt voraus, dass die Systemtestfälle nicht irgendwann automatisiert werden, sondern dass diese Automatisierung parallel zur Programmierung der neuen Features erfolgt. Nur dann können die für ein neues Feature gewünschten Systemtestfälle ab dem nächstmöglichen Nightly Build mitlaufen und nur dann erhält das Team ein Feedback, das auch die Systemtestebene tagesaktuell mit einschließt. Um Continuous Testing zu realisieren, ist also eine weitgehende und durchdachte Automatisierung des Systemtests notwendig. Der Test-First-Ansatz ist dabei auch auf Systemtestebene sehr hilfreich (vgl. Abschnitt 6.5).

## 6.9 Sprint-Release und Deployment

Wenn Continuous Integration gut umgesetzt ist und praktiziert wird, dann entstehen während eines Sprints mehrere komplett getestete Builds. Man könnte annehmen, dass der letzte Build in dieser Reihe, der im Sprint entsteht, auch derjenige ist, der als Sprint-Ergebnis angesehen und eventuell ausgeliefert wird. Das muss aber nicht so sein.

*Release Candidate*

Es liegt in der Entscheidung des Product Owners, denjenigen Build auszuwählen, der zum »Release Candidate« des Sprints wird! In der Praxis ist es durchaus der Fall, dass nicht immer der letzte Build gewählt wird, sondern ein früher entstandener. Denn ein späterer Build muss ja keineswegs immer »besser« sein als ein Build, der einige Tage früher erstellt wurde. Der spätere Build mag ein zusätzliches Feature beinhalten. Aber das ist vielleicht instabil oder besitzt noch keine fertige GUI. Vielleicht hat das Team auch erkannt, dass dieses Feature mehr Arbeit macht als geplant und aus dem Sprint Backlog gestrichen werden muss. Dann wird man das halbfertige Feature abschalten oder den Sprint auf Basis eines Build ohne dieses Feature zu Ende führen.

Gegen Ende eines Sprints muss der Product Owner (beraten durch das Team) also entscheiden, welcher Build zum Release Candidate wird. An diesem Release Candidate wird dann keine Weiterentwicklung mehr vorgenommen. Stattdessen wird die verbleibende Zeit genutzt, um noch offene Dokumentationsarbeiten abzuschließen und noch ausstehende manuelle Tests zu Ende zu führen. Diese werden dann üblicherweise in Form explorativer Tests oder sitzungsbasierter Tests (vgl. Abschnitt 6.3) konzipiert und durchgeführt. Erforderliches Bugfixing geschieht parallel. Was sich in dieser späten Sprint-Phase also ändert, ist die Gewichtung der Tasks: Aus »neue Features entwickeln und testen« wird »Testen und Bugfixing«.

*Hardening Iteration*

Manche Teams widmen den Sprint, der ein externes Release als Ergebnis haben soll, vollständig und ausschließlich »Testen und Bugfixing«-Tasks. Ein solcher Sprint wird auch Stabilisierungs-Sprint bzw. Stabilisierungs-Iteration (Hardening Iteration) genannt. Hier werden Fehler, aber auch sogenannte technische Schulden (technische Schwächen wie z.B. zu gering performante Implementierung eines Algorithmus, unsaubere Modul- oder Klassenstruktur etc.) beseitigt, für deren Korrektur in vorangegangenen Sprints keine Zeit war oder die im vorherigen Release zugunsten kurzer Time-to-Market akzeptiert wurden.

*Internes vs. externes Release*

Hat man auf diese Weise einen Release Candidate fertiggestellt, dann ist zu entscheiden, ob er als externes Release ausgeliefert werden soll. Auch das ist nicht zwingend der Fall. Sehr oft wird auch von Scrum-Teams, die monatlich einen Release Candidate produzieren, nur alle drei oder sechs Monate ein Produktrelease freigegeben und veröffentlicht. Der Grund ist, dass ein externes Release in der Organisation »jenseits« des Scrum-Teams eben auch noch Arbeitsschritte und somit Aufwand generiert. Betroffen sind hier vor allem Support, Marketing und Vertrieb, die jeweils mit neuen Ausgaben ihrer Materialien und Services oder eben mit Marketing- und Vertriebsaktionen auf das neue Release reagieren müssen. Bei der Einführung von Scrum in der Produktentwicklung und bei der Entscheidung, in welcher Frequenz externe Releases produziert werden sollen, muss man diese interne Workflowkette berücksichtigen. Aber auch kundenseitig muss eine zu schnelle Taktfrequenz nicht unbedingt auf Begeisterung stoßen oder kann sogar unerwünscht sein (vgl. Abschnitt 7.3.3). Ein monatliches Update auf das neueste Release ist eben auch für den Kunden (und nicht nur für dessen IT-Abteilung) mit Kosten und Aufwand verbunden.

Wenn aber das Ergebnis des Sprints ein externes Release sein soll, dann muss aus dem Release Candidate ein externes Release erzeugt werden. Das heißt, die Lieferung (Produktsoftware, Installations-/Migrations-Skripte, Handbücher und Tutorials etc.) muss zusammengestellt werden. Auch das kann ein Scrum-Team weitgehend automatisieren, sodass nur noch sehr wenige manuelle Handgriffe erforderlich sind. Sämtliche Dateien werden durch geeignete Skripte aus dem Konfigurationsmanagementsystem geholt und zu einem Paket vereint. Dieses Paket wird dann auf einem geeigneten Server übertragen und dort zum Download bereitgestellt.

*Von Continuous Integration über Continuous Delivery zu Continuous Deployment*

Wie in Abschnitt 5.5 erläutert, bezeichnet Continuous Integration (CI) die Praxis, dass ein Softwareentwicklungsteam seine Codeänderungen kontinuierlich in eine zentrale Integrationsumgebung überspielt, dort zu einem neuen Versionsstand (Build) integriert und diesen dann sofort auf Lauffähigkeit und Korrektheit überprüft.

Dieser Prozess kann im Prinzip manuell durchgeführt werden. In der Praxis wird jedoch versucht, sämtliche Schritte zu automatisieren, da nur so häufige Integrationen praktisch durchführbar sind. Die dazu notwendige Sammlung von Techniken, Prozessen und Werkzeugen zum automatisierten Einspielen der geänderten Software in die (teaminterne) Integrations- und Testumgebung (Staging-Area) wird auch als »Continuous Delivery« (CD) bezeichnet ([URL: Continuous Delivery]). Da »CI« und »CD« eng miteinander verzahnt sind und sich nicht 100%ig voneinander abgrenzen lassen, werden beide zusammen auch als »CI/CD«-Prozess bezeichnet.

Ist der CI/CD-Prozess aber einmal automatisiert und läuft zuverlässig, kann er mit den Skripten ergänzt werden, die einen (internen) Release Candidate zu einem Releasepaket vervollständigen, das nach extern ausgeliefert werden soll (siehe oben »Internes vs. externes Release«). Das Team ist dann in der Lage, ein »Continuous Deployment«[17] durchzuführen. Das heißt, es kann (sofern alle Testfälle fehlerfrei durchlaufen werden!) eine neue Produktversion aus Code, Konfigurationsdaten und Benutzerdokumentation vollautomatisch erzeugen.

In der Praxis werden jedoch die automatisierten Testfälle nicht immer mit »passed« durchlaufen. Auch werden meist zusätzliche manuelle Tests weiter notwendig sein, und die Benutzerdokumentation kann in der Regel nicht vollständig automatisiert erstellt werden. Daher wird nicht jeder CI/CD-Lauf in einem Deployment resultieren. Aber »Daily Deployment« ist (aus technischer Sicht[18]) ein durchaus realistisches Ziel. Insbesondere dort, wo es um die Entwicklung und den Betrieb von Webanwendungen geht, kann Daily Deployment erreicht werden: Denn die Systemtestumgebung und die Zielumgebung unterscheiden sich hier oft kaum, und die Zielumgebung ist über das Internet aus der CI/CD-Umgebung heraus direkt erreichbar. Dem Upload und der automatischen Installation des Produkts auf dem externen Webserver als letztem Schritt eines erfolgreichen CI/CD-Laufs steht dann (aus technischer Sicht) nichts mehr im Wege.

## 6.10 Zielbild DevOps

Unternehmen, die technisch zu Continuous Deployment in der Lage sind, müssen in den allermeisten Fällen auch organisatorische Hürden abbauen, um neue Softwareversionen vollautomatisiert an ihre Anwender ausliefern zu können. Denn in den allermeisten Unternehmen ist für den produktiven Einsatz und Betrieb der Software eine andere Unternehmenseinheit verantwortlich als für deren Entwicklung.

Handelt es sich um unternehmensinterne IT-Systeme, wird die IT-Abteilung des Unternehmens den Betrieb verantworten. Im Falle eines Webshop-Systems ist vielleicht ein Internetprovider als Dienstleister des Unternehmens für den Betrieb zuständig. In beiden Szenarien wird es das Ziel der Betreiber sein, dass das System möglichst störungsfrei und zuverlässig (also ohne Ausfälle), performant (reaktionsschnell auch bei hoher Nutzerzahl) und wirtschaftlich (mit Einsatz möglichst wenig IT-Ressourcen) läuft. Dabei muss das System (je nach Einsatzzweck) auch vielfältige Anforderungen bezüglich IT-Security erfüllen[19].

---

17. Oft ebenfalls mit dem Kürzel »CD« bezeichnet.
18. Ob ein tägliches Update einen Nutzen für die Anwender bringt, ist eine andere Frage (s. oben »Internes vs. externes Release«).
19. Das können auch gesetzliche Anforderungen sein, insbesondere wenn das System Teil »kritischer Infrastrukturen« ist (s. [URL: KRITIS]).

Jede Ablösung des laufenden Softwaresystems durch eine neue Version gefährdet diese Ziele! Daher hat die für den Betrieb der Software verantwortliche Einheit ein geringeres Interesse, die Software häufig zu aktualisieren, bzw. bevorzugt wenige, aber dafür stabile Releases.

Um diesen Zielkonflikt zu entschärfen oder ganz aufzulösen, ist es notwendig, dass die Entwicklungsteams und die für den IT-Betrieb verantwortlichen Teams viel enger, als es traditionell in Unternehmen üblich ist, zusammenarbeiten:

- Der Betrieb sollte in die Abstimmung der Produkt-Roadmap und der Releaseplanung eingebunden werden, damit auch Anforderungen, die sich aus dem Betrieb ergeben, verlässlich in die Sprints als Aufgaben einfließen. Hier müssen existierende Prozesse und Automatismen des IT-Betriebs berücksichtigt oder parallel angepasst werden, damit diese durch neue Features nicht »überraschend« gebrochen werden.
- Der Betrieb ist im Rahmen der Testplanung und ggf. auch bei der Implementierung der Tests einzubinden, um die Anforderungen des Betriebs (insbesondere bei nicht funktionalen Tests: System-Performance, Systemzuverlässigkeit, IT-Security, Kompatibilität mit Drittsystemen etc., s. auch Abschnitt 6.6) durch passende Tests zu adressieren und die nötigen Testumgebungen abzustimmen.
- Der Betrieb muss über Inhalt, Umfang und Ergebnis der gelaufenen Tests fundiert informiert werden, um Vertrauen in den jeweiligen Release Candidate zu begründen.

Auch für die Entwicklungsteams ergeben sich durch eine engere Kooperation zusätzliche, neue Möglichkeiten:

- Der Betrieb kann Messdaten aus dem Produkteinsatz an die Entwicklung weitergeben oder solche Messungen ermöglichen oder einrichten, damit die Entwicklung frühzeitig und kontinuierlich Feedback über die tatsächliche Nutzung der Systeme erhält (s. Abschnitt 3.8.4).
- Der Betrieb kann (im Rahmen sogenannter »A/B-Tests«, s. Glossar) unterschiedliche Varianten eines Systems für unterschiedliche Nutzergruppen freischalten, damit Marketing/Vertrieb, Product Owner und Entwicklungsteam ein frühes Feedback über die Akzeptanz verschiedener Realisierungsalternativen erhalten.

Je enger diese Zusammenarbeit praktiziert wird, desto weiter kann der CI/CD-Prozess bis in den Betrieb hinein ausgedehnt werden.

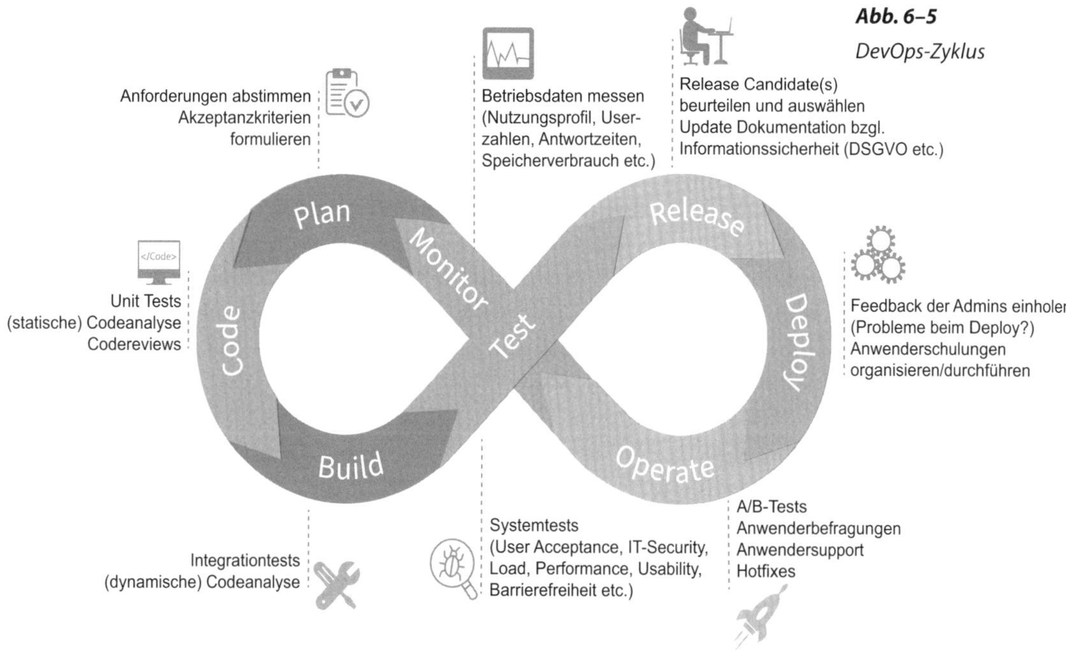


***Abb. 6–5***
*DevOps-Zyklus*

Aus dem automatisierten CI/CD-Prozess der Entwicklung wird dann ein automatisierter, gemeinsamer DevOps-Prozess (s. Abb. 6–5).

Aus der engeren Zusammenarbeit resultieren für die Teams und insbesondere für die Teams im IT-Betrieb neue, zusätzliche Aufgaben, die mit den vorhandenen Personalressourcen eventuell nicht zu bewältigen sind. Wird dies bei der Personalplanung nicht berücksichtigt, ist ein positiver Effekt nicht zu erwarten. Im Gegenteil, es ist mit negativen Auswirkungen auf die Arbeit des IT-Betriebs zu rechnen.

Um DevOps zu realisieren, sind nur technische Maßnahmen (wie der Ausbau der CI/CD-Tools zur DevOps-Pipeline) daher nicht ausreichend. Vielmehr wird in der Regel auch eine kulturelle Veränderung im Unternehmen nötig sein, damit die betroffenen Abteilungen bzw. Unternehmenseinheiten enger kooperieren. Dies benötigt Zeit und wird nicht im Rahmen eines einzigen Projekts gelingen. Wo es um sicherheitsrelevante Produkte geht, ist die DevOps-Idee vielleicht grundsätzlich nur bedingt umsetzbar. In jedem Fall ist es aber ein gutes Zielbild, auf das Prozessverbesserungsinitiativen hinarbeiten sollten.

## 6.11 Testmanagement im Systemtest

Systemtests halten für das agile Team eine Fülle an Herausforderungen bereit: Angefangen vom Zeitpunkt, wann die Systemtests zu erstellen und durchzuführen sind, über die Testumgebung und Testautomatisierungsarchitektur bis hin zur Frage, wie man die Tests optimal zwischen Unit Tests, Integrations- und Systemtests verteilt. In einem klassisch, beispielsweise nach V-Modell arbeitenden Projekt ist auch ein eigenständiges Systemtestteam vollauf beschäftigt und ausgelastet, alle diese Aufgaben im Blick zu behalten und zu bearbeiten. Man darf nicht annehmen, dass ein Scrum-Team all diese Aufgaben einfach so »nebenher« erledigt.

*Systemtestaufgaben in der Sprint-Planung thematisieren*

Die Systemtestaufgaben müssen im Rahmen der Sprint-Planungen aktiv thematisiert und diskutiert werden. Und ein gewisser Anteil der zur Verfügung stehenden Teamkapazität muss für Systemtestaufgaben zugewiesen werden. Im Idealfall achtet das Team auf all diese Punkte und übernimmt alle Testmanagementaufgaben. Falls nicht, muss der Scrum Master Gegenmaßnahmen ergreifen. Beispielsweise indem ein Tester im Team benannt wird, der die Rolle des Testmanagers einnimmt. Dessen Aufgabe ist es dann, die obigen Herausforderungen im Blick zu haben und zu bewerten, ob das Team diese angemessen adressiert. Des Weiteren ist er die Person, die die Tests des Teams auch inhaltlich beurteilen muss. Er wird dazu die Tests stichprobenartig reviewen und sich die Testergebnisse ansehen und überlegen, ob Tests fehlen oder umformuliert werden sollten. Und er wird den Product Owner beraten, wie die Testergebnisse zu interpretieren sind und welche Schlussfolgerungen über die erreichte Produktqualität zulässig sind.

Aufgrund der Laufzeit der Systemtests wird auch bei hoch automatisiertem Systemtest das Systemtestergebnis erst nach dem »Nightly Build« am nächsten Morgen vorliegen. Natürlich kann und soll jedes Teammitglied diese Ergebnisse einsehen. Aber der Testmanager ist derjenige, der dafür sorgen muss, dass tatsächlich alle Ergebnisse beachtet und angemessene Maßnahmen getroffen werden.

*Tägliche Bug-Analyse vor dem Daily Scrum*

Die Grundregel ist: Jeder Defekt muss vom zuständigen Programmierer sofort behoben werden. Vor dem Daily Scrum muss bereits eine grobe Analyse aller aufgetretenen Bugs erfolgen. Denn im Daily Scrum wird besprochen, was zu tun ist, wenn größere Probleme auftauchen und wenn zu befürchten oder schon klar ist, dass eine Fehlerbehebung so umfangreich sein wird, dass sie als eigene Aufgabe gemanagt werden muss. Spätestens jetzt muss der betreffende Fehler ins Defect-Management-System eingetragen werden (oder in der Aufgabenverwaltung entsprechend markiert werden).

*Durchführung der manuellen Tests managen*

Wenn das Team nach einer Systemtest-Sprint- oder Water-Scrum-Strategie arbeitet (s. Abschnitt 6.8), dann hat der Testmanager zusätzlich die Aufgabe, aus den vorhandenen Tests diejenigen auszuwählen, die in der verfügbaren Systemtestzeit möglich sind. Und wenn das Team einen hohen Anteil an manuellen Tests durchzuführen hat, dann muss entschieden werden, welche manuellen Tests als Regressionstests täglich oder zumindest wöchentlich durchgeführt werden müssen. Je höher der manuelle Testanteil ist, desto mehr ähnelt das Testmanagement in agilen Projekten dem klassischen Testmanagement. Umso wichtiger ist es, risikobasiert aus den vorhandenen Tests die notwendigen Tests auszuwählen und die Testdurchführung unter den Teammitgliedern zu verteilen und den Testfortschritt zu beobachten.

Es wäre naiv anzunehmen, dass die manuelle Testdurchführung nicht überwacht werden muss, nur weil die beteiligten Personen in einem agilen Team arbeiten. Gerade im agilen Team gibt es für jeden Beteiligten unzählige Aufgaben zu erledigen, die attraktiver sind, als zum x-ten Mal einen manuellen Test zu wiederholen. Pairwise Testing, Checklisten/Testlisten, die jedes Zweierteam abhaken muss, und das tägliche Daily Scrum können hier helfen. Und bei Bedarf eben die Kontrolle durch den Testmanager.

*Testautomatisierung managen*

Die Unbeliebtheit des manuellen Testens ist ein starker Antrieb, die Testautomatisierung auszubauen. Wie in diesem Kapitel gezeigt, können hier sehr elegante, aber auch sehr aufwendige Testframeworks entstehen. Die Gefahr dabei ist, dass das Team mehr am Framework und dessen Optimierung arbeitet, als dass es sich inhaltlich um die notwendigen Testfälle kümmert und diese ablaufen lässt. Genauso wie in der Produktentwicklung gilt auch für die Testframework-Entwicklung: Nur das einbauen, was unmittelbar benötigt wird, und das Framework schrittweise ausbauen, statt ausufernde Up-Front-Entwicklung zu leisten.

*Testautomatisierung ist kein Selbstzweck.*

Die Automatisierung von Tests dient primär dazu, den Aufwand in der Testdurchführung zu senken, um in jedem Sprint eine hohe Testabdeckung und maximale Regressionstestfähigkeit zu erreichen. Sie ist aber kein Ziel oder Zweck an sich. Der Testmanager muss daher steuern, in welchem Umfang, an welchen Stellen und in welchem Sprint in die Automatisierung von Tests investiert werden soll. Das betrifft die oben genannte Testframework-Entwicklung, die Implementierung der eigentlichen Testfälle im Framework, die Pflege und das Refactoring vorhandener automatisierter Tests und auch die Pflege der CI-Umgebung, um einen technisch reibungsfreien Ablauf aller automatisierten Tests nachhaltig zu gewährleisten. Bezüglich der Inhalte der Tests muss er bedenken und steuern, ob und wo durch Testautomatisierung die Abdeckung der Produktanforderungen erhöht werden kann und für welche Produktfeatures eine Automatisierung besonders lohnend ist (z.B. in Relation zum Risiko eines fehlerhaften Features).

*Teststrategie risikobasiert wählen*

Der Testmanager muss auch darauf achten, dass die zur Verfügung stehenden Testverfahren in einer für das Projekt passenden Mischung eingesetzt werden. Dazu gehört zum einen, eine adäquate Verteilung der Tests über die Stufen der Testpyramide sicherzustellen (s. Abschnitt 3.8.3). Speziell im Systemtest muss zusätzlich darauf geachtet werden, dass ein passender Mix zwischen automatisierten Systemtestfällen, (klassischen) spezifikationsbasierten, manuellen Blackbox-Tests und (agilen) explorativen Tests erreicht wird.

Die Entscheidung, welche dieser Testverfahren in welchem Umfang zum Einsatz kommen, sollte basierend auf einer Risikoanalyse getroffen werden. Hierzu sind geeignete Risikostufen festzulegen, anhand derer die Produktfeatures danach kategorisiert werden, welches Risiko bzw. welcher Schaden droht, wenn ein Feature der jeweiligen Risikokategorie fehlerbehaftet ist, ausfällt oder fehlt. In der Praxis genügen hierfür meist wenige grobe Risikostufen (z.B. hoch, mittel, niedrig). In der Teststrategie wird dann für jede dieser Klassen festgelegt, welche Testverfahren für Produktfeatures aus der jeweiligen Kategorie anzuwenden sind. Eine solche Zuordnung könnte beispielsweise wie im folgenden Fallbeispiel aussehen.

**Fallbeispiel eHome-Controller 6–8: risikobasierte Teststrategie**

| Risikostufe | Automatisierte Tests | Manuelle Tests spezifikations-basiert | Manuelle Tests explorativ |
|---|---|---|---|
| hoch | ++ | + | -- |
| mittel | + | + | + |
| niedrig | o | + | ++ |

Der für die »eHome-Tools« zuständige Testmanager hat die obige Tabelle in die Team Charta des »eHome-Tools«-Teams aufgenommen, zusammen mit den folgenden Hinweisen zur Interpretation:

- Features, die ein hohes Risiko beinhalten, werden durch automatisierte Tests (die in die CI/CD-Pipeline aufgenommen werden) kontinuierlich geprüft, wobei über skalierbare Testdatentabellen eine hohe Testabdeckung der Codeteile der betreffenden Features erreicht werden soll. Alle manuellen Tests müssen spezifikationsbasiert durchgeführt werden, um ihre Wiederholbarkeit zu gewährleisten.
- Für Features, deren Risiko als »mittel« bewertet wird, ist ein Mix aus den Verfahren zu verwenden, wobei jeweils das Verfahren gewählt wird, das bei dem betreffenden Feature das beste Aufwand-Nutzen-Verhältnis hat. Testautomatisierung ist erwünscht, aber nicht zwingend.
- Für Features, deren Risiko als »niedrig« bewertet wird, wird keine Testautomatisierung verlangt (aber auch nicht verboten). Der Schwerpunkt soll hier auf schnelles, aufwandsarmes, exploratives Testen gelegt werden.

Diese Strategie steht im Einklang mit der im »eHome-Tools«-Team vorhandenen Testautomatisierung: automatisierte Conformance-Testsuite (Fallbeispiel 6–7), ein Anteil der Systemtestfälle formuliert als Behavior-Driven Test (Fallbeispiel 6–6), DSL für datengetriebenes Testen (Fallbeispiel 6–5), Test First auf Ebene der Unit Tests (Fallbeispiel 4-4).

Wie die Risikomatrix in einem Projekt konkret aussieht, d.h., welche Testverfahren auf welcher Risikostufe als zwingend oder als optional vorgesehen werden, hängt davon ab, für welchen Einsatzzweck das Softwaresystem gedacht ist. Bei unternehmenskritischen Systemen (z.B. ein stark frequentierter Webshop) und/oder sicherheitskritischen Systemen (z.B. die Steuerung eines Medizingeräts), also bei Systemen, die im Betrieb eine hohe Zuverlässigkeit aufweisen müssen, wird der Testmanager Wert darauf legen, dass durch spezifikationsbasierte und automatisierte Tests eine genaue Wiederholbarkeit und eine hohe Regressionstestfähigkeit erzielt wird. Bei unkritischen Systemen (z.B. eine Spiele-App) kann dagegen exploratives Testen stärker gewichtet sein, da schnelles (auch informelles) Feedback wichtiger ist als Wiederholbarkeit.

## 6.12 Checkfragen und Übungen

### 6.12.1 Self-Assessment

*Fragen, anhand derer die Leserinnen und Leser nach jedem Kapitel ihre eigene Situation bzw. ihr eigenes Projekt hinsichtlich »wie agil sind wir« beurteilen können.*

1. Differenziert mein Team zwischen Unit Tests, Integrations- und Systemtests?
2. Wie viele Testfälle gibt es auf welcher der drei Ebenen? Wie hoch ist jeweils der Automatisierungsgrad? Welche und wie viele Testfälle sind im CI eingebunden?
3. Gibt es verschiedene Testumgebungen?
4. Wann führt das Team Systemtests durch? In einem Systemtest-Sprint, am Sprint-Ende oder kontinuierlich?
5. Wie werden Systemtests automatisiert? Mittels aufgezeichneter GUI-Tests (Capture and Replay) oder mittels Scripting?
6. Wenn Scripting verwendet wird: Welchen Ansatz nutzt das Team (schlüsselwortgetriebenes Testen, DSL, BDT)?
7. Wann werden die Systemtestfälle erstellt? Mit Test First vor der Implementierung des zu testenden Features? Oder erst, wenn das Feature im Build lauffähig vorliegt?
8. Welche nicht funktionalen Tests gibt es? Sind dabei alle Testarten aus ISO 25010 angemessen abgedeckt?
9. Wird zwischen Systemtests und Abnahmetests differenziert?
10. Wie wird ein Build zum Release Candidate? Wann wird ein externes Release erstellt? Gibt es hierfür einen festen Rhythmus?

11. Wie sieht das Tooling für CI/CD aus? Gibt es Ansätze für DevOps oder wird das schon praktiziert?
12. Wie ist die Rolle des Testmanagers im Team verankert? Gibt es einen Mitarbeiter, der die Rolle ausfüllt? Explizit? Implizit? Oder ist die Rolle verwaist?

### 6.12.2 Methoden und Techniken

*Fragen, anhand derer die Leserinnen und Leser nach jedem Kapitel den Stoff rekapitulieren können.*

1. Erläutern Sie die Beziehung zwischen Product Backlog, Akzeptanzkriterien und Abnahmetestfällen.
2. Erklären Sie den Begriff »End-to-End-Test«.
3. Welche Anforderungen werden an eine Systemtestumgebung gestellt? Wo liegen die Unterschiede zum Unit Test?
4. Erklären Sie exploratives und sitzungsbasiertes Testen.
5. Was ist ein Abnahmetest?
6. Erläutern Sie die Probleme einer Testautomatisierung mittels »Capture and Replay«.
7. Wie funktioniert »schlüsselwortgetriebenes Testen«?
8. Erläutern Sie die Funktionsweise einer mehrschichtigen Testarchitektur. Welche Vor- und Nachteile ergeben sich?
9. Erläutern Sie, welche grundsätzlichen Möglichkeiten es gibt, Systemtests im Scrum-Projekt zeitlich einzuplanen, und welche Vor- und Nachteile jede Variante mit sich bringt.

### 6.12.3 Weiterführende Übungen

*Übungen und Fragen, anhand derer die Leserinnen und Leser einige Punkte, die im Kapitel eventuell nur angerissen wurden, weiter durchdenken können.*

1. Welche Schnittstellen im eHome-Architekturdiagramm (Fallbeispiel 3–2 auf S. 33) verwenden die eHome-Systemtests aus den Beispielen dieses Kapitels?
2. Formulieren Sie zum Backlog-Eintrag »Schaltprogramme« (Abschnitt 3.3) geeignete Systemtestfälle mithilfe der Schlüsselwortmethode. Nutzen Sie dabei die zugehörigen Akzeptanzkriterien aus Aufgabe 2 in Abschnitt 3.10.3.
3. Formulieren Sie diese Testfälle als datengetriebenen Test und notieren Sie die Testdaten als Tabelle.

4. Welche zusätzlichen Testfälle benötigen Sie, wenn über eine relative Zeitangabe (z.B. »+ 2:00 Stunden«) der Zeitpunkt für die automatische Wiederholung des Schaltprogramms angegeben werden kann? Definieren Sie das gewünschte Verhalten per Test First.
5. Welche Personen, Teams und Einheiten in meinem Unternehmen müssen »mehr miteinander sprechen«, damit DevOps (besser) realisiert werden kann?

# 7 Qualitätsmanagement und Qualitätssicherung

*Klassisches Qualitätsmanagement arbeitet stark dokumentenbasiert. Demgegenüber fordern agile Teams die Minimierung von Dokumentation. Wie wirkt sich das aus? Wie verändern sich die Aufgaben des Qualitätsmanagementbeauftragten oder einer zentralen Qualitätssicherungs- oder Testabteilung? Wie geht man mit regulatorischen Anforderungen oder externen Audits um? Wo und wie können Qualitätssicherungs- und Testexperten ihr Know-how in agile Projekte einbringen und so einen wertvollen Beitrag für die agilen Teams leisten? Welche Auswirkungen haben agile Skalierung und DevOps? Dieses Kapitel gibt dazu Hinweise und Tipps.*

## 7.1 Qualitätsmanagement klassisch

### 7.1.1 Aufbau nach ISO 9000

Ein »Qualitätsmanagementsystem« (QM-System) besteht aus den Regeln (Verantwortlichkeiten und Abläufe), nach denen ein Unternehmen arbeitet, der Dokumentation dieser Regeln (Prozessbeschreibungen, Verfahrens- und Arbeitsanweisungen, Best Practices, Leitlinien) und Mechanismen zur Überwachung und kontinuierlichen Verbesserung des QM-Systems. Die operativen Tätigkeiten, die diese Regeln anwenden und dazu dienen, die konkreten Qualitätsanforderungen für ein Produkt zu überprüfen und nachzuweisen, werden als »Qualitätssicherung« (QS) bezeichnet (s. Abschnitt 7.4).

*Darstellung der Unternehmensprozesse*

Zur Dokumentation eines QM-Systems gehört die angemessene Darstellung der qualitätsrelevanten Unternehmensprozesse (in der Regel relevant sind mindestens Entwicklung/Engineering, Beschaffung/Einkauf, Produktion, Wartung/Service) mit Darstellung der jeweiligen Verantwortlichkeiten und Abläufe. Zu regeln sind dabei naturgemäß auch sämtliche Maßnahmen der Qualitätssicherung innerhalb dieser Prozesse, aber auch das übergreifende Qualitätsmanagement (Qualitätspolitik, Qualitätsziele, Verantwortlichkeiten, kontinuierliche Verbesserung).

*ISO 9000*

Das heute dominierende und in nahezu allen größeren Unternehmen praktizierte Qualitätsmanagement ist geprägt durch die Vorgaben der ISO-9000-Normenfamilie [ISO 9000]. Die Teilnorm [ISO 9001] formuliert dabei die Mindestanforderungen an das QM-System eines Unternehmens, indem sie definiert, zu welchen Themen Regeln existieren und dokumentiert werden müssen. Historisch entstand die Norm aus dem Qualitätssicherungsansatz der produzierenden Industrie. So definierte die Ausgabe der ISO 9001 von 1994 noch 20 sogenannte Qualitätsmanagementelemente, die weitgehend die Abläufe eines Fertigungsunternehmens wiedergaben: von der Entwicklung/Konstruktion über die Produktion und Lenkung fehlerhafter Produkte bis zu Montage und Kundendienst. Die Abläufe in Dienstleistungsunternehmen oder die Entwicklung von Software waren damit nur schwer und über eine sehr weitgefasste Interpretation der Normelemente darstellbar. Mit der Ausgabe ISO 9001:2000 erfolgte der Umstieg auf einen stärker prozessorientierten Ansatz. Unterschieden wird jetzt zwischen Führungs-/Managementprozessen (gekennzeichnet durch ihren Entscheidungs- und Regelungscharakter, z.B. Unternehmensplanung, Personalplanung, gesetzliche Leitungsaufgaben), Wertschöpfungsprozessen (Entwicklung, Produktion, Dienstleistungserbringung, Wartung/Service) und (internen) Unterstützungsprozessen (z.B. Rechnungswesen, Beschaffung/Einkauf, Lieferantenmanagement). Für alle diese Prozesse sind im QM-System die jeweiligen Verantwortlichkeiten und Abläufe darzustellen.

In welche Prozesskategorie man dabei die Softwareentwicklung einordnet, hängt davon ab, welchen Zweck und Stellenwert der Prozess »Softwareentwicklung« im Geschäft eines Unternehmens einnimmt. Eine Softwareentwicklungsfirma wird ihren Softwareentwicklungsprozess als Wertschöpfungsprozess verstehen. Ein Handelsunternehmen vielleicht als Unterstützungsprozess, der sicherstellt, dass Anpassungen an der Unternehmens-IT zuverlässig realisiert werden. Ein zentrales Konfigurationsmanagement, die Arbeit der zentralen QM/QS-Abteilung oder auch die Personalarbeit werden in der Regel als Unterstützungsprozesse verstanden.

### 7.1.2 Wirkungsprinzip nach PDCA

Das Wirkungsprinzip eines QM-Systems nach ISO 9000 beruht auf dem sogenannten PDCA-Zyklus [ISO 9001, Abschnitt 0.2] oder Demingkreis [URL: Demingkreis]:

- **Plan:**
  Der betreffende Arbeitsablauf wird geplant, d.h. hinsichtlich Zielen, Schritten, Verantwortlichkeiten, Voraussetzungen, Ressourcen und gewünschten Ergebnissen beschrieben und auf diese Art definiert.
- **Do:**
  Der so definierte Prozess wird verwirklicht bzw. durchlaufen. Dabei entstehen die gewünschten Prozessergebnisse bzw. Produkte.
- **Check:**
  Es wird überwacht und gemessen, ob Prozess und Prozessergebnisse bzw. Produkte den Anforderungen entsprechen, und über diese Ergebnisse berichtet.
- **Act:**
  Basierend auf diesen Ergebnissen sind Maßnahmen zur ständigen Verbesserung der Prozessleistung zu ergreifen, insbesondere natürlich dann, wenn Prozess oder Produkte nicht den Sollanforderungen genügen.

*PDCA-Zyklen auf unterschiedlichen Ebenen*

PDCA-Zyklen können im Unternehmen auf unterschiedlichen Ebenen ablaufen:

- **Operative Ebene:**
  Ein eingeschwungener Prozess bzw. Arbeitsablauf wird (routinemäßig) entsprechend seiner Prozessdefinition ausgeführt. Die Arbeitsergebnisse werden erzeugt, geprüft, falls nötig korrigiert und letztlich geliefert.
- **Leitungsebene:**
  Ein Prozess wird neu oder in veränderter Form definiert (z.B. im Zuge einer Reorganisation) und z.B. im Rahmen eines Pilotprojekts eingeführt. Wirksamkeit und Akzeptanz des Prozesses werden beobachtet und der Prozess wird falls nötig modifiziert und optimiert. Anschließend erfolgt die Freigabe zur Anwendung in der Breite, also außerhalb des Pilotprojekts.
- **QM-System-Ebene:**
  Jeder im QM-System definierte Unternehmensprozess wird regelmäßig bezüglich seiner Wirksamkeit überprüft. Informationsquellen sind Kennzahlen, Statusberichte, interne oder externe Audits,

aber auch andere Werkzeuge wie z.B. ein internes Vorschlagswesen oder Kundenfeedback. Prozesse, die hierbei als ungenügend funktionierend, verbesserungswürdig oder optimierbar erkannt werden, werden überdacht und verbessert. Auf diese Weise resultiert aus dem PDCA-Zyklus ein unternehmensweiter, kontinuierlicher, top-down wirkender Verbesserungsprozess.

### 7.1.3 Stärken und Schwächen

Das ISO-9000-basierte Qualitätsmanagement hat sich als sehr erfolgreich erwiesen. Es unterstützt die unternehmensweite Standardisierung von Abläufen, es motiviert, Verantwortlichkeiten zu klären und klar festzulegen, und es macht ein Unternehmen nach innen gegenüber den Mitarbeitern, aber auch nach außen gegenüber seinen Kunden transparenter. Wenn gefordert, ermöglicht der »eingebaute« Auditprozess Dritten mit begrenztem Aufwand einen sehr detaillierten Einblick in die Arbeitsweise eines Unternehmens, was helfen kann, Vertrauen aufzubauen, aber natürlich auch als Druckmittel eingesetzt werden kann.

Andererseits bringt ISO-9000-basiertes Qualitätsmanagement einige Schwächen mit sich[1]:

- **Umfangreich:**
  Der Ansatz verlangt, dass die für das QM-System erforderlichen Unternehmensprozesse in der QM-Dokumentation beschrieben bzw. spezifiziert werden. Der Umfang der Dokumentation ist abhängig von der Größe der Organisation, der Art ihrer Tätigkeiten, der Komplexität der Prozesse und der Kompetenz des Personals [ISO 9001, Abschnitt 4.2.1]. Oft werden die Prozesse jedoch zu detailliert beschrieben, etwa damit auch Personen, die mit einem Prozess bisher nicht vertraut sind und die den betreffenden Prozess in seiner operativen, praktischen Anwendung eventuell noch nie erlebt haben, den Prozess verstehen oder ihn sogar ohne weitere Anleitung befolgen und ausführen können. Zum anderen muss in den Audits anhand von Belegen nachgewiesen werden, dass ein Prozess tatsächlich so gelebt wird, wie er beschrieben ist. Dies kann dazu führen, dass in der Prozessanwendung Protokolle und andere Belege erzeugt und dann archiviert werden, die zur Wertschöpfung nichts beitragen, sondern nur als Beweis für den (internen) Auditor über die korrekte Prozessanwendung dienen. Als Ergebnis liegt dann unter Umständen ein sehr umfangreicher Satz von QM-

1. In Kapitel 2 wurden einige davon auch schon aus der Perspektive des Projektmanagements erläutert.

Dokumenten vor, bestehend aus QM-Handbuch, einer Prozessbeschreibung je Prozess, verschiedenen Projektleitfäden mit Hinweisen zur Umsetzung oder Anpassung (Customizing) der Prozessbeschreibungen an verschiedene Projektrandbedingungen, Templates und Ausfüllhilfen zu den Templates etc.

- **Änderungsunfreundlich:**
  Die Veränderung oder inhaltliche Aktualisierung auch nur einzelner Prozessschritte kann sehr aufwendig sein. Unter Umständen löst eine Modifikation Folgeänderungen in der gesamten Dokumentenhierarchie aus, die dann mühsam auf einen neuen konsistenten Stand gebracht werden muss. Zudem gilt das QM-System in der Regel unternehmensweit und Änderungen sind oftmals mit (zu) vielen Beteiligten (in anderen Gruppen, in anderen Abteilungen, in anderen Unternehmensbereichen) abzustimmen. Die Motivation, eine Änderung der Dokumentation zu erreichen, kann dabei schnell nachlassen. Und wenn im Kreis der Betroffenen genügend Unterstützer gefunden sind und alle inhaltlichen Absprachen erfolgreich gemeistert sind, müssen anschließend noch formale Freigabeprozeduren absolviert werden. Um diesen Aufwand zu vermeiden, unterbleiben eigentlich notwendige Aktualisierungen oftmals oder werden hinausgeschoben.
- **Nicht aktuell:**
  Da Aktualisierungen zu selten erfolgen, laufen die Prozesse »auf dem Papier« und die wirklichen Abläufe und Verantwortlichkeiten früher oder später auseinander. Daraus ergeben sich dann zwangsläufig Probleme mit den »Belegen«. Da der Prozess in der Realität anders läuft als beschrieben, kann seine QM-System-konforme Anwendung nicht mehr »protokolliert« werden und im nächsten (internen) Audit kommt es zu Abweichungen.
- **Gefahr einer Parallelwelt:**
  Um Abweichungen im Audit zu vermeiden, entsteht die Versuchung, die vom QM-System vorgeschriebenen Belege »pro forma« zu erstellen. Wird so etwas gemacht und zugelassen, entstehen schnell zwei Parallelwelten: das QM-System »auf dem Papier« und die Abläufe in der Unternehmensrealität. Aber auch wenn das QM-System zu sehr »am grünen Tisch« entworfen wurde oder Regelungen nicht angemessen eingeführt wurden oder keine Akzeptanz bei den Betroffenen finden, kann das QM-System zur Parallelwelt mutieren. Das ursprüngliche Ziel des QM-Systems wird dann vollständig verfehlt.

### 7.1.4 Prozessmodellierung und Softwareentwicklung

Wenn ein Softwareentwicklungsprozess per QM-System definiert werden soll, stellt sich noch ein zusätzliches Problem: Softwareentwicklung ist ein komplexer, schwer zu modellierender Prozess. Es ist schwierig, wenn nicht unmöglich, einzelne Prozessphasen oder Prozessschritte eindeutig und formal voneinander abzugrenzen. Schon wenn der Prozess nur auf Ebene von Projektphasen gegliedert wird, fällt es schwer, klare Kriterien für das Ergebnis einzelner Phasen und damit für deren Beginn und Ende zu definieren (vgl. Abschnitt 2.3, Fallbeispiel 2–3 auf S. 21). Die Frage, ob ein Phasenergebnis bzw. Meilenstein erreicht ist, ist Interpretationssache. Eine genauere Prozessbeschreibung löst dieses Problem nicht, sondern erzeugt stattdessen nur den Bedarf, immer mehr Sonderfälle, Ausnahmen und Dokumentvorlagen (Templates) zu formulieren. Die Frage, ob einer der im Modell definierten Entwicklungsschritte zielführend, vollständig und korrekt abgeschlossen ist, kann damit dann aber immer noch nicht formal entschieden werden. Das liegt nicht nur daran, dass Softwareentwicklung ein nicht deterministischer, empirischer Prozess ist, sondern auch daran, dass die Folge der Zwischenprodukte (z.B. Anforderungen, Grobspezifikation, Feinspezifikation, Code), die im Prozess entstehen, trotz aller Versuche der Informatik sich nicht formal genug aufeinander abbilden lassen.

Ein Beispiel liefert der Versuch, im Prozessmodell zwei Phasen wie z.B. »Grobspezifikation« und »Feinspezifikation« abzugrenzen. Zur Abgrenzung könnte die QM-Abteilung zwei Mustergliederungen entwerfen und als Templates vorgeben. Wie die Dokumente aufgebaut sind und wo die inhaltliche Grenze zwischen beiden verläuft, ist dabei willkürlich festlegbar. Dass eine »ausgefüllte« Feinspezifikation das zu entwickelnde Produkt dann korrekt beschreibt und vor allem vollständiger und genauer als die in der Vorphase »ausgefüllte« Grobspezifikation, lässt sich über die Templates aber nicht sicherstellen. Das Projektteam könnte die geforderte Grobspezifikation weglassen und eventuell dennoch eine brauchbare Feinspezifikation erstellen. Oder es könnte ganz ohne Spezifikationen sofort codieren und (wenn auch mit geringer Wahrscheinlichkeit) dennoch ein akzeptables Produkt abliefern. Andererseits kann das Team auch grandios scheitern, obwohl auf Basis der Templates formal korrekte und umfangreiche, inhaltlich aber schwache Spezifikationen erstellt wurden.

Das Problem lässt sich nur lösen, indem Phasenergebnisse individuell vereinbart, überprüft und bewertet werden. Eine detaillierte Prozessbeschreibung ist dafür aber nicht hilfreicher als ein grob granulares, nur schlagwortartig formuliertes Phasenmodell.

## 7.2 Qualitätsmanagement agil

Die im vorstehenden Abschnitt beschriebenen Schwächen klassischer QM-Systeme machen verständlich, warum manche agile Teams Prozessdokumentationen und QM-Systeme grundsätzlich ablehnen. Eine solche dogmatische Haltung führt dann zum anderen Extrem: Das Team bzw. das Projekt besitzt überhaupt keine schriftlich fixierten Spielregeln. Die im Unternehmen vorhandenen Verfahren werden abgelehnt, weil »nicht agil«, und eigene neue, bessere werden nicht erstellt, weil Dokumentation als »unproduktiver Ballast« (Waste) gilt. In manchen Fällen dient dieses »Waste«-Argument vielleicht auch als willkommene Schutzbehauptung, um sowohl die Einhaltung von Prozessvorgaben als auch jegliche schriftliche Dokumentation (QM/QS- und Produktdokumentation) innerhalb des Projekts vermeiden zu können.

*Auch agile Softwareentwicklung benötigt Dokumentation.*

Auch wenn einige Teammitglieder es eventuell. nicht gerne sehen oder vermeiden wollen, ist es notwendig, dass der agile Softwareentwicklungsprozess schriftlich dokumentiert und dadurch definiert wird. Denn auch ein agiles Team benötigt Spielregeln! Und richtig verstandenes agiles Vorgehen lehnt Regeln ja auch keineswegs grundsätzlich ab. Aber die Regeln müssen dem Team dienen und nicht umgekehrt[2]. Und wenige Regeln, die eingehalten werden, sind besser, als ein großes Regelsystem, das nur auf dem Papier steht. Ein QM-System, das die agilen Werte [URL: Agiles Manifest] unterstützen will und von agilen Teams akzeptiert werden will, muss daher schlank sein. Das bedeutet: Das Regelwerk ist klein und übersichtlich statt ausufernd und änderungsunfreundlich und daher immer aktuell.

Wenn im Unternehmen (wie es in aller Regel der Fall sein wird) ein QM-System nach ISO 9000 bereits existiert, dann kann man im Prinzip natürlich den neuen agilen Softwareentwicklungsprozess einfach als zusätzlichen Prozess in die vorhandene Dokumentation »einhängen«. Je nachdem, wie stark das QM-System unter den in Abschnitt 7.1.3 aufgelisteten Schwächen leidet, wird die Akzeptanz der agilen Teams dann aber gering sein. Sinnvoller ist eine umfassendere Neuausrichtung: Es gilt die Dokumentation zu vereinfachen, aber auch die Qualitätsmanagement-Kultur zu verändern.

2. Im Agilen Manifest heißt es »Wir erschließen bessere Wege, Software zu entwickeln, indem wir es selbst tun und anderen dabei helfen. Durch diese Tätigkeit haben wir diese Werte zu schätzen gelernt: Individuen und Interaktionen mehr als Prozesse und Werkzeuge […]« [URL: Agiles Manifest].

### 7.2.1 Dokumentation im Qualitätsmanagement vereinfachen

Es muss klar benannt werden, welcher agilen Vorgehensweise (Scrum, Kanban o.a.) das Team im Grundsatz folgt. Statt einer ausführlichen Beschreibung der Methode genügt es allerdings, die Methode, die Techniken und Maßnahmen, die angewendet werden, zu benennen und deren spezifische Umsetzung im Unternehmen bzw. in den Teams darzustellen (z.B. Form, Ablage und Priorisierung des Backlogs, Form und Frequenz der Meetings, Test-First-Prinzip und Ablageort der Testfälle, prinzipieller Ablauf des CI-Prozesses). Für Details reicht es aus, auf die jeweilige Literatur, die Handbücher der betreffenden Tools und natürlich auf die im Projekt erzeugten Artefakte zu verweisen.

Statt eines komplizierten Prozessmodells genügt zur Veranschaulichung ein Bild wie Abbildung 2–1. Statt einer Vielzahl von Teilprozessen und Prozessschritten stehen hier die »Werkzeuge«, mit denen gearbeitet wird, im Vordergrund: Backlog, Daily Scrum oder Definition of Done usw. Das »Wie« ergibt sich aus den jeweiligen Techniken »Backlog Grooming«, »Planning Poker«, »Test First« usw. In der Prozessbeschreibung müssen diese Techniken nicht erklärt werden. Sie werden vorausgesetzt. So bleibt der Umfang der Prozessbeschreibung auf sehr wenige Seiten begrenzt.

*Techniken müssen geschult werden.*

Allerdings darf nicht vergessen werden, die vorgesehenen Techniken auch zu schulen! Nur weil das QM-System das entsprechende Know-how »voraussetzt«, ist dieses noch lange nicht bei jedem Entwickler in ausreichender Tiefe gegeben. Konkret bedeutet das: In die Einarbeitungspläne und in die Weiterbildungspläne der Entwickler müssen für jede Technik passende Aus- und Weiterbildungsangebote und Weiterbildungsmaßnahmen (Literatur, Training, Coaching, Konferenzbesuche etc.) aufgenommen werden.

Oft beschreiben agile Teams die für sie gültigen »Spielregeln« in einer »Team Charta« (vgl. Abschnitt 3.7). Dieses Papier wird vom Team erstellt und sein Gültigkeitsbereich und seine Leserschaft sind auf das Team begrenzt. Daher kann es sehr knapp gehalten sein. Eine Team Charta ist ein guter Ausgangspunkt für eine Beschreibung des agilen Entwicklungsprozesses im QM-System. Aber sie ist normalerweise nicht geeignet, um unverändert in das QM-System übernommen zu werden. Denn die QM-Systemdokumente adressieren einen potenziell größeren Leserkreis, von den Kollegen in Nachbargruppen über das Unternehmensmanagement bis zum externen Auditor und auch Kunden. Eine vorhandene Team Charta wird dem vermutlich sowohl sprachlich als auch bezüglich des Hintergrundwissens, das sie voraussetzt, erst nach einer Überarbeitung gerecht.

Gibt es mehrere Scrum-Teams, so muss im QM-System der Entwicklungsprozess allgemein genug beschrieben sein, sodass er für alle Scrum-Teams im Unternehmen gilt. Die genaue Ausgestaltung bleibt Sache der einzelnen Teams. Ein typisches Beispiel dafür ist das Taskboard. Das QM-System bzw. der firmenweite agile Prozess wird fordern, dass jedes Team ein Taskboard besitzt. Wie es genau aussieht und ob es elektronisch oder per Magnettafel geführt wird, wird auf Teamebene individuell entschieden und umgesetzt. Die Team Charta ist dann das Dokument, in dem die teamspezifische Implementierung dokumentiert wird.

*Die Team Charta dokumentiert die teamspezifische Implementierung.*

Verbunden mit der Aufnahme des agilen Entwicklungsprozesses in das QM-System ist auch zu entscheiden, welche der sicherlich bereits existierenden teamübergreifenden, allgemeinen Qualitätsmanagementvorgaben (beispielsweise Vorgaben zur Form von Projektplänen, geforderte Metriken, Dokumentation von Prüfungen, zu nutzende Entwicklungswerkzeuge) auch innerhalb des neuen agilen Vorgehens aufrechterhalten werden sollen. Wird hier alles über Bord geworfen, kann das bedeuten, dass das gesamte bisherige QM-System obsolet wird. Wird an allen bisherigen Standards festgehalten, wird das agile Arbeiten vom QM-System behindert oder (zumindest formal) unmöglich gemacht. Entsprechende Regeln (z.B. über einzusetzende Werkzeuge) sollten daher den Charakter von Empfehlungen erhalten. Denn gemäß den agilen Prinzipien liegt die Entscheidung, wie der agile Entwicklungsprozess aussieht, beim Team. Weder der (klassische) zentrale QM-Stab[3] noch der Scrum Master können dem Team einseitig Vorgaben machen, sondern nur beraten und Empfehlungen aussprechen.

Es geht also nicht nur um die Aktualisierung von Dokumenten, sondern um die Anerkennung und Akzeptanz agiler Arbeitsweisen durch die Organisation. Und dort, wo externe Compliance-Anforderungen (s. Abschnitt 7.3) zu erfüllen sind, ist den agilen Teams zu vermitteln, dass ein QM-System und ggf. einige »nicht agile« Spielregeln auch weiterhin notwendig sind.

### 7.2.2 Qualitätsmanagement-Kultur verändern

Klassisches Qualitätsmanagement funktioniert top-down. Ein zentraler QM-Stab ist verantwortlich, die Vorgehensweisen zu dokumentieren und – soweit sinnvoll – zu standardisieren. Er formuliert die Pro-

3. In kleinen und mittelständischen Firmen eine Person, die als Qualitätsmanagementbeauftragter (gemäß ISO 9000) benannt ist, in größeren Unternehmen (und sicherlich dort, wo sicherheitskritische Produkte entstehen) eine QS/QM-Abteilung. Alle diese möglichen Ausprägungen werden in diesem Kapitel mit dem Sammelbegriff »QM-Stab« bezeichnet.

zesshandbücher und »rollt« die standardisierten Prozesse dann auf alle betroffenen Unternehmensbereiche aus.

Agile Teams funktionieren bottom-up. Das Team wählt und bestimmt seine interne Vorgehensweise selbst! Dem muss sich der QM-Stab anpassen: Aus einer Stelle oder Abteilung, die Prozesse vereinheitlicht, wird eine Gruppe, die den Teams hilft, die selbst gewählten Teamprozesse zu dokumentieren. Aus einer zentralen Stelle, die Standards setzt, wird eine Gruppe, die den Erfahrungsaustausch unter den Teams fördert und Methoden, die sich bewährt haben, publiziert. Umgekehrt werden für Dinge, die sich nicht bewähren, Alternativen vorgeschlagen.

*Vom QM-Stab zum Quality-Service-Team*

Der QM-Stab wird zum Ratgeber und zur Servicegruppe. Die agilen Teams werden als Kunden betrachtet, die Beratungsleistung anfordern können. Dieser Ansatz wird auch als »Quality Assistance Approach« bezeichnet. Wenn ein Team beispielsweise seinen CI-Prozess verbessern möchte und erkannt hat, dass dafür ein besseres CI-Tool notwendig ist, kann es das Quality-Service-Team beauftragen, ein Tool auszuwählen, vorzustellen und einzuführen, das den Anforderungen des Teams entspricht, oder es dabei zu unterstützen. Das Team selbst kann sich währenddessen auf seine »normale« Entwicklungsarbeit konzentrieren. Die Prozessverbesserung wird vom Team initiiert, aber die Umsetzung (oder die Unterstützung dabei) wird an ein zentrales Quality-Service-Team delegiert.

Wenn es mehrere agile Entwicklungsteams gibt, ist dies natürlich nicht mehr so einfach umzusetzen. Ein zentrales Quality-Service-Team muss dann die Interessen der verschiedenen Teams untereinander und mit den Interessen der Gesamtorganisation ausbalancieren. Projektorientierte Frameworks (XP, Scrum, Kanban) sehen vor, dass auch hier jedes Entwicklungsteam für sich entscheidet, ob und welche Empfehlungen es annimmt – auch wenn dadurch eine angedachte Standardisierung verhindert wird. Diesem Realitätscheck muss sich das Quality-Service-Team stellen. Wenn eine Empfehlung abgelehnt oder nicht genutzt wird, dann ist es Aufgabe des Quality-Service-Teams, zu überlegen, woran das liegt und was ggf. verbessert werden kann..

*Quality-Service-Team als agiles Team*

Ein Quality-Service-Team sollte seine eigene Arbeitsweise natürlich auch agil organisieren, beispielsweise nach einem an Kanban orientierten Vorgehen. Das verschafft ihm höhere Reaktionsfähigkeit, größere Schnelligkeit und damit die »Lieferfähigkeit«, die nötig ist, um von den agilen Projektteams weiterhin (oder wieder) akzeptiert zu werden. Lieferfähigkeit bedeutet auch hier: in der Lage sein, ein »Shippable Product« abzuliefern, also z.B. eine Prozessbeschreibung, die in den agilen Projektteams 100% akzeptiert und als nützlicher Beitrag geschätzt wird, oder die schnelle Einführung eines Tools inklusive aller nötigen Toolvalidierungsschritte ohne Behinderung für die nutzenden Teams.

*Quality-Service-Team und Scrum Master*

Dieser Aufgabenkatalog eines Quality-Service-Teams hat einige Überschneidung mit dem Aufgabenkatalog eines Scrum Masters. Das sollte nicht verwundern, denn beide verfolgen ja auch ähnliche Ziele: Das Quality-Service-Team trägt Sorge dafür, dass das ganze Unternehmen die Spielregeln des QM-Systems richtig umsetzt. Der Scrum Master ist dafür verantwortlich, dass »sein« Scrum-Team die Scrum-Praktiken richtig anwendet. Der Unterschied liegt im unterschiedlichen Fokus (Unternehmen vs. Team) und im unterschiedlichen Instrumentarium (»Scaled Agile« vs. Scrum auf Projektebene).

Im Zuge der in diesem Abschnitt skizzierten Veränderung des QM-Systems und der Qualitätsmanagement-Kultur zu einem agilen QM-System können diese Unterschiede aber abnehmen oder ganz verschwinden. Das Quality-Service-Team agiert als Dienstleister für jedes Team, der Scrum Master vertritt nicht nur »sein« Team, sondern hat den Gesamterfolg im Blick. Und beide nutzen das agile QM-System als gemeinsames Instrumentarium. Als Ergebnis dieses Transitionsprozesses kann es sein, dass die Mitarbeiter des ursprünglichen (ISO 9000-initiierten) QM-Stabs und die Scrum Master des Unternehmens (in der Linienorganisation) in einem gemeinsamen, interdisziplinären agilen Quality-Service-Team zusammengefasst werden. Dieses neue Team besitzt alle benötigten Kompetenzen, um Scrum-Teams methodisch wirksam zu unterstützen: Expertise über die für das Unternehmen relevanten Normen, Know-how und Tools zur Prozessmodellierung, ausgebildete Assessoren und Auditoren, Spezialisten und Trainer für die relevanten agilen Techniken und natürlich zertifizierte Scrum Master.

*Agile Skalierung*

Wenn in einem Unternehmen viele agile Entwicklungsprojekte laufen und diese koordiniert werden müssen, weil sie an gemeinsamen Produkten arbeiten, werden zunehmend Frameworks zur agilen Skalierung (s. auch Abschnitt 2.5) eingesetzt. Einige dieser Frameworks (z.B. SAFe®, s. [URL: Scaled Agile – SAFe]) sehen spezielle Rollen vor, die den oben skizzierten Quality-Service-Teams ähneln oder entsprechen[4].

*Value-Driven Organisation & Business-Agility*

Je mehr agile Teams an gemeinsamen Produkten zusammenarbeiten, umso wichtiger wird es, dass die Interessen einzelner Teams zugunsten der Interessen der Produktanwender in den Hintergrund treten. Aus Unternehmenssicht muss es das Ziel sein, den Nutzen (Value) der Kunden zu erhöhen. Dort, wo mehrere Teilprodukte zusammenarbeiten, entsteht ein verbesserter oder zusätzlicher Nutzen oft nur dann, wenn Funktionen über Einzelkomponenten hinweg besser oder neu zusammenwirken. Dazu müssen die beteiligten Entwicklungsteams das Gesamtprodukt optimieren, statt das Ziel zu verfolgen, nur »ihr« Teilprodukt besser zu ma-

4. Beispielsweise ein »Platform team« oder »Enabling team« in SAFe®.

chen. Unternehmen, die diesem Gedanken als Leitlinie folgen, werden auch als »(Customer) Value-Driven Organisation« bezeichnet. Als ganz natürliche Konsequenz ergibt sich in solchen Unternehmen dann der Bedarf, die Zusammenarbeit zwischen agilen Projekten und allen anderen Unternehmensbereichen (Fachbereichsabteilungen, Marketing, Vertrieb, Unternehmensleitung u.a.) zu verbessern und zu »agilisieren« (s. Abschnitt 2.5). Denn alle diese Unternehmensteile haben ja einen Einfluss auf den Kundennutzen (Value), der letztlich geliefert und für Kunden erlebbar wird. Diese Agilisierung der Zusammenarbeit ergibt bzw. erzwingt dann wiederum auch eine Agilisierung der Arbeitsweisen innerhalb jeder dieser Abteilungen, was letztlich zu einem Unternehmen führt, das nicht nur in seinen Entwicklungseinheiten, sondern in jeder Unternehmenseinheit agil agiert. Dies wird auch als »Business-Agility« bezeichnet und ist eine immer wichtigere Fähigkeit, die es Unternehmen ermöglicht, im digitalen Zeitalter innovativ und wettbewerbsfähig zu sein und zu bleiben ([URL: Scaled Agile – SAFe]).

*Value vs. Waste*

Um ein (Software-)Produkt zu entwickeln und auszuliefern, müssen viele Unternehmensprozesse mit jeweils vielen Einzelschritten gut ineinandergreifen und in Summe eine effiziente Wertschöpfungskette (Wertstrom, Value Stream) bilden. Jeder unnötig komplizierte oder unnötig langsame Einzelschritt mindert die Effizienz dieser Kette. Und jede Tätigkeit, die unnötig wiederholt werden muss, und jedes (Zwischen-)Ergebnis, das fehlerhaft ist oder nicht wirklich benötigt wird, ist unnötige Verschwendung (Waste). Qualitätsmanagement (sowohl nach ISO 9000 als auch in seinen agilen Ausprägungen) sollte daher immer auch das Ziel haben, Ineffizienz, Bürokratie und Verschwendung zu vermindern oder abzustellen.

### 7.2.3 Retrospektive und Prozessverbesserung

Ein zentrales Element der ISO 9000 ist die Forderung nach einem Mechanismus zur »kontinuierlichen Verbesserung«. Die Scrum-Vorgehensweise bietet hierfür ein sehr wirksames Instrument: die »Sprint-Retrospektive« (s. [URL: Scrum Guide]).

Die Sprint-Retrospektive ist ein Teammeeting, das regelmäßig nach jedem Sprint[5] stattfindet und in dem sich das Team austauscht

5. Der Scrum Guide nennt als Zeitpunkt »Die Sprint Retrospective schließt den Sprint ab. Sie ist für einen einmonatigen Sprint auf maximal drei Stunden beschränkt. Bei kürzeren Sprints ist das Event in der Regel kürzer« [URL: Scrum Guide], was dann üblicherweise eine monatliche Frequenz ergäbe. Aber ein Scrum-Team kann auch das natürlich anders und für sich besser geeignet festlegen. Wird Scrum schon lange praktiziert, kann vielleicht auch ein Meeting nach jedem dritten Sprint ausreichen. In XP [Beck & Andres 04] wird z.B. ein »Quarterly Cycle« für ähnliche Feedbackmeetings vorgeschlagen.

und Ideen sammelt, was »besser gemacht werden kann«. Die Zielrichtung der Themen liegt dabei auf Möglichkeiten zur Verbesserung der Arbeitsweise des Teams und weniger auf der Verbesserung des Produkts[6]. Die daraus resultierenden Vorschläge werden priorisiert und in das Product Backlog des Teams aufgenommen. Wird ein Punkt genannt, der als akutes Hindernis für das Team (Impediment) angesehen wird, so kann dieser Punkt direkt an den Scrum Master zur Lösung übergeben werden, der ihn dann in sein Impediment Backlog aufnimmt. Die Umsetzung von Verbesserungsvorschlägen und die Einführung resultierender neuer Vorgehensweisen oder Techniken werden jedoch genauso wie das Tagesgeschäft des Teams über das Backlog des Teams gesteuert.

*Prozessverbesserung ist Teil der täglichen Arbeit.*

Damit ist »Prozessverbesserung« für agile Teams nichts Besonderes mehr, sondern es ist Teil der täglichen Arbeit. Durch diese volle Integration von Prozessverbesserungsaufgaben in die Sprint-Planung ist auch gesichert, dass genügend Zeit zur Verfügung steht, sich mit der neuen oder verbesserten Methodik auseinanderzusetzen[7]. Und es wird erzwungen, dass der betreffende Verbesserungsschritt im dafür angesetzten Sprint vollzogen wird – also »jetzt« passiert und nicht »irgendwann, wenn mal Zeit ist«. Da Prozessverbesserungsaufgaben in direkter Konkurrenz zum Tagesgeschäft stehen, wird der Fokus von Prozessverbesserungsideen sehr schnell auf das »realistisch Machbare« reduziert. So wird erreicht, dass hinreichend viel in eine konkrete Prozessverbesserung investiert wird, um ein kurzfristig verwertbares Resultat zu erzielen, aber nicht unnötig mehr.

Im Folge-Sprint wird dann beurteilt und mit dem Scrum Master diskutiert, ob die Verbesserung »greift«. Für die Prozessverbesserungsaufgabe wurden dazu (genau wie für alle anderen Aufgaben) Akzeptanzkriterien formuliert, die nun überprüft werden können. Betrifft die Verbesserung nicht nur das Team lokal, sondern mehrere Teams bzw. globalere Regeln im QM-System, dann ist es sinnvoll, in diesen Erfahrungsaustausch das zentrale Quality-Service-Team einzubeziehen und mit diesem die Wirkung der neuen Vorgehensweisen oder Techniken »vor Ort« zu besprechen. Damit entsteht auch auf Ebene des QM-Systems der angestrebte unmittelbare, persönliche Erfahrungsaustausch (vgl. Abschnitt 7.2.2).

---

6. Das vorgesehene Forum, um Ideen zur Produktverbesserung zu diskutieren, ist das Sprint-Review-Meeting (auch Sprint-Demo genannt).
7. Das funktioniert natürlich nur, wenn beide Aufgabentypen bezüglich Aufwandsschätzung und Einplanung in den Sprint gleich behandelt werden.

### 7.2.4 Systemisches Denken und Ursachenanalyse

Im vorangegangenen Abschnitt wurde die Sprint-Retrospektive als eine Technik zur Prozessverbesserung auf Teamebene vorgestellt. In großen Projekten, in denen mehrere oder viele Teams kooperieren müssen, stoßen solche lokalen Prozessverbesserungsmaßnahmen auf Teamebene oft an Grenzen.

Zum einen, weil jedes Team seine eigenen Vorstellungen über die Ursachen der zu lösenden Probleme hat oder entwickeln wird und dann auch lokale Lösungen finden und umsetzen wird. Aber was für das eine Team eine gute Lösung ist, kann für ein anderes Team ein neues Problem darstellen. Zum anderen können die Ursachen für die Probleme, die behoben werden sollen, auch in der Interaktion der Teams oder im Informationsfluss zwischen den Teams liegen.

*Systems Thinking*

Wirksame Prozessverbesserung in großen Projekten oder auf Unternehmensebene erfordert daher ein ganzheitliches, systemisches Denken. Das heißt, ein Denken, das die Wechselwirkungen und Rückkopplungen zwischen allen Akteuren im System und die daraus resultierende (positive oder negative) Systemdynamik erfasst und bei der Lösungsfindung berücksichtigt[8]. Diese Art des Denkens »in Systemen« wird auch als »Systemdenken« oder »Systemisches Denken« (engl. »Systems Thinking« [URL: Systems Thinking]) bezeichnet. Einige der Frameworks zur agilen Skalierung (s. die Abschnitte 2.5 und 7.2.2) beinhalten und propagieren daher Prinzipien des systemischen Denkens[9].

*Systemdynamik visualisieren*

Wir sind es gewohnt, Systeme als statische Strukturen zu betrachten. Die Ursache-Wirkungs-Beziehungen zwischen den Elementen eines Systems können aber auch Schleifen bzw. Rückkopplungen aufweisen, die dann zu einem dynamischen (also zeitlich veränderlichen) und oft auch nicht linearen Verhalten des Systems führen können. Um ein solches Verhalten zu verstehen, ist es hilfreich, das System zu visualisieren, beispielsweise durch ein »Causal Loop Diagram« (CLD, [URL: CLD]).

»CLDs stellen ein System in drei grundlegenden Elementen dar: Kästen, Verbindungen und Rückkopplungsschleifen. Die Kästen oder Knoten stellen die Variablen im System dar; diese können alles Mögli-

---

8. Hierzu gehört auch, dass die Erkenntnisse aus den parallel und auf unterschiedlichen Ebenen ablaufenden PDCA-Zyklen (s. Abschnitt 7.1.2) in ihrer Gesamtheit betrachtet werden.
9. »Systems Thinking« ist eines der 10 LeSS-Prinzipien[URL: Scaled Agile – LeSS]. In SAFe® ist es als »Principle #2 – Apply Systems Thinking« enthalten [URL: Scaled Agile – SAFe]. Beide Quellen bieten einen guten Einstieg in das Thema, insbesondere das Kapitel »Principles: Systems Thinking« in [URL: Scaled Agile – LeSS].

che sein, solange es sinnvoll ist, sie auf einer bestimmten Skala auf- oder absteigend zu betrachten. Die Verbindungen oder Kanten stellen die kausalen Einflüsse dar. Sie sind entweder positiv (d.h., sie nehmen gemeinsam zu oder ab) oder negativ (d.h., sie verändern sich in entgegengesetzte Richtungen, d.h., wenn die eine steigt, sinkt die andere und umgekehrt)« (aus [Barbrook-Johnson & Penn 22, Kap. 4]).

*Problemursachen (Root Causes) erkennen*

CLDs sind somit ein einfach anzuwendendes Instrument, um Ursache-Wirkungs-Beziehungen in komplexen Systemen zu modellieren und anschaulich zu visualisieren. Mit CLDs können sowohl technische Systeme als auch soziale Systeme modelliert werden. CLDs eignen sich daher auch sehr gut, um Prozesse in Unternehmen und die (sozialen) Mechanismen zwischen deren (IT-)Projekten und Teams zu modellieren und zu analysieren. Als Beispiel wird in [URL: Scaled Agile – LeSS] ein CLD gezeigt, das die Wechselwirkung zwischen der Anzahl der Entwickler, die in einem Projekt mitarbeiten, und einer ansteigenden oder sich vermindernden »Team-Velocity« (s. auch Abschnitt 7.5.2) modelliert und das erklärt, warum »mehr Entwickler« nicht unbedingt zu »mehr Velocity« führen, sondern eventuell zu »weniger Velocity«.

Wenn CLDs als Instrument zur Prozessverbesserung eingesetzt werden, dann ist es entscheidend, dass an der Erarbeitung des CLD möglichst alle betroffenen Unternehmenseinheiten bzw. Teams beteiligt werden. Nur dann wird das CLD ein umfassendes Bild liefern, das alle Akteure und Mechanismen beinhaltet. In der Gruppe erarbeiten sich die beteiligten Personen dabei auch ein gemeinsames Verständnis der Situation und der zu beseitigenden Defizite und können auf dieser Basis dann auch übergreifende Verbesserungsideen entwickeln und letztlich zu Problemlösungen oder Verbesserungen kommen, die wirksam und nachhaltig sind. Dabei wird sich herausstellen, dass es nicht »die eine« Problemursache gab, sondern ein Bündel von Ursachen in komplexer, gegenseitiger Wechselwirkung.

## 7.3 Umgang mit Compliance-Anforderungen

Die meisten Unternehmen, in denen Software entwickelt wird, unterliegen externen Nachweis- und »Compliance«-Anforderungen. So fordern größere Kunden in aller Regel die Anwendung und den Nachweis eines nach [ISO 9001] zertifizierten QM-Systems. Hersteller von Produkten und elektronischen Systemen, in denen Software sicherheitsrelevante Aufgaben übernimmt, müssen [IEC 61508-3] beachten. In Branchen wie der Automobilindustrie, der Medizintechnik, der Bahntechnik oder der Luftfahrt sind darüber hinaus zahlreiche branchenspezifische Normen[10] einzuhalten. Können Unternehmen, die von derartigen Normen und Standards betroffen sind, die sich ergebenden Compliance-Anforderungen auch erfüllen, wenn agil entwickelt wird oder wenn auf agile Entwicklung umgestellt wird? Die folgenden Abschnitte diskutieren diese Fragestellung.

### 7.3.1 Anforderungen an den Softwareentwicklungsprozess

Keine der genannten Normen erzwingt oder fordert, dass ein klassischer Entwicklungsprozess, beispielsweise nach V-Modell, angewendet werden muss. Durchgehend gefordert wird aber, dass die Softwareentwicklung als spezieller, aber sicherlich qualitätsrelevanter Engineering-Prozess nach einem definierten Vorgehen abläuft. Dies bedeutet, dass der Softwareentwicklungsprozess schriftlich dokumentiert sein muss und dass für jedes Entwicklungsprojekt nachvollziehbar und jederzeit belegbar ist, dass dieser Prozess in der Praxis tatsächlich befolgt wird. Durch die Aufnahme der agilen Vorgehensweise als neue oder zusätzlich zulässige Vorgehensweise im QM-System kann diese Forderung einfach erfüllt werden. Abschnitt 7.2.1 gibt einige Hinweise, was dabei beachtet werden sollte. Darüber hinaus können, je nachdem, welche Bereiche des Unternehmens ebenfalls agile Methoden adaptieren, weitere Unternehmensprozesse betroffen sein.

Einige Normen formulieren spezifische Anforderungen an einzelne Entwicklungsaktivitäten bzw. Prozessschritte. Beispiele sind die Definition von Risikoklassen (z.B. in [EN 62304]) oder Sicherheitsanforderungsstufen (z.B. in [ISO 26262]) verbunden mit Anforderungen an Softwaredesign und Entwicklungsmethoden, darunter auch Softwaretests (vgl. [IEC 61508-3, Abschnitt 7.4]). Der Softwareentwicklungsprozess muss dann entsprechende Prozessschritte enthalten, die die jeweiligen Forderungen adressieren und zuverlässig umsetzen. Im Beispiel muss also eine Risiko- und/oder Sicherheitsklassifikation stattfinden und in Folge muss der Prozess dann sicherstellen, dass jedes Softwareartefakt gemäß seiner spezifischen Risiko-/Sicherheitseinstufung entwickelt und geprüft wird.

10. Beispielsweise Automotive Safety Lifecycle inkl. Automotive Safety Integrity Level (ASIL) [ISO 26262], Europäisches Medizinprodukte-Gesetz [EN 62304], Regularien der U.S. Food and Drug Administration (FDA), Anforderungen an die Entwicklung von Eisenbahnsteuerungs- und Überwachungsanwendungen [EN 50128] oder die Richtlinien zur Zertifizierung von Avionik-Software [DO 178 B].

*Anforderungen an Entwicklungsaktivitäten über »Done«-Kriterien abbilden*

Spezifische Anforderungen an einzelne Entwicklungsaktivitäten lassen sich im Grunde sehr unkompliziert abbilden, nämlich über eine geeignete »Definition of Done« bzw. durch entsprechend formulierte »Done«-Kriterien (»Fertig«-Kriterien) für die betroffene Entwicklungsaktivität. Ist beispielsweise eine Funktion zu implementieren, der eine hohe Sicherheitsstufe zugeordnet wurde, so wird die geforderte Testabdeckung als Done-Kriterium der Implementierungsaufgabe mitnotiert. So weit, so einfach. Schwieriger ist es allerdings, über den Prozess sicherzustellen, dass in *jedem* Sprint *jede* Implementierungsaufgabe im Rahmen einer Impact-Analyse bezüglich ihrer Sicherheitsstufe bewertet wird und dann *immer* zuverlässig ein passendes Done-Kriterium erhält. Hier kann eine Checkliste helfen (die dann natürlich zuverlässig angewendet werden muss) oder vorgedruckte Taskkarten, auf denen »generische« Done-Kriterien (wie z.B. Coverage-Limits) schon vorgedruckt und ankreuzbar stehen. Alternativ und eventuell besser ist es, kritische Prozessschritte, die nicht ausgelassen werden dürfen (wie z.B. »Impact-Analyse durchführen«), am Taskboard durch eine entsprechende Spalte darzustellen. Wie dies prozessseitig gelöst wird, ist auf jeden Fall ein Punkt, der in der Prozessbeschreibung des QM-Systems dargelegt werden muss und von dem einzelne Teams dann auch nicht abweichen dürfen.

### 7.3.2 Anforderungen an die Rückverfolgbarkeit

Überall dort, wo sicherheitskritische Produkte entwickelt werden, wird von den einschlägigen Normen gefordert, dass Designentscheidungen und Produktänderungen über den Entwicklungs- und Lebenszyklus hinweg nachvollziehbar und rückverfolgbar sind. Die Philosophie dahinter ist: Das Produkt muss sicher[11] funktionieren. Die ausreichende Sicherheit muss durch entsprechend gestaltete Produkteigenschaften bzw. Funktionen im Rahmen des Produktdesigns festgelegt und im Entwicklungsprozess realisiert werden. Durch geeignete Tests ist nachzuweisen, dass das Produkt und insbesondere dessen sicherheitsrelevante Eigenschaften/Funktionen wie geplant funktionieren.

In der Praxis bedeutet dies, dass für jedes Softwareartefakt lückenlos rückverfolgbar sein muss, welche Produktanforderungen es umsetzt oder adressiert, wie dies gemäß seiner Spezifikationen erfolgt und durch welche Testfälle mit welchem Testergebnis die korrekte Umsetzung und Funktion nachgewiesen wurde. Auch bei (nachträglichen) Änderungen an Design oder Implementierung des Produkts darf des-

11. Im Sinne von »safe«, also unter Ausschluss bzw. mit Minimierung einer Gefährdung von Anwendern und Umwelt.

sen Sicherheit nicht unbeabsichtigt reduziert oder aufgehoben werden. Dies impliziert, dass vor jeder Änderung eine Analyse (Impact Analysis) stattfinden muss, welche Auswirkungen die Änderung auf die Produktsicherheit hat bzw. hätte und welche Maßnahmen ggf. nötig sind, um die Sicherheit aufrechtzuerhalten. Jede Änderung muss, ausgehend vom Anlass der Änderung über das Ergebnis der Impact-Analyse bis zum Ergebnis der Änderung, also ebenfalls rückverfolgbar sein.

*Traceability*

Es ist nicht ganz einfach, diese Rückverfolgbarkeit (Traceability) in einem agilen Entwicklungsprozess zu gewährleisten. Denn naturgemäß kommen Änderungen hier sehr häufig vor. Wenn der Traceability-Mechanismus umständlich ist oder unzuverlässig funktioniert, wird schnell sehr hoher bürokratischer Buchführungsaufwand generiert oder die Rückverfolgbarkeit ist sehr lückenhaft. Des Weiteren muss sich das Team genaue Gedanken machen, auf welcher Granularitätsstufe Rückverfolgbarkeit nachgewiesen werden muss. Als Minimum ist eine Verbindung zwischen Produktanforderungen und Systemtestfällen herzustellen, sodass anhand der erfolgreich gelaufenen Tests begründet und gezeigt werden kann, dass jede Anforderung erfüllt wird[12]. Dazu gehört auch, dass begründbar ist, warum ein oder mehrere Systemtestfälle die Erfüllung eines bestimmten Requirements angemessen validieren. Im Prozess muss daher auch ein Review erfolgen, in dem die Angemessenheit der Systemtestfälle überprüft wird. Wenn Testfälle Fehler aufdecken, muss ein zuverlässiger Bewertungs- und Korrekturprozess einsetzen. Dieser läuft in der Regel über ein entsprechendes Fehlermanagementverfahren. Um eine Fehlermeldung zu ihrer »Ursache« zurückverfolgen zu können, muss die Meldung wiederum mit dem fehleraufdeckenden Testfall verknüpft sein. In der Praxis gelingt das Sicherstellen von Rückverfolgbarkeit effizient nur durch Einsatz entsprechender miteinander gekoppelter Werkzeuge für Anforderungsmanagement und Testmanagement.

Eine auf den ersten Blick gute Nachricht ist, dass dieser Formalismus prinzipiell nur für auszuliefernde Produktstände gefordert ist. Einem agilen Team hilft das aber nicht viel. Denn ob ein Sprint-Ergebnis ausgeliefert wird, entscheidet sich ja oft erst am Sprint-Ende. Die Traceability-Informationen dann nachzudokumentieren ist sicher nicht zu empfehlen. Außerdem wäre sicherzustellen, dass Produktstände, die ohne Traceability-Mechanismus entstanden sind, keinesfalls versehentlich in die Auslieferung gelangen können. Sinnvoller ist, wenn der Mechanismus als Routinehandlung verankert ist und in jedem Sprint praktiziert wird.

---

12. Das Verfahren entspricht der Systemvalidierung im V-Modell.

Ob Traceability auf Ebene »Requirements-Systemtests« ausreicht oder ob auch feingranularere Softwareartefakte miteinbezogen werden müssen, hängt davon ab, auf welcher Dokumentationsebene Designentscheidungen getroffen werden[13] und auf welcher Ebene der Softwarearchitektur die entsprechenden Funktionalitäten beobachtbar und damit die zugehörigen Testfälle angesiedelt sind. Die Traceability-Kette kann also durchaus – zumindest punktuell – bis zu den Unit Tests hinabreichen müssen.

### 7.3.3 Anforderungen an Produkteigenschaften

Von softwarebezogenen Compliance-Vorschriften betroffen sind Unternehmen nicht nur in der Softwareentwicklung. Auch der Einsatz von Software in der Unternehmens-IT kann Compliance-Anforderungen unterliegen, z.B. Anforderungen an Informationssicherheit und Datenschutz, an die Archivierung von Daten, inklusive Fristen zur Datenaufbewahrung und Mechanismen zu deren Wiederherstellung. In Branchen, die softwareintensive, sicherheitskritische Produkte herstellen, müssen Softwarewerkzeuge, die im Engineering-Prozess eingesetzt werden, vor erstmaliger Inbetriebnahme, aber auch nach Updates unter Umständen nach bestimmten Vorschriften validiert werden.

Für die Hersteller der Software bedeutet das, dass sie die für ihre jeweiligen Kunden geltenden Compliance-Vorschriften kennen müssen und diese durch entsprechende Produktfeatures oder durch passende Support- oder Serviceangebote unterstützen müssen. Produktfeatures, die nötig sind, um bestimmte Normforderungen umzusetzen, müssen prozessseitig nicht anders behandelt werden als »normale« Features. Vermutlich werden sie aber eine tendenziell höhere Priorität erhalten. Passende ergänzende Support- oder Serviceangebote können im agilen Entwicklungsprozess durch die enge Zusammenarbeit mit dem Kunden und die frühe Verfügbarkeit einsatzfähiger Produktversionen eventuell frühzeitiger und besser identifiziert werden als bei klassischer Entwicklung.

In manchen Branchen fordern Regularien (z.B. [FDA OTS], [FDA Validation] in der Medizintechnik), dass Standardsoftware, die ein Hersteller in seine Produkte integriert, aber auch Software, die als Werkzeug im Engineering-Prozess oder in der Produktion eingesetzt wird, vor der Übernahme in den produktiven Einsatz validiert wird, um sicherzustellen, dass diese von Dritten zugelieferte Software im konkreten Einsatzumfeld den beabsichtigten Zweck erfüllt. Wird die

13. Durch Compliance-Anforderungen kann dies vorgegeben oder mitbestimmt sein.

betroffene Software agil entwickelt, kann dies das agile Entwicklungsteam empfindlich »bremsen«. Denn eine solche Validierung kann aufseiten des Kunden, der die Software einsetzt, erheblichen Aufwand generieren. Unter Umständen muss jedes neue Produktrelease oder gar jeder Patch validiert werden. Um den Aufwand zu minimieren, ist der Kunde dann an langen Releasezyklen interessiert. Liefert das agile Team zu häufig, wird der Kunde die Software nicht in Betrieb nehmen oder Releases »überspringen«. In beiden Fällen erhält das Team über die »ausgelassenen« Releases kein brauchbares Feedback des Kunden. Vielleicht fühlt der Kunde sich sogar unangenehm unter »Update-Druck« gesetzt. In solchen Konstellationen kann ein klassisches V-Modell die kundengerechtere Vorgehensweise sein.

## 7.4 Qualitätssicherung klassisch

Während sich das Qualitätsmanagement (QM) mit Inhalt, Qualität und Optimierung der Prozesse und Vorgehensweisen eines Unternehmens befasst, zielt die Qualitätssicherung (QS) auf die Qualität der Produkte, die das Unternehmen entwickelt und herstellt.

### 7.4.1 Instrumente

In der klassischen Softwarequalitätssicherung unterscheidet man zwischen »konstruktiven« und »analytischen« Qualitätssicherungsmaßnahmen. Eine konstruktive QS-Maßnahme ist beispielsweise der Einsatz eines Templates, das sicherstellt, dass ein Dokument nach einem bestimmten bewährten Muster aufgebaut ist. Auch der Einsatz von Design-Patterns, die erprobte Lösungsmuster für bestimmte Softwareentwurfsaufgaben anbieten, fällt in diese Kategorie. Analytische QS-Maßnahmen sind demgegenüber alle Formen des Testens, Prüfens, Reviewens und Analysierens.

*QS-Plan und Testplan*

Zur Planung von QS-Maßnahmen wird in klassischen Projekten ein QS-Plan (oft nach [IEEE 730]) aufgestellt und geführt. Dieser beschreibt dann alle QS-Maßnahmen, die im betreffenden Projekt anzuwenden sind. Der Plan wird vom QS-Verantwortlichen des Projekts, vom Testmanager oder vom Projektleiter des Projekts erstellt. Zusätzlich wird ein Testplan erstellt (nach [ISO 29119, Part 3: Test documentation]), der den QS-Plan bezüglich des QS-Instruments »Testen« detailliert. Die zu erwartenden Aufwände, die durch die Umsetzung der so definierten QS-Maßnahmen im Projekt auftreten, werden abgeschätzt und dann in den Projektplan eingearbeitet.

### 7.4.2 Organisation

Mit der Umsetzung der Maßnahmen wird ein Testmanager oder QS-Verantwortlicher beauftragt. In größeren Projekten erhält er eine Gruppe von Mitarbeitern bzw. Testern zugeordnet, die er als Teilprojektleiter führt.

*Personelle Trennung zwischen Entwicklung und Test*

Auf diese Art wird organisatorisch eine personelle Trennung zwischen Entwicklern und Prüfern/Testern hergestellt. Ohne diese Trennung findet in klassischen Projekten erfahrungsgemäß keine ausreichende Qualitätssicherung statt. Denn sowohl die Projektleitung als auch die Projektmitarbeiter richten ihr Hauptinteresse darauf, einen Beitrag zur »Fertigstellung« des Produkts zu leisten. Und Test- oder Reviewaufgaben bremsen dabei vermeintlich. Gibt es aber eine separate QS-Gruppe, so wird diese daran gemessen, wie gut sie die Qualitätssicherungsaufgaben erledigt und wie viele Fehler sie vor Auslieferung findet. Entsprechend zielorientiert und fokussiert auf Qualitätssicherung geht diese Gruppe dann auch vor. Dies ist ein nicht zu unterschätzender Vorteil einer solchen arbeitsteiligen, klassischen Projektorganisation.

In manchen Projekten kann man beobachten, dass mit der Delegation der QS-Aufgaben an ein abgegrenztes »QS-Team« bei einigen Personen in anderen Teilteams das Bewusstsein und das Verantwortungsgefühl für das Thema »Qualität« abnimmt. Dies äußert sich zum Beispiel darin, dass Unit Tests unterbleiben oder laxer gehandhabt werden, nach dem Motto: »Dafür sind doch die QS-Leute verantwortlich.« Vielleicht wurde aber auch nur nicht klar genug definiert, welches Teilteam sich um Unit Tests zu kümmern hat. Und so nimmt jede Seite an, dass die anderen das erledigen.

Um solche Missverständnisse zu vermeiden, muss der Projektleiter für regelmäßige und ausreichende Kommunikation zwischen den Teilteams sorgen. Dazu kann er sich durchaus auch agiler Techniken bedienen und beispielsweise ein Daily Scrum einführen oder ein »Scrum of Scrums« mit Vertretern aus den Teilteams.

## 7.5 Qualitätssicherung agil

Agile Teams arbeiten interdisziplinär (vgl. Abschnitt 2.1). Das Team ist gemeinsam für das Produkt und dessen Qualität verantwortlich. Es gibt innerhalb des Teams keine formale Rolle und keine abgegrenzte QS-Gruppe, die ausschließlich für QS- und Testaufgaben zuständig und verantwortlich ist. Zwar hat jeder Mitarbeiter des Teams spezielle Kompetenzen, beispielsweise als Softwarearchitekt, als Programmierer oder als Tester, die er in das Team einbringt, aber er ist dadurch nicht auf diese eine Rolle im Team festgelegt. Jeder im Team darf grundsätzlich jeden Aufgabentyp, der am Taskboard zu vergeben ist, übernehmen und erledigen. Das gilt auch für Qualitätssicherungs- und Testaufgaben.

Wird vom klassischen Vorgehen auf eine agile Organisationsweise umgestellt, geht die organisatorische Verankerung der Qualitätssicherung verloren und muss dann durch eine methodische Verankerung ersetzt werden. Geschieht Letzteres nicht, wird das agile Team nach einigen Sprints in ernsthafte Qualitätsprobleme geraten.

### 7.5.1 Wirkungsprinzip und Instrumente

Das Prinzip, auf dem Qualitätssicherung im agilen Team beruht, ist kontinuierliche »Überprüfung und Anpassung« (»Inspect & Adapt«)[14] und wird im Scrum Guide wie folgt erklärt (zitiert aus [URL: Scrum Guide] 2020):

- **Überprüfung:**
  Die Scrum-Artefakte und der Fortschritt in Richtung der vereinbarten Ziele müssen häufig und sorgfältig überprüft werden, um potenziell unerwünschte Abweichungen oder Probleme aufzudecken. Um bei der Überprüfung zu helfen, bietet Scrum einen Rhythmus in Form seiner fünf Events.

  Überprüfung ermöglicht Anpassung. Überprüfung ohne Anpassung wird als unsinnig betrachtet. Scrum Events sind darauf ausgerichtet, Veränderungen zu bewirken.
- **Anpassung:**
  Wenn einzelne Aspekte eines Prozesses von akzeptablen Grenzen abweichen oder wenn das resultierende Produkt nicht akzeptabel ist, müssen der angewandte Prozess oder die produzierten Ergebnisse angepasst werden. Die Anpassung muss so schnell wie möglich erfolgen, um weitere Abweichungen zu minimieren.

---

14. Im Agilen Manifest [URL: Agiles Manifest] ist diese Idee als zwölftes Prinzip formuliert: »In regelmäßigen Abständen reflektiert das Team, wie es effektiver werden kann und passt sein Verhalten entsprechend an.«

Die Anpassung wird schwieriger, wenn die beteiligten Personen nicht bevollmächtigt (empowered) sind oder sich nicht selbst managen können. Von einem Scrum Team wird erwartet, dass es sich in dem Moment anpasst, in dem es durch Überprüfung etwas Neues lernt.

Nach diesem Prinzip wird grundsätzlich jedes Artefakt einer Prüfung unterzogen! Wann die jeweilige Prüfung stattfindet, wer sie erledigt und wie diese aussieht, wird allerdings nicht (wie im klassischen Projekt) im Detail vorab geplant, sondern je Sprint neu durchdacht und entschieden. Das Forum dafür sind die im Sprint »eingebauten« Routine-Meetings:

- **Sprint-Planung** (s. Abschnitt 3.6):
  Im Rahmen der Sprint-Planung wird für jeden Backlog-Eintrag besprochen und festgelegt, welche Aufgaben zu erledigen sind, um den Backlog-Eintrag umzusetzen. Die zugehörigen Akzeptanzkriterien wurden vom Product Owner im Product Backlog bereits formuliert (s. Abschnitt 3.3). Sie treten an die Stelle von Qualitätszielen und Qualitätsmerkmalen, wie sie in klassischen QS-Plänen formuliert werden. Aus dem einzelnen Akzeptanzkriterium ergibt sich dann, welche Art Prüfung angemessen, geeignet und nötig ist, um entscheiden zu können, ob das jeweilige Akzeptanzkriterium erfüllt ist. Als mögliche »Prüfwerkzeuge« stehen dem Team dabei alle bekannten analytischen Qualitätssicherungsmaßnahmen und Testarten (vgl. Kap. 4, 5, 6) zur Verfügung. Hinzu kommen die in Abschnitt 6.3 beschriebenen explorativen Tests. Hat die beschlossene Prüfung einen größeren Umfang, so muss die Prüfungsaufgabe explizit formuliert werden und in die Sprint-Planung als zusätzliche, zum Entwicklungstask korrespondierende Prüfungsaufgabe (z.B. Testfall spezifizieren und automatisieren) aufgenommen werden. Genügt ein kurzes Gegenlesen, ein Review im Rahmen des ohnehin stattfindenden Pairing oder der Regressionstest durch vorhandene automatisierte Tests, so wird die Prüfung im jeweiligen Artefakt-Entwicklungstask implizit notiert. Qualitätssicherungsaufgaben werden dadurch völlig gleichartig und gleichberechtigt zu allen anderen Aufgaben des Teams behandelt und sind somit Teil der täglichen Arbeit des Teams. Ein separater, klassischer QS-Plan wird nicht mehr benötigt.

- **Daily Scrum:**
  In dieser täglichen kurzen Runde[15] reflektiert das Team seinen Sprint-Status und aktualisiert das Taskboard. Für jede Aufgabe, die als »fertig« deklariert wird, muss darstellbar sein, dass die vereinbarten Done-Kriterien erreicht wurden. Gibt es eine korrespondierende, explizite Prüfungsaufgabe, so muss diese Prüfung erfolgreich durchgeführt worden sein und die entsprechenden Prüfungsergebnisse (z.B. Testprotokolle) müssen vorliegen. Solange dies nicht der Fall ist, ist die Sollqualität des Artefakts nicht nachgewiesen und die Aufgabe gilt als »nicht fertig«. Wenn z.B. ein Feature doch schwerer umzusetzen ist als ursprünglich angenommen, wird dies hier für das Team (und nicht nur für den Bearbeiter des betreffenden Features) frühzeitig sichtbar. Im Daily Scrum verschafft sich das Team also nicht nur einen Überblick über den aktuellen Arbeitsfortschritt, sondern es erhält auch ein Bild über sämtliche Schwierigkeiten und Probleme, mit denen die Teammitglieder gerade »kämpfen«. Entsprechend kurzfristig kann reagiert und gegenseitig geholfen werden. Gibt es Probleme, die die Arbeit des Teams akut behindern (Impediments), werden im Daily Scrum auch diese Punkte angesprochen, sodass der Scrum Master unmittelbar reagieren und Lösungen einleiten kann. Das Meeting adressiert an dieser Stelle also nicht nur die Produktqualität, sondern auch Prozessprobleme, die erkennbar oder störend werden.
- **Sprint-Review:**
  Am Ende des Sprints findet ein Sprint-Review statt. Hier tauschen sich Product Owner, Team und eingeladene Stakeholder über den neu erreichten Stand des Produkts aus. Das Team demonstriert den erreichten Stand des Produkts und erläutert dem Kunden seine dahinterstehenden Lösungsansatz[16]. Umgekehrt erhält das Team hier unmittelbares Feedback, wie der neue Versionsstand (Inkrement) aus Sicht der Stakeholder beurteilt wird. Team und Kunde können ein gemeinsames Verständnis entwickeln, ob das Produkt das Kundenproblem angemessen löst. Die Produktvorführung hat damit den Charakter einer informellen Validierung und liefert ein Qualitätsfeedback, das über die im Sprint bereits durchgeführten Prüfungen und Tests hinausgeht und diese um die unmittelbare Kundensicht ergänzt. Auf Basis dieser Erkenntnisse können dann sowohl

15. »Das Daily Scrum ist ein 15-minütiges Event für die Developer:innen des Scrum Teams. Um die Komplexität zu reduzieren, wird es an jedem Arbeitstag des Sprints zur gleichen Zeit und am gleichen Ort abgehalten« [URL: Scrum Guide].
16. »Zweck des Sprint Reviews ist es, das Ergebnis des Sprints zu überprüfen und künftige Anpassungen festzulegen. Das Scrum Team stellt die Ergebnisse seiner Arbeit den wichtigsten Stakeholder:innen vor, und die Fortschritte in Richtung des Produkt-Ziels werden diskutiert« [URL: Scrum Guide].

notwendige Korrekturen am Produkt als auch sinnvoll erscheinende Prozessverbesserungsmaßnahmen identifiziert und in das Product Backlog aufgenommen werden.

- **Sprint-Retrospektive:**
  Die Sprint-Retrospektive ist das Teammeeting, in dem sich das Team über Prozessfragen und Ideen zur Prozessverbesserung austauscht (vgl. Abschnitt 7.2.3). Prozessverbesserungsmaßnahmen, die z.B. im Sprint-Review identifiziert wurden, oder Maßnahmen, die generell die Wirksamkeit z.B. des Testens erhöhen (z.B. eine Erhöhung der Testabdeckung durch mehr automatisierte Tests), werden hier besprochen und priorisiert. Werden solche Maßnahmen erfolgreich umgesetzt, tragen sie dazu bei, die Produktqualität in den folgenden Sprints zu stabilisieren oder zu erhöhen.

*Qualitätssicherung durch Routine und Transparenz*

Wie oben erwähnt, gibt es keine Gruppe oder Einzelperson, die für Qualitätssicherung oder für die Qualität des Produkts verantwortlich ist. Dafür, dass die QS-Aufgaben im Tagesgeschäft dennoch nicht aus den Augen verloren werden, sind zwei Gründe ausschlaggebend: Zum einen sorgen die oben beschriebenen Meetings dafür, dass das Thema Qualitätssicherung »routinemäßig« jeden Tag auf die Agenda gesetzt ist. Und zum anderen sorgt die Scrum-Vorgehensweise dafür, dass Qualitätsdefizite frühzeitig für jeden im Team sichtbar werden. Sei es durch fehlschlagende und im CI-Dashboard angezeigte Testfälle, sei es durch Taskkarten, die nicht weitergeschoben werden können, weil ihre Done-Kriterien nicht erreicht werden, oder sei es, weil der Kunde im Sprint-Review Klartext redet. Viele Fehler werden auch von vornherein vermieden, da jeder im Team sieht, was tagesaktuell »um ihn herum« passiert. Fehler durch »Aneinander-vorbei-Arbeiten« passieren seltener. Diese beiden Elemente »Routinehandlung« und »Transparenz« gleichen die im interdisziplinären Team nicht mehr gegebene, personell zuordenbare Einzelverantwortung aus.

### 7.5.2 Stärken und Schwächen

Wenn das agile Team Qualitätssicherung wie oben beschrieben konsequent praktiziert, dann können sehr gute Erfolge erzielt werden. Die Stärken des Vorgehens sind:

- **Jedes Entwicklungsartefakt wird überprüft.**
  Dazu gehört natürlich das Testen des ausführbaren Programmcodes, das Prüfen von Architekturdiagrammen, Klassendiagrammen und anderen Entwurfsdokumenten durch Reviews und Inspektionen, aber auch das Hinterfragen und Überprüfen des »Projektplans« in Form von Taskboard und Sprint Backlog.

- **Korrekturen erfolgen frühestmöglich:**
  Wenn ein automatisierter Testfall fehlschlägt, wird sofort analysiert, worin das Problem besteht. Wenn möglich beseitigt der zuständige Programmierer den Fehler sofort oder stellt innerhalb des Sprints eine Lösung bereit. Ist ein Problem schwieriger zu lösen, dann werden Korrekturmaßnahmen (z.B. eine Designänderung) in das Product Backlog eingetragen und über den üblichen Priorisierungsmechanismus wird ein dem Problem angemessener Lösungsprozess in Gang gesetzt.
- **Konstruktive QS-Instrumente treten in den Vordergrund:**
  Techniken wie Clean Code, Testautomatisierung, Test First u.a. heben das »handwerkliche« Niveau, auf dem Entwicklungsarbeit geleistet wird, deutlich an. Das Team entwickelt einen zunehmend hohen Qualitätsanspruch, und zwar nicht nur an sein Produkt, sondern auch an die Art und Weise, wie Software entwickelt werden soll.
- **Prozessverbesserung erfolgt »bottom-up«:**
  Verbesserungsschritte erfolgen schnell und am konkreten, aktuellen Bedarf des Teams ausgerichtet.

*Risiken der agilen Qualitätsmanagement-Kultur*

Werden diese Stärken genutzt, kann das Team eine sehr streng gelebte und sehr wirksame Qualitätsmanagement-Kultur entwickeln. Diese Vorteile und Erfolge stellen sich aber nicht automatisch ein. Es gibt sogar erhebliche Risiken, dass in einem Scrum-Projekt Qualitätsprobleme auftreten, die das Team nicht in den Griff bekommt. Ob man diese Punkte als Risiken betrachtet, die zu adressieren sind, oder als grundsätzliche Schwächen von Scrum oder agilen Vorgehensweisen, sei dem Urteil des Lesers überlassen. Bewusst muss man sich dieser Punkte allerdings sein:

- **Ideale Welt vs. Teamwirklichkeit:**
  Scrum, XP und andere agile Vorgehensweisen setzen auf die Idee des interdisziplinären Teams[17]. Im Scrum-Team sollen Personen zusammenarbeiten, die gemeinsam alle Fähigkeiten mitbringen, um das Sprint-Ziel zu erreichen [Schwaber & Beedle 02, S. 37]. Die Unternehmensrealität sieht aber anders aus. Nicht jeder Experte, dessen Wissen benötigt wird, ist ein Teammitglied; es gibt überdurchschnittlich leistungsfähige Mitarbeiter und weniger leistungsfähige; es gibt »Teamplayer«, »Eigenbrötler« und »Gurus«. Die Liste lässt sich beliebig verlängern. Wer Scrum einführt, aber auch jeder, der

17. In XP [Beck & Andres 04] heißt diese Idee »One Team Principle«, in Scrum [Schwaber & Beedle 02] »cross-functional Team«.

mit oder in einem Scrum-Team arbeitet, muss sich bewusst sein, dass »sein« Team kein »ideales« Scrum-Team ist. Dies birgt Risiken in sich und kann verhindern, dass Scrum so reibungslos funktioniert, wie die Methode es vorsieht.

- **Lernen vs. Kompetenzen:**
Pairing und gegenseitige Hilfe sollen jedem Teammitglied ermöglichen, seine Kompetenzen schrittweise auszubauen. Das Team kann so anfänglich fehlende Expertise aufbauen und jedes Teammitglied kann seine eigenen Fähigkeiten verbreitern und sich dabei persönlich weiterentwickeln. Aber in der Realität wird nicht jeder im Team mit jedem anderen gleich harmonisch und gerne zusammenarbeiten. Nicht jeder möchte sein Wissen und seine Expertise jedem anderen vermitteln. Und auch ein Scrum-Team leidet unter Zeitknappheit und fast alle Scrum-Instrumente nutzen »Timeboxing« deshalb als »Gegenmittel«. Zeit zu Lernen ist daher auch mit Scrum eine sehr begrenzte, wertvolle Ressource. Wenn es darum geht, etwas »fertig zu bekommen« im Sprint, wird die Aufgabe an jemanden fallen, der das Wissen mitbringt, und nicht an jemanden, der »noch lernt«. Auch hat jedes Scrum-Teammitglied seinen individuellen Ausbildungshintergrund und startet seinen »Lernprozess« mit anderen Voraussetzungen. Es ist daher unwahrscheinlich und aus Sicht der Organisation oft auch unwirtschaftlich, dass ein Teammitglied sich völlig neue Kompetenzfelder aneignet. Und auch wo dies im Einzelfall sinnvoll wäre: Einige werden das nutzen; manchen wird es nicht gelingen, manche wollen es auch gar nicht. Und ganz generell gilt: Vorhandene Stärken zu nutzen ist erfolgversprechender als der Versuch, Schwächen zu beseitigen[18].

- **Pull vs. Push:**
Scrum, XP und andere agile Vorgehensweisen propagieren, dass das agile Team »sich selbst organisiert«. Aber genauso wie in der klassischen Welt, wo es Projektleiter gibt, denen es gelingt, ihr Team »gut zu organisieren und gut zu führen«, und solche, denen das schlechter oder gar nicht gelingt, so gibt es auch agile Teams, die sich »gut organisieren«, und es gibt agile Teams, denen das seltener oder weniger gut gelingt. Die Faktoren, die eine angemessene Selbstorganisation (nicht unbedingt grundsätzlich, sondern evtl. nur zeitweise) beeinträchtigen können, sind zahlreich. So gibt es zweifelsohne auch im Scrum-Projekt Aufgaben oder Aufgabentypen, die spannender sind als andere gerade zu vergebende Aufgaben. Es ist

18. »Stärken nutzen« betrachtet Fredmund Malik als den wichtigsten von sechs Grundsätzen wirksamer Führung (s. [Malik 06, Kap. 4]).

unwahrscheinlich, dass dieser Faktor beim Backlog Grooming oder auf die Sprint-Planung keinen Einfluss hat. Zwar wird das Team verhindern, dass unbeliebtere Aufgaben ganz ausgeblendet werden, aber das bedeutet noch nicht, dass spannende oder herausfordernde Aufgaben motivierter angegangen werden und höher priorisiert werden als eventuell nötig. Oder dass einzelne Teammitglieder sich solche Aufgaben bewusst oder unbewusst »herauspicken«. Trotz »Pull«-Prinzip kann auch in Scrum dann hin und wieder ein »Push« (durch den Product Owner oder durch ein Teammitglied) nötig sein! Und auch das Scrum-Team vereint Mitarbeiter mit unterschiedlichen Führungsambitionen und Führungsqualitäten. Das heißt, auch im Scrum-Team werden sich manche Personen öfter zu Wort melden und in eine Führungsrolle schlüpfen als andere. Wenn dies dauerhaft passiert, bilden sich informelle Führungsstrukturen im Team heraus, die klassischen Strukturen sehr ähnlich werden können. Vielleicht kann das betroffene Team damit sogar sehr gut leben. Vielleicht ist so ein Team (ab einem gewissen Zeitpunkt) aber auch gar kein Scrum-Team mehr, sondern arbeitet wieder klassisch.

- **Disziplin vs. Velocity:**
  Arbeiten im Takt der Sprints scheint eine einfache, angenehme, wohlgeregelte Angelegenheit zu sein. Aber das Ziel, fertig zu werden unter der gegebenen hohen Transparenz mit dem Sprint-Ende als unverrückbarer Deadline und unter permanentem Timeboxing, kann eine sehr hohe Belastung erzeugen. Theoretisch regelt das Team über die Sprint-Planung die Arbeitsmenge dann so herunter, bis sich ein Pensum (Team-Velocity) einstellt, das dauerhaft absolviert werden kann. In der Praxis kommt es aber allzu leicht vor, dass stattdessen die Disziplin geopfert wird: Test First wird nicht konsequent umgesetzt, weil die Zeit fehlt, das einzuüben. Klassische Spezifikationen schreibt aber auch niemand, weil dokumentieren nicht »agil« ist. Testfälle, die automatisiert werden könnten, werden »aus Zeitgründen« weiterhin manuell erledigt, mögliches oder nötiges Refactoring wird verschoben, weil »neue Features« dem Kunden wichtiger sind, etc. Das Team gerät in eine Abwärtsspirale, die dazu führt, dass das Projekt scheitert.

Die geschilderten Risiken sind allgemeine Risiken von Scrum und agilen Projekten, denen jeder Scrum Master und jedes agile Team begegnen müssen. Es sind keine Risiken, die »nur« die Wirkung der Qualitätssicherung tangieren. Die zu Anfang dieses Abschnitts erläuterten Stärken der Qualitätssicherung in agilen Teams kommen aber nur zum Tragen, wenn diese Risiken beherrscht werden.

## 7.6 Testen agil

Auch wenn konstruktive Maßnahmen im agilen Team einen hohen Stellenwert haben, bleibt das Testen auch hier das wichtigste Instrument der Softwarequalitätssicherung. Die Kapitel 4, 5 und 6 beschreiben ausführlich, was Testen leisten kann und wie Testen in der agilen Softwareentwicklung funktioniert und einzusetzen ist. In diesem Abschnitt werden die Erfolgsfaktoren, die das Testen agil machen, nochmals zusammenfassend herausgearbeitet.

### 7.6.1 Erfolgsfaktoren für agiles Testen

»Als **agiles Testen** (von lateinisch *agilis* ›flink, beweglich‹) wird das Testen von Software im Rahmen eines agilen Entwicklungsprojekts bezeichnet. [...] Agiles Testen folgt den Prinzipien des Agilen Manifests und wendet die agilen Prinzipien auf das Testen an« [URL: agiles Testen].

*Continuous Testing: Test nonstop mit täglichem Feedback*

Die zentrale Anforderung an Tester im agilen Umfeld ist die Forderung nach schnellem Feedback. Alle Maßnahmen sind dahingehend ausgerichtet. An die Stelle sequenzieller Testphasen (mit langer Feedbackzeit) tritt kontinuierliches Testen in jedem Sprint und unter parallelem Einsatz von Tests jeder Teststufe: Test nonstop mit täglichem Feedback. Damit dies gelingt, sind folgende Erfolgsfaktoren entscheidend:

- **Testautomatisierung:**
  Dauerhaft kann schnelles Feedback nur erreicht und aufrechterhalten werden durch umfassende Testautomatisierung auf jeder Testebene – von Unit Tests über die Integrationstests bis zu den Systemtests. Dieses Netz aus automatisierten Tests erlaubt das kontinuierliche Refactoring von Programmcode und ist Voraussetzung für die sichere Anwendung dieser Clean-Code-Technik (s. [Martin 08]).
- **Exploratives Testen:**
  Da es nicht möglich ist, jeden Testfall sofort zu automatisieren, muss die Testautomatisierung durch schnelles manuelles Testen ergänzt werden. Das Mittel dazu ist exploratives Testen. Exploratives Testen verzichtet weitgehend auf eine vorbereitende Testspezifikation und gibt dem Tester Freiraum, intuitiv zu arbeiten. Dadurch ist der Tester in der Lage, auch sehr kurzfristig neue oder geänderte Features zu überprüfen, auch wenn das Sollverhalten auf der Feature-Taskkarte nur knapp skizziert ist. Dies bedeutet auch, dass der Tester in der Lage sein muss, sich die nötige Zusatzinformation aktiv zu beschaffen durch Kommunikation mit allen potenziellen Wissensträgern und Stakeholdern. Nicht jeder kann das gleich gut, aber auch dies kann erlernt und geübt werden.

- **Testexpertise im Team:**
Die Verantwortung für das Testen liegt beim agilen Team. Die Testaktivitäten werden in der gleichen Weise geplant und gesteuert wie alle anderen Aufgaben im Sprint. Jedes Teammitglied kann und soll, abhängig von seiner Expertise, Testaufgaben übernehmen. Diese Art, den Test als Teamaufgabe zu organisieren, setzt voraus, dass im Team ausreichend Testexpertise vertreten ist. Ein klassisches Entwicklungsteam, das auf Scrum umstellt, besitzt diese Expertise in der Regel nicht ausreichend. Hier müssen externe Tester und Tester aus der eventuell bisher existierenden Systemtestabteilung in die Teams versetzt werden und diese dauerhaft verstärken. Das heißt, dass jetzt auch Testexperten, die sich ausschließlich um Testaufgaben kümmern, nicht mehr getrennt und unbeeinflusst vom entwickelnden Team testen, sondern im Team und als Mitglied des agilen Teams. Das unabhängige Testen mit getrennten Rollen und getrennter Organisationsstruktur wird aufgegeben. Dies ist ein durchaus risikobehafteter Schritt. Er gelingt nur, wenn parallel sichergestellt wird, dass Testexperten im Team dabei sind und der Scrum Master oder ein Testexperte die Aufgaben eines Testmanagers mit übernimmt. Aber auch wenn Testexperten im Team vorhanden sind, kann die enge Zusammenarbeit im Team den Test schwächen, weil (wie in Fallstudie 8.2 berichtet) auch »hauptamtliche« Tester im Team ihr Projekt immer mehr aus einer »Entwicklerperspektive« betrachten und Testergebnisse zunehmend weniger kritisch beurteilen, als ein »unabhängiger Tester« es tun würde.

- **Teamübergreifende Sicht:**
Wenn in großen Projekten mehrere Scrum-Teams (als Feature-Teams) parallel arbeiten, wird eine übergeordnete »Sicht« benötigt, die das korrekte Zusammenspiel der Features über die Scrum-Teams hinweg im Blick hat. Auch wenn jedes Team für »sein« Teilprodukt Unit Tests, Integrations- und Systemtests erstellt und durchführt, so besteht hier die Gefahr, dass team- bzw. featureübergreifende Testszenarien zu wenig adressiert werden. Als Gegenmaßnahme sollten sich (wie die Scrum Master im Scrum of Scrums) auch die Testmanager oder die »hauptamtlichen« Tester der Teams regelmäßig untereinander austauschen und koordinieren, z.B. in einem »Scrum of Testers« (vgl. Fallstudie 8.4). Als weitere Maßnahme kann es auch sinnvoll sein, ein »übergeordnetes« Systemtestteam (s. Abschnitt 6.8.1) einzurichten. Dieses Systemtestteam stellt dann nicht nur sicher, dass es teamübergreifende Testszenarien gibt, sondern es kann auch die Pflege der Testframeworks übernehmen und diese den anderen Scrum-Teams als »Service« zur Verfügung stellen.

### 7.6.2 Testplanung in Scrum

Wie bereits mehrfach erwähnt, werden Testaktivitäten in Scrum in der gleichen Weise geplant und gesteuert wie alle anderen Aufgaben innerhalb eines Sprints: über Tasks, die im Rahmen der Sprint-Planung vom Product Backlog ins Sprint Backlog und auf das Taskboard wandern. In Bezug auf Testaufgaben gilt es hierbei, folgende Punkte zu beachten:

- **Definition of Ready (DoR):**
  »Die DoR dient der frühzeitigen Sicherstellung der Testbarkeit. Sie ist eine Checkliste, die bei der Erstellung der User Stories durch den Product Owner sowie bei deren Qualitätssicherung und spätestens bei der Übernahme von Stories vom Produkt- ins Sprint Backlog Anwendung findet« [URL: agiles Testen]. Ob eine User Story »ready« ist, erkennt das Team gut, wenn es die Story aus Testsicht betrachtet. Wenn es nicht gelingt, Testfälle zu entwerfen, oder unklar ist, wann ein Testergebnis als »passed« oder »failed« einzustufen wäre, dann bietet die Story offenbar zu viele Freiheitsgrade. Die Story sollte dann als nicht »ready« vom Team zurückgewiesen werden. Alternativ kann das Team die Lücken in der Story (im Sinne von Test First) füllen, indem es Testfälle ergänzt, die die fehlenden Aussagen liefern. Ein Pairing von Tester und Product Owner ist hier sehr sinnvoll.
- **Definition of Done (DoD):**
  »Die DoD verankert die Qualitätsziele. Sie ist eine weitere Checkliste und beschreibt, welche Ziele vom Team bei der Umsetzung der Story erreicht werden müssen, bevor diese als ›fertig zur Vorlage im Sprint-Review‹ betrachtet wird. In der DoD werden Testziele wie z.B. die notwendigen Testarten, die zu erreichende Testabdeckung und die Testendekriterien (i.a. die Entfernung aller gefundenen Fehler) festgeschrieben. Die DoD dient damit unmittelbar der Sicherstellung der Produktqualität und der Kundenzufriedenheit« [URL: agiles Testen].

Eine Testaufgabe kann explizit als eigenständiger Task formuliert werden, aber auch implizit als Done-Kriterium einer Programmieraufgabe. Wenn alle nötigen Tests schon automatisiert vorliegen, ist die implizite Variante problemlos. Wenn eine Story oder ein Feature erstmalig getestet wird oder wenn Tests zu automatisieren sind, ist es ratsam, diese Aufgabe(n) explizit als separate Task(s) zu behandeln.

## 7.7 Skills, Ausbildung, Werte

Softwaretesten hat sich zu einem etablierten, professionellen Berufsbild entwickelt. Mit Test- und Qualitätssicherungsaufgaben werden heute in vielen Projekten speziell ausgebildete und zertifizierte Softwaretester betraut und diese leisten dort einen ganz wesentlichen Beitrag zum Projekterfolg.

*Hohe Expertise in Softwaretest und Qualitätssicherung ist unverzichtbar.*

Hohe Expertise in Softwaretest und Softwarequalitätssicherung ist angesichts der immer komplexer werdenden Softwaresysteme in jedem Softwareteam unverzichtbar, auch und gerade im agilen Projekt. Denn agiles Testen bedeutet nicht, dass weniger, laxer oder schlechter getestet wird als früher. Im Gegenteil! Testen erhält im agilen Projekt eine vorher nicht gekannte, zentrale Funktion: Testfälle definieren das System und lösen Spezifikationen ab (Test First), Tests werden umfassend automatisiert und kontinuierlich durchgeführt (Continuous Testing). Das Entwerfen guter Testfälle ist eine anspruchsvolle Tätigkeit, die ohne Ausbildung in Testentwurfstechniken nicht gelingt. Testautomatisierung erfordert Know-how in der Programmierung und Toolkenntnisse. Analoges gilt für Codeanalyse, Continuous Integration, Reviewtechniken usw.

Da Scrum die Rolle des Testers nicht explizit beschreibt und die Rolle des Testmanagers nicht einmal erwähnt, sind leider oftmals Scrum-Teams anzutreffen, denen die nötige Expertise fehlt, um diese Testaufgaben fachgerecht zu erledigen. Das ist riskant! Denn Scrum verlässt sich stark auf die Wirksamkeit von Feedbackschleifen, und eines der wichtigsten Mittel, um in der Softwareentwicklung Feedback zum Produkt zu generieren, ist Testen.

Im interdisziplinären Team ist hiervon jedes Teammitglied betroffen. Zumindest in den grundlegenden Testtechniken sollten daher alle Teammitglieder, also auch die Programmierer, geschult werden. Umgekehrt müssen Tester Grundlagen der Programmierung erlernen. Testautomatisierung, aber auch Codeanalyseaufgaben erfordern dies. Die Anwendung all dieser Techniken muss eingeübt werden. Die Personalverantwortlichen im Unternehmen müssen diese veränderten Anforderungen berücksichtigen und sollten gemeinsam mit Scrum Master und QM-Stab bzw. Quality-Service-Team (vgl. Abschnitt 7.2.2) ein entsprechendes Aus- und Weiterbildungsprogramm für ihre Teams zusammenstellen und anbieten.

*ISTQB® Certified Tester Syllabi und Trainings*

Der internationale Maßstab ist hier die Ausbildung zum Certified Tester nach ISTQB®-Standard. Der Foundation-Level-Lehrplan deckt alle grundlegenden Techniken ab: von Äquivalenzklassenanalyse über Grenzwertanalyse bis zum zustandsbasierten Testen. Der Stoff adressiert damit alle Teststufen von Unit Test bis Abnahmetest (vgl. Kap. 4 bis 6), mit denen ein agiles Team unweigerlich konfrontiert ist. Die Lehrplanausgabe v4 (ab 2023) behandelt zusätzlich die wichtigsten, für agiles Testen spezifischen Testtechniken.

Für Teams, die bereits über eine Ausbildung zum Certified Tester – Foundation Level (nach altem Syllabus) verfügen, ist eine Zusatzausbildung nach »ISTQB® Certified Tester – Foundation Level Extension Syllabus – Agile Tester« sinnvoll. Dieser Lehrplan ist parallel weiterhin gültig.

Die ISTQB® Certified Tester – Advanced- und Expert-Level-Lehrpläne vertiefen die Lehrinhalte und eignen sich für Teammitglieder, die ihren Aufgabenschwerpunkt bei Test- und Qualitätssicherungsaufgaben haben. Für agile Teams besonders relevant sind hier die Lehrpläne »ISTQB® Certified Tester – Advanced Level Syllabus – Agile Technical Tester (ATT)« und »ISTQB® Certified Tester – Advanced Level Syllabus – Agile Test Leadership at Scale (CTAL-ATLaS)«.

Die genauen Lerninhalte bzw. Lernziele sind in dem jeweiligen Lehrplan im Detail aufgelistet. Die Cross-Referenz-Listen in Anhang A zeigen, in welchen Kapiteln dieses Buches die entsprechenden Stoffteile behandelt werden.

Die deutschsprachigen Lehrpläne werden in Kooperation durch das Austrian Testing Board, das German Testing Board und das Swiss Testing Board herausgegeben [URL: ISTQB Syllabus]. Diese Boards organisieren auch das Prüfungswesen und überwachen die Ausbildungsangebote im deutschsprachigen Raum. Sämtliche Lehrpläne sind unter [URL: ISTQB Syllabus] zu finden, ebenso die aktuell akkreditierten Trainings- und Zertifizierungsanbieter. Die Trainingsangebote der imbus AG finden Sie unter [URL: iAkad].

*Trainings zu agilen Testtechniken*

Trainings, die sich auf agile Testtechniken konzentrieren und z.B. nur den Aspekt »exploratives Testen« behandeln, können eine Ergänzung zu den oben genannten Grundlagentrainings nach ISTQB® Certified Tester – Foundation Level sein, aber diese nicht ersetzen. Wie oben erwähnt und an vielen Stellen in diesem Buch deutlich gemacht, erfordert das Testen in agilen Projekten die gesamte Bandbreite an Testmethoden, und explorative Techniken sind nur ein Baustein innerhalb dieses Instrumentariums.

*Veränderte Wertvorstellungen*

Die Umstellung auf agile Vorgehensweisen bringt natürlich auch Veränderungen im Arbeitsstil mit sich. Aus dem Blickwinkel von Qualitätsmanagement und Qualitätssicherung sind hier vor allem zwei Veränderungen zu nennen: Das Qualitätsmanagement wandelt sich von einem »top-down« zu einem »bottom-up« getriebenen Prozess. Qualitätsmanagement wird zum Dienstleister der agilen Teams. Die operative Qualitätssicherung »verliert« ihre Unabhängigkeit. Qualitätssicherung wird nicht mehr von einer externen Testgruppe erledigt, sondern passiert im Team. Damit verbunden sind auch veränderte Wertvorstellungen von Testern und QS-Experten, die in agilen Teams mitarbeiten:

- Ein konstruktives Verhältnis zwischen allen Teammitgliedern zählt mehr als Testprozesse und Testwerkzeuge.
- Getestete Software ist entscheidender als umfassende Testdokumentation.
- Die kontinuierliche Zusammenarbeit mit dem Kunden ist wichtiger als formale Abnahmetests am Projektende.
- Das Reagieren auf Veränderung hat höhere Priorität als das Befolgen eines Testplans.

Als Soft Skills sind damit einhergehend Eigenschaften gefragt wie Zusammenarbeit, Pairing, Kommunikation statt Dokumentation, Selbstorganisation, Eigeninitiative und aktive Informationsbeschaffung.

Für Test- und QS-Experten, die seit vielen Jahren im Bereich Test und Qualitätssicherung arbeiten, bedeutet dies, dass ihr methodisches Rüstzeug wichtiger und wertvoller ist als jemals zuvor.

## 7.8 Checkfragen und Übungen

### 7.8.1 Self-Assessment

*Fragen, anhand derer die Leserinnen und Leser nach jedem Kapitel ihre eigene Situation bzw. ihr eigenes Projekt hinsichtlich »wie agil sind wir« beurteilen können.*

1. Wie beurteilen Sie das QM-System Ihres Unternehmens? Stimmen die Regelungen mit der Unternehmenspraxis im Wesentlichen überein? Oder bilden sie eher eine »Parallelwelt«?
2. Sind die Regelungen aktuell? Von wann datiert das letzte Update des Systems?
3. Finden Sie Ihre eigenen Aufgaben oder die Ihres Teams angemessen abgebildet? Befolgen Sie persönlich die Regelungen, die für Ihren Zuständigkeitsbereich gelten?
4. Kennen Sie alle Qualitätsmanagement-Dokumente, die Ihren Arbeitsbereich betreffen? Wie lange benötigen Sie, um ein bestimmtes Dokument zu finden und nachzuschlagen?
5. Wie werden geänderte oder neue Prozesse eingeführt? Was kann das einzelne Team entscheiden, was wird zentral vorgegeben?
6. Sofern Sie an einem Audit teilgenommen haben: Welche Befunde gab es und haben Sie oder Ihr Team seither Korrekturmaßnahmen umgesetzt?

7. Falls Ihr Team (schon) agil arbeitet: Wie beurteilen Sie die Zusammenarbeit Ihres Teams mit dem Scrum Master und dem QM-Stab/Quality-Service-Team?
8. Wird das, was in den Retrospektiven angesprochen wird, auch umgesetzt? Was könnte diesbezüglich verbessert werden?
9. Welche analytischen QS-Maßnahmen außer »Testen« und welche Techniken im Sinne »konstruktiver QS« kommen in Ihrem Projekt zum Einsatz? Welche Maßnahmen oder Techniken werden nicht genutzt, obwohl sie sinnvoll wären? Aus welchen Gründen?
10. Falls Ihr Team (schon) agil arbeitet: Wie ist das »Testen« organisiert? Wie gut erfüllt/beherrscht Ihr Team die »Erfolgsfaktoren für agiles Testen«?
11. Wie sieht der aktuelle Testplan bzw. das Backlog Ihres Projekts aus? Können Sie aus diesem Plan ersehen, welche Testaufgaben heute oder kommende Woche zu erledigen sind? Sind das die Aufgaben, die tatsächlich durchgeführt werden? Werden damit rechtzeitig die »richtigen« Fehler gefunden?

### 7.8.2 Methoden und Techniken

*Fragen, anhand derer die Leserinnen und Leser nach jedem Kapitel den Stoff rekapitulieren können.*

1. Erläutern Sie den Begriff »PDCA-Zyklus«.
2. Betrachten Sie den Projektplan in Fallbeispiel 2–3 auf Seite 21. Welche PDCA-Zyklen lassen sich hier identifizieren?
3. Betrachten Sie den Scrum-Prozess in Abbildung 2–1. Welche PDCA-Zyklen lassen sich hier identifizieren?
4. Erläutern Sie den Unterschied zwischen einer »Team Charta« und einer Beschreibung des agilen Entwicklungsprozesses im QM-System.
5. Erklären Sie die beiden Scrum-Werkzeuge »Sprint-Review« und »Sprint-Retrospektive«.
6. Was versteht man unter »Traceability«? Warum fordern einschlägige Normen, dass bei der Entwicklung von Software für sicherheitskritische Produkte Traceability gegeben sein muss?
7. Nennen Sie Vor- und Nachteile einer organisatorisch/personellen Trennung zwischen Entwicklern und Prüfern/Testern.
8. Erklären Sie das agile Prinzip »Überprüfung und Anpassung«.
9. Nennen Sie Vor- und Nachteile der Zusammenarbeit im interdisziplinären Team. Welche Risiken sind damit verbunden?
10. Nennen und erläutern Sie die Erfolgsfaktoren für agiles Testen.

### 7.8.3 Weiterführende Übungen

*Übungen und Fragen, anhand derer die Leserinnen und Leser einige Punkte, die im Kapitel eventuell nur angerissen wurden, weiter durchdenken können.*

1. Unabhängig davon, ob Sie klassisch oder agil arbeiten: Beschreiben Sie Ihren Softwareentwicklungsprozess auf max. einer DIN-A4-Seite.
2. Wählen Sie ein zweites Softwareprojekt oder -team in Ihrem Umfeld. Wo weicht dessen Vorgehen von Ihrem (in der vorstehenden Übung) beschriebenen Vorgehen ab? Verallgemeinern Sie »Ihre« Prozessbeschreibung so, dass beide Ausprägungen gleich gut erfasst werden.
3. Sofern Ihr Softwareentwicklungsprozess agil ist: Beschreiben Sie im Stil einer Team Charta (vgl. Abschnitt 3.7), wie das »Sprint-Planungsmeeting« und die »Aufwandsschätzung« bei Ihnen funktionieren. Trifft diese Beschreibung nur auf Ihr Team zu oder auch auf andere Teams?
4. Gibt es im Unternehmen agile Vorgehensweisen oberhalb der Teamebene? Wird ein Framework zur agilen Skalierung eingesetzt? Beschreiben Sie, wie die entsprechenden Werkzeuge funktionieren und wie sie sich auf Ihr Projekt auswirken.

# 8 Fallstudien

*Dieses Kapitel präsentiert mehrere Fallstudien aus Industrie, Onlinehandel und Unternehmen der Softwarebranche. Diese spiegeln Erfahrungen und Lessons Learned wider, die die Autorinnen und Autoren der Beiträge sowie interviewten Personen bei der Einführung und Anwendung agiler Vorgehensweisen in ihrem jeweiligen Unternehmen gesammelt haben*[1].

## 8.1 Effektiver und schneller Testen mit Test Intelligence

Beitrag (2023) von Sven Amann und Elmar Jürgens, CQSE

Testautomatisierung ist ein entscheidender Baustein, um Releasezyklen zu verkürzen. In der Praxis – insbesondere dort, wo große Systeme entwickelt werden – beobachten wir allerdings zunehmend, dass auch automatisierte Testsuites stunden- oder sogar tagelang laufen. In Konsequenz werden solche Testsuites häufig aus der Continuous Integration (CI) herausgenommen und nur noch nachts, am Wochenende oder sogar noch seltener ausgeführt.

Gleichzeitig beobachten wir, dass selbst bei stark strukturierter Testplanung etwa die Hälfte aller Codeänderungen einem Test entgehen können (vgl. [Eder et al. 13], [Juergens & Pagano 16]). Und wenn neue Tests erstellt werden, um dem entgegenzuwirken, verlängert sich wiederum die Gesamtlaufzeit der Testsuites. Ein Teufelskreis.

Um dieser Negativschleife zu entkommen, richten wir unseren Testprozess mithilfe automatisierter Analyseverfahren an den Codeänderungen aus (vgl. Abschnitt 5.5.3). Ein Ansatz, den wir *Test Intel-*

1. Dieses Kapitel wurde um eine Fallstudie erweitert, die den Einsatz fortgeschrittener Werkzeuge zur Codeanalyse vorstellt (Fallstudie 8.1). Die Fallstudie 8.3 »Systemtest nonstop« wurde aktualisiert. Die anderen Fallstudien wurden unverändert aus der 2. Auflage dieses Buches übernommen, da sie nach wie vor lehrreich sind. Die Angaben zum Arbeitgeber beziehen sich jeweils auf das Jahr der Erstellung der betreffenden Fallstudie.

*ligence* nennen. Test Intelligence kann 90 % aller Fehler in nur 2 % der Testlaufzeit identifizieren [Juergens et al. 18] und gleichzeitig jederzeit alle ungetesteten Änderungen im Blick behalten (vgl. [Eder et al. 13], [Juergens & Pagano 16]).

Im folgenden Erfahrungsbericht erklären wir die wichtigsten Bausteine der Test Intelligence (Test-Impact-Analyse, Pareto-Testing und Test-Gap-Analyse) anhand eines Demo-Beispiels und schildern anschließend die Einsatzerfahrung aus verschiedenen Kundenprojekten.

### 8.1.1 Test Intelligence – eine Fallstudie

Zur Veranschaulichung von Test Intelligence verfolgen wir eine Änderungsanforderung durch den Entwicklungs- und Testprozess. Da konkrete Änderungen in industriellen Softwaresystemen oft der Geheimhaltung unterliegen und zudem ohne Branchenwissen schwer nachvollziehbar sind, betrachten wir hier eine Änderung am Open-Source-System DigiBank.

DigiBank[2] ist eine beispielhafte Onlinebanking-Anwendung. Der Product Owner möchte, dass diese Anwendung zukünftig allen kontoführenden Personen die Möglichkeit bietet, monatlich einen fixen Betrag von ihrem Girokonto auf ihr Sparbuch zu überweisen (siehe Abb. 8–1). Diese User Story wurde im Ticketsystem des Entwicklungsteams unter der Id 133749 angelegt (siehe Abb. 8–2) und vom Team für den aktuellen Entwicklungs-Sprint eingeplant. Die Entwicklungsarbeit erfolgt auf einem entsprechenden Feature-Branch und soll nun getestet werden.

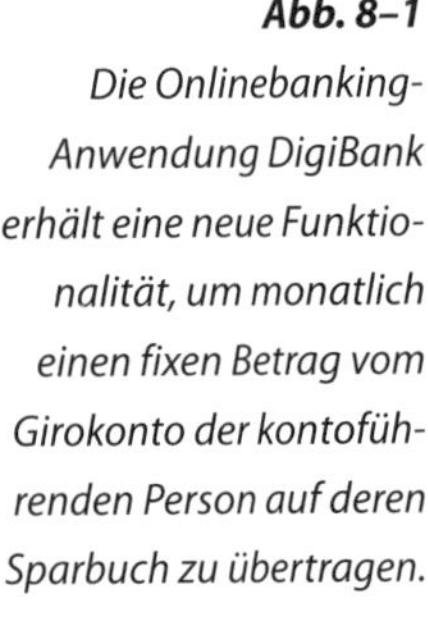

**Abb. 8–1**
*Die Onlinebanking-Anwendung DigiBank erhält eine neue Funktionalität, um monatlich einen fixen Betrag vom Girokonto der kontoführenden Person auf deren Sparbuch zu übertragen.*

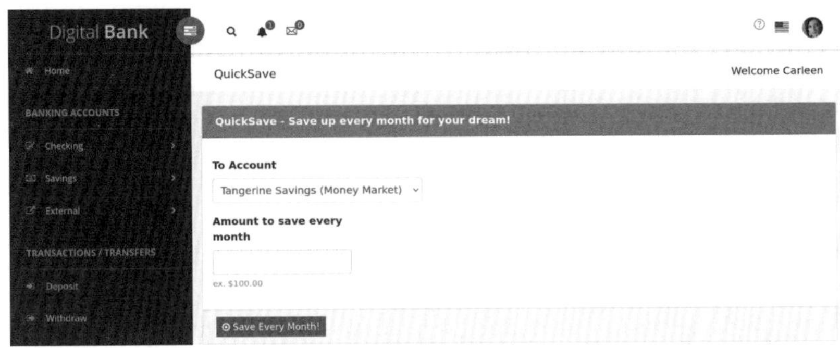


2. *https://github.com/digisic/digitalbank-gen-one*

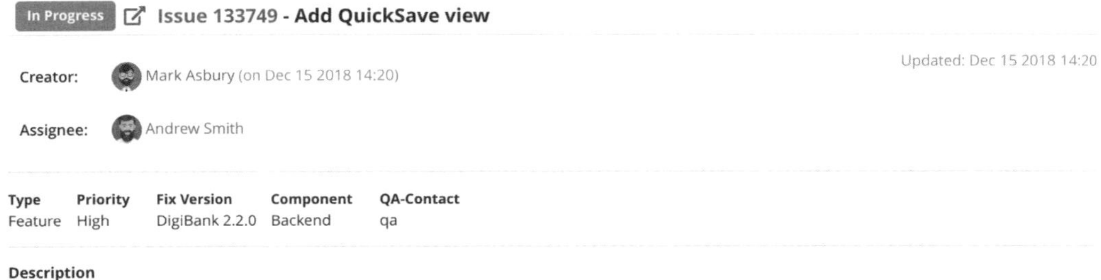
In Progress Issue 133749 - Add QuickSave view
Creator: Mark Asbury (on Dec 15 2018 14:20)
Updated: Dec 15 2018 14:20
Assignee: Andrew Smith

| Type | Priority | Fix Version | Component | QA-Contact |
|---|---|---|---|---|
| Feature | High | DigiBank 2.2.0 | Backend | qa |

Description

Allow users to easily save 100€ to their savings account. This should just take one click of a button.

***Abb. 8–2***
*User Story für die Änderungsanforderung im Ticketsystem des Entwicklungsteams*

## Schnelles Testfeedback mit Test-Impact-Analyse

Im ersten Schritt nutzen wir die bestehenden automatisierten Tests des Systems. Diese insgesamt 108 Tests haben eine Gesamtlaufzeit von knapp 10 Minuten.[3] Da wir so lange nicht warten möchten, nutzen wir die Test-Impact-Analyse, um den Feedbackzyklus zu verkürzen. Die Test-Impact-Analyse wählt aus unserer gesamten Testsuite vollautomatisch diejenigen Tests aus, die für die zu testenden Änderungen relevant sind. Dafür haben wir im Vorhinein einmalig alle Tests ausgeführt und für jeden einzelnen Test mittels eines Profilers aufgezeichnet, welchen Teil unserer Codebasis er durchläuft (Codeabdeckung) und in welcher Laufzeit.

In der CI ermittelt die Test-Impact-Analyse dann aus dem Versionskontrollsystem, welche Codeänderungen im Rahmen unserer User Story erfolgt sind, und bestimmt anhand der aufgezeichneten Codeabdeckung, welche Tests überhaupt an den Codeänderungen vorbeikommen. Abbildung 8–3 zeigt die erfassten Änderungen (Affected Files) und den in diesem Fall einzigen änderungsrelevanten Testfall (Impacted Tests).

Da wir die Test-Impact-Analyse mit der Testausführung in unserer CI verknüpft haben, nutzt die CI nun direkt das Ergebnis der Analyse und führt nur zwei der 108 Testfälle aus: unseren änderungsrelevanten Test und einen weiteren Testfall, der im Rahmen der Änderungen neu hinzukam. Da dieser zweite Testfall noch nie zuvor ausgeführt wurde, weiß die Test-Impact-Analyse nicht, welche Codebereiche der Test durchläuft, und schließt ihn konservativ mit ein.

3. Die gesamte Testlaufzeit von 10 Minuten in unserem Beispielprojekt wäre in der Praxis vermutlich unproblematisch. Trotzdem genügt sie uns hier, um das Potenzial der vorgestellten Ansätze zu demonstrieren. Im nachfolgenden Abschnitt stellen wir entsprechende Szenarien aus realen Projekten vor.

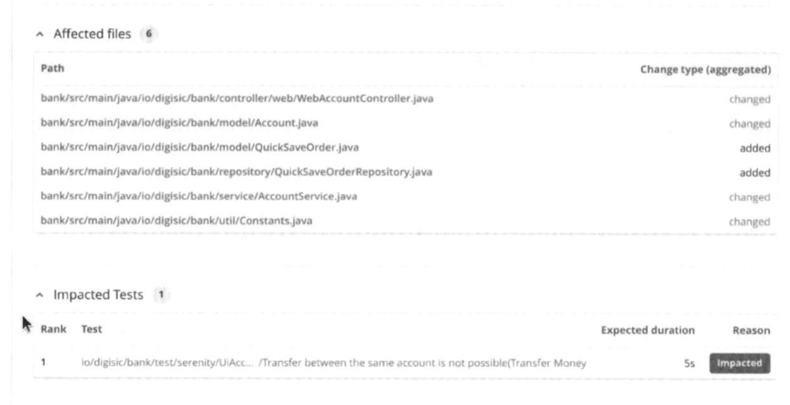


*__Abb. 8–3__*
*Die Test-Impact-Analyse ermittelt automatisiert alle Codeänderungen (Affected Files) und änderungsrelevanten Testfälle (Impacted Tests) für unsere User Story.*

Auf diese Weise erfahren wir nach nur etwa 1,5 Minuten (kompletter CI-Lauf, inklusive Kompilierung des Softwaresystems), dass der neue Testfall zwar erfolgreich durchläuft, der Regressionstest aber fehlschlägt. Bei der Fehlersuche unterstützt uns erneut die Test-Impact-Analyse, indem sie identifiziert, welche Änderungen seit der letzten erfolgreichen Testausführung vorgenommen wurden und (anhand der Angaben im Versionskontrollsystem) wer diese Änderungen vorgenommen hat. Damit können wir die Fehlersuche in diesem Fall auf nur zwei Methoden im Quellcode eingrenzen und wissen, mit wem wir sprechen müssen.

Ist der Fehler behoben und die entsprechende Codeänderung im Versionskontrollsystem eingestellt, läuft die CI erneut und gibt uns diesmal sogar in etwas weniger als 1,5 Minuten Rückmeldung, dass der fehlgeschlagene Test nun wieder durchläuft. Wir konnten damit zwei vollständige CI-Läufe in weniger Zeit ausführen, als wir benötig hätten, um einmalig alle Tests auszuführen (weniger als 3 Minuten statt 10 Minuten).

Die Test-Impact-Analyse wählt eine Teilmenge von Tests passend zu einer konkreten Codeänderung aus, damit wir schneller Testfeedback auf diese Änderung bekommen. In einer Studie an Open-Source-Systemen haben wir herausgefunden, dass die Test-Impact-Analyse im Schnitt 90 % der Fehler, die von der gesamten Testsuite gefunden würden, in nur 2 % der Gesamtausführungszeit finden kann. Allerdings sind Einrichtung und Betrieb der Analyse aufwendig, da Testausführung und Analyse eng integriert werden müssen. Bei sehr langen Testlaufzeiten oder wenn sehr hohe Entwicklungsgeschwindigkeit erforderlich ist, kann das gerechtfertigt sein. Andernfalls können wir auf Pareto-Testing zurückgreifen.

### Effizientes Testen mit Pareto-Testing

Pareto-Testing sortiert die Tests unserer gesamten Testsuite vollautomatisch so, dass bei der Ausführung möglichst schnell eine möglichst breite Abdeckung der gesamten Codebasis erreicht wird. Statistisch werden so möglichst viele Fehler möglichst früh während der Testausführung gefunden. Wir können dann frei entscheiden, wie viel Zeit wir in diese Art Smoke-Test investieren möchten.

Abbildung 8–4 (rechts) zeigt auf dem Pareto-Graphen, mit wie viel Testlaufzeit wir welchen Teil der Codeabdeckung der gesamten Testsuite erreichen können. Im Fall unserer DigiBank-Anwendung genügen beispielsweise bereits 8 % der Tests (bzw. 30 Sekunden Testlaufzeit) für 92 % der relativen Methodenabdeckung. Die Abdeckungsansicht (links) zeigt uns, dass wir damit nur zwei Quellcodemethoden weniger durchlaufen würden als mit allen Tests.

***Abb. 8–4***
*Smoke-Test mit Pareto-Testing. Wir maximieren die Wahrscheinlichkeit, innerhalb eines bestimmten Budgets möglichst viele Fehler zu finden.*

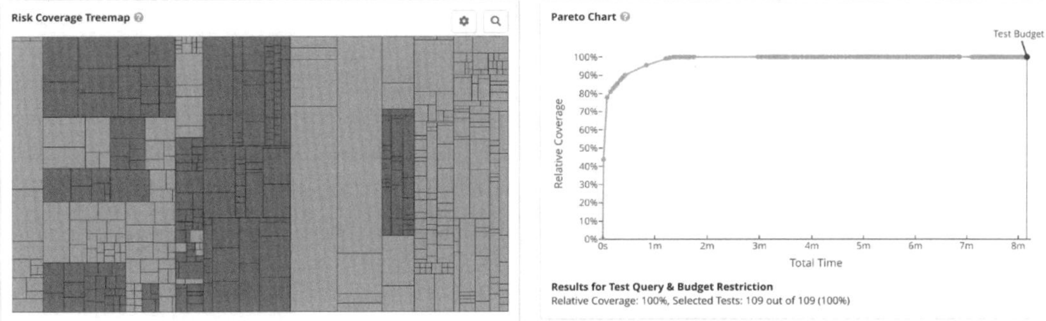


In einer Studie an Open-Source-Systemen haben wir herausgefunden, dass Pareto-Testing 90 % aller Fehler, die von der gesamten Testsuite gefunden werden können, in 15 % der Gesamtausführungszeit finden kann. Das ist zwar ein geringerer Effizienzgewinn als beim Einsatz der Test-Impact-Analyse, jedoch immer noch ein enormer Gewinn – bei deutlich weniger technischem Aufwand. Pareto-Testing erfordert nämlich keine direkte Integration in die Testausführung, da die Sortierung in größeren Zeitabständen (z. B. monatlich) erfolgt und dann als fixe Testliste in der CI genutzt werden kann.

### Höherer Testerfolg durch Test-Gap-Analyse

Wir haben nun effizient sichergestellt, dass die Änderungen im Kontext unserer User Story keine Regression verursachen. Umgekehrt wissen wir aber noch nicht, ob wir die Änderung auch vollständig getestet haben. Diese Frage zu beantworten ist in der Praxis so schwierig, dass auch bei hoch strukturierter Testplanung mitunter über die Hälfte aller Codeänderungen ungetestet durchrutschen können [Eder et al. 13]. Die Test-Gap-Analyse hilft uns, das zu verhindern.

Die Test-Gap-Analyse gleicht die Änderungen im Code automatisch mit der Codeabdeckung unserer Testaktivitäten ab. Abbildung 8–5 zeigt das Ergebnis dieses Abgleichs für unsere User Story im Anschluss an den vorangegangenen CI-Lauf. Wir sehen, dass von den vier geänderten und neuen Methoden nur eine durchlaufen (links) wurde, die drei anderen jedoch nicht. Diese drei Methoden nennen wir Issue-Test-Gaps, da unsere Testaktivitäten keine Fehler in ihnen gefunden haben können.

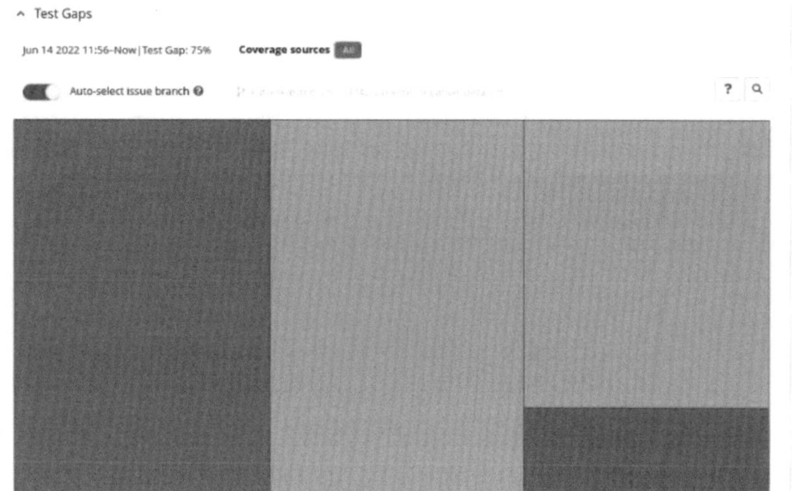


***Abb. 8–5*** *Issue-Test-Gaps für unsere User Story nach Ausführung der Regressionstests*

Durch die Test-Gap-Analyse wissen wir also, welche konkreten Änderungen noch ungetestet sind, sodass wir weitere erforderliche Tests leicht identifizieren können. Dabei gilt, dass nicht jede ungetestete Änderung automatisch auch einen weiteren Test rechtfertigt. Vielmehr sollten wir unter Berücksichtigung der Aufwände und Risiken informierte Entscheidungen für eine angemessene Testplanung treffen.

Überdies erlaubt uns die Test-Gap-Analyse, neben der Betrachtung einzelner User Stories, auch eine globale Ansicht auf unser Softwaresystem. Abbildung 8–6 zeigt eine solche Betrachtung für die gesamte Codebasis des DigiBank-Systems. So können Testverantwortliche leicht erkennen, ob es noch größere Lücken (z.B. den großen Bereich ganz rechts) in den Testaktivitäten gibt und auch auf dieser Ebene informierte Entscheidungen im Sinne der Testplanung treffen.

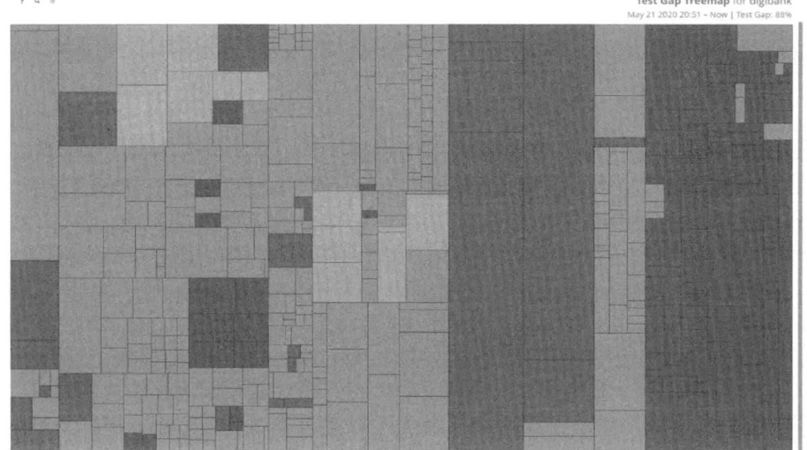


***Abb. 8–6***
*Test-Gap-Analyse für die gesamte DigiBank-Codebasis erlaubt informierte Entscheidungen bei der Testplanung.*

### Grenzen der Analysen

Die Test-Impact-Analyse und Pareto-Testing sind statistische Verfahren zur Beschleunigung des Testfeedbacks aufgrund von Wahrscheinlichkeiten. Keine der beiden Analysen garantiert, dass in weniger Testlaufzeit alle Fehler gefunden werden, die von der gesamten Testsuite gefunden werden würden. Insbesondere sind beide Analysen blind gegenüber Änderungen, die sich nicht als Codeänderungen ausdrücken, sondern beispielsweise über die Konfiguration. In jedem Fall sollten daher weiterhin regelmäßig alle Tests zur Ausführung kommen, um die ggf. verbliebenen Fehler zu finden. Der Nutzen der Analysen liegt darin, dass wir trotz langer Testlaufzeiten schnell möglichst gutes Testfeedback erhalten.

Auch die Test-Gap-Analyse betrachtet nur Codeänderungen und keine Konfigurations- oder Datenänderungen. Wie alle Testverfahren kann sie die Abwesenheit von Fehlern nicht garantieren. Sie kann auch nicht bewerten, wie gut einzelne Codebereiche getestet wurden. Der Wert liegt vielmehr darin, dass sie Codebereiche aufdeckt, die versehentlich ungetestet geblieben sind.

## 8.1.2 Ergebnisse bei Dolby, BVK und Munich Re

Im vorangegangenen Abschnitt haben wir Test Intelligence im beispielhaften Einsatz gesehen. Jetzt wollen wir den Nutzen im Einsatz bei verschiedenen unserer Kunden betrachten.

### Test-Impact-Analyse bei Dolby Germany GmbH

In der Audio-Sparte von Dolby Germany GmbH (Dolby) müssen die Softwaresysteme oft für eine Vielzahl von Parameterkombinationen (z.B. verschiedene Lautsprecherkonfigurationen, Bitraten und Frameraten) getestet werden. Dadurch steigt die Anzahl der Tests (und damit die Gesamtlaufzeit) immer wieder stark an. Die Testlaufzeit pro System liegt zwischen 3-12 Stunden. Daher entschied sich Dolby, die Test-Impact-Analyse einzusetzen, um den Entwicklerinnen und Entwicklern Testfeedback aus der CI innerhalb von 10 Minuten garantieren zu können. Innerhalb des ersten Jahres seit der Aktivierung konnte diese Garantie durchgehend eingehalten werden, obwohl die Gesamtzahl der Tests im gleichen Zeitraum um 57,4 % zunahm. Lars Kempe von Dolby resümiert: »Das lässt sich super integrieren. Wir sind glücklich damit!«

### Pareto-Testing bei der Bayerischen Versorgungskammer

Die Bayerische Versorgungskammer (BVK) evaluierte die Test-Impact-Analyse und das Pareto-Testing zunächst an ihrer Anwendung »Futura«. Zu diesem Zeitpunkt wurden dort ca. 9.000 Tests jede Nacht ausgeführt. Nach durchschnittlich 12 Stunden Testlaufzeit kam das Testfeedback dann üblicherweise im Laufe des folgenden Vormittags.

Die Evaluation auf den historischen Daten aus dem Vorjahr ergab, dass die Test-Impact-Analyse 93 % der Testfehlschläge in weniger als 17 % der Testlaufzeit gefunden hätte. Mit Pareto-Testing konnten 99,2 % der relativen Methodenabdeckung in nur einer Stunde Laufzeit erreicht werden, wobei immer zumindest ein und im Schnitt 17 % der änderungsrelevanten Tests zur Ausführung kamen.

Die BVK entschied sich anschließend für den Einsatz von Pareto-Testing und führt über den Tag alle zwei Stunden für eine Stunde Tests in entsprechender Reihenfolge aus (zusätzlich zu den vollständigen nächtlichen Testläufen). In den zwei Jahren seither konnten so 70 % der Testläufe mit fehlschlagenden Tests in nur 5 % der Laufzeit gefunden werden.

### Test-Gap-Analyse bei der Munich Re

Die Münchner Rückversicherungsgesellschaft (Munich Re) setzt seit über 10 Jahren die Test-Gap-Analyse auf einem breiten Portfolio von Softwaresystemen ein. Bevor die Analyse dort in der Breite ausgerollt wurde, konnten wir in einer Studie über zwei Releases und einen Zeitraum von 14 Monaten nachvollziehen, dass trotz eines strukturierten Testprozesses über 50 % der Codeänderungen ungetestet blieben. Auf diese ungetesteten Codeänderungen konnten wir retrospektiv 5-mal mehr Feldfehler zurückführen als auf andere Codebereiche. Das bedeutet, dass dem Testprozess insgesamt 60 % der Fehler entgingen.

Durch systematischen Einsatz der Test-Gap-Analyse konnte die Munich Re ihren Test-Gap von damals über 50 % auf rund 10 % reduzieren. Legt man dieselben Fehlerraten zugrunde, folgt daraus, dass dem Testprozess heute nur noch 30 % der Fehler entgehen. Die Test-Gap-Analyse hat also effektiv dazu beigetragen, die Feldfehler in Anwendungen der Munich Re um die Hälfte zu reduzieren! Uwe Proft von der Munich Re unterstreicht: »Die Transparenz, die wir durch die Analyse schaffen, ist essenziell. Und dabei sind die Kosten wesentlich kleiner als der Nutzen, den wir daraus ziehen.«

#### Fazit

Wir haben gesehen, dass Testautomatisierung nicht ausreicht, um den Anforderungen immer kürzerer Releasezyklen im agilen Umfeld gerecht zu werden. Daher richten wir unsere Testprozesse mittels Test Intelligence an den Codeänderungen aus, um das Feedback aus unseren Testaufwänden um ein Vielfaches zu beschleunigen und gleichzeitig sicherzustellen, dass wir bei der Testplanung immer alle Codeänderungen im Blick haben.

## 8.2 Scrum in der Entwicklung von Video- und Audiosoftware

Interview (2012) mit Dr. Stephan Albrecht,
Manager Interplay Escalation and Tools bei AVID in München

AVID, 1987 nahe Boston/USA gegründet, ist ein an der Nasdaq börsennotiertes Unternehmen, das Lösungen für die digitale Video- und Audioproduktion entwickelt und vermarktet. Die Produktpalette reicht dabei vom digitalen Video-Editing-System für den privaten Anwender (Pinnacle Studio, Avid Studio) bis zu Systemen für die professionelle Film- und TV-Produktion (u.a. Avid Interplay, Avid Media Composer). Viele der weltweit erfolgreichsten Werbespots, Musikvideos, Fernsehsendungen und Spielfilme werden auf AVID-Systemen produziert.

In diesem hochdynamischen Umfeld muss technisch sehr anspruchsvolle Software mit kurzen Reaktionszyklen auf höchstem Qualitätsniveau entwickelt werden. Denn einen Produktfehler kann der Kunde – im wahrsten Wortsinn – sehen und hören.

Schon immer wurde Software bei AVID deshalb nach einem stark iterativen Ansatz entwickelt. 2009 wurde dann entschieden, diesen Ansatz auszubauen und Scrum einzuführen. Die Fallstudie beschreibt die Erfahrungen bei der Einführung von Scrum in der Business Unit für »Media und Production Asset Management« mit ca. 100 Entwicklern an den Standorten Burlington, Kiew, Shanghai, Kaiserslautern und München.

### Gründe für die Einführung von Scrum

Im iterativen Ansatz wurde die Entwicklungsarbeit nach klassischem Muster von verschiedenen voneinander unabhängigen, auch örtlich getrennten Teams erledigt. Es gab beispielsweise am Standort München ein Designteam, mehrere Entwicklungsteams sowie ein Team für Systemtest und Qualitätssicherung. Ein Produktmanager verantwortete die Projektplanung und gab vor, welche Features in welchem Release zu realisieren waren.

Alles in allem funktionierte die iterative Entwicklung gut. Aber mit zwei Dingen war man unzufrieden: Die Teams redeten zu wenig miteinander, was Missverständnisse und als Folge vermeidbare Fehler produzierte. Und die Projektpläne – egal wie oft und mit wie viel Aufwand gepflegt – hinkten permanent der Wirklichkeit hinterher. Scrum war daher der naheliegende Schritt, beide Problemfelder zu adressieren und allgemein noch etwas besser und schneller zu werden.

### Umstieg

Die bisherigen Teams (Designteam, Entwicklungsteam, Systemtest-/Qualitätssicherungsteam) wurden aufgelöst und als fachübergreifende (cross-functional) Teams mit neuen Verantwortlichkeiten neu gebildet. Jedes Team ist seither für ein bestimmtes Produkt zuständig und vereint sämtliche Kompetenzen innerhalb des Teams. Das heißt, in jedem Team gibt es nun Designer, Entwickler, Tester sowie Qualitätssicherungsexperten. Die ehemaligen Teamleiter wurden (über externe Trainings) zum Scrum Master ausgebildet und haben dann je ein Team (als Scrum Master, aber auch als Linienvorgesetzte) übernommen.

### Stolpersteine

Die neuen Scrum Master agierten anfangs in vielen Fällen zu dominant, in ihrem gewohnten Stil als Teamleiter. Dies wurde sichtbar, als immer wieder Features zum Sprint-Ende nicht fertig waren und die Teammitglieder sich beschwerten, dass der Scrum Master die betreffenden Features »reingeplant« oder »erzwungen« hatte. Die Scrum Master hatten in diesen Fällen wie ehedem als Teamleiter einfach bestimmt, dass gewisse Features im Sprint zu realisieren sind (»Du machst dieses Feature, du jenes …«).

Auch bei der Besetzung der Rolle »Product Owner« gab es zunächst Schwierigkeiten. Wegen der hohen technischen Komplexität und der großen Feature-Vielfalt kamen nur wenige Personen als Product Owner infrage – wiederum meist die ehemaligen Teamleiter. Und so kam es vor, dass einige der Scrum Master auch die Rolle des Product Owners oder eines sogenannten »Proxy Product Owner« (lokales Sprachrohr des Product Owners) mit übernommen oder an sich gezogen haben.

Beides wurde daraufhin korrigiert und abgestellt. So wurde durch die Geschäftsleitung ein Product Owner bestimmt, der teamübergreifend die Product-Backlog-Pflege für die gesamte Business Unit »Media und Production Asset Management« übernahm, also für alle Teams zuständig war. Dieser bekam auch die Release-Verantwortung, d.h. die Entscheidungsgewalt über Zeitpunkt und Umfang externer Releases, mit entsprechendem Einfluss auf die Sprint-Planungen. Die Scrum Master passten nach und nach ihren Führungsstil an die neuen Gegebenheiten an oder sie wurden abgelöst und direkt aus dem Team gewählt. Darüber hinaus wurden einige Arbeitsmethoden und Hilfsmittel, insbesondere solche, die den Informationsaustausch zwischen den Teams betreffen, wie die Form der Backlogs oder der Burndown-Diagramme, zentral standardisiert.

### Wesentliche Veränderungen

Die ehemalige Matrixorganisation (Abteilungen × Projekte) wurde durch fachübergreifende Teams abgelöst. Ehemals zentralisierte Kompetenzen (wie z.B. der Systemtest) sind damit in die Verantwortung der Scrum-Teams gewandert. Zur Synchronisierung führt jedes Scrum-Team ein tägliches Standup-Meeting durch. Die Synchronisierung zwischen den Teams erfolgt in einem sogenannten Scrum-of-Scrums-Meeting per Videokonferenz.

Erwartungsgemäß fehlte zunächst in jedem Team ein Teil des Wissens, das früher in den spezialisierten Abteilungen wie z.B. der Qualitätssicherungsabteilung gebündelt war. Für die Betroffenen ist die Arbeit im Scrum-Team nun abwechslungsreicher, aber auch anspruchsvoller. Erfahrungslücken werden überbrückt, indem z.B. ein Kollege den anderen bittet, ihm »ein paar Tage zu helfen«. Mittelfristig muss sich allerdings jeder fehlendes Wissen selbst aneignen.

Bis auf wenige sehr spezielle Themenbereiche gehört der Code nicht mehr einem einzelnen Entwickler, sondern dem Team. Das heißt, jeder im Team darf grundsätzlich jeden Code bearbeiten. Manche Mitarbeiter empfinden das zunächst als Verlust von Verantwortung. Viele sehen darin aber eine neue Herausforderung, sich mit neuen Facetten des Produkts auseinandersetzen zu müssen oder zu dürfen. Allerdings gibt es bei AVID keine teamübergreifende »Code Ownership«! Mitarbeiter außerhalb des Teams dürfen den Teamcode nicht ändern. Angesichts der Komplexität der Produkte wäre das zu fehlerträchtig und die Abstimmung zwischen den Teams wäre auch zu aufwendig. Für viele komplexe Codebereiche sind das nötige Spezialwissen und der Einarbeitungsaufwand sogar so hoch, dass für solche Codebereiche auch innerhalb des Teams die Code Ownership durch einen verantwortlichen Spezialisten beibehalten wurde.

Auch im Requirements Engineering ergaben sich Veränderungen. Hier wurde zum Beispiel der Status »User Story Ready« eingeführt. Eine User Story (bzw. die davon abhängigen Feature-Tasks) darf nur dann in das Sprint Backlog übernommen werden, wenn User Story Ready gegeben ist. Der Zweck dabei ist, zu verhindern, dass unausgegorene User Stories zur Implementierung im Sprint landen und den Sprint dann behindern.

#### Veränderungen im Testbereich

Die Tester waren Mitarbeiter der zentralen Qualitätssicherungsabteilung und bildeten ein Systemtestteam. Die Qualitätssicherungsabteilung am Standort wurde aufgelöst. Der Spezialist für die Automatisierung von Systemtests, die Spezialistin für automatisierte Unit Tests, der manuelle Systemtester oder der Performance-Tester arbeiten jetzt als »Einzelkämpfer« in je einem Scrum-Team. Kurzfristig ist es daher weiterhin erforderlich, auf die Kollegen aus der Qualitätssicherung und deren Spezial-(Test-)Know-how zugreifen zu können. Doch auch hier bietet sich für die Scrum-Teammitglieder die Chance, dazuzulernen und ihr Test-Know-how zu verbreitern. Es gibt Tester (vorwiegend ehemalige Unit-Tester), die mittlerweile auch Code schreiben. Andere ehemalige Systemtester haben ihr Aufgabengebiet um Anwenderdokumentation, Anwendersupport u.a. erweitert. Was sich demgegenüber als viel schwieriger erwiesen hat, ist, bisherige »reine« Entwickler auch für Testaufgaben zu gewinnen. Der Fokus einiger Entwickler bei AVID liegt weiterhin nur »im Feature« und in den Implementierungsdetails.

#### Lessons Learned

- Die (internen) Releasezyklen (Sprints) wurden durch den Einsatz von Scrum kürzer. Von ehemals 1–3 Monate auf jetzt 1 Monat oder schneller. Dabei resultiert aber nicht jeder Sprint in einem externen Release.
- Sämtliche Arbeiten sind stark fokussiert auf das, was »committed« ist.
- Allerdings ist das zweischneidig, denn als Folge wird oft ungleichmäßig aus dem Backlog ausgewählt: Das kurzfristig erreichbare Kundenfeature gewinnt vor langfristig notwendigen Stabilisierungs- und Grundlagenarbeiten.

- Das Einreißen der alten Teamgrenzen ist ein großes Plus: Programmierer und Tester arbeiten Hand in Hand mit einem kontinuierlichen, direkten gegenseitigen Feedback. Daraus resultiert eine bessere zeitliche Reaktion auf (interne und externe) Fehlermeldungen.
- Schattenseite: Ein Bugtracking gibt es nur noch bei team- oder Sprintübergreifenden Problemen. Teamintern werden Bugs informell kommuniziert und zeitnah abgearbeitet. Als Folge lassen sich Problem-Hotspots schwerer erkennen als früher.
- Die enge Zusammenarbeit mit den Entwicklern im Team verbunden mit der Verbreiterung der Aufgabengebiete der Tester in Richtung Programmierung erzeugt mitunter auch bei Testern einen »Developer Mindset«. Tester argumentieren plötzlich aus einer »Entwicklerperspektive«, z.B. »Das geht nicht, weil ...«, oder stellen sich im Daily Scrum am Ende des Sprints ungern vor das Team und sagen: »Dieses Feature ist noch nicht done.«
- Mit der erhöhten Transparenz durch Backlog- und Taskboard-Karten am Whiteboard kommt jeder zurecht. Eher introvertierte Mitarbeiter tauen im morgendlichen Standup-Meeting oftmals auf. Die Voraussetzung dafür ist aber eine schon vorher gelebte offene Firmenkultur.
- Auch die Entwicklung von Basisfunktionalität (»Grundlagenentwicklung«) muss inkrementell ablaufen und Sprint für Sprint idealerweise etwas »Neues in für die Kunden nutzbarer Form« abliefern.
- Der Testautomatisierungsgrad wurde deutlich erhöht. Eine Reihe von Tests lässt sich jedoch nicht wirtschaftlich automatisieren. Daher gibt es vor jedem externen Release einen zusätzlichen »Test-Sprint«. Hier werden aufwendige, im Wesentlichen manuelle Tests gefahren, die nicht in jedem Build mitlaufen können.
- Fehler oder Abstimmungsprobleme sind nicht völlig beseitigt. Aber sie werden wesentlich früher erkannt und behoben. Das gilt auf allen Arbeitsebenen.
- Wenn etwas nicht funktioniert, dann wurde und wird reagiert und der betroffene Prozess konsequent korrigiert. Und zwar auch dann, wenn das Vorgehen nach der Korrektur eventuell nicht der reinen Scrum-Lehre oder Scrum-by-the-Book entspricht. Zum Beispiel wird (zum Zeitpunkt des Interviews) geprüft, wie die Unabhängigkeit der Tests und die übergreifende Einheitlichkeit der Tests verbessert werden können. Diese Überlegungen beinhalten die Durchführung von Release-Sprints in für diesen Zweck temporär zusammengestellten Teams. Und weil sich zeigt, dass für einige Dinge weiterhin zentrale Vorgaben hilfreich sind, wird auch überlegt, wieder eine zentrale Systemtest- und Qualitätssicherungsverantwortung einzuführen. Wie man das umsetzt, ist noch in Diskussion.

### Fazit

Insgesamt zieht Dr. Stephan Albrecht ein positives Fazit: »Ein absoluter Vorteil von Scrum ist das sehr enge Zusammenspiel von Entwicklung und Test und die dadurch möglichen kurzen Zyklen. Für den Tester wächst damit allerdings die Herausforderung, sich seine Objektivität und Distanz gegenüber dem Testobjekt zu bewahren.«

## 8.3 Systemtest nonstop – Scrum in der Test*Bench*-Toolentwicklung

Interview (2012) mit Joachim Hofer, Entwicklungsleiter Test*Bench*,
und Dierk Engelhardt, Produktmanager Test*Bench*, imbus AG, Möhrendorf
(Update 2023 durch Dierk Engelhardt)

imbus ist ein spezialisierter Lösungsanbieter für die Qualitätssicherung und das Testen von Software mit rund 400 Mitarbeitenden (Stand 2023) in Deutschland und an weiteren Standorten international. Das Angebot umfasst die Beratung zu Prozessverbesserung, Softwaretest-Services, Testoutsourcing, Testwerkzeuge und Training. Kunden sind Großunternehmen und Mittelständler aller Branchen, u.a. aus der Automobilindustrie, Bahntechnik, Medizintechnik, Telekommunikation, dem Finanzwesen und der öffentlichen Verwaltung.

Die Test*Bench* ist ein von imbus entwickeltes, leistungsstarkes Testmanagementwerkzeug und deckt von der Testplanung, dem Testdesign und der Testautomatisierung bis zur Testdurchführung und dem Reporting alle Aufgaben ab, die im Softwaretest anfallen. Das Werkzeug ist in Java und Scala entwickelt worden. Das Test*Bench*-Team bei imbus besteht aus 20–25 Personen. Die Einführung und Integration des Produkts beim Kunden leisten weitere Test*Bench*-Produktberater. Bis 2010 erfolgte die Entwicklung nach einem iterativen, aber phasenorientierten Entwicklungsprozess. Programmierer und Tester arbeiteten in zwei Gruppen getrennt. Das Team produzierte ein bis zwei Major-Releases jährlich.

### Verbesserungsziele

Dieser Entwicklungsprozess führte zu den aus phasenorientierten Vorgehensmodellen bekannten typischen Schwierigkeiten: Der Systemtest startete nach Abschluss der Implementierung, als die Programmierer sich bereits freuten, dass die Iteration abgeschlossen war. Die Systemtester dämpften diese Freude dann regelmäßig mit einer Serie von Fehlermeldungen. Aus Sicht der Programmierer kamen diese Fehlermeldungen unnötig spät und adressierten leider auch Probleme, die Eingriffe nötig machten, für die in dieser Iteration eigentlich keine Zeit mehr war. Jede Iteration zerfiel dadurch in zwei Hälften: die Implementierung und das anschließende mühsame Bugfixing unter einem enormen Zeit- und Erfolgsdruck. Am Ende hatte man ein gutes, stabiles Produkt. Aber der Weg dorthin war mühsam. Das Ziel war daher, Programmierung und Test zu parallelisieren, um so ein schnelleres Feedback von den Testern an die Programmierer zu ermöglichen. Durch Ausbau der Testautomatisierung sollten darüber hinaus mehr Möglichkeiten und mehr Sicherheit für Code-Refactoring erreicht werden als Grundlage für den weiteren Ausbau des Produkts.

### Einführung agiler Entwicklungstechniken

Um diese Ziele zu erreichen, führte Entwicklungsleiter Joachim Hofer ab 2010 eine Reihe agiler Techniken ein:

- **Anforderungsmanagement:**
  Bisher war eine Anforderung eine Headline im Anforderungsmanagementtool »Caliber«, verknüpft mit einem detaillierten Anforderungsdokument in Word. Erst wenn das Anforderungsdokument als Ganzes freigegeben war, konnte die Implementierung beginnen. Hier wurde entschieden, von den monolithischen Anforderungsdokumenten abzugehen und stattdessen kleinere User Stories in »Jira«, einem Produktverfolgungstool für Teams, zu erfassen, die sukzessive entstehen konnten.
- **Nightly Build:**
  Verschärft wurden auch die Spielregeln für den »Nightly Build«. Eine entsprechende Umgebung, in der jede Nacht das Produkt compiliert und integriert wurde, gab es bereits seit einigen Jahren. Die Programmierer stellten ihren Code dort ein, sobald sie glaubten, ihr Arbeitspaket fertig programmiert zu haben (im Schnitt alle 2–3 Tage). Deshalb gab es immer eine gewisse Menge an unfertigem Code außerhalb des Build. Ab sofort hatte jeder Programmierer die Pflicht, seinen Code jeden Abend einzuchecken. Die vorhandenen automatisierten Unit Tests wurden damit ab sofort jede Nacht auf dem vollständigen Code ausgeführt. Zunächst krachte es dabei natürlich an allen Ecken. Das Ergebnis war aber der erhoffte Lernprozess: Man arbeitete sorgfältiger auf fertigen, lauffähigen Code an jedem Abend hin. Die »Code-Päckchen«, die man morgens anpackte, wurden kleiner, und abends war die jeweilige Änderung fertig.

- **Automatisierte Systemtests als »Nightly Tests«:**
  Zusätzlich zum Ausbau der automatisierten Unit Tests wurde der automatisierte Ablauf von Systemtests vorangetrieben. Hierzu wurde die Testumgebung so weiterentwickelt, dass (im Anschluss an die Unit Tests und Integrationstests) die automatisierten Systemtests aus der Build-Umgebung heraus jeden Abend als Nightly Tests gestartet wurden. Jeder neue Systemtest wurde ab sofort so entworfen und mit dem Tool »QF-Test« implementiert, dass er in diese Nightly-Tests-Umgebung eingefügt werden konnte.
- **Continuous Integration:**
  Um einen vollständigen Build zu erzeugen, wurden damals vier Stunden benötigt. Das war gerade noch nicht zu langsam für einen regelmäßigen Nightly Build. Aber um die anschließenden Nightly Tests vor dem »Schichtbeginn« am nächsten Morgen sicher abzuspulen, wurde es schon knapp. Durch Zerlegung des Build in unabhängige Teil-Builds und den weiteren Umbau der Build-Umgebung (u.a. Aufsetzen einer Jenkins/Hudson-Umgebung) konnte die Build-Zeit auf 15 Minuten reduziert werden. Alle automatisierten Unit Tests und Integrationstests sowie die Systemtests aus dem Nightly Build wurden neu paketiert und in diese verbesserte Build-Umgebung eingebunden. Je nachdem, welche Testpakete man ausführen ließ, konnte damit eine Feedbackzeit je Build von minimal 15 Minuten erreicht werden. Nicht mehr als eine Kaffeepause!
- **Statische Codeanalyse und Coverage-Messung:**
  In der Continuous-Integration-Umgebung wurde den dynamischen Unit Tests eine statische Codeanalyse nachgeschaltet, die dann parallel zu den Integrationstestfällen läuft. Hier wird u.a. mit dem Werkzeug »FindBugs« der Java-Code auf Java-typische Probleme untersucht (z.B. nicht korrekt genutzte API-Aufrufe).
- **Taskorientiertes Arbeiten:**
  Um innerhalb jeder Iteration eine feingranulare Aufgabensteuerung zu erreichen, wurde – ausgehend von den User Stories – taskorientiertes Arbeiten eingeführt. Zur Priorisierung der Tasks wurde ein Scoring-System eingerichtet. In den Score gehen u.a. die Priorität der Anforderung aus Kundensicht, die Anzahl entsprechender Kundenwünsche und ein teaminternes Voting ein.
- **Daily Standup:**
  Das Team trifft sich ab sofort jeden Morgen für 15 Minuten. Jeder berichtet, woran er gerade arbeitet, wie er vorankommt und ob es Probleme gibt. Jeder entscheidet selbst, über welche Tasks er berichtet. Eine echte Sprint-Planung, gegen die man die Tasks spiegeln kann, gibt es noch nicht. Die Kultur des »Daily Scrum« kann aber schon hervorragend eingeübt werden.

Alle diese Techniken wurden unter Beibehaltung des früheren iterativen Entwicklungsmodells eingeführt. Durch User Stories und Continuous Integration hatten sich die ursprünglichen Entwicklungsphasen allerdings schon weitgehend aufgelöst bzw. wie angestrebt miteinander verschränkt und parallelisiert. Was jetzt noch fehlte, war die Einführung agiler Techniken im Produkt- und Projektmanagement und in der Teamführung.

#### Einführung von Scrum

Während die Einführung der o.g. Entwicklungstechniken hauptsächlich vom Entwicklungsleiter Joachim Hofer getrieben wurde, ging es nun darum, das ganze Team einzubeziehen. Joachim Hofer und Produktmanager Dierk Engelhardt entschieden sich für ein Umsteigen in mehreren Schritten:

- **»Informationen sammeln und informieren« stand am Anfang:**
  Zur Debatte standen Kanban, Scrum, XP und andere agile Methoden. Relativ schnell fokussierten sich die Diskussion und die weitere Planung aber auf Scrum. Es wurde ein internes Diskussionsforum eingerichtet, in dem das Team seine Überlegungen und Vorschläge für den neuen Entwicklungsprozess nach Scrum austauschte. Über Literaturstudium und Konsultation einschlägiger Internetforen (z.B. *scrum.org*) informierte sich jeder im Team selbstständig – geleitet vom eigenen Interesse. Dieser Prozess wurde begleitet durch interne Workshops und regelmäßige Teamdiskussionen.
- **Neue Aufstellung des Teams:**
  Die Umstellung auf Scrum erforderte natürlich auch die Veränderung von Rollen, Verantwortlichkeiten und Aufgaben. Joachim Hofer tauschte seine Rolle in die des Scrum Masters. Die bisherige Testmanagerin wurde seine Stellvertreterin und der Produktmanager übernahm die Position des Product Owners. Die Trennung zwischen Testteam und den Programmierern wurde aufgehoben. Stattdessen wurde »Pairing« als Arbeitsmodell eingeführt (in der Regel bei Unit-Test-/Integrationstestaufgaben: 1 Tester, 1 Entwickler; bei Entwicklungsaufgaben: 2 Entwickler; bei Systemtestaufgaben: 2 Tester).
- **»Sprinten«:**
  Es gibt keinen idealen oder »einfachen« Zeitpunkt, an dem ein Team den alten Entwicklungsprozess hinter sich lässt und seinen ersten Sprint startet. Man muss einfach beginnen. Und so fand an einem Montag Anfang 2011 das erste Sprint-Planungsmeeting statt. Der Product Owner hatte im Vorfeld die aus seiner Sicht wichtigsten Anforderungen aus seiner alten Planung in ein initiales, überschaubares Product Backlog übertragen. Dieses Backlog wurde in einer

eintägigen Sprint-Planung vom Team bearbeitet, und als Resultat hatte das Team abends die Taskkarten für den ersten 4-Wochen-Sprint am Whiteboard angebracht (später wechselte das Team auf drei Wochen).

### Wesentliche Veränderungen

- Die Auflösung der klassischen Rollen »Tester« und »Entwickler« hin zu Teammitgliedern mit Know-how-Schwerpunkt wurde von den Beteiligten als gravierendste Veränderung empfunden. Die Einführung von »Pairing« ist ein wesentlicher Baustein, um diese Rollenänderung erfolgreich umzusetzen.
- Durch das Pairing werden Codereviews gängige Praxis: Jeder Programmierer gibt neuen Code ganz selbstverständlich an seinen jeweiligen Partner zum Review. Diese Praxis sorgt auch für einen ständigen Know-how-Austausch im Team.
- Die Meilenstein-/Workpackage-orientierte Aufgabenplanung wurde durch eine taskorientierte Aufgabensteuerung ersetzt. In diesem Zuge trat das Anforderungsmanagementtool »Caliber« in den Hintergrund und die Taskverwaltung mit »Jira« und Plug-in »Greenhopper« in den Vordergrund für Backlog-Verwaltung, Task-Ranking, Taskboard-Verwaltung und Metriken/Charts.
- Die wesentlichen Scrum-Techniken (Backlog, Sprint Planning mit Planning Poker, Timeboxing, Retrospektiven) wurden erfolgreich eingeführt und werden diszipliniert und nachhaltig angewendet.
- Test-Driven Development: Das Format der User Story erlaubte, eine verschärfte Spielregel einzuführen. Zu jeder Codeänderung und zu jeder User Story in »Jira« muss das Team Testfälle entwerfen – und zwar vor Beginn der Programmierung. Bisher war es erlaubt, über Testfälle irgendwann im Anschluss an eine Codeänderung nachzudenken und diese zu schreiben. Dabei sind für eine User Story jeweils zwei Personen, ein Programmierer und ein Tester, gemeinsam zuständig. Sie analysieren die User Story und entwerfen die aus ihrer Erfahrung heraus notwendigen Tests und entscheiden, auf welcher Ebene (Unit Test, Integrations-, Systemtest) bzw. mit welchen Werkzeugen diese Tests zu realisieren sind. Der Programmierer setzt dann die Tests auf Unit-Test- und Integrationstestebene im Unit Test Tool »TestNG« um. Der Tester automatisiert die Systemtestfälle in »QF-Test«.
- Durch Einführung von Continuous Integration wurde die Parallelisierung von Programmierung und Test wie gewünscht erreicht. Jede Codeänderung, die eingecheckt wird, löst sofort einen Build-Lauf aus – im Minimum bestehend aus Kompilierung und Unit

Tests. Die Laufzeit beträgt etwa drei Minuten bis zum Feedback an den Programmierer. Danach folgen die Integrationstests mit ca. 15–30 Minuten Laufzeit.

- Zusätzlich zur Continuous Integration (die von den Programmierern durch Code-Check-in mehrmals täglich ausgeführt wird) startet jeden Abend ein »Nightly Build«. Hier wird vollautomatisch eine Virtual Machine mit frischem Betriebssystem gestartet, und der Test beginnt mit der Installation des Produkts aus dem letzten erfolgreichen Stand der Continuous Integration. Dann laufen die automatisierten Systemtests ab. Am Ende jeder Iteration wird ein Regressionstest ausgeführt, dessen Umfang und Inhalt an die Änderungen der letzten Iteration angepasst wird. Der Umfang dieser Tests lag in 2014 bei ca. 15.000 Testschritten (datengetrieben aus der Test*Bench* heraus) mit einer Laufzeit von ca. 10 Stunden. Seither konnte die Testautomatisierung kontinuierlich ausgebaut werden, sodass in 2022 die automatisierten Regressionstests aus mehreren Paketen bestehen, skalierbar von 22.000 Testschritten mit ca. 17 Stunden Laufzeit bis in Summe 70.000 Schritten mit rund 55 Stunden Laufzeit. Ausgeführt wird die Regression wöchentlich über das Wochenende von Freitagmittag bis Montagmorgen. Auch hier wird der Code vorher automatisch instrumentiert. Die erreichte Coverage beträgt derzeit ca. 85 % Line Coverage. Von den nächtlichen Systemtests wird außerdem eine automatische Videoaufzeichnung erstellt. Fehlschlagende Tests können so am nächsten Morgen am Bildschirm in ihrem Verlauf nachverfolgt werden. Die durch die Continuous-Integration-Umgebung erreichte Coverage liegt insgesamt bei ca. 60 %. Für neu implementierte Features bzw. User Stories erreicht man hier nahezu 100 %.
- Die früheren Testspezifikationen wurden weitgehend abgelöst durch den kommentierten Testcode und im Systemtest durch schlüsselwortbasierte, maschinell ausführbare Testspezifikationen. Im Systemtest wird sehr erfolgreich Test*Bench* eingesetzt, über die alle Systemtests verwaltet und gemanagt werden. Test*Bench* wurde dazu eng mit Jira und Jenkins verknüpft. Die anfänglichen Lücken in der Testautomatisierung konnten seit 2014 schrittweise geschlossen werden.
- Da die Systemtests allerdings nicht zu 100 % automatisierbar sind, sind weiterhin manuelle Tests nötig (zur Überprüfung von Reportgrafiken, Usability etc.). Dazu findet am Sprint-Ende noch zusätzlich ein halbtägiger sessionbasierter explorativer Systemtest durch Tester und Programmierer statt. Der manuelle Testaufwand hat sich allerdings drastisch reduziert, von mehreren Personenwochen im früheren iterativen Vorgehen auf heute einen Personentag alle drei Wochen.

- Die Sprints laufen im dreiwöchigen Rhythmus und haben ein getestetes, internes Produktrelease zum Ergebnis. Externe Releases erfolgen weiterhin zweimal jährlich. Dabei kann auch im letzten Sprint, also bis drei Wochen vor Auslieferung, auf geänderte Kundenwünsche reagiert werden.

### Lessons Learned

- Die Einführung agiler Entwicklungstechniken (wie z.B. Continuous Integration) schon vor der organisatorischen Umstellung auf Scrum schuf einen stabilen Unterbau, auf dem die Sprints vom ersten Sprint an sicher ablaufen konnten.
- Um die Toolinfrastruktur (im Wesentlichen für Continuous Integration) aufzubauen, ist ein signifikanter Initialaufwand nötig. Das darf nicht unterschätzt werden. Diese Aufbauarbeit mindert die »Feature-Produktivität« in den ersten Sprints.
- »Pairing« ist eine erfolgsentscheidende Maßnahme. Aber nicht jeder kann mit jedem. Die Paare müssen sich selbst finden.
- Test-Driven Development verbessert die Codearchitektur und reduziert die Anzahl der zu verwaltenden Fehlermeldungen erheblich.
- Explorative, manuelle Systemtests als Ergänzung der automatisierten Tests bringen wichtige Erkenntnisse, insbesondere zu nicht funktionalen Eigenschaften des Produkts (Usability, Performance-Eindruck aus Anwendersicht etc.) und sind nicht verzichtbar.
- Die regelmäßigen Retrospektiven liefern kontinuierlich Ansätze für weitere Verbesserungen (z.B. »Aufwandsschätzung verbessern«, »was genau ist ein Story Point«).
- Die Menge der Arbeit wird durch Scrum nicht weniger! Scrum erzeugt keine zusätzlichen Ressourcen. Aber: Die Arbeiten, die »done« sind, sind erledigt und abgeschlossen. Es gibt keine großen Fehlerberge mehr, die in Bugfixing-Runden mühsam abgetragen werden müssen.
- Die Produkt-Roadmap wird zur strategischen Planung.
- Das Umstellen auf Scrum geht nicht nebenher, sondern erfordert Zeit für Informationsbeschaffung, Training und Infrastrukturaufbau und das Commitment der Teamführung und des ganzen Teams.

### Fazit

»Die ursprünglichen Verbesserungsziele, die wir uns 2010 gesetzt hatten, konnten wir erreichen«, bestätigten Dierk Engelhardt und Joachim Hofer als Fazit damals nach der Einführung und dem ersten Jahr Scrum. Heute – mehr als 10 Jahre nach dem Umstieg auf Scrum – wendet das Team agile Techniken, wie Test-Driven Development und Continuous

Integration, weiterhin diszipliniert und nachhaltig an. Test-Driven Development und Null-Fehler-Strategie wirken spürbar. Durch die Integration von Test*Bench* und Jenkins wird »Test nonstop« realisiert, also kontinuierliches, automatisiertes Testen vom Unit Test bis zum Systemtest. Auch umfangreiche Refactoring-Eingriffe sind so risikoarm machbar. Der Aufwand zur Produktion eines externen Releases ist deutlich gesunken. Im Team herrscht eine hohe Zufriedenheit.

»Atlassian Confluence« ist fester Bestandteil des Entwicklungsprozesses, denn dort werden die High-Level-Systemanforderungen beschrieben, die dann in Epics, User Stories und Tasks in Atlassian Jira detailliert ausspezifiziert werden. Die Menge der Regressionstests ist angestiegen, die Builds im Continuous Integration sind weitgehend parallelisiert.

Erste Ansätze einer »Infrastructure as Code« wurden realisiert. Die nächste Generation der Build-Infrastruktur steht vor der Tür und die vollständige Realisierung einer Infrastructure as Code ist das nächste Ziel.

## 8.4 Scrum in der Webshop-Entwicklung

Interview (2012) mit Sabine Herrmann,
Agile Testerin bei der zooplus AG in München

Die zooplus AG ist im Geschäftsfeld E-Commerce im Handel mit Heimtierprodukten für den Privatkundenbereich tätig. Insgesamt bietet die zooplus AG ihren Kunden rund 8.000 Produkte in den Gattungen Hund, Katze, Kleintier, Vogel, Reptil, Aquaristik und Pferd an. Diese umfassen Produkte des täglichen Bedarfs wie fachhandelsübliches Markenfutter, Eigenmarken sowie auch Spezialartikel wie Spielzeug, Pflegeprodukte oder sonstige Accessoires. Auf ihren Webseiten bietet die zooplus AG zudem diverse kostenfreie Informationsangebote, tierärztliche Beratung sowie interaktive Anwendungen wie Diskussionsforen und Blogs an.

Nach Gründung im Jahr 1999 und anfänglicher Fokussierung der Kernaktivitäten auf Deutschland und Österreich steht seit 2005 die europaweite Expansion des Unternehmens im Zentrum des unternehmerischen Handelns. Das Unternehmen wuchs in den vergangenen vier Jahren in Bezug auf den Umsatz um jeweils mehr als 33 % jährlich, das Gleiche gilt für die Mitarbeiteranzahl.

Die zooplus AG hat aktuell[4] 200 Mitarbeiter und Mitarbeiterinnen, davon 51 in der IT und 102 im Bereich Marketing.

---

4. Diese Angaben beziehen sich auf das Jahr 2012.

### Vorher

Mit der schnellen und erfolgreichen Expansion der Firma in den letzten 10 Jahren ist die IT in einem kurzen Zeitraum sehr schnell gewachsen.

Vor der Umstellung auf Scrum in 2008 gab es zwei Entwicklungsteams – ein Shop-Team und ein Backend-Team. Zu diesem Zeitpunkt waren neun Shops bei der zooplus AG online.

Für das Testen neuer Shop-Funktionalitäten (Integrationstests) und der Basisfunktionalität (Regressionstests) gab es ein separates Testteam.

Es wurde nach dem klassischen Phasenmodell entwickelt und getestet: Entwicklung → Test → Produktion.

Probleme vor der Umstellung:

- Es gab keinen definierten Change-Management-Prozess.
- Es gab keine Koordination zwischen Entwicklungsteams und Testteam (z. B. bei der Versionsverwaltung).
- Wissensinseln: Es gab mehr einzelne Experten mit Domainwissen anstatt Teams.
- Die Softwarefunktionalität war über die Jahre zusammen mit dem expandierenden Unternehmen stark gewachsen. Regressionstests wurden immer aufwendiger.

### Umstieg

Die Umstellung auf Scrum hat in zwei Phasen stattgefunden:

**Phase 1:**

Die beiden Teams (Shop-Team und Backend-Team) fingen an, Scrum-Artefakte zu benutzen: Daily Standups wurden durchgeführt. Es gab zwei Scrum Master. Jira wurde als Bugtrackingtool verwendet. Die Anforderungen wurden in einem Wiki dokumentiert.

**Phase 2:**

Mit Begleitung durch Scrum-Coaches wurden neue cross-funktionale Entwicklungsteams gebildet und Ende 2009 wurde mit einem großen »Big Bang« auf Scrum umgestellt.

Die ersten Sprints wurden mit drei Scrum-Teams gestartet, unter dem Motto: Jedes Team kann alles – weg vom Domainexperten hin zu einem allwissenden Team. Der Vorgang wurde von vielen Diskussionen über den neuen Anforderungs- und Change-Management-Prozess begleitet.

Es gab folgende Probleme nach der Umstellung:

- Es wurden bei der Scrum-Einführung nicht alle Fachabteilungen einbezogen, um die anstehenden Veränderungen im Softwareprozess transparenter zu machen.
- Das externe Testteam wurde bei der Umstellung außen vor gelassen. Dieses sah sich jetzt vor der großen Aufgabe, alle Tests durch drei Teams abzudecken.
- Ein Product Owner war mit drei Scrum-Teams deutlich überlastet. Die Teams mussten dadurch in den Sprints selbst viele Analysetätigkeiten übernehmen.

Positive Auswirkung der Umstellung waren:

- Die erhoffte Auflösung der Wissenssilos hat stattgefunden.
- Erhöhte Transparenz für die Stakeholder und das Management wurde durch die Sprints und das Product Backlog über den Arbeitsfortschritt der Entwicklung hergestellt.
- Softwarefeatures sind besser planbar geworden.
- Die Qualität wurde durch frühes Testen verbessert.
- Bestehende alteingefahrene Arbeitsstrukturen wurden aufgebrochen.
- Domainwissen besteht nun auch in den Expertenteams.
- Es gab eine neue Ausrichtung auf Teamarbeit und die Anwendung von Scrum-Vorgehen.
- Die Synchronisation zwischen den Teams wurde verbessert.

#### Heute (Stand 2012)

Das stetige Wachstum der Anforderungen führte zu einem Wachstum der Teams. Heute findet die Entwicklung in fünf Scrum-Teams statt.

Es gab während der Umstellung viele Diskussionen und Widerstände, die jedoch zu keinen Kündigungen führten. Veränderungen werden heute leichter akzeptiert.

Es hat ein Umdenken stattgefunden, unterstützt u.a. durch die Retrospektiven der Projekte. Ein stetiger Veränderungs- und Verbesserungsprozess ist etabliert worden.

Das externe Testteam konnte im Laufe der Umstellung auf Scrum die Tests der fünf Scrum-Teams nicht mehr abdecken, infolgedessen wurde die Rolle des agilen Testers in jedem Team eingeführt.

Durch agiles Testen wurden die Entwicklungsphase und Testphase komplett abgeschafft und die Story kann nun innerhalb eines Sprints fertiggestellt werden. Testen der Akzeptanzkriterien ist nun auch Bestandteil der »Definition of Done«.

Es wird jetzt sehr früh getestet. Dadurch, dass der Tester nun Teil des Teams ist, gibt es einen direkten und schnellen Austausch zwischen Entwicklern und Testern. Der Tester ist schon während der Planungsphase bei der Story-Erstellung und bei der Dokumentation der Akzeptanzkriterien stark eingebunden. Er steht auch in permanentem Kontakt mit Product Owner und Stakeholdern.

Durch die fortschreitende Automatisierung der Regressionstests während der Sprints können neue Features schneller geliefert werden.

Das ganze Team hat ein größeres Verständnis für das Testen entwickelt und versteht nun, was Testen bedeutet, dadurch finden große Synergien zwischen Testern und Entwicklern statt.

Die Qualitätssicherung ist nun nicht mehr allein Aufgabe des Testteams oder der Tester, sondern das Scrum-Team fühlt sich für die Qualität verantwortlich und sucht ständig nach Verbesserungen.

Die agilen Tester aus allen Teams organisieren sich in einem virtuellen Testerteam. Im »Scrum of Testers« treffen sich regelmäßig alle agilen Tester. Dort werden Teststrategien diskutiert, die Vorgehensweise bei der Automatisierung besprochen oder auch Testvorgehen (z.B. Testing Dojos) trainiert.

#### Fazit

Die Einbeziehung des Managements bei der zooplus AG war ein wichtiger Erfolgsfaktor für die Umstellung auf Scrum. Es gibt keinen bestimmten Zeitpunkt, an dem sie abgeschlossen sein wird, sondern es ist ein kontinuierlicher Verbesserungsprozess. Es findet eine laufende Betrachtung der Prozesse und eine ständige Optimierung statt. Nur damit kann mit der Zeit ein durchgängiger Prozess geschaffen werden, der zur Team- und Firmenkultur passt.

## 8.5 Scrum bei ImmobilienScout24

Interview (2012) mit Eric Hentschel,
Test Engineer bei ImmobilienScout24 in Berlin

ImmobilienScout24 ist der größte deutsche Internetmarktplatz für Immobilien. Mit über 7,5 Millionen Besuchern (Unique Visitors; laut comScore Media Metrix) pro Monat ist die Website das mit Abstand meistbesuchte Immobilieninternetportal im deutschsprachigen Raum. Das Unternehmen sitzt in Berlin und beschäftigt über 500 Mitarbeiter. Seit über 13 Jahren ist ImmobilienScout24 erfolgreich im Internet tätig.

In der IT-Entwicklung sind etwa 160 Mitarbeiter beschäftigt. Diese verteilen sich über 22 Scrum-Teams. Seit 2009 wird die agile Produktentwicklung im Unternehmen erfolgreich praktiziert. Dabei kommt neben Scrum auch »ScrumBan« als Adaption aus Scrum und Kanban zum Einsatz. Zu einem Scrum-Team gehören üblicherweise 4 – 6 Entwickler, der Product Owner, ein Testingenieur, ein Designer, ein Architekt sowie ein Application Manager der Produktionsumgebung.[5]

### Gründe für die Einführung von Scrum

Das Wachstum von ImmobilienScout24 war geprägt von einer großen Dynamik. Bis 2009 wurde nach klassischem V-Modell entwickelt. Die Qualitätssicherung war klassisch aufgestellt und in die Rollen Testanalyse, Testautomation, Tester und Testmanagement aufgeteilt. Die Testanalyse erstellte aus den Anforderungsdokumenten des Produktmanagements Testfälle und als Basis für die Automation Testfallketten. Aus den Testfallketten entwickelte die Testautomation dann automatisierte Tests. Der Austausch von Produktmanagement, Entwicklung und Test war dabei oftmals auf die reine Testsituation beschränkt. Dementsprechend fielen falsch interpretierte oder unvollständige Anforderungen oft erst im Systemtest durch die Differenzen zwischen Tests und Anwendung auf. Wie viele andere Softwareunternehmen kämpfte auch ImmobilienScout24 mit folgenden bekannten Problemen, die das V-Modell in der Produktentwicklung mit sich bringt: lange Entwicklungszeiten für zu umfangreich dimensionierte Projekte, nachgelagerte Qualitätssicherung, die meist zu spät in den Entwicklungsprozess einbezogen wurde, komplexe, ständig veraltete Dokumentationen und noch immer zu lange Releasezyklen mit den damit verbundenen langen Reaktionszeiten auf Kundenwünsche und Fehlerbehebung im Portal.

Dennoch konnte ein solides Testvorgehen aufgebaut und praktiziert werden. Die Testfälle wurden mit dem Tool »HP Quality Center« verwaltet und mit »HP Quick Test Professional« automatisiert. Bis zur Einführung von Scrum ist es so gelungen, einen soliden automatisierten Regressionstest aufzubauen.

Die Laufzeit aller Regressionstests (manuell und automatisiert) lag damals bei etwa 12 Stunden. Allerdings war die Ausführung nicht beliebig wiederholbar, da für eine Vielzahl der Tests zunächst die Datenbank zurückgesetzt werden musste. Berücksichtigt man die Zeiten für das Bauen eines Release, das Deployment auf den Testsystemen und die notwendige Auswertung fehlgeschlagener Tests, so vergingen 3–5 Tage, bis ein erstes vollständiges Feedback an die Entwicklung zurückgegeben werden konnte. Die Reaktionszeit des Tests war also

5. Diese Angaben beziehen sich auf das Jahr 2012.

durchaus zufriedenstellend. Die Herausforderung lag darin, die zu lange Zykluszeit für ein neues Portalrelease von durchschnittlich vier Wochen zu verkürzen. Innerhalb dieser vier Wochen gab es 4–5 geplante und aus Qualitätssicht auch notwendige Nachlieferungen (Releasekandidaten), die entsprechende Bugfixes und nicht selten auch weitere Feature-Bestandteile enthielten. Für jeden Releasekandidaten wurde der gesamte Testprozess durchlaufen. Ein vierwöchiger Releasezyklus mag im Vergleich zu anderen Softwareherstellern ein Traumwert sein, aber für ein Internetportal galten und gelten verschärfte Bedingungen. Die sich schnell weiterentwickelnde Internetbranche und die Notwendigkeit, mit neuen Produkten schneller und qualitativ hochwertig am Markt zu sein, machten daher eine Umstellung auf eine schnellere, agilere Portalentwicklung notwendig.

#### Umstieg

Der Umstieg auf Scrum begann mit einem Pilotprojekt mit zunächst einem Team in einem Teilbereich des Portals. Die räumliche Trennung zwischen Produktmanagement, Entwicklung und Qualitätssicherung blieb zunächst bestehen, aber die Kommunikation verbesserte sich spürbar durch die regelmäßigen Standup-, Estimation- und Sprint-Planning-Meetings. Optimierungsbedürftig blieb zunächst die ausgelagerte Qualitätssicherung mit ihren nachgelagerten Prozessen und der schwerfälligen Automation, die noch immer an die starren Rollen der Testanalyse und -automation gebunden war.

In einem zweiten Schritt kamen mehr Teams und weitere Bereiche des Portals hinzu und auch die räumliche Trennung der Stakeholder wurde aufgehoben. Die Qualitätssicherung als Abteilung konnte nach dem klassischen Rollenverständnis nicht weiter bestehen bleiben und wurde umstrukturiert. Jedes Scrum-Team erhielt einen Testingenieur, der die bisherigen testbezogenen Aufgaben und Rollen (Testanalyse, Testautomation, Tester, Testmanagement) vereinte. Die damit gegebene Verlagerung der Aufgaben von der Testanalyse bis zur Testdurchführung in das Entwicklungsteam brachte eine erhebliche Beschleunigung in der Produktentwicklung. Die weitere Nutzung von »HP Quality Center« als zentralisiertes Testtool stellte ein Bottleneck im Testprozess dar. In der Entwicklung hatte das Tool keine Akzeptanz, da kein freier Zugang zum Tool bestand und eine proprietäre Skriptsprache verwendet wurde. Automatisierte Tests konnten deshalb aus dem Entwicklungsteam heraus nicht angepasst oder erweitert werden. Dies erforderte noch immer den Einbezug der früheren Testautomatisierer. Dieser Engpass musste aufgelöst werden, und daher wurde das Tool sukzessive durch das Java-basierte »Selenium 2 – WebDriver

API« ersetzt. Dieses Testframework fand im Haus sowohl bei Entwicklern als auch bei den Testingenieuren die größte Akzeptanz und verspricht durch eine aktive Community eine ständige Weiterentwicklung. Mit der Vorgabe der Testfälle durch den Testingenieur war nun das gesamte Entwicklungsteam in der Lage, automatische Tests zu entwickeln und zu pflegen. Das ermöglichte eine erhebliche Beschleunigung in der Testautomation.

In den meisten Teams bei ImmobilienScout24 wird Scrum in einem 2-Wochen-Zyklus gelebt. Die Teams sind aber frei in der Wahl der Arbeitsorganisation. Einige Teams kombinieren Scrum mit dem Kanban-Ansatz ohne feste Sprint-Zyklen. Backlog-Priorisierung und Aufwandsschätzung erledigen diese Teams wie in Scrum, aber sie legen sich nicht auf eine bestimmte Anzahl an Stories für den nächsten Sprint fest, sondern arbeiten das Sprint-Backlog Story für Story von oben nach unten ab.

#### Stolpersteine

Die Umstellung auf Scrum innerhalb der Qualitätssicherung war in der Anfangsphase eine enorme Herausforderung. So ging es doch um eine beachtliche Aufgabenerweiterung, die der zukünftige Testingenieur als Mitglied des Scrum-Teams zu bewältigen hatte. Ein Testanalyst sollte nun, vollständig im Entwicklungsteam eingebunden, auch automatisierte Tests entwickeln. Dafür mussten Kenntnisse in der Softwareentwicklung aufgebaut werden. Andererseits musste sich der Testautomatisierer auch mit der Testanalyse auseinandersetzen. Diese menschliche Komponente darf nicht vernachlässigt werden. Etwa ein Jahr wurde für die Umstellung vom V-Modell auf die agile Methode benötigt, bis die Teams eingespielt waren und notwendiges Wissen für cross-funktionale Aufgaben erworben wurde.

Die Umstellung der Tests auf »WebDriver«, die damit mögliche Ablösung von »HP Quality Center« sowie die allgemeinen Vorteile der agilen Entwicklung brachten innerhalb eines Teams erhebliche Verbesserungen in Bezug auf Geschwindigkeit und Qualität.

Schwierig waren und sind die Abhängigkeiten zwischen den einzelnen Entwicklungsteams, die die komplexe Anwendung mit sich bringt. Die Grenzen eines Teams sind aufgrund der gewachsenen Anwendungsarchitektur nicht eindeutig auf die Anwendung übertragbar. Daher kann noch immer nicht auf einen nachgelagerten Systemtest verzichtet werden, in dem teamübergreifend das komplette Portal einem Systemtest unterzogen wird. Dieser wird auch zukünftig notwendig sein, um die einwandfreie Integration aller Systembestandteile sicherzustellen, er kann und soll aber in seiner Komplexität noch weiter reduziert werden.

Das Auflösen der technischen Abhängigkeiten innerhalb des »historisch gewachsenen« Portals ist während des Wandels zur agilen Produktentwicklung eine enorme Herausforderung. Der IT stand lange Zeit ein respektabler Anteil der Ressourcen zur Umsetzung IT-interner Projekte zur Verfügung. Zunächst konnte die IT ein Drittel, später noch ein Fünftel seiner Ressourcen dafür einsetzen. Die Modularisierung wurde stetig vorangetrieben, dennoch wurden Projekte bei zu großer Komplexität nicht immer abgeschlossen. Die daraus entstandenen Staus führten immer wieder zu konzentrierten Aktionen, wie z.B. der Bildung von Taskforces. Die monolithische Struktur der Plattform ist heute weitgehend aufgelöst, aber die Modularisierung ist noch nicht abgeschlossen. Insbesondere im Bereich der Datenbankentwicklung können immer noch Engpässe entstehen, was derzeit den gänzlichen Verzicht auf Downtime Deployments noch verhindert.

Auch der Ausbau der Testautomatisierung war schwierig, insbesondere die Wiederholbarkeit automatisierter Tests im Bereich der Kernapplikation. Neben der Verfügbarkeit der Testsysteme war vor allem die Verfügbarkeit von Testdaten ein Hindernis. Komplexe Datenbankstrukturen, langwierige Datenimporte bzw. Datenbankrollbacks schränkten die Wiederholbarkeit ein. Dazu fehlte die Möglichkeit, Tests parallel auszuführen.

Auf der anderen Seite besteht jedoch die Gefahr, über das Ziel hinauszuschießen – nach dem Motto »Lasst uns alles automatisieren!«. Diese Aussage hörte man vielfach in der Anfangszeit, insbesondere in der Entwicklung. Das führte schnell dazu, dass eine große Anzahl an nicht priorisierten Tests entstand, deren Nachvollziehbarkeit gar nicht gegeben ist. Instabilitäten bei der Ausführung sind die Regel. Das Ergebnis eines Laufs einer großen Menge an Tests lässt sich nur unter hohem Aufwand analysieren. Liegen echte Fehler in der Anwendung vor oder basieren Testfehlschläge auf Instabilitäten? Eine solche Menge ist zudem kaum wartbar, womit die Aussagekraft ebenfalls ad absurdum geführt wurde. Versuche, instabile Tests zu stabilisieren, scheitern meist an der Masse und Vielfalt der Ursachen.

#### Wesentliche Veränderungen

Verbessert hat sich durch Scrum zunächst die Kommunikation aller am Prozess Beteiligten. Die kurzen Wege haben die Entwicklung schneller und effizienter gemacht. Durch klein zugeschnittene Stories, die im Team diskutiert werden, sind die Anforderungen klarer, und es ist weniger Dokumentation notwendig. Die cross-funktionale Arbeit hat jedes Teammitglied für die Arbeit des anderen sensibilisiert, was gerade hinsichtlich der Qualität zu enormen Verbesserungen geführt hat.

Die Einbindung in den einzelnen Teams bringt jedoch auch den Nachteil mit sich, dass das Aushelfen in anderen Teams immer schwerer wird. Zu stark ist die Fokussierung jedes Einzelnen auf sein Team. Für einzelne Testingenieure sind die Probleme anderer kaum oder gar nicht relevant. Hier stellt sich die Frage, wo die Grenze der Unabhängigkeit einzelner Entwicklungsteams liegt. Dadurch, dass jedes Team relativ frei ist in der Wahl der Programmiersprachen und Tools und es keine stringenten Normen gibt, ist diese Fokussierung nur schwer abwendbar.

Auch aus Managementsicht steigen die Herausforderungen. Veränderungen gab es im Laufe der Zeit hinsichtlich der Koordination zwischen den Teams. Anfänglich war ein hoher Koordinationsaufwand nötig, der mit zunehmender Entkoppelung einzelner Teilbereiche niedriger wurde. Mit dem Streben nach unabhängigem Arbeiten bzw. der sich unterscheidenden Arbeitsweise zwischen den Teams wird Koordination wieder notwendiger, um nicht zu viele Insellösungen zu erhalten. Hier ist das Management stark gefordert. Die Unabhängigkeit der Entwicklungsteams muss gewahrt bleiben. Gleichzeitig müssen Unternehmensziele verfolgt und erreicht sowie Priorisierungen der Product Owner berücksichtigt werden. Die Koordination erfolgt über verschiedene Wege. Zum einen wird das wöchentliche »AIR-Board« (Agile Impediment Removal-Board) gemeinsam von IT-Management und Scrum Master dafür genutzt, organisatorische Impediments zu beseitigen. In einem täglichen Standup-Meeting der Scrum Master wird zudem kurz besprochen, was aktuell gerade passiert, um schnell auf Engpässe reagieren zu können. Aufseiten des Produktmanagements gibt es ein wöchentliches »Epic-Board«. Hier besprechen die Product Owner den aktuellen Entwicklungsstand und geplante Produktentwicklungen. Software- und systemseitig wird die Entwicklung von Architekten begleitet, die darauf achten, dass Weiterentwicklungen einzelner Teams in das Gesamtkonzept passen.

Der Releasezyklus verkürzte sich mit Scrum zunächst auf drei Wochen. Das scheint zu den ursprünglichen vier Wochen kaum ein Unterschied zu sein, bedeutet aber eine Verkürzung um 25 %, die hart zu erarbeiten war. Dabei spielte die Länge des ursprünglichen Zeitraums keine Rolle. Innerhalb der letzten drei Jahre mit Scrum konnte dann schrittweise eine weitere Verkürzung auf heute eine Woche erreicht werden[6]. Der Releasetest erfolgt jetzt zweistufig. Die Regressionstests werden innerhalb der Teams im Rahmen der Featureentwicklung im Sprint ausgeführt. Das aus den Integrationen aller Teams

6. Diese Angaben beziehen sich auf das Jahr 2012.

erstellte Release wird dann auf einem dedizierten Preview-System final einem Regressionstest unterzogen. Dies übernimmt das aus einem Testmanager und fünf Testern weiter bestehende Systemtestteam in einem manuellen, explorativen Test und mit der erneuten Ausführung der automatischen Regressionstests.

#### Veränderungen im Testbereich

Tests sind nun ein fester Bestandteil der »Definition of Done«. Diese Definition legt fest, welche Schritte notwendig sind, damit eine Story als umgesetzt gilt und live ausgerollt werden kann. Die Integration der Qualitätssicherung in jeden Prozessschritt deckt Fehler frühestmöglich auf. Die Tests sind immer aktuell und schnell änderbar. Schnelle Feedbackzyklen ermöglichen dem Team ein sofortiges Reagieren auf Fehler. Das Feedback erhält man auch dahingehend, ob Tests unzureichend sind oder ob zu viel getestet wurde. Das konsequente Umsetzen der Testpyramide fällt so leichter, da auch für die Entwickler Qualität selbstverständlich ist.

Die Strategie, dass ein einzelner Testingenieur in der Praxis sowohl alle funktionalen als auch nicht funktionalen Testarten abdecken können soll, hat sich jedoch als nicht umsetzbar herausgestellt. Die massive Vielfalt an Tests wie Systemtests, sowohl automatisch als auch explorativ, Security-, Last- und Performance-Tests ist schlicht überfordernd. Daher müssen Experten spezielle Tests wie z.B. Security-Tests übernehmen.

#### Lessons Learned

Die Learnings, die aus dem Umbau der Kernapplikation und den Umstrukturierungen für eine agile Produktentwicklung gezogen werden konnten, wurden konsequent in einem neuen Portal umgesetzt. Mit dem Markteintritt von ImmobilienScout24 in Österreich 2012 gab es die Chance, von Beginn an ein Portal zu schaffen, das die Anforderungen an ein agiles Umfeld erfüllt. Dort wurde von Beginn an eine Build-Umgebung geschaffen, die Continuous Integration ermöglicht. Alle Beteiligten leben eine qualitätsorientierte Entwicklungskultur. Die Entwicklung findet testgetrieben statt, wobei auf die richtige Gewichtung der Testarten entsprechend der Testpyramide geachtet wird. Mehrere Build Agents sorgen für eine parallele Testausführung. Nur so lässt sich schnelles Feedback erhalten und Builds mit möglichst wenigen Commits umsetzen. Je weniger Änderungen bzw. Commits in einem Software-Build enthalten sind, desto leichter ist im Fehlerfall nachvollziehbar, warum ein Build fehlgeschlagen ist. Eine starke

Modularisierung ermöglicht Änderungen an einzelnen Systemteilen, ohne dabei andere Teile zu beeinflussen. Jeder Test bringt zur Erfüllung von Vorbedingungen seine eigenen Testdaten mit und ist unabhängig von anderen Tests oder Datenbankzuständen lauffähig. Für den Datenimport wurden gezielt interne APIs geschaffen. Nicht jeder Build führt derzeit zu einem Live Deployment, da auf regelmäßige explorative Tests nicht verzichtet werden soll. In der Regel finden Live Deployments aber längstens alle 24 Stunden statt.

Wer den Umstieg auf Scrum erfolgreich meistern will, muss technische und soziale Veränderungen gleichermaßen beachten. Die wichtigsten Erkenntnisse waren:

- Der »Faktor Mensch als Gewohnheitstier« darf niemals außer Acht gelassen werden.
- Abhängigkeiten in der Systemarchitektur schaffen Abhängigkeiten unter den Scrum-Teams, was aktive Koordinierungsmaßnahmen erfordert.
- Eine strikte Umsetzung von Test-Driven Development (TDD)/Acceptance Test-Driven Development (ATDD, Testpyramide) ist notwendig.
- Eine leistungsfähige Build-Umgebung und Parallelisierung der Tests ist erforderlich.
- Automatische Tests sind kein Allheilmittel. Die Intuition eines erfahrenen Testers kann man nicht automatisieren. Zusätzliche explorative Tests sind daher unverzichtbar.

#### Fazit

Für viele Mitarbeiter bedeutete der Umstieg auf eine agile Produktentwicklung große Änderungen ihrer Arbeitsweise. In Teilen wird die fachliche Breite, die als Testingenieur abzudecken ist, weiterhin problematisch gesehen. Hier kann und muss mit Spezialisierung unterstützt werden. Insgesamt wird die Arbeitsweise aber als sehr produktiv empfunden. Die kooperative Zusammenarbeit in einem auch räumlich zusammengeführten Team macht die Testarbeit deutlich effizienter. Der Erfolg der Umstellung spiegelt sich vor allem in der deutlich verkürzten Time-to-Market und der stetig gesunkenen Bugzahlen wider.

## 8.6 Scrum in der Medizintechnik

Beitrag (2012) von Andrea Heck,
Siemens AG, Healthcare Sector, Erlangen

Der Healthcare-Sektor der Siemens AG ist weltweit führend in medizinischer Bildgebung und anderen Gebieten der Medizintechnik (*www.siemens.com/healthcare*). Die Software *syngo* spielt dabei eine zentrale Rolle als gemeinsame Basis, auf der sowohl die Scanner aufsetzen als auch die Applikationen, die es Krankenhäusern und Praxen erlauben, ihre Workflows zu optimieren, um eine hochqualitative und kostengünstige Befundung und Behandlung ihrer Patienten zu erreichen. In *syngo.via* sind die syngo-basierten Applikationen zu High-End-Arbeitsplätzen für die Befundung von medizinischen Bildern zusammengestellt. Webbasierte Applikationen erlauben dem Arzt den Zugriff auf die Bilder von unterwegs oder am Krankenbett. Der Markt ist sehr dynamisch, gleichzeitig werden höchste Qualitätsanforderungen gestellt, und es sind hohe regulatorische Anforderungen durch nationale und internationale Gesetze und Standards zu beachten.

Die Fallstudie beschreibt die Transition zu agilem Projektmanagement mit Lean-Elementen für eine Entwicklungsorganisation, die über 7 Standorte in 5 Ländern verteilt ist.

#### Motivation für die Einführung von agiler Entwicklung und agilem Projektmanagement

Die folgenden Ziele wollten wir mit der agilen Transition erreichen:

- Neue Produkte und Produktfeatures sollen schneller zum Kunden kommen.
- Die Produkte sollen einen noch höheren Gebrauchswert für die Kunden haben: höhere Qualität, und noch näher an den Kundenbedürfnissen sein.
- Motivierte und hochleistungsfähige Entwicklungsteams
- Reduzieren von Aufwand und Kosten

### Die agile Transition

Sie folgt den drei Phasen, die man zumindest in großen Organisationen häufig braucht:

1. **Lernen und Pilotierung:**
   Das erste agile Transitionsteam kommt Anfang 2008 bottom-up aus dem Projekt und lernt von anderen Firmen und Organisationen, über Bücher, Kongresse und Consultants. Unterstützung des Managements wird eingeholt. Erste Pilot-Scrum-Teams werden aufgesetzt, begleitet und das Feedback ausgewertet. Die Ergebnisse werden an alle Mitarbeiter kommuniziert.
2. **Die große Transition:**
   Es folgt eine lange Vorbereitungsphase mit Budget, Consulting von außen, Planung und Warten auf das Ende des großen Projekts. Die Rolle der Zulieferer ändert sich schrittweise: von der verlängerten Werkbank hin zur Partnerschaft. Scrum-Teams werden über einen längeren Zeitraum trainiert und gestartet, auch das Product-Owner-Team startet früh. Einiges wird Mitte 2010 auf einen Schlag geändert: Prozesse, Organisation, Projektorganisation, Komponententeams zu Feature-Teams. Ein großes Projekt mit über 20 Scrum-Teams startet. Die Arbeitsweise der Teams wird immer wieder durch die Teams selbst sowie durch Coaching verbessert.
3. **Kontinuierliche Verbesserung:**
   Mehr Investition wird in technische Exzellenz gesteckt. Ergebnisse aus den Retrospektiven der Scrum-Teams führen zur Verbesserung von Prozessen und Tools. Benchmarking mit anderen Organisationen wird durchgeführt. Konzepte aus Lean Product Development werden einbezogen.

### Wichtige Prinzipien:

- Jede/r Mitarbeiter/in trägt direkt zur Wertschöpfung für die Kunden bei.
- Vermeiden von Verschwendung: Übergaben, Wartezeit und Überproduktion sollen verhindert werden. Work-in-Progress wird minimiert.
- Zulieferer werden zu Partnern: Das Management der Zulieferer ist an der Transition beteiligt. Es werden gemeinsame Ziele festgelegt, und jede Organisation plant selbst die Umsetzung. Gegenseitige Hilfe erfolgt, wo das sinnvoll ist.
- Die Teams werden angehalten, sich selbst zu organisieren, aktiv zusammenzuarbeiten, kritisch zu sein und immer wieder den Status quo zu hinterfragen: Arbeiten wir so effektiv, wie wir können? Können wir etwas verbessern?

- Die Teams und das Product-Owner-Team werden in Scrum trainiert. Scrum ist als agiles Projektmanagement der Rahmen, in dem dann auch andere agile Praktiken (z.B. XP-Entwicklungstechniken) implementiert werden.
- Testphasen werden auf die Entwicklungsiterationen vorgezogen und als Regressionstests mehrmals durchgeführt. Testautomatisierung von bestehendem Code wird kontinuierlich verbessert.
- Kontinuierliches Lernen: »Communities of Practice« (CoPs) helfen den Kollegen, über die Teamgrenzen hinweg voneinander zu lernen und in ihrer Rolle oder ihrem technischen Feld besser zu werden.

#### Eine große Herausforderung: von Komponententeams zu Feature-Teams

Im traditionellen Projekt-Setup war die Entwicklung über viele Standorte verteilt, meist wurden Anforderungsspezifikation, Entwicklung und Test an verschiedenen Orten betrieben. Zudem waren auch die Entwicklungsteams noch nach architektonischen Schichten verteilt und der Test nach Testebenen. Die Outsourcing-Strategie vor der Transition folgte dem Prinzip der verlängerten Werkbank: Einzelne Komponenten werden von Nearshore- oder Offshore-Zulieferern entwickelt. Der Entwickler ist nur für seine Komponente verantwortlich.

Die theoretische Schnittstelle ist die Spezifikation. Da aber bei Komponententeams immer die eigentlichen Benutzerfeatures in viele kleine Teile zerlegt werden müssen, braucht man vorne Analysten und hinten Integrationsteams und viele »XYZ-Manager«, die die Integrationsprobleme zu lösen versuchen. Selbst bei agiler Entwicklung bleibt ein Miniwasserfall erhalten [Larman & Vodde 09].

Wir bauten das Ganze um zu einer Organisation um den Wertstrom: Der Wertstrom geht von der Anforderung vom Kunden oder aus Kundensicht bis hin zum Produkt, das mit dem fertigen Feature beim Kunden installiert ist. In hierarchischen Organisationen mit funktionellen »Silos« ist es schwierig, den Wertstrom zu optimieren. Daher setzt man die Teams so zusammen, dass ein Team einen kompletten Wertstrom erzeugen kann, und erhält so funktionsübergreifende Feature-Teams. In einem Team hat man Anforderungsspezialisten, Softwareentwickler, Tester und Architekten. Die Entwickler kommen idealerweise aus unterschiedlichen Komponententeams und sie decken gemeinsam mehrere Softwareschichten mit ihrem Know-how ab. Meist reicht das nicht.

Es wird viel Know-how in den Teams verteilt und zwischen verschiedenen Teams übergeben – aus reinen Spezialisten werden »Generalisten-Spezialisten«. Das braucht natürlich Zeit, oft viele Monate.

Der Vorteil ist, dass die Organisation viel flexibler wird, z.B. dass nicht ein einzelner Entwickler zum »Flaschenhals« für mehrere Features wird. Das bedeutet auch, dass die Software nicht mehr einem Entwickler oder Team gehört, sondern der meiste Code von mehreren oder allen Teams bearbeitet werden darf. Damit man sich besser zurechtfindet, sind aus den Teams »Component Guardians« benannt worden, die die Teams mit Rat und Tat unterstützen: Welche Funktionalität wird durch die Komponente X bereitgestellt, wie soll sie benutzt werden? Welche Teile davon sind schon gut mit automatischen Tests abgedeckt, wo sollte zuerst die Testabdeckung erhöht werden? Ist die gewünschte Änderung vom Design her sinnvoll und harmonisch zur alten Funktionalität?

### Hierarchisches Product-Owner-Team und Backlog

Um ein so großes Projekt in Scrum abwickeln zu können, müssen wir das Product-Owner-Team skalieren. Es gibt einen Chief Product Owner für das Produkt, und es gibt Product Owner für Feature-Bereiche und ggf. noch welche darunter für 1–3 Scrum-Teams. Das priorisierte Product Backlog ist ein einziges für das Produkt, das aber viele verschiedene Sichten bietet: Nur die Features der obersten Hierarchieebene, um den Scope und groben Inhalt einer Produktversion zu zeigen und zu priorisieren. Dann die Features für einen Feature-Bereich, dann die für ein Scrum-Team und schließlich die Planung eines Scrum-Teams für einen Sprint mit den dazugehörigen einzelnen Aufgaben.

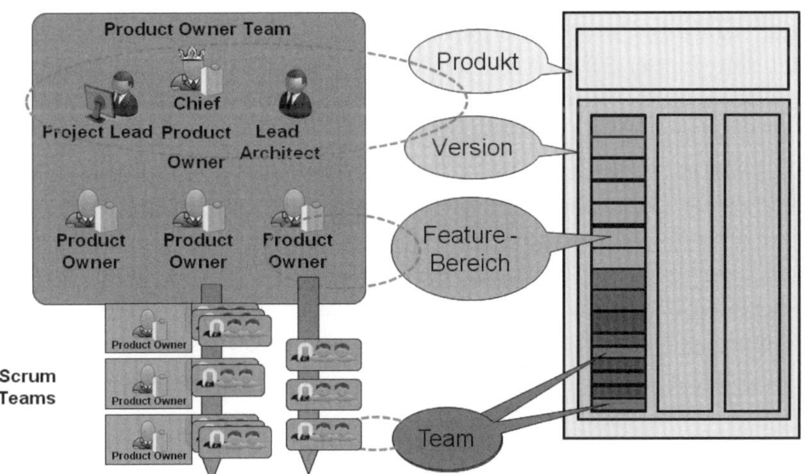


*Abb. 8–7*
*Das priorisierte Product Backlog bietet viele verschiedene Sichten auf die Features (hohe Priorität ist in diesem Bild unten).*

### Regulatorische Anforderungen in der Medizintechnik erfüllen

Unserer Prozessumgebung wurde zu Beginn des Projekts bescheinigt, dass wir alles tun, was für die Anforderungen beispielsweise der amerikanischen Behörde FDA (Food and Drug Administration) notwendig ist, aber vieles mit zu viel Aufwand. Deshalb muss man immer wieder hinterfragen, welche Teile des Prozesses unerlässlich sind, welche man einfach anders durchführen kann, sodass man gleich gute Ergebnisse mit weniger Aufwand erzielt. Und schließlich muss man auch immer wieder Vorschriften finden, die man weglassen kann, beispielsweise weil sie bei richtiger Anwendung von Scrum oder bei kontinuierlicher Integration schon in die Praxis eingebaut sind.

Die Einhaltung der regulatorischen Anforderungen an die Medizintechnik ist nun weitgehend ein Teil der DONEness-Kritierien, mit denen die Features beim Scrum-Team vom Product Owner abgenommen werden. Beispiel: In unserer DONEness-Checkliste steht, dass im Fall eines Produktrisikos (= Gefahr für Mensch oder Datenverlust) in einem Feature auch die Maßnahmen zur Kompensation des Risikos implementiert sein müssen.

Inzwischen bescheinigen führende FDA-Consultants schon der agilen Vorgehensweise, dass sie zu besserer Erfüllung der FDA-Anforderungen führen kann als die sogenannte Wasserfallentwicklung [Olivier & Dere 11].

### Wo sind wir heute?[7]

Nach gut einem Jahr haben wir recht erfolgreich ein erstes agiles Projekt mit über 20 Scrum-Teams abgeschlossen. Der Projektfortschritt war früh transparent, es konnten immer früh genug Korrekturen vorgenommen werden, sodass die Meilensteile erreicht wurden. Die meisten Teams sind routiniert im Schätzen und Planen.

Die Effizienz ist dagegen noch nicht so hoch. Das war auch nicht zu erwarten, denn neben dem Lernen der neuen Methoden und dem Know-how-Transfer haben wir immer noch einige Prozesse und Tools aus der alten Welt, die wir quasi wie Sashimi-Scheiben in die Iterationen hineingepackt haben. Mit der Einführung von Agile haben wir die Suche nach Verschwendung in den Prozessen systematischer gemacht, und immer wieder stehen zu aufwendige Prozesse auf dem Prüfstein.

7. Diese Angaben beziehen sich auf das Jahr 2012.

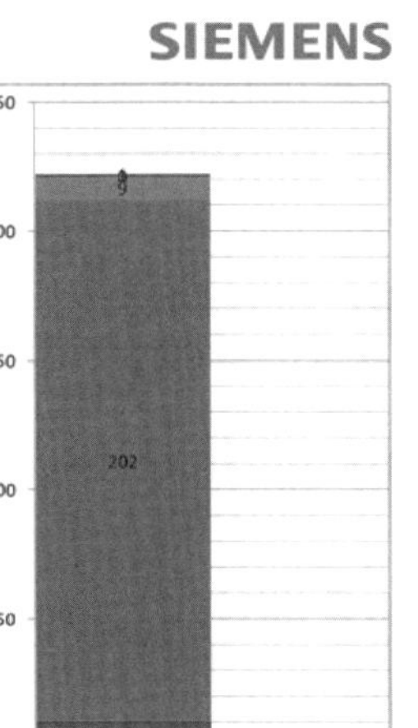


***Abb. 8–8***
*Eine Iteration vor Ende der Implementierung – nur noch ein geringes Risiko*

### Erfolge beim Product-Owner-Team

Das Product-Owner-Team lädt regelmäßig Kunden aus aller Welt ein, um diesen die Konzepte für geplante Features zu zeigen. Dabei kann sich herausstellen, dass die Prioritäten der Features anders sind als gedacht, sodass man noch rechtzeitig umpriorisieren kann. Viele Konzepte stoßen auf große Begeisterung, d.h. sowohl das Feature als auch dessen Realisierung. Bei einigen Features wird ebenfalls ein großer Bedarf gesehen, aber die vorgeschlagene Realisierung passt nicht komplett zum Kundenworkflow. Auch dieses Ergebnis ist sehr wertvoll, um frühzeitig mit veränderten Konzepten ins Rennen zu gehen.

Das Product-Owner-Team kennt auch sein System und seine Features sehr gut, da nach jeder Iteration eine übergreifende Demo aller neuen Features stattfindet. Während und nach der Feature-Entwicklung helfen die Product Owner auch mit informellem Test aus Benutzersicht, komplexe Workflows zu testen und der Entwicklung wichtiges Feedback zu geben.

Dem Ziel, die wichtigsten Features für den Kunden zuerst zu liefern und auch inhaltlich näher an den Kundenbedürfnissen zu sein, sind wir schon näher gekommen. Die Durchlaufzeit von der Idee zur Freigabe muss sich noch verkürzen.

### Auch in der Entwicklung gibt es Fortschritte

Die Entwickler kennen in vielen Fällen viel besser die Benutzeranforderungen. Sie diskutieren ja mit dem Product Owner die User Stories für neue Features, und die meisten haben mindestens einmal die Radiologie und andere Abteilungen im Krankenhaus auch miterlebt.

Viele Teams sind sehr viel stärker in kontinuierlicher Integration geworden. Sie haben eine Suite von automatisierten Testfällen zur Verfügung, die bei jeder Änderung laufen, um eventuelle Nebenwirkungen gleich zu finden. Dadurch, dass die Teams nicht mehr für bestimmte Komponenten zuständig sind, sondern der Code ihnen kollektiv gehört, brauchen sie oft Testfälle von anderen Teams, die sie zu ihrer Testsuite hinzufügen, bevor sie Erweiterungen an Komponenten vornehmen. Sie fühlen sich auch verantwortlich, alle Testfälle anzupassen, die wegen ihren Änderungen im Produktcode nicht mehr funktionieren.

Oft sind allerdings Tests noch auf zu hohem Testlevel automatisiert, d.h., es wird am User Interface getestet, obwohl das die aufwendigste Variante ist, die am längsten läuft und den höchsten Änderungsaufwand hat. Was wir bereits vorher getan haben, sind Codereviews, und wir benutzen statische Codechecker zur Prüfung der Einhaltung von Coding-Guidelines. Kein Code kann abgegeben werden, wenn diese beiden Dinge nicht erfolgt sind. Zu den Qualitätssicherungsmaßnahmen wie Testen und Codereviews fügen wir als weitere Maßnahme Pair Programming hinzu. Die Entwickler entscheiden im Team, welche Methoden für spezifische Aufgabenstellungen am besten geeignet sind, und verwenden diese. Ordentliches Pair Programming kann das Codereview zum größten Teil ersetzen, nur noch bei sicherheitsrelevantem Code müssen zusätzliche Reviewschritte durchgeführt werden.

### Testen in den Scrum-Teams

Vorher waren nur Unit Tests von den Entwicklern geschrieben und durchgeführt worden, die übrigen, d.h. Integrationstests, Systemtests und exploratives Testen, lagen in der Verantwortung von speziellen Testteams.

Nun führen die Scrum-Teams selbst die Unit Tests und Integrationstests für Komponenten und Subsysteme durch. Jedes Scrum-Team hatte am Anfang mindestens ein Mitglied mit der Rolle »Tester«, das spezielle Trainings zur Planung und Durchführung der regulatorisch notwendigen Tests durchlaufen hat. Das Know-how hat sich in den Teams verbreitet. Die Zusammenarbeit zwischen Entwicklern und Testern im Team ist im Allgemeinen gut. Manche Tester sind sehr erfreut, da sie jetzt auch programmieren dürfen. Umgekehrt ist die Begeisterung nicht bei allen Entwicklern so groß, obwohl Testen ja eigentlich eine sehr kreative Aufgabe ist. Bei den Testplanungsaufgaben hat sich gezeigt, dass die bisher verwendeten Tools zu stark auf einen zentralen Testmanager zugeschnitten sind, was zu erheblichen Akzeptanzproblemen in den Teams geführt hat. Hier mussten wir schnell nachbessern und planen nun, sie bald durch benutzerfreundlichere Tools zu ersetzen.

Viele Entwickler schreiben mittlerweile neue Integrationstestfälle, automatisieren diese und automatisieren sukzessive auch viele bestehende Testfälle. Ein mittelfristiger Vorteil ist, dass der neue Code besser für Testautomatisierung vorbereitet ist.

Neue Features haben deutlich weniger Fehler, die in späteren Testphasen gefunden werden, da schon viel Testen während der Entwicklung stattfindet, die Fehler gleich behoben werden und die Entwickler und Tester besser die Kundenanforderungen verstehen.

Eine gute Erfahrung, die wir gemacht haben, ist, dass wir mit Hands-on-Coaching in einzelnen Scrum-Teams durch interne oder externe Coaches die Qualität der Testfälle deutlich verbessert und die Durchlaufzeiten verkürzt haben.

Durch die neue Organisation mit Feature-Teams waren die bestehenden Testfälle erst mal »herrenlos« und mussten neu verteilt werden. Nun ist für jeden Testfall wieder ein Team dafür zuständig, ihn generell zu warten und z. B. die Umstellung von der ClearCase-Umgebung zur TFS-Umgebung (TFS – Team Foundation Server) vorzubereiten. Wenn ein anderes Team eine Änderung durchführt, die einen Testfall bricht, muss es ihn allerdings selbst wieder lauffähig machen, bevor es die Änderung abgibt.

Die Testdurchlaufzeiten für die offiziellen Testphasen sind bei der Umstellung auf Scrum erst einmal gestiegen, da die manuellen Tests ja mit von den Scrum-Teams durchgeführt werden und nicht von zusätzlichen Testerteams. Nun gehen die Zeiten langsam, aber kontinuierlich zurück, da mehr Tests automatisiert werden.

Die Unit Tests (für C# auf NUnit) sind zu 100 % automatisiert. Bei den Integrationstests haben wir noch Legacy-Code mit geringeren Abdeckungen, dort ist je nach Feature-Bereich zwischen 50 % und 100 % automatisiert.

#### Systemtest

Es gibt ein spezielles Team für Systemtests – das sind Tests aus der Sicht des Endbenutzers, oft mit medizinischem Hintergrund und auf installierten Systemen, die auch mit allen Schnittstellen z. B. zu RIS- und PACS-Systemen[8] ausgestattet sind. Auch Last- und Stresstests liegen hier.

---

8. RIS – Radiologieinformationssystem; PACS – Picture Archiving and Communication System.

Das Systemtestteam entwickelt die Testfälle für die neuen Features auch schon parallel zur Entwicklung, zumindest in der nachfolgenden Iteration, und automatisiert, wo sinnvoll, auch Testfälle. Bei den nicht funktionalen Tests ist der Anteil der Automatisierung höher als bei den funktionalen.

Das Systemtestteam bekommt die Information, welche Features geplant sind, aus dem Backlog und Details aus den Spezifikationen und vom Product Owner. Um die Realisierung zu kennen, schaut es die Feature-Demos der Scrum-Teams an und stellt daraus neue Tests aus Sicht der Kundenworkflows zusammen.

Es führt auch alle Systemtests in den offiziellen Testphasen durch. »Offizielle Testphasen« sind die mit unterschriebenen Testreports dokumentierten Testdurchläufe auf je einer bestimmten Baseline zu bestimmten Meilensteinen. Vorher laufen natürlich viele Male die automatisierten Tests, es werden explorative Tests durchgeführt und es erfolgen viele manuelle Tests informell, so ist eine 100 % Coverage schon kumulativ erreicht. Da reichen aber die elektronischen Reports.

### Tests in der Systemintegration

Um die Integration in hoher Qualität zu gewährleisten, läuft ständig eine Auswahl von Tests bei der Systemintegration, bevor eine Änderung eines Teams in die Baseline aufgenommen wird. Die Dauer ist auf 2 Stunden begrenzt. Die Tests laufen auf mehreren Maschinen parallel.

Eine Suite von Performance- und Stabilitätstests läuft 4-mal pro Tag auf den aktuellen Änderungen. Die Performance-Tests testen echte Benutzerworkflows. Dadurch hat sich die Anzahl der Performance-Probleme, die in den späten Testphasen gefunden werden, gegenüber der Vorversion sehr stark reduziert.

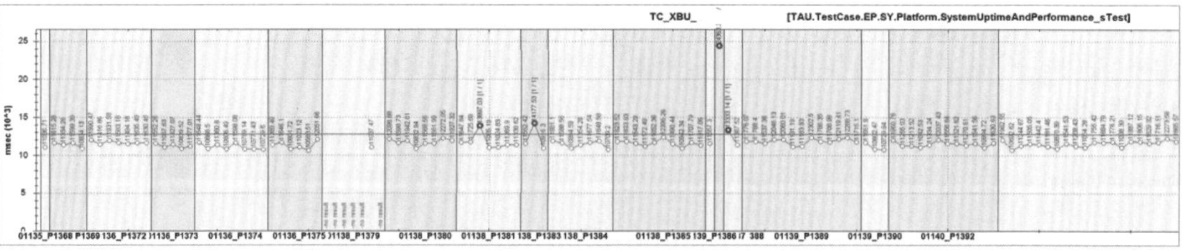


***Abb. 8–9***
*Trending-Ergebnis eines Performance-Tests über viele Iterationen*

Alle automatisierten Tests von den Scrum-Teams und vom Systemtestteam werden zu einer großen Testsuite zusammengestellt, um sie kontinuierlich auf jeder Baseline auf installierten Zielsystemen ohne manuelle Eingriffe laufen zu lassen. Dadurch können Nebenwirkungen von Änderungen gefunden werden, die den Entwicklungsteams

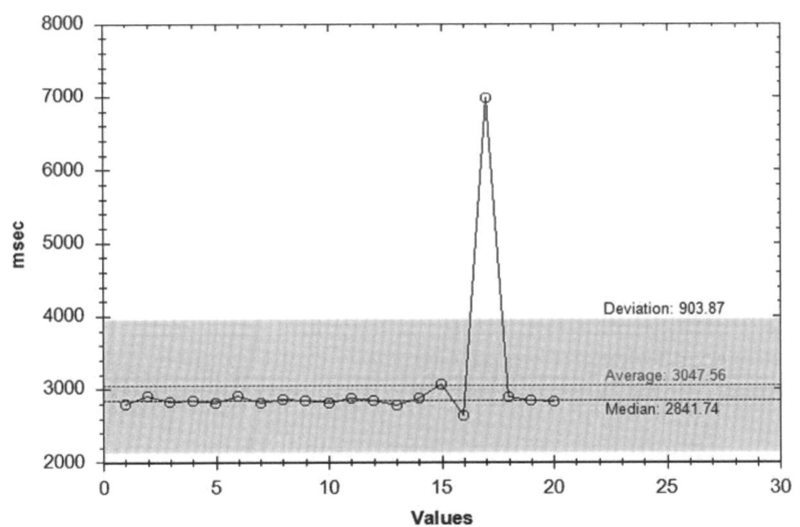


***Abb. 8–10***
*Für jede einzelne Durchführung wird der Performance-Test einige Male wiederholt und findet sporadische Fehler.*

entgangen sind. Im Fehlerfall gibt es natürlich eine Feedbackschleife zu dem Scrum-Team, das die Änderung eingebracht hat, da ihm ja eine Abhängigkeit entgangen ist. Es wird ggf. diese Tests in seine Testsuite übernehmen oder eigene auf einem niedrigeren Testlevel schreiben.

**Wie geht es weiter?**

Kontinuierliche Verbesserung ist weiterhin angesagt:

- Scrum-Teams verbessern vor allem ihre eigene Arbeitsweise und Umgebung durch Retrospektiven.
- Dies geschieht in CoPs durch Trainings, gegenseitige Vorträge und Teilen von Know-how.
- Test-Driven Development und Pair Programming werden bei einigen Teams praktiziert, aber noch lange nicht im wünschenswerten Umfang. Gezielt verbessern wir daher die agilen Entwicklungskenntnisse durch technisches Coaching, Vorträge und Demonstrationen in der Entwickler-CoP, Wettbewerbe etc.
- Es erfolgt ein Austausch mit anderen Firmen auf Konferenzen und durch direkte Zusammenarbeit und gegenseitigem Benchmarking.
- Strategische Projekte werden aufgesetzt zur Verbesserung von Prozessen und Tools, die zu viele Schnittstellen und zu viel Overhead haben. Zum Beispiel haben wir gerade ClearCase und ein proprietäres Build-System durch Microsoft Team Foundation Server (TFS) ersetzt.

- Lernen von Lean-Prinzipien und Methoden: Ein kontinuierlicher Verbesserungsworkflow wird eingeführt, wie bei Toyota (Kaizen, A3), und das systematische Lösen von Problemen soll bei den Teams und beim Management gleichermaßen verankert werden.
- Weiterentwicklung zur lernenden Organisation

Andrea Heck ist Diplom-Informatikerin und seit über 20 Jahren in der Softwareentwicklung tätig. Sie ist verantwortlich für die Agile Transition von SYNGO.

*http://de.linkedin.com/in/andreaheck*
Blog: *http://andreasagileblog.blogspot.com*

## 8.7 Testen mit Scrum bei GE Oil & Gas

Interview (2014) mit Terry Zuo, Softwaremanager
am Software Development Center (SSDC),
Measurement & Control, GE Oil & Gas, Shanghai, China

GE Oil & Gas[9] ist weltweit führend bei fortschrittlichen Technologien und Dienstleistungen. Das Unternehmen mit 37.000 Mitarbeitern in über 100 Ländern unterstützt Kunden über alle Teilgebiete der Branche hinweg, von der Öl- und Gasförderung über den Transport bis zum Einsatz beim Endverbraucher. GE Measurement & Control (M&C), einer der wichtigsten Teilbereiche von GE Oil & Gas, sorgt durch modernste Mess-, Prüf-, Regel- und Überwachungstechnologien für Sicherheit und Produktivität von Kraftwerken, Raffinerien und anderen wichtigen Industrieanlagen und ist ein führendes Innovationsunternehmen im Bereich hoch entwickelter sensorgestützter Messverfahren, zerstörungsfreier Prüfung, Inspektion, Zustandsüberwachung, Durchfluss- und Prozessregelung (z. B. durch Geschäftsplattformen und unterstützende Instrumente). GE M&C bedient jeden Monat weltweit 2 Millionen Endverbraucher.

### 8.7.1 Gründe für den Wechsel zu agilen Methoden

Bei GE haben wir ein Modell aus Produktlinien, Regionen und Funktionen verwendet (Dot-Line-Bericht an den globalen Geschäftsführer, direkter Bericht an die Funktionsleiter), was bedeutet, dass alle Organisationen Matrixberichte haben müssen. Dieses Modell wurde für das operative Geschäft entworfen, aber bei der Ausführung von Ingenieurprojekten treten folgende Nachteile auf:

---

9. GE Oil & Gas war ein Geschäftsbereich von General Electric. Im Juli 2017 wurde er mit Baker Hughes fusioniert.

- Komplexe Strukturen zur Entscheidungsfindung, die die Rolle des Product Owners zu einer Herausforderung machen
- Einflüsse regionaler, produktbezogener und globaler Funktionen

Um diese Mängel zu überwinden und die Auslieferung zu beschleunigen, hat GE Oil & Gas 2008 damit begonnen, Scrum und agile Praktiken einzusetzen. Der Übergang erfolgte kontinuierlich während der letzten fünf Jahre. Im Jahr 2013 sind mehr als 150 Teams in den Vereinigten Staaten, in Europa und im asiatisch-pazifischen Raum umgestellt.

### 8.7.2 Umstellung bei GE

Wie haben wir das Ziel der schnellen Entscheidungsfindung und raschen Ausführung erreicht und gleichzeitig unser vorhandenes Qualitätsmanagementsystem (QMS) an die hohen Ansprüche einer agilen Umgebung angepasst? Das Ingenieurteam hat dazu die folgenden Maßnahmen ausgearbeitet und umgesetzt:

- Neubelebung von Lean Six Sigma TM und der agilen Kultur bei GE
  - Aufbau eines Teams aus Black Belts und Master Black Belts, das sich vorwiegend um Kernprobleme kümmert
  - Durch die Zusammenarbeit mit verschiedenen Teams haben wir ermittelt, wo wir mit Projekten und Initiativen die größten Auswirkungen erzielen können.
- Vertiefen der Kenntnisse über Lean Six Sigma und agile Praktiken und DNA
  - Angebot von Onlinekursen zu Lean Six Sigma und agilen Praktiken/Scrum in der Onlineschulungsplattform von GE
  - Green-Belt-Schulungskurse für die Leiter wichtiger Projekte
  - Identifizieren von Personen, die als Teammitglieder an Action Workouts und Schlüsselprojekten teilnehmen sollten
- Kombination von QMS, Lean Six Sigma und agilen Praktiken
  - QMS und Lean Development haben wir schon zuvor eingesetzt. Es gibt zwar etliche Unterschiede, aber selbst die agilen Methoden haben ein paar Berührungspunkte mit Lean. Wir haben einige positive Aspekte von Lean übernommen und eingehend analysiert, wie wir eine Lean-Vorgehensweise aufstellen und agile Praktiken betonen können.

***Abb. 8–11***
*Agile Methoden als Lean-Vorgehensweise (© 2014 GE, Wiedergabe mit freundlicher Genehmigung von GE)*

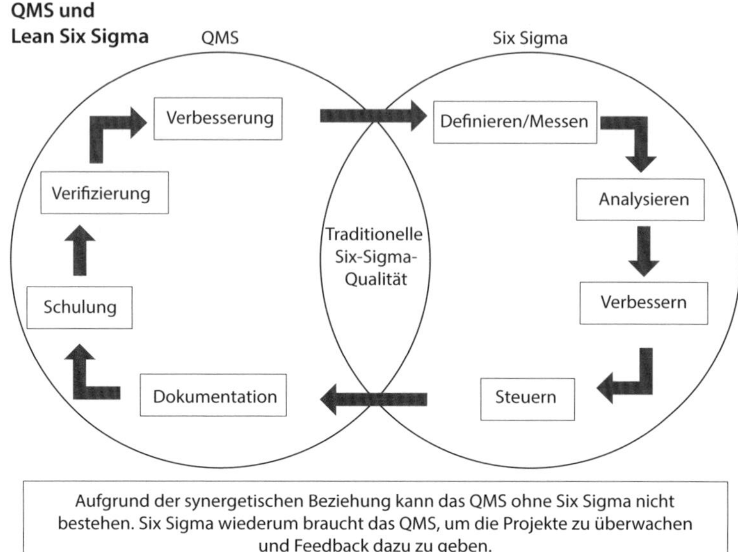


Aufgrund der synergetischen Beziehung kann das QMS ohne Six Sigma nicht bestehen. Six Sigma wiederum braucht das QMS, um die Projekte zu überwachen und Feedback dazu zu geben.

Agile Methoden können als Lean-Vorgehensweise für die Verwaltung und Ausführung von IT-Projekten angesehen werden.

| Lean-Vorgehensweise | Agile Praktik |
|---|---|
| **Kaizen**<br>Kontinuierliche Verbesserung | ▪ Sitzungen zur Iterationsplanung<br>▪ Prozess- und Projektreflexion |
| **Kanban**<br>Visuelle Managementsysteme | ▪ Product Backlogs<br>▪ Iterations-Backlogs<br>▪ Burndown-Charts<br>▪ Projekt- und Qualitätsregler<br>▪ Dashboards für automatisierte Tests |
| **Verringerung der Konfiguration**<br>Anpassungsfähigkeit an rasche Änderungen | ▪ Automatisierte Builds<br>▪ Continuous Integration<br>▪ Testgestützte Entwicklung<br>▪ Automatisiertes Testen |
| **Taktzeit**<br>Auslieferung in Abhängigkeit vom Kundenbedarf | ▪ Iterative Entwicklungszyklen<br>▪ Inkrementelle Entwicklung |
| **Arbeitszellen**<br>Ressourcen für eine Aufgabe am gleichen Ort | ▪ Funktionsübergreifende Teams<br>▪ Umgebungen zur Förderung der Zusammenarbeit<br>▪ Generalisieren der Spezialistenrollen<br>▪ Pair Programming |

### 8.7.3 Die Umstellung beim SSDC-Team in Shanghai

Das SSDC-Team in Shanghai leitete die Umstellung Ende 2008 mit zwei Pilotprojekten ein. Eines davon war die Implementierung unserer eigenen HMI-Plattform (Human Machine Interface). Dadurch konnten wir eine Steigerung der Produktivität um 20 % vorweisen. Dies kam hauptsächlich dadurch zustande, dass wir auf die Implementierung von Features verzichteten, die nur begrenzten Wert hatten, bei Anwendung unserer klassischen Wasserfallmethode aber umgesetzt worden wären. Außerdem waren wir in der Lage, unser Design an veränderliche geschäftliche Anforderungen und an unser zunehmendes Verständnis darüber anzupassen, welche Features den größten Wert hatten. Darüber hinaus verbesserten wir die Zufriedenheit sowohl der Benutzer als auch der an dem Projekt beteiligten Mitarbeiter.

Wir waren sehr darauf gespannt, was mit dem vollen Potenzial agiler Methoden zu erreichen ist. Wir setzten daher die Umstellung auf agile Methode bei allen Projekten fort, bei denen es sinnvoll war. Schließlich halfen uns die Personalabteilung und das leitende Management, die aktuellen Ressourcen zu begutachten und nach der typischen Projektteamstruktur von Scrum neu zu ordnen:

*Abb. 8–12 Scrum-Projektteamstruktur (© 2014 GE, Wiedergabe mit freundlicher Genehmigung von GE)*

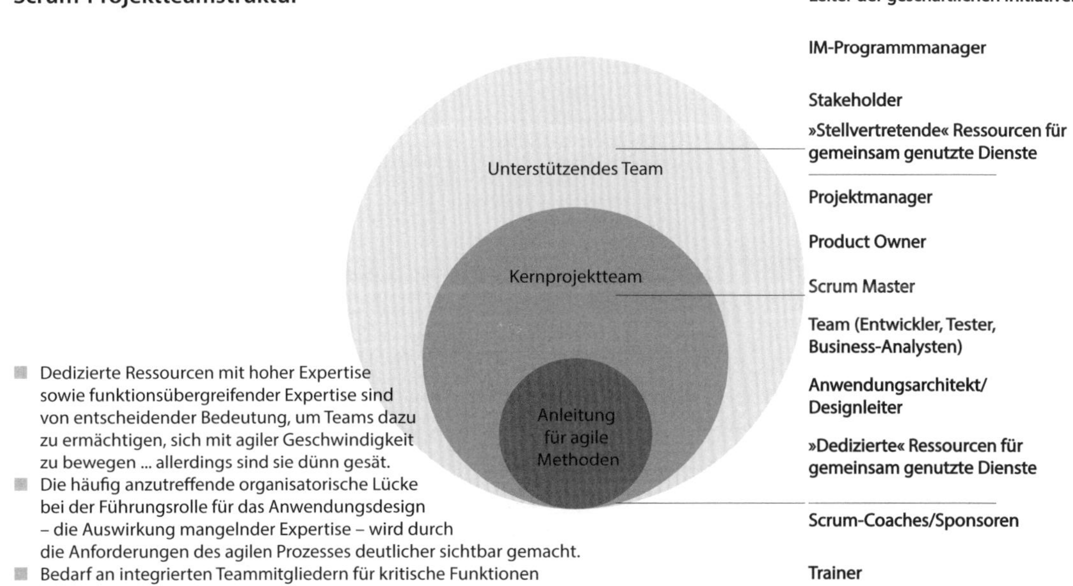

Beim Übergang vom Wasserfallmodell zu agilen Methoden/Scrum haben wir erkannt, dass die Rollen des Projektmanagers und des Product Owners ein Paar bilden. Um einen reibungslosen Übergang zu ermöglichen, wurde die Rolle des Projektmanagers beibehalten und an Scrum-Praktiken ausgerichtet. Das Team passte die Konzepte an die tägliche Arbeit und die Umstände in der Praxis an. Es gab folgende Schlüsselkonzepte:

- Die Pflichten des Product Owners werden zwischen dem geschäftlichen Product Owner und dem Projektmanager aufgeteilt.
- Der Scrum Master ist die vorherrschende Rolle für die Pilotprojekte.
- Die Wichtigkeit integrierter QS-Ressourcen[10], Designressourcen aus Erfahrungen und BA-Ressourcen (Business Analysis)
- Hervorhebung des Flex-Modells für die Ressourcen für gemeinsam genutzte Dienste

***Abb. 8–13***
*Übergang bei SSDC*

| | 2009 | 2011 | 2012 | 2013 |
|---|---|---|---|---|
| **Quellcodesteuerung und -verzweigung** | VSS | TFS | | TFS |
| **TDD/BDD** | **TDD** ist eine sehr empfehlenswerte Praktik. Unit Tests für jede User Story sind unverzichtbar. | Neuer Code wird durch Unit Tests abgedeckt. Bei C# ist die Situation weniger gut, wir haben gerade erst mit dem Übergang zu TDD für Benutzeroberflächen begonnen. Erste Versuche, BDD zu nutzen. | | Deutliche Konzentration auf BDD. |
| **Automatisierte funktionale Tests** | Einige **Selenium/ TestComplete**-Tests | Automatisierte funktionale Tests auf der Grundlage von TC/Selenium. Wir haben ein Framework in C# erstellt, um die Testentwicklung zu vereinfachen. | **Funktionale Tests** werden parallel ausgeführt. Die Testabdeckung ist viel besser. | |
| **Continuous Integration** | Rudimentär | Rudimentär | Wir verwenden Cruise Control und haben ziemlich viele verschiedene Setups. **Smoke-Builds, Release-Builds** usw. Funktionale Tests werden parallel ausgeführt. Es dauert eine Stunde, alle auszuführen. | Das Endziel besteht in einem fortlaufenden Lieferprozess. |
| **Testabdeckung** | Nicht gemessen | | Wir haben eine Abdeckung von 10% durch Unit Tests und 30% durch funktionale Tests. | Wir haben eine Abdeckung von 20% durch Unit Tests und 50% durch funktionale Tests. |

10. QS für Qualitätssicherung (engl. Quality Assurance).

Im Zuge des Unternehmenswachstums und des größer werdenden Teams haben wir das eine große Team durch mehrere Miniteams ersetzt. Eines dieser Miniteams ist für das Epic-Design und die Implementierung verantwortlich und besteht gewöhnlich aus dem Product Owner, dem Designer, einem bis drei Entwicklern, einem bis zwei Testern und dem Autor. Ein anderes Team fällt alle technischen Entscheidungen, führt Brainstormings durch und bietet Lösungen. Es ist autonom, zielgerichtet und erlaubt uns, effektiver vorzugehen und schneller zu reagieren. Zurzeit haben wir bei SSDC Shanghai sechs Miniteams. Bei einer Überprüfung der Prozessänderungen während der letzten fünf Jahre haben wir folgende Beobachtungen gemacht:

- **Punkte – keine Schätzungen:**
  Dieser Wechsel wurde durch die Anwendung von Kanban möglich. Natürlich muss man auch in einer iterativen Umgebung die Arbeit abschätzen, aber jetzt haben wir nur überschaubare Schätzungen wie »Tage«, »Wochen«, »Monat« und »Monate«. Manchmal kann der Product Owner die Schätzungen nicht einhalten, aber mit den neuen Roadmaps werden die überschaubaren Schätzungen erstaunlich genau.
- **Zeiterfassung – keine Zeiterfassung:**
  Wir haben die aufgewendete Zeit vom ersten Tag an erfasst. Die Vorstellung der Zeiterfassung hatten wir sehr stark verinnerlicht. Selbst die Gehälter wurden nach der aufgewendeten Arbeitszeit bestimmt. Es war eine sehr schwierige Entscheidung, diese Regel aufzugeben, aber es ging erstaunlich glatt. Wenn Sie keine Abschätzungen über die Arbeit machen, gibt es auch praktisch keinen Grund, die Zeit zu erfassen. Einige Leute haben sich zu Anfang beschwert, aber nach zwei oder drei Monaten waren alle mit der Entscheidung einverstanden. Schließlich haben wir den PBI (Product Backlog Item)-Status erfasst.
- **Releaseplanung – keine Releaseplanung – Roadmaps:**
  Dieses Hin und Her mag etwas seltsam wirken. Zu Anfang führten wir eine strenge Releaseplanung durch, aber mit der Einführung von Kanban haben wir damit aufgehört. Diese Planung schien uns keine gute Idee zu sein. Das Problem war allerdings, dass wir kein Ziel mehr vor Augen hatten. Ein solches Ziel für ein Release zu haben, ist eine gute Sache, denn es hilft uns, zu bestimmen, was getan werden muss und was nicht. Andernfalls macht man viele kleine und große Dinge, die aber nicht einem gemeinsamen Zweck dienen. Dadurch verzettelt man sich bei der Entwicklungsarbeit, sodass man schließlich nur unzusammenhängende Features freigibt. Daher entschieden wir uns, Roadmaps einzusetzen. Es können sich drei bis vier umfangreiche Epics gleichzeitig in der Ent-

wicklung befinden. Jedes Epic hat ein klares Ziel und kann in drei bis zwölf Monaten fertiggestellt werden. Die Roadmap zeigt alle zurzeit laufenden Epics sowie einige der zukünftigen.

- **Aufteilen von User Stories:**
  Das haben wir immer noch nicht hinbekommen. In unserem Fall sind die User Stories immer sehr grobe Features, garniert mit den Standards des Fachbereichs. Es ist nicht einfach, sie aufzuteilen. In diesen Jahren folgen wir jedoch streng dem INVEST-Modell, was uns wirklich hilft, die User Stories zu verbessern.
- **Tägliche Besprechungen:**
  Diese Praktik hat jetzt fünf Jahre unverändert Bestand. Wir versuchen, diese Besprechungen kurz und konkret zu halten. Es fällt uns leicht, eine Besprechung von 15 Personen in 15 Minuten durchzuführen.
- **Besprechungen:**
  Der Trend geht zu weniger allgemeinen und mehr konkreten Besprechungen. Die einzigen regelmäßigen Treffen, die wir zurzeit abhalten, sind die täglichen Besprechungen. Alles andere geschieht bei Bedarf. Bei Scrum gibt es viele formale Besprechungen, was eine gute Sache sein mag, wenn man gerade erst damit beginnt, agile Methoden anzuwenden. Mit der Zeit aber werden diese Besprechungen ermüdend. Just-in-Time-Besprechungen sind eine hervorragende Sache: weniger Teilnehmer, bessere Konzentration auf ein Thema und bessere Ergebnisse.

### 8.7.4 Größere Veränderungen

In den letzten Jahren sind alle Ingenieurteams vom Wasserfallmodell zu Scrum übergegangen. Die folgenden Maßnahmen in unserer SSDC-Einheit haben die Effizienz der täglichen Arbeit stark verbessert und auch die Kosten verringert. Es änderte sich nicht nur der Arbeitsrhythmus, unsere neue Arbeitsweise wirkte sich auch auf die Gesamtleistung des Projekts aus:

- Anpassungen bei den Rollen der einzelnen Stellen und bei den Einstellungsvoraussetzungen
- Neue Ausrichtung der Arbeitsplätze und der Organisationsstruktur im Allgemeinen
- Verstärkte Anwendung moderner Praktiken und Etablierung eines Arbeitsrhythmus im Team, was gut funktioniert:
  - Daily Scrum/Sprint/Release/Release Train
  - 100 % Continuous Integration
- Begeisterter Wechsel zur neuen Kultur im Jahr 2012

### 8.7.5 Ergebnisse und Nutzen

- 96 von ca. 267 Systemreleases erfolgten nach agiler Methodik.
- 91 % der agilen Releases erfüllten unsere Terminverpflichtungen.
- Nach jedem Release haben wir die Zufriedenheit der Kunden mit den Ergebnissen und der Ausführung auf einer Skala von 1 bis 10 gemessen. Der durchschnittliche Wert bei den Releases lag bei 8,8, was eine Verbesserung von 0,4 gegenüber dem Wasserfallmodell darstellt.
- Der andere große Vorteil, den wir bemerkten, war eine erhebliche Verkürzung der Zeit für die Auslieferung der Produkte. Die durchschnittliche Zeit vom Start bis zum ersten Release oder die Zeit zwischen den Releases in einem Projekt betrug vier Monate. Beim klassischen Wasserfallprozess dauerte dies ein Jahr!

Die beobachtete Verkürzung der Zykluszeit lag teilweise auch an der Natur der Projekte, aber die agile Vorgehensweise hat mindestens zu einer Beschleunigung um den Faktor 2 beigetragen. Nichts kann das Vertrauen und die Begeisterung der Kunden mehr steigern, als ihnen in erheblich kürzerer Zeit eine Lösung zu übergeben, die bereits in sich einen Wert darstellt. Auch die Mitarbeiter und Vertragspartner waren zufriedener.

### 8.7.6 Lessons Learned

- Hindernisse
  - Kein Wille zum Wandel
  - Klare Rollen und Zuständigkeiten bei agilen Methoden und dem Scrum-Modell
  - Die Einrichtung eines Universalframeworks zur Testautomatisierung ist ein langfristiger Vorgang und erfordert fortgesetzte Anstrengungen.
  - Die Continuous Integration erfordert Anstrengung.
- Schlüsselfaktoren für den Erfolg
  - Kenntnisse über die agile Methodik zu erwerben und weiterzugeben sorgt für einheitliche Ausführung, Zuständigkeit und Verantwortlichkeit.
  - Sicherzustellen, dass die Produkte und Dienstleistungen zur Zufriedenheit der Kunden geliefert werden, verbessert den Ruf, das Wachstum, die Innovation und die Kundentreue.
  - Aufstellung von wichtigen Kennzahlen für künftige Prozessverbesserungen, um Verschwendung auszumerzen, nur wertschöpfende Tätigkeiten durchzuführen, Probleme dauerhaft zu lösen (Qualität, Leistung, Teamarbeit usw.) und Lösungen zur Verbesserung der Produkte und Dienstleistungen zu entwickeln.

- Erfahrungen für die Personalpolitik
  - Einen dedizierten Vollzeitleiter für die Umstellung ernennen.
  - Ohne Coaches und Experten gibt es kein agiles Vorgehen. Daher müssen Sie in Coaching-Fähigkeiten investieren, möglichst bald Vollzeitcoaches für die Mitarbeiter einstellen und die Coaches organisationsweit verteilen.
  - In die Einstellungsvoraussetzungen und Stellenausschreibungen müssen Kenntnisse in agilen Methoden aufgenommen werden.
  - Personen für die Rolle von Scrum Mastern einstellen.
  - Die Methodik des formalen Projektmanagements ändern.
  - Verträge nach einem Punktesystem abschließen. Die Leistung der Mitarbeiter steht und fällt mit einem System, das vollständig mit Wachstumswerten und Messpunkten abgedeckt ist. Dies hat Auswirkungen auf die Personalverträge und die Beförderungspläne.
  - Spezialisierte Fachkenntnisse und Kompetenzzentren bündeln.

### 8.7.7 Schlussfolgerungen und nächste Schritte

Die Größe des agilen Teams von SSDC hat sich mehr als verdoppelt, und es wächst nach wie vor. Wir haben zwar bereits 150 agile Teams bei M&C, aber es ist immer noch viel zu tun. Einige Teams sind sehr agil, andere dagegen wenden Mini-Wasserfallprozesse an, die sie als agil bezeichnen. Wandel ist immer schwierig, und ein Unternehmen in der Größenordnung von GE zu ändern, fühlt sich an, als müsste man einen Ozeanriesen mit einem Paddel steuern. Wir haben gelernt, dass Geduld sehr wichtig ist und dass auch die kleinsten inkrementellen Verbesserungen massive Vorteile bieten, wenn sie im großen Maßstab umgesetzt werden. Je reifer wir bei der Anwendung agiler Praktiken werden, umso deutlicher steigern wir unsere Geschwindigkeit:

- Eine stärkere Automatisierung von Tests ist entscheidend, um die Build- und Testzyklen zu beschleunigen und gleichzeitig die Qualität der Ergebnisse zu verbessern.
- Testgestützte Entwicklung
  - Erzwingt ein solides Verständnis des Zwecks der einzelnen Komponenten.
  - Sorgt dafür, dass alle Module umfassend automatisiert getestet werden.
  - In der IT beginnen wir gerade erst, damit zu spielen.

- Continuous Integration
  - Sorgt dafür, dass immer ein integrierter Build eines Systems zum Testen und für das Release bereitsteht.
  - Zwingt dazu, Konflikte und Probleme über unabhängige Module hinweg inkrementell zu beheben. Dadurch treten keine erdrückenden Build-Probleme mehr auf.
  - Erfordert automatische Builds, was die Gesamtzeit für die Build- und Testzyklen verringert.

Unser agiles Team und unsere Strategie entwickeln sich weiter fort. Der Wandel ist unsere einzige Konstante.

# Anhang

# A Cross-Referenz zu den ISTQB®-Lehrplänen

Das Buch in der vorliegenden Ausgabe behandelt den Stoff folgender ISTQB®-Lehrpläne [URL: ISTQB Syllabus]:

- *ISTQB® Certified Tester – Foundation Level Syllabus, v4.0,* Ausgabe EN 2023, DE 2023
- *ISTQB® Certified Tester – Foundation Level Extension Syllabus Agile Tester,* Ausgabe EN 2014, DE 2017
- *ISTQB® Certified Tester – Advanced Level Syllabus – Agile Technical Tester (ATT),* Ausgabe EN 2019, DE 2019
- *ISTQB® Certified Tester – Advanced Level Syllabus – Agile Test Leadership at Scale (CTAL-ATLaS),* Ausgabe EN 2023

**Die Gliederung des Buches folgt jedoch nicht der Gliederung der Lehrpläne.** Die Abschnitte im Buch, die den Stoff zu den in den betreffenden Lehrplänen jeweils genannten Lernzielen erläutern, können jedoch anhand der folgenden Cross-Referenz-Tabellen gezielt nachgeschlagen werden.

***Tab. A–1***
*Cross-Referenz zu Syllabus: ISTQB® Certified Tester –* ***Foundation Level Syllabus****, v4.0, DE 2023*

| Lernziele nach Certified Tester – Foundation Syllabus, v4.0, DE 2023 | Kapitel und Abschnitte in diesem Buch |
|---|---|
| Im Buch werden nur die im folgenden referenzierten Stoffanteile über »Agiles Testen« behandelt. Eine ausführliche Darstellung der anderen Themen des Foundation Level findet sich in [Spillner & Linz 19]. | |
| **1. Grundlagen des Testens** | |
| FL-1.5.2 (K1)<br>… die Vorteile des Whole-Team-Ansatzes wiedergeben | 2<br>2.1, 2.4,<br>3.3, 3.6, 3.7, 3.8 |

→

| Lernziele nach Certified Tester – Foundation Syllabus, v4.0, DE 2023 | Kapitel und Abschnitte in diesem Buch |
|---|---|
| **2. Testen während des Softwareentwicklungslebenszyklus** | |
| FL-2.1.1 (K2)<br>… die Auswirkungen des gewählten Software-entwicklungslebenszyklus auf das Testen erklären | 2, 2.4 |
| FL-2.1.3 (K1)<br>… die Beispiele für Test-First-Ansätze in der Entwicklung wiedergeben | 4.2, 4.2.1, 6.3, 6.4 |
| FL-2.1.4 (K2)<br>… die möglichen Auswirkungen von DevOps auf das Testen zusammenfassen | 6.10 |
| FL-2.1.5 (K2)<br>… den Shift-Left-Ansatz erklären | 3.8.5 |
| FL-2.1.6 (K2)<br>… den Einsatz von Retrospektiven als Mechanismus zur Prozessverbesserung erklären | 7.2.3 |
| FL-2.2.1 (K2)<br>… die verschiedenen Teststufen unterscheiden | 3.8.3<br>4, 5, 6 |
| **3. Statischer Test** | |
| FL-3.2.1 (K1)<br>… Vorteile eines frühzeitigen und häufigen Stakeholder-Feedbacks erkennen | 3, 3.4, 3.8.4 |
| **4. Testanalyse und -entwurf** | |
| FL-4.5.1 (K2)<br>… das Schreiben von User Storys in Zusammenarbeit mit Entwicklern und Fachvertretern erklären | 3.4 |
| FL-4.5.2 (K2)<br>… die verschiedenen Möglichkeiten zum Schreiben von Abnahmekriterien einordnen | 3.4, 6.3.3, 6.4.3 |
| FL-4.5.3 (K3)<br>… abnahmetestgetriebene Entwicklung (ATDD) zur Ableitung von Testfällen anwenden | 6.3.3, 6.4.3 |
| **5. Management der Testaktivitäten** | |
| FL-5.1.2 (K1)<br>… den möglichen Mehrwert, den ein Tester für die Iterations- und Releaseplanung schafft, erkennen | 3, 3.4 |
| FL-5.1.6 (K1)<br>… die Konzepte der Testpyramide wiedergeben | 3.8.3 |
| FL-5.1.7 (K2)<br>… die Testquadranten und ihre Beziehungen zu Teststufen und Testarten zusammenfassen | 3.8.3 |

*Tab. A–2* Cross-Referenz zu Syllabus: ISTQB® Certified Tester – **Foundation Level Extension Syllabus – Agile Tester**, EN 2014, DE 2017

| Lernziele nach Certified Tester – Foundation Level Extension Syllabus, Agile Tester, 2017 | Kapitel und Abschnitte in diesem Buch |
|---|---|
| **1. Agile Softwareentwicklung** | |
| **1.1 Die Grundlagen der agilen Softwareentwicklung** | |
| FA-1.1.1 (K1)<br>Das Grundkonzept der agilen Softwareentwicklung basierend auf dem Agilen Manifest beschreiben können. | 2 |
| FA-1.1.2 (K2)<br>Die Vorteile des Whole-Team-Approach (interdisziplinäres, selbstorganisiertes Team) verstehen. | 2.1, 2.4<br>3.3, 3.6, 3.7, 3.8 |
| FA-1.1.3 (K2)<br>Den Nutzen von frühen und häufigen Rückmeldungen verstehen. | 3.2, 3.4<br>4.2, 4.4, 4.5<br>5.5<br>6.1, 6.2, 6.4, 6.6, 6.8<br>7.1, 7.2, 7.2.3, 7.5, 7.5.1, 7.6, 7.6.1, 7.7 |
| **1.2 Aspekte agiler Ansätze** | |
| FA-1.2.1 (K1)<br>Die Ansätze der agilen Softwareentwicklung nennen können. | 2 |
| FA-1.2.2 (K3)<br>User-Stories schreiben in Zusammenarbeit mit Entwicklern und Vertretern des Fachbereichs. | 3.3<br>6.1, 6.3.1, 6.3.3, 6.4, 6.8.2<br>7.6.2 |
| FA-1.2.3 (K2)<br>Verstehen, wie in agilen Projekten Retrospektiven als Mechanismus zur Prozessverbesserung genutzt werden. | 2.4<br>3.6<br>4.5<br>5.5<br>6.2<br>7.2.3, 7.5.1 |
| FA-1.2.4 (K2)<br>Die Anwendung und den Zweck von Continuous Integration (der kontinuierlichen Integration) verstehen. | 5, 5.5<br>6.9 |
| FA-1.2.5 (K1)<br>Die Unterschiede zwischen Iterations- und Releaseplanung kennen und wissen, wie sich ein Tester gewinnbringend in jede dieser Aktivitäten einbringt. | 3.3, 3.4, 3.5, 3.8<br>6.9 |
| **2. Grundlegende Prinzipien, Praktiken und Prozesse des agilen Testens** | |
| **2.1 Die Unterschiede zwischen traditionellen und agilen Ansätzen im Test** | |
| FA-2.1.1 (K2)<br>Die Unterschiede der Testaktivitäten zwischen agilen und nicht agilen Projekten benennen und erläutern können. | 2, 2.4<br>3, 3.6, 3.7, 3.8<br>4.5<br>5.6<br>6.10 |

→

| Lernziele nach Certified Tester – Foundation Level Extension Syllabus, Agile Tester, 2017 | Kapitel und Abschnitte in diesem Buch |
|---|---|
| **2. Grundlegende Prinzipien, Praktiken und Prozesse des agilen Testens** | |
| **2.1 Die Unterschiede zwischen traditionellen und agilen Ansätzen im Test** | |
| FA-2.1.2 (K2)<br>Beschreiben können, wie Entwicklungs- und Testaktivitäten in einem agilen Projekt umgesetzt werden. | ▪ 4<br>▪ 5<br>▪ 6 |
| FA-2.1.3 (K2)<br>Die Bedeutung von unabhängigem Test in agilen Projekten darlegen können. | ▪ 6.8, 6.8.1<br>▪ 7.6.1, 7.7 |
| **2.2 Der Status des Testens in agilen Projekten** | |
| FA-2.2.1<br>Erläutern können, welches Mindestmaß an Arbeitsergebnissen sinnvoll ist, um den Testfortschritt und die Produktqualität in agilen Projekten sichtbar zu machen. | ▪ 3, 3.5, 3.7<br>▪ 4.5<br>▪ 5.6<br>▪ 6.10<br>▪ 7.5, 7.6 |
| FA-2.2.2 (K2)<br>Damit vertraut sein, dass sich die Tests über mehrere Iterationen hinweg kontinuierlich weiter entwickeln, und daher auch erklären können, warum Testautomatisierung wichtig ist zum Beherrschen der Risiken im Regressionstest. | ▪ 4.5<br>▪ 5.6<br>▪ 6.2, 6.8, 6.10 |
| **2.3 Die Rolle und Fähigkeiten eines Testers in einem agilen Team** | |
| FA-2.3.1 (K2)<br>Verstehen, über welche Fähigkeiten (bzgl. Menschen, Domainwissen und Testen) ein Tester in agilen Teams verfügen muss. | ▪ 7.7 |
| FA-2.3.2 (K2)<br>Wissen, was die Rolle eines Testers in einem agilen Team ist. | ▪ 2, 2.1<br>▪ 3.6, 3.7, 3.8<br>▪ 4.2, 4.5<br>▪ 4.5<br>▪ 5.6<br>▪ 6.10<br>▪ 7.5, 7.6, 7.7 |
| **3. Methoden, Techniken und Werkzeuge des agilen Testens** | |
| **3.1 Agile Testmethoden** | |
| FA-3.1.1 (K1)<br>Die Konzepte der testgetriebenen Entwicklung, der abnahmetestgetriebenen Entwicklung und der verhaltensgetriebenen Entwicklung nennen können. | ▪ 3.3<br>▪ 4.2<br>▪ 5.6<br>▪ 6.1, 6.3.3, 6.4.3, 6.5, 6.6, 6.7 |
| FA-3.1.2 (K1)<br>Die Konzepte der Testpyramide nennen können. | ▪ 3.8.3 |

→

| Lernziele nach Certified Tester – Foundation Level Extension Syllabus, Agile Tester, 2017 | Kapitel und Abschnitte in diesem Buch |
|---|---|
| **3. Methoden, Techniken und Werkzeuge des agilen Testens** | |
| **3.1 Agile Testmethoden** | |
| FA-3.1.3 (K2)<br>Die Testquadranten und ihre Beziehungen zu Teststufen und Testarten zusammenfassen. | 3.8.3 |
| FA-3.1.4 (K3)<br>Für ein vorgegebenes agiles Projekt die Rolle eines Testers in einem Scrum-Team übernehmen. | 2, 2.1<br>3.8, 3.8.2, 3.8.4<br>4.2.2, 4.5<br>5.6<br>6.11<br>7.5, 7.6, 7.7 |
| **3.2 Qualitätsrisiken beurteilen und Testaufwände schätzen** | |
| FA-3.2.1 (K3)<br>Qualitätsrisiken in einem agilen Projekt einschätzen. | 3.8, 3.8.2<br>4.1.2, 4.1.4, 4.5<br>5.5.3<br>6.2, 6.3.3, 6.8<br>7.3.1, 7.6.1 |
| FA-3.2.2 (K3)<br>Testaufwand auf Basis des Iterationsinhalts und der Qualitätsrisiken schätzen. | 3.8<br>4.1.2<br>5.2, 5.2.2<br>6.2, 6.8, 6.11 |
| **3.3 Techniken in agilen Projekten** | |
| FA-3.3.1 (K3)<br>Die relevanten Informationen interpretieren können, um Testaktivitäten zu unterstützen. | 3.1, 3.2, 3.3<br>6.6<br>7.3.1 |
| FA-3.3.2 (K2)<br>Den Fachbereichsvertretern erklären können, wie testbare Abnahmekriterien zu definieren sind. | 3.3<br>6.1, 6.3, 6.3.3, 6.4.2, 6.6, 6.7 |
| FA-3.3.3 (K3)<br>Für eine vorgegebene User Story abnahmetest-getriebene Testfälle (ATDD) schreiben können. | 3.3<br>6.3, 6.3.3, 6.4.2, 6.4.3 |
| FA-3.3.4 (K3)<br>Auf Basis von vorgegebenen User-Stories mit Hilfe von Blackbox-Testentwurfsverfahren funktionale und nicht funktionale Testfälle schreiben können. | 4, 4.1, 4.2<br>5, 5.1, 5.2<br>6, 6.1, 6.2, 6.3, 6.4, 6.5, 6.6, 6.7 |
| FA-3.3.5 (K3)<br>Explorative Tests durchführen können, um das Testen eines agilen Projekts zu unterstützen. | 6.3, 6.3.1, 6.3.2 |
| **3.4 Werkzeuge in agilen Projekten** | |
| FA-3.4.1 (K1)<br>Verschiedene für Tester verfügbare Werkzeuge gemäß ihrem Zweck und den Aktivitäten in agilen Projekten kennen. | 3.8.2, 3.8.4<br>4.3, 4.4, 4.5<br>5.3.1, 5.5, 5.6<br>6.4, 6.5, 6.7 |

***Tab. A–3***
*Cross-Referenz zu Syllabus: ISTQB® Certified Tester – **Advanced Level Syllabus – Agile Technical Tester (ATT),** EN 2019, DE 2019*

| ISTQB® Certified Tester – Advanced Level Syllabus – Agile Technical Tester (ATT), EN 2019, DE 2019 | Kapitel und Abschnitte in diesem Buch |
|---|---|
| **1. Requirements Engineering** | |
| **1.1 Requirements-Engineering-Verfahren** | |
| ATT-1.1.1-1 (K4)<br>User-Storys und Epics mit Hilfe von Requirements-Engineering-Verfahren analysieren können. | 3.4 |
| ATT-1.1.1-2 (K2)<br>Requirements-Engineering-Verfahren beschreiben und wie sie Tester unterstützen können. | 3.4, 3.8.4 |
| ATT-1.1.2-1 (K4)<br>Testbare Abnahmekriterien für eine bestimmte User-Story mit Hilfe von Requirements-Engineering-Verfahren und den Testverfahren erstellen und bewerten können. | 3.4 |
| ATT-1.1.2-2 (K2)<br>Die Ermittlungstechniken beschreiben können. | 3.4 |
| **2. Testen im agilen Umfeld** | |
| **2.1 Agile Entwicklungstechniken und Testverfahren** | |
| ATT-2.1.1-1 (K3)<br>Testgetriebene Entwicklung (Test-Driven Development, TDD) im Kontext eines gegebenen Beispiels in einem agilen Projekt anwenden können. | 4.2, 6.5 |
| ATT-2.1.1-2 (K2)<br>Eigenschaften eines Unittests verstehen können. | 4, 4.1 |
| ATT-2.1.1-3 (K2)<br>Bedeutung des Akronyms FIRST verstehen können. | 4.5 |
| ATT-2.1.2-1 (K3)<br>Verhaltensgetriebene Entwicklung (Behavior-Driven Development, BDD) im Kontext einer gegebenen User-Story in einem agilen Projekt anwenden können. | 6.4.3 |
| ATT-2.1.2-2 (K2)<br>Verstehen können, wie Richtlinien für die Formulierung von Szenarien eingesetzt werden können. | 6.4.3, 6.5 |
| ATT-2.1.3 (K4)<br>Analysieren des Product-Backlog in einem agilen Projekt, um ein Vorgehen zur Einführung einer abnahmetestgetriebenen Entwicklung (Acceptance Test-Driven Development, ATDD) bestimmen zu können. | 3.3, 3.4<br>6.3.3, 6.4.3 |

→

| ISTQB® Certified Tester – Advanced Level Syllabus – Agile Technical Tester (ATT), EN 2019, DE 2019 | Kapitel und Abschnitte in diesem Buch |
|---|---|
| **2. Testen im agilen Umfeld** | |
| **2.2 Erfahrungsbasiertes Testen im agilen Umfeld** | |
| ATT-2.2.1-1 (K4)<br>Eine Testvorgehensweise, die automatisierte Tests, erfahrungsbasierte Tests und Black-Box-Tests und die mit Hilfe anderer Vorgehensweisen (einschließlich risikobasierter Tests) für ein vorgegebenes Szenario in einem agilen Projekt entworfen wurde, aus dem Blickwinkel erfahrungsbasierten Testens analysieren und beurteilen können. | 6.3, 6.4 |
| ATT-2.2.1-2 (K2)<br>Unterschiede zwischen unternehmenskritisch und nicht unternehmenskritisch erläutern können. | 6.11 |
| ATT-2.2.2-1 (K4)<br>User-Storys und Epics analysieren, um eine Test-Charta erstellen zu können. | 3.4<br>6.3.1, 6.3.2 |
| ATT-2.2.2-2 (K2)<br>Den Einsatz von erfahrungsbasierten Testverfahren verstehen können. | 6.3, 6.11 |
| **2.3 Aspekte der Codequalität** | |
| ATT-2.3.1-1 (K2)<br>Bedeutung des Refactoring von Testfällen in agilen Projekten verstehen können. | 4.1.2, 4.2 |
| ATT-2.3.1-2 (K2)<br>Eine geeignete Aufgabenliste für das Refactoring von Testfällen verstehen können. | 4.2 |
| ATT-2.3.2-1 (K4)<br>Codeanalyse im Rahmen eines Code-Reviews durchführen können, um Fehlerzustände und technische Schulden identifizieren zu können. | 4.1, 4.2, 4.5 |
| ATT-2.3.2-2 (K2)<br>Statische Codeanalyse verstehen können. | 4.5 |
| **3. Testautomatisierung** | |
| **3.1 Testautomatisierungsverfahren** | |
| ATT-3.1.1 (K3)<br>Datengetriebenes und schlüsselwortgetriebenes Testen zur Entwicklung automatisierter Testskripte anwenden können. | 6.4.2 |
| ATT-3.1.2 (K2)<br>Verstehen können, wie Testautomatisierung bei einer bestimmten Testvorgehensweise in einem agilen Umfeld angewendet wird. | 4, 5, 6,<br>6.11 |

→

| ISTQB® Certified Tester – Advanced Level Syllabus – Agile Technical Tester (ATT), EN 2019, DE 2019 | Kapitel und Abschnitte in diesem Buch |
|---|---|
| **3. Testautomatisierung** | |
| **3.1 Testautomatisierungsverfahren** | |
| ATT-3.1.3-1 (K2)<br>Testautomatisierung verstehen können. | 4, 5, 6 |
| ATT-3.1.3-2 (K2)<br>Unterschiede zwischen verschiedenen Testvorgehensweisen verstehen können. | 4, 5, 6 |
| **3.2 Automatisierungsgrad** | |
| ATT-3.2.1-1 (K2)<br>Faktoren verstehen können, die bei der Bestimmung des Testautomatisierungsgrads zu berücksichtigen sind, um mit der Geschwindigkeit der Bereitstellung mitzuhalten. | 4, 5, 6 |
| ATT-3.2.1-2 (K2)<br>Herausforderungen der Testautomatisierung im agilen Umfeld verstehen können. | 4.5, 6.4, 6.8, 6.11 |
| **4. Deployment und Delivery (Bereitstellung/Inbetriebnahme und Auslieferung)** | |
| **4.1 Continuous Integration, Continuous Testing und Continuous Delivery** | |
| ATT-4.1.1 (K3)<br>Continuous Integration anwenden können und deren Auswirkungen auf die Testaktivitäten zusammenfassen können. | 5, 5.5 |
| ATT-4.1.2 (K2)<br>Rolle des Continuous Testing bei Continuous Delivery und Continuous Deployment verstehen können. | 5, 5.5 |
| **4.2 Virtualisierung** | |
| ATT-4.2.1-1 (K2)<br>Konzept der Service-Virtualisierung und deren Rolle in agilen Projekten verstehen können. | 4.4 |
| ATT-4.2.1-2 (K2)<br>Vorteile der Service-Virtualisierung verstehen können. | 4.4 |

*Tab. A–4*
*Cross-Referenz zu Syllabus: ISTQB® Certified Tester – **Advanced Level Syllabus – Agile Test Leadership at Scale (CTAL-ATLaS)**, EN 2023*

| ISTQB® Certified Tester – Advanced Level Syllabus – Agile Test Leadership at Scale (CTAL-ATLaS), EN 2023 | Kapitel und Abschnitte in diesem Buch |
|---|---|
| **1. Quality Assistance** | |
| **1.1 What Is Quality Assistance?** | |
| ATLaS-1.1.1 (K2)<br>Explain quality assistance as an approach to quality and test management. | 7.2, 7.5 |
| **1.2 Skills for Quality Assistance** | |
| ATLaS-1.2.1 (K2)<br>Give examples of the change leadership, quality coaching, facilitation, and training skills required for quality assistance. | 7, 7.2, 7.5, 7.7 |
| ATLaS-HO-1.2.1 (H2)<br>Given a quality-related problem, provide quality assistance using one or more of the four important skills (change leadership, quality coaching, facilitation, and training). | 7.2 |
| **2. Improve Quality and Flow in a Value-Driven Organization** | |
| **2.1 Facilitate Value Stream Mapping** | |
| ATLaS-2.1.1 (K2)<br>Explain value stream as a concept. | 7.2.2 |
| ATLaS-2.1.2 (K3)<br>Apply value stream mapping as an agile test leader to understand and visualize workflows. | 7.2.2 |
| **2.2 Analyze a Value Stream from a Quality and Testing Perspective** | |
| ATLaS-2.2.1 (K4)<br>Analyze a value stream to identify waste and other quality and testing issues using basic metrics. | 7.2.2 |
| **3. Continuous Improvement of Quality and Testing** | |
| **3.1 Structured Problem-Solving Approach for Testing and Quality Activities** | |
| ATLaS-3.1.1 (K3)<br>Apply a Plan-Do-Check-Act cycle to address a quality problem. | 7.1.2 |
| ATLaS-3.1.2 (K2)<br>Explain how to embed Plan-Do-Check-Act in the organization. | 7.1.2 |
| **3.2 Systems Thinking and Analysis of Root Causes** | |
| ATLaS-3.2.1 (K2)<br>Explain how systems thinking and root cause analysis support a quality assistance approach. | 7.1.2, 7.2.4 |
| ATLaS-3.2.2 (K3)<br>Apply causal loop diagram to identify root causes. | 7.2.4 |

→

| ISTQB® Certified Tester – Advanced Level Syllabus – Agile Test Leadership at Scale (CTAL-ATLaS), EN 2023 | Kapitel und Abschnitte in diesem Buch |
|---|---|
| **4. Organizational Test Strategy in a Value-Driven Organization[a]** | |
| **4.1 Establish an Organizational Test Strategy** | |
| ATLaS-4.1.1 (K2)<br>Explain practices supporting DevOps and why to include them in the organizational test strategy. | 6.10 |
| ATLaS-4.1.2 (K2)<br>Exemplify how an organizational test strategy is created and implemented in a value-driven organization. | 7.2.2 |
| ATLaS-4.1.3 (K3)<br>Implement assessment techniques to validate that testing aligns with business and technical needs. | 7, 7.2.3, 7.2.4 |
| **4.2 Fit Agile Test Leadership into a Value-Driven Organization** | |
| ATLaS-4.2.1 (K4)<br>Analyze how agile test leadership fits in an organization using an agile scaling framework. | 7.2.2, 7.5, 7.6, 7.7 |
| **5. Test Processes in a Value-Driven Organization[a]** | |
| **5.1 Test Processes** | |
| ATLaS-5.1.1 (K2)<br>Exemplify challenges specific to testing in the context of agile at scale product development. | 2.5, 7.2, 7.5, 7.6 |
| ATLaS-5.1.2 (K2)<br>Exemplify agile at scale practices that help coordinate test efforts across agile and non-agile teams. | 2.5, 7.2, 7.5, 7.6 |
| ATLaS-5.1.3 (K2)<br>Define a set of test and flow related metrics to establish transparency for stakeholders. | – |
| ATLaS-5.1.4 (K4)<br>Structure challenging test activities and test processes to fit business agility using a quality assistance approach. | 7.2.2, 7.2.3 |
| ATLaS-5.1.5 (K4)<br>Analyze which test activities should be performed by stream-aligned teams and which should be performed by specialized service teams. | 7.2.2, 7.2.3 |

a. In der Syllabus-Ausgabe 10/2023 sind die Syllabus-Kapitel 4 und 5 neu ergänzt worden. Die Cross-Referenzen in der Tabelle verweisen auf diejenigen Buchkapitel, die Teilaspekte erläutern, die in den zugehörigen neuen Lernzielen adressiert werden.

# B Glossar

| Begriff | Definition | Quelle |
|---|---|---|
| A/B-Test | Ein statistischer Testansatz, um festzustellen, welche von zwei verschiedenen Systemversionen bei Anwendern auf höhere Akzeptanz stößt. | nach [URL: ISTQB-Glossar] |
| Abnahmekriterien | Diejenigen Kriterien, die ein System oder eine Komponente erfüllen muss, um durch den Benutzer, Kunden oder eine bevollmächtigte Instanz abgenommen zu werden. | [URL: ISTQB-Glossar] |
| Abnahmetest | Eine Teststufe mit dem Schwerpunkt, zu bestimmen, ob ein System abgenommen werden kann. | [URL: ISTQB-Glossar] |
| Agile Softwareentwicklung | Agile Softwareentwicklung (von lateinisch *agilis* »flink, beweglich«) bezeichnet Ansätze im Softwareentwicklungsprozess, die die Transparenz und Veränderungsgeschwindigkeit erhöhen und zu einem schnelleren Einsatz des entwickelten Systems führen sollen, um so Risiken und Fehlentwicklungen im Entwicklungsprozess zu minimieren. Dazu wird versucht, die Entwurfsphase auf ein Mindestmaß zu reduzieren und im Entwicklungsprozess so früh wie möglich zu ausführbarer Software zu gelangen.<br>Beispiele für Ausprägungen agiler Softwareentwicklung sind Scrum, Kanban oder Extreme Programming (XP). | nach *http://de.wikipedia.org/wiki/Agile_Softwareentwicklung* |
| Agiles Testen | Als agiles Testen (von lateinisch *agilis* »flink, beweglich«) wird das Testen von Software im Rahmen eines agilen Entwicklungsprojekts bezeichnet. [...] Agiles Testen folgt den Prinzipien des Agilen Manifests und wendet die agilen Prinzipien auf das Testen an. | [URL: agiles Testen] |
| Akzeptanzkriterien (Acceptance Criteria) | *siehe* Abnahmekriterien | [URL: ISTQB-Glossar] |
| Akzeptanztest (Acceptance Testing) | *siehe* Abnahmetest | [URL: ISTQB-Glossar] |

| Begriff | Definition | Quelle |
| --- | --- | --- |
| Anforderung (Requirement) | Eine Vorschrift, die zu erfüllende Kriterien enthält.<br>Ein von einem Stakeholder wahrgenommener Bedarf, oder eine Fähigkeit oder Eigenschaft, die ein System haben soll, oder die dokumentierte Darstellung eines Bedarfs, einer Fähigkeit oder einer Eigenschaft. | [URL: ISTQB-Glossar]<br>[URL: IREB Glossary] |
| Baustein (Component) | *siehe* Komponente | |
| Build | 1. Die Entwicklungsstufe einer Software vor Freigabe einer neuen Version und manchmal auch Teil der Versionsnummer.<br>2. Der Erstellungsprozess einer bestimmten Version einer Software. | *http://de.wikipedia.org/wiki/Build* |
| Compliance | Regelgerechtes, vorschriftsgemäßes, ethisch korrektes Verhalten. | *http://www.duden.de* |
| Daily Scrum | Das Daily Scrum ist ein 15-minütiges Event für die Developer:innen des Scrum Teams. Um die Komplexität zu reduzieren, wird es an jedem Arbeitstag des Sprints zur gleichen Zeit und am gleichen Ort abgehalten. Falls der:die Product Owner:in oder der:die Scrum Master:in aktiv an Einträgen des Sprint Backlogs arbeitet, nimmt er:sie als Developer:in teil. | [URL: Scrum Guide] |
| Datengetriebener Test (Data-Driven Test) | Ein skriptbasiertes Verfahren, das Dateien mit Testdaten und erwarteten Ergebnissen beinhaltet, die zum Ausführen von Testskripten benötigt werden.<br>Konzept der Testautomatisierung zur Aufwandsminimierung und Strukturierung der Tests durch Trennung von Testdaten und Testskript. Das Testskript liest eine Testdatenzeile ein, führt den Testablauf mit einem Datensatz aus und wiederholt die Testschritte für alle zugeordneten Testdatenzeilen. | [URL: ISTQB-Glossar]<br>nach [Spillner & Linz 19] |
| Depended-on Component (DOC) | Bezeichnet einen Softwarebaustein B, der von einem anderen Baustein A benötigt wird. A hängt von B ab. | nach [Meszaros 07] |
| Deployment, Softwareverteilung | Softwareverteilung (englisch software deployment) nennt man Prozesse zur Installation von Software auf Rechnern. | *http://de.wikipedia.org/wiki/Softwareverteilung* |
| Domänenspezifische Sprache (Domain Specific Language, DSL) | Eine formale (durch Computer verarbeitbare) Sprache, die speziell für ein bestimmtes Problemfeld (die Domäne) entworfen und implementiert wird.<br>Das Gegenteil einer domänenspezifischen Sprache ist eine universell einsetzbare Programmiersprache, wie beispielsweise Python oder C, oder eine universell einsetzbare Modellierungssprache, wie UML. | nach *http://de.wikipedia.org/wiki/Dom%C3%A4nen-spezifische_Sprache* |

| Begriff | Definition | Quelle |
|---|---|---|
| Dummy | Ein Pseudoobjekt, ein leeres Objekt, ein Null-Pointer o.Ä., das ein Datenobjekt, das vom Testobjekt oder vom DOC syntaktisch benötigt wird, ersetzt, das aber nicht ausgewertet wird und somit auch kein Teil der Testfalldaten ist. | nach [Meszaros 07] |
| Epic | Eine abstrakte Beschreibung eines Stakeholder-Bedarfs, der größer ist als das, was in einer einzigen Iteration umgesetzt werden kann. | [URL: IREB Glossary] |
| Fake | Ersetzt ein DOC, das im Test benötigt wird, aber ansonsten keinen Einfluss auf das Testergebnis hat, durch eine (stark) vereinfachte Implementierung. | nach [Meszaros 07] |
| Funktionaler Test | Test, der durchgeführt wird, um die Erfüllung der funktionalen Anforderungen durch eine Komponente oder ein System zu bewerten. | [Spillner & Linz 19] |
| Integration | Der Prozess der Verknüpfung von Komponenten (oder bereits integrierten Komponentengruppen) zu größeren Gruppen. | [Spillner & Linz 19] |
| Integrationstest | Testen mit dem Ziel, Fehlerzustände in den Schnittstellen und im Zusammenspiel zwischen integrierten Komponenten aufzudecken. | [Spillner & Linz 19] |
| Komponente (Software-baustein) | 1. Kleinste Einheit eines Systems, die für sich alleine getestet werden kann und für die eine separate Spezifikation verfügbar ist. Abhängig davon, welche Programmiersprache eingesetzt wird, werden diese kleinsten Einheiten unterschiedlich bezeichnet, z.B. als Modul, Unit oder Klasse.<br>2. Softwareeinheit, die die Implementierungsstandards eines Komponentenmodells (EJB, CORBA, .NET) erfüllt. | [Spillner & Linz 19] |
| Kontinuierliche Integration (Continuous Integration) | Ein automatisiertes Softwareentwicklungsverfahren, das alle Änderungen zusammenführt, integriert und testet, sobald diese der Versionsverwaltung übergeben werden. | [URL: ISTQB-Glossar] |
| Kontinuierlicher Test (Continuous Testing) | Eine Vorgehensweise, die das Testen früh, häufig und überall einbindet und automatisiert, um eine möglichst rasche Rückmeldung zu den Geschäftsrisiken eines Software-Releasekandidaten zu erhalten. | [URL: ISTQB-Glossar] |
| Lasttest | Eine Art des Performanztests, die das Verhalten eines Systems oder einer Komponente unter wechselnder Last bewertet, üblicherweise zwischen zu erwartender niedriger, typischer und Spitzenlast. | [Spillner & Linz 19] |
| Mock | Ein »intelligenter« Stub, der die Aufrufe und Daten, die er vom Testobjekt erhält, auswertet, auf Zulässigkeit und Korrektheit prüft und abhängig von dieser Auswertung eine Reaktion bzw. ein Berechnungsergebnis an das Testobjekt zurückgibt.<br>Aus Sicht des Testfalls fungiert ein Mock wie ein zusätzlicher Verifikationsschritt für »indirect output« des Testobjekts. | nach [Meszaros 07] |

| Begriff | Definition | Quelle |
|---|---|---|
| Nicht funktionaler Test | Test, der durchgeführt wird, um die Erfüllung der nicht funktionalen Anforderungen durch eine Komponente oder ein System zu bewerten. | [Spillner & Linz 19] |
| Performanz (Performance) | Der Grad, zu dem eine Komponente oder ein System Zeit, Ressourcen und Kapazität verbraucht während sie/es seine vorgesehenen Funktionen ausführt. | [URL: ISTQB-Glossar] |
| Performanztest (Performance Test) | Testen zur Bestimmung der Performanz einer Komponente oder eines Systems. | [URL: ISTQB-Glossar] |
| Persona | Personas werden verwendet, um fiktive Charaktere oder Archetypen zu definieren, die veranschaulichen, wie typische Benutzer mit dem System interagieren. | [URL: ISTQB CTAL-ATT] |
| Platzhalter (Stub) | Eine rudimentäre oder spezielle Implementierung einer Softwarekomponente, die verwendet wird, um eine noch nicht implementierte Komponente zu ersetzen bzw. zu simulieren. | [URL: ISTQB-Glossar] |
| Product Backlog | Eine geordnete, in der Regel nach Prioritäten geordnete Sammlung von Aufgaben, an denen ein Entwicklungsteam bei der Entwicklung oder Weiterentwicklung eines Systems zu arbeiten hat. | [URL: IREB Glossary] |
| Qualitäts-management | Aufeinander abgestimmte Tätigkeiten zum Leiten und Lenken einer Organisation bezüglich Qualität. | [ISO 9000] |
| Qualitäts-sicherung | Aktivitäten, die darauf fokussieren, Vertrauen in die Erfüllung der Qualitätsanforderungen zu erzeugen. | [URL: ISTQB-Glossar] |
| Retrospektive (Sprint-Retrospektive) | Der Zweck der Sprint Retrospective ist es, Wege zur Steigerung von Qualität und Effektivität zu planen. Das Scrum Team überprüft, wie der letzte Sprint in Bezug auf Individuen, Interaktionen, Prozesse, Werkzeuge und seine Definition of Done verlief. [...] Das Scrum Team identifiziert die hilfreichsten Änderungen, um seine Effektivität zu verbessern. Die wirkungsvollsten Verbesserungen werden so schnell wie möglich in Angriff genommen. | [URL: Scrum Guide] |
| Review | Eine Art des statischen Tests, in dem ein Arbeitsprodukt oder ein Prozess von einer oder mehreren Personen beurteilt wird, um Befunde zu erheben und Verbesserungspotenziale zu identifizieren. Review ist auch ein Oberbegriff für Managementreview, informelles Review, technisches Review, Inspektion und Walkthrough. | [Spillner & Linz 19] |

| Begriff | Definition | Quelle |
|---|---|---|
| Scenario | 1. Im Allgemeinen: Eine Beschreibung einer möglichen Abfolge von Ereignissen, die zu einem gewünschten (oder unerwünschten) Ergebnis führen.<br>2. Im RE: Eine geordnete Abfolge von Interaktionen zwischen Partnern, insbesondere zwischen einem System und externen Akteuren. Kann eine konkrete Sequenz (Instanzszenario) oder eine Menge potenzieller Sequenzen (Typszenario, Anwendungsfall) sein. | [URL: IREB Glossary] |
| Schlüsselwort-getriebener Test (Keyword-Driven Testing) | Ein skriptbasiertes Verfahren, bei dem Testskripte abstrakte Schlüsselwörter enthalten sowie unterstützende Dateien mit konkreten Skripten, welche diese Schlüsselwörter implementieren. | [URL: ISTQB-Glossar] |
| Scrum | Scrum ist ein leichtgewichtiges Rahmenwerk, welches Menschen, Teams und Organisationen hilft, Wert durch adaptive Lösungen für komplexe Probleme zu generieren. | [URL: Scrum Guide] |
| Simulator | Eine Komponente oder ein System, die bzw. das sich wie ein gegebenes System verhält oder funktioniert. | [URL: ISTQB-Glossar] |
| Software-baustein | *siehe* Komponente | |
| Sprint | […] Es sind Events mit fester Länge von einem Monat oder weniger, um Konsistenz zu schaffen. Ein neuer Sprint beginnt unmittelbar nach dem Abschluss des vorherigen Sprints.<br>Alle Arbeiten, die notwendig sind, um das Produkt-Ziel zu erreichen, einschließlich Sprint Planning, Daily Scrums, Sprint Review und Sprint Retrospective, finden innerhalb der Sprints statt. | [URL: Scrum Guide] |
| Sprint Backlog | Eine Menge von Product-Backlog-Einträgen, die für die Umsetzung im laufenden Sprint ausgewählt sind. | [URL: IREB Glossary] |
| Spy | Ein Stub, der zusätzlich über einen Mechanismus zur Protokollierung verfügt, sodass die Aufrufe und Daten (indirect output), die vom Testobjekt übergeben werden, aufgezeichnet (»ausspioniert«) werden können. Die protokollierten Daten können zur Feststellung des Testergebnisses nötig sein oder zu Diagnose/Debugging-Zwecken herangezogen werden. | nach [Meszaros 07] |
| Storyboard | Eine visuelle Darstellung des Systems, in der User Stories im Kontext dargestellt werden, um die Geschäftsprozesse zu verstehen.<br>Eine Reihe von Skizzen oder Bildern, die die Ausführung eines Szenarios visualisieren. | nach [URL: ISTQB CTAL-ATT]<br>[URL: IREB Glossary] |
| Story Map | Eine zweidimensionale Anordnung von User Stories. | [URL: IREB Glossary] |

| Begriff | Definition | Quelle |
|---|---|---|
| Story Mapping | Eine Technik, die User Stories auf zwei Dimensionen anordnet, wobei die horizontale Achse ihre Ausführungsreihenfolge und die vertikale Achse die Komplexität des implementierten Produkts repräsentiert. | nach [URL: ISTQB CTAL-ATT] |
| Stub | Ersetzt einen benötigten Baustein (DOC) durch einen Ersatzbaustein mit identischem Interface, der nach festem Muster (ausgewählte) Reaktionen bzw. Berechnungsergebnisse des DOC zurückgibt. | Nach [Meszaros 07] |
| Systemtest | Eine Teststufe mit dem Schwerpunkt, zu verifizieren, dass ein System als Ganzes die spezifizierten Anforderungen erfüllt.<br>Testen eines integrierten Systems, um sicherzustellen, dass es spezifizierte Anforderungen erfüllt. | [URL: ISTQB-Glossar]<br>[Spillner & Linz 19] |
| Team Charta | Dokument, in dem ein agiles Team in knapper Form seine »Spielregeln« festhält. | Kap. 3.7 in diesem Buch |
| Test Charta | Die Dokumentation eines Ziels und der Agenda einer Testsitzung. | [URL: ISTQB-Glossar] |
| Testfall | Eine Menge von Vorbedingungen, Eingaben, Aktionen (falls anwendbar), erwarteten Ergebnissen und Nachbedingungen, welche auf Basis von Testbedingungen entwickelt wurden. | [URL: ISTQB-Glossar] |
| Test First | Ein Ansatz zur Softwareentwicklung, bei dem die Testfälle entworfen und implementiert werden, bevor die zugehörige Komponente oder das zugehörige System entwickelt wird. | [URL: ISTQB-Glossar] |
| Testpyramide | Metapher für die Menge aller vorhandenen oder durchzuführenden Tests auf den verschiedenen Teststufen von Unit Tests über Integrationstests bis zu den Systemtests. | Abschnitt 3.8.3 in diesem Buch |
| Unit Test (Komponententest) | Testen einer einzelnen Hardware- oder Softwarekomponente. | [Spillner & Linz 19] |
| Use Case | Eine Reihe möglicher Interaktionen zwischen externen Akteuren und einem System, die für den/die beteiligten Akteur(e) einen Nutzen bringen. | [URL: IREB Glossary] |
| User Story | Beschreibung eines Bedarfs aus der Sicht eines Nutzers zusammen mit dem erwarteten Nutzen, wenn dieser Bedarf erfüllt ist. | [URL: IREB Glossary] |
| Validierung (Validation) | Bestätigung durch Bereitstellung eines objektiven Nachweises, dass die Anforderungen für einen spezifischen beabsichtigten Gebrauch oder eine spezifische beabsichtigte Anwendung erfüllt worden sind. | [Spillner & Linz 19] |
| Verifizierung, Verifikation (Verification) | Bestätigung durch Bereitstellung eines objektiven Nachweises, dass festgelegte Anforderungen erfüllt worden sind. | [Spillner & Linz 19] |

# C Quellenverzeichnis

## C.1 Literatur

**[Aho et al. 99]** Alfred Aho, Ravi Sethi, Jeffrey D. Ullman: Compilerbau. Oldenbourg Verlag, 1999.

**[Anderson 11]** David J. Anderson: Kanban: Evolutionäres Change Management für IT-Organisationen. dpunkt.verlag, Heidelberg, 2011.

**[Barbrook-Johnson & Penn 22]** Pete Barbrook-Johnson, Alexandra S. Penn: Systems Mapping – How to build and use causal models of systems. Palgrave Macmillan, Cham., 2022, open access: *https://doi.org/10.1007/978-3-031-01919-7*.

**[Bashir & Goel 99]** Imran Bashir, Amrit Goel: Testing Object-Oriented Software, Life Cycle Solutions. Springer-Verlag, New York, 1999.

**[Beck & Andres 04]** Kent Beck, Cynthia Andres: Extreme Programming Explained: Embrace Change. 2nd ed., Addison-Wesley Longman, Amsterdam, 2004.

**[Beedle et al. 99]** Mike Beedle, Martine Devas, Yonat Sharon, Ken Schwaber, Jeff Sutherland: Scrum: A Pattern Language for Hyperproductive Software Development. In: Pattern Languages of Program Design. Addison-Wesley Longman, Amsterdam, 1999.

**[Bergmann & Priebsch 10]** Sebastian Bergmann, Stefan Priebsch: Softwarequalität in PHP-Projekten. Hanser Verlag, München, 2010.

**[Bergsmann 23]** Johannes Bergsmann: Requirements Engineering für die agile Softwareentwicklung: Methoden, Techniken und Strategien. 3., überarbeitete und aktualisierte Auflage, dpunkt.verlag, Heidelberg, 2023.

**[Brandes 11]** Christian Brandes: Konzeption von produktionsnahen Testumgebungen. Softwaretechniktrends, Band 31, Heft 1, Gesellschaft für Informatik e. V., 2011, *https://fb-swt.gi.de/publikationen/softwaretechnik-trends/band/band-31-heft-1*.

**[Cohn 04]** Mike Cohn: User Stories Applied: For Agile Software Development. Addison-Wesley Professional, 2004.

**[Cohn 09]** Mike Cohn: Succeeding with Agile: Software Development Using Scrum. Addison-Wesley Professional, 2009.

**[Crispin & Gregory 08]** Lisa Crispin, Janet Gregory: Agile Testing: A Practical Guide for Testers and Agile Teams. Addison-Wesley Longman, Amsterdam, 2008.

**[Daigl & Rohner 22]** Matthias Daigl, René Rohner: Keyword-Driven Testing – Grundlage für effiziente Testspezifikation und Automatisierung, dpunkt.verlag, Heidelberg, 2022.

**[Dimoulis & Lammering 23]** Georgios Dimoulis, Soeren Lammering: Agile Skalierungsframeworks im Vergleich. iX Magazin 06/2023, Heise Zeitschriften Verlag, 2023, *https://www.heise.de/select/ix/2023/6*.

**[Duvall et al. 07]** Paul M. Duvall, Steve Matyas, Andrew Glover: Continuous Integration: Improving Software Quality and Reducing Risk. Martin Fowler Signature Books. Addison-Wesley, 2007.

**[Eder et al. 13]** Sebastian Eder, Benedikt Hauptmann, Maximilian Junker, Elmar Juergens, Rudolf Vaas, Karl-Heinz Prommer: Did we test our changes? Assessing alignment between tests and development in practice. In: Proceedings of the Eighth International Workshop on Automation of Software Test (AST'13), 2013, *https://dl.acm.org/doi/10.5555/2662413.2662437*.

**[Fowler & Parsons 10]** Martin Fowler, Rebecca Parsons: Domain Specific Languages. Addison-Wesley Signature, 2010.

**[Gärtner 13]** Markus Gärtner: ATDD in der Praxis: Eine praktische Einführung in die Akzeptanztest-getriebene Softwareentwicklung mit Cucumber, Selenium und FitNess. dpunkt.verlag, 2013.

**[Gharbi et al. 23]** Mahbouba Gharbi, Arne Koschel, Andreas Rausch, Gernot Starke: Basiswissen für Softwarearchitekten. Aus- und Weiterbildung nach iSAQB-Standard zum Certified Professional for Software Architecture – Foundation Level. 5., überarbeitete und aktualisierte Auflage, dpunkt.verlag, Heidelberg, 2023.

**[Ghosh 11]** Debasish Ghosh: DSLs in Action. Manning, 2011.

**[Gutmans et al. 05]** Andy Gutmans, Stig Bakken, Derick Rethans: PHP 5 aus erster Hand. Addison-Wesley, München, 2005.

**[Jeffries 01]** Ron Jeffries: Essential XP: Card, Conversation, Confirmation, 2001, *https://ronjeffries.com/xprog/articles/expcardconversationconfirmation/*.

**[Jeffries et al. 00]** Ron Jeffries, Ann Anderson, Chet Hendrickson: Extreme Programming Installed. Addison-Wesley Professional, 2000.

**[Juergens & Pagano 16]** Elmar Juergens, Dennis Pagano: Did We Test the Right Thing? Experiences with Test Gap Analysis in Practice. Whitepaper, CQSE GmbH, 2016, *https://www.cqse.eu/publications/2016-did-we-test-the-right-thing-experiences-with-test-gap-analysis-in-practice.pdf*.

**[Juergens et al. 18]** Elmar Juergens, Dennis Pagano, Andreas Goeb: Test Impact Analysis: Detecting Errors Early Despite Large, Long-Running Test Suites. Whitepaper, CQSE GmbH, 2018, *https://www.cqse.eu/fileadmin/content/news/publications/2018-test-impact-analysis-detecting-errors-early-despite-large-long-running-test-suites.pdf*.

**[Kirchem & Waack 21]** Sabine Kirchem, Juliane Waack: Personas entwickeln für Marketing, Vertrieb und Kommunikation, Springer Fachmedien Wiesbaden, 2021.

**[Koschek 14]** Holger Koschek: Geschichten vom Scrum – Von Sprints, Retrospektiven und agilen Werten. 2. Auflage, dpunkt.verlag, Heidelberg, 2014.

**[Larman & Vodde 09]** Craig Larman, Bas Vodde: Scaling Lean and Agile Development. Addison-Wesley Longman, Amsterdam, 2009.

**[Link 02]** Johannes Link: Unit Tests mit Java – Der Test-First-Ansatz. dpunkt.verlag, Heidelberg, 2002.

**[Malik 06]** Fredmund Malik: Führen, Leisten, Leben: Wirksames Management für eine neue Zeit. Campus Verlag, Frankfurt/Main, 2006.

**[Martin 08]** Robert C. Martin: Clean Code, A Handbook of Agile Software Craftsmanship. Prentice Hall, 2008.

**[Mavin et al. 09]** Alistair Mavin, Philip Wilkinson, Adrian Harwood, Mark Novak: Easy Approach to Requirements Syntax (EARS), 2009. 17th IEEE International Requirements Engineering Conference, Atlanta, GA, USA, 2009, pp. 317-322, doi: 10.1109/RE.2009.9.

**[Meszaros 07]** Gerard Meszaros: xUnit Test Patterns: Refactoring Test Code. Addison-Wesley Signature Series, 2007.

**[Nielsen 19]** Lene Nielsen: Personas – User Focused Design. Springer, London, 2019.

**[Olivier & Dere 11]** Dan Olivier, Jeff Dere: Agile Software Development Streamlines FDA-Regulated Applications. In: Medical Electronics Design, April 2011.

**[Pichler 08]** Roman Pichler: Scrum – Agiles Projektmanagement erfolgreich einsetzen. dpunkt.verlag, Heidelberg, 2008.

**[Pichler & Roock 11]** Roman Pichler, Stefan Roock: Agile Entwicklungspraktiken mit Scrum. dpunkt.verlag, Heidelberg, 2011.

**[Pohl & Rupp 21]** Klaus Pohl, Chris Rupp: Basiswissen Requirements Engineering. Aus- und Weiterbildung nach IREB-Standard zum Certified Professional for Requirements Engineering – Foundation Level. 5., überarbeitete und aktualisierte Auflage, dpunkt.verlag, Heidelberg, 2021.

**[Rahien 10]** Ayende Rahien: DSLs in Boo, Domain-Specific Languages in .NET. Manning, 2010.

**[Schlossnagle 06]** George Schlossnagle: Professionelle PHP 5 Programmierung, Entwicklerleitfaden für große Webprojekte mit PHP 5. Addison-Wesley, München, 2006.

**[Schwaber & Beedle 02]** Ken Schwaber, Mike Beedle: Agile Software Development with Scrum. Pearson, Prentice Hall, 2002.

**[Spillner & Linz 19]** Andreas Spillner, Tilo Linz: Basiswissen Softwaretest. dpunkt.verlag, Heidelberg, 6. Auflage, 2019.

**[Vigenschow 10]** Uwe Vigenschow: Testen von Software und Embedded Systems – Professionelles Vorgehen mit modellbasierten und objektorientierten Ansätzen. dpunkt.verlag, Heidelberg, 2010.

**[Winter et al. 12]** Mario Winter, Mohsen Ekssir-Monfared, Harry Sneed, Lars Borner, Richard Seidl: Der Integrationstest. Hanser Verlag, München, 2012.

## C.2 Webseiten[1]

**[URL: Agiles Manifest]** Manifesto for Agile Software Development, *https://agilemanifesto.org*

**[URL: agiles Testen]** *http://de.wikipedia.org/wiki/Agiles_Testen*

**[URL: API-Simulation-Tools]** Comparison of API simulation tools, *https://en.wikipedia.org/wiki/Comparison_of_API_simulation_tools*

**[URL: BDD]** Behavior Driven Development, *http://de.wikipedia.org/wiki/Behavior_Driven_Development*

**[URL: Burndown-Chart]** Burn-Down-Chart, *https://de.wikipedia.org/wiki/Burn-Down-Chart*

**[URL: CLD]** Causal loop diagram, *https://en.wikipedia.org/wiki/Causal_loop_diagram*

1. Die Gültigkeit der angegebenen URLs bezieht sich auf die Drucklegung des Buches im September 2023.

**[URL: Continuous Delivery]** Continuous Delivery,
*https://de.wikipedia.org/wiki/Continuous_Delivery*
– Continuous Delivery vs. Deployment – What's the Difference?,
*https://www.puppet.com/blog/continuous-delivery-vs-deployment*

**[URL: Continuous Deployment]** Continuous deployment,
*https://en.wikipedia.org/wiki/Continuous_deployment*

**[URL: Continuous Integration]** Martin Fowler: Continuous Integration,
*https://martinfowler.com/articles/continuousIntegration.html*

**[URL: CPUX]** CPUX-F Curriculum – Certified Professional for Usability and User Experience, Foundation Level, UXQB e. V.,
*https://uxqb.org/en/documents/*

**[URL: Demingkreis]** *http://de.wikipedia.org/wiki/Demingkreis*

**[URL: FMC]** Fundamental Modeling Concepts,
*http://www.fmc-modeling.org*

**[URL: iAkad]** Trainingskurse der imbus Akademie zum Themengebiet »Agiler Test & Agile Entwicklung«,
*https://www.imbus.de/akademie/schulungsthemen*

**[URL: IREB]** Lehrpläne, Handbücher und Glossar zur IREB® »Certified-Professional for Requirements Engineering (CPRE)«-Ausbildung, International Requirements Engineering Board, IREB e. V.,
*https://www.ireb.org*
– deutschsprachige Ausgaben: *https://www.ireb.org/de/cpre*
– internationale Ausgaben: *https://www.ireb.org/cpre*

**[URL: IREB FLHB]** Martin Glinz, Hans van Loenhoud, Stefan Staal, Stan Bühne: Handbuch für das CPRE Foundation Level nach dem IREB-Standard, März 2022, Hrsg. IREB e. V., *https://www.ireb.org/cpre*

**[URL: IREB Glossary]** IREB Certified Professional for Requirements Engineering, Wörterbuch der Requirements Engineering Terminologie. International Requirements Engineering Board IREB e. V., Version 2.0.2, Juli 2022, *https://www.ireb.org/de/cpre/cpre-glossary/*

**[URL: ISTQB]** International Software Testing Qualifications Board,
*http://www.istqb.org*

**[URL: ISTQB CTAL-ATT]:**
*https://www.istqb.org/certifications/agile-technical-tester*

**[URL: ISTQB-Glossar]** Standard Glossary of Terms Used in Software Testing, *https://glossary.istqb.org/*
– deutschsprachige Ausgabe: *https://glossary.istqb.org/de_DE/search*

[URL: ISTQB Syllabus]

Lehrpläne zur ISTQB®-Certified-Tester-Ausbildung

– deutschsprachige Ausgaben:
Austrian Testing Board, *http://www.austriantestingboard.org*
German Testing Board, *http://www.german-testing-board.org*
Swiss Testing Board, *http://www.swisstestingboard.org*

– englischsprachige Ausgaben:
International Software Testing Qualifications Board, *http://www.istqb.org*

**[URL: Kanban]** Kanban (Entwicklung), Unterschiede zwischen Kanban und Scrum, *https://de.wikipedia.org/wiki/Kanban_(Entwicklung)#Unterschiede_zwischen_Kanban_und_Scrum*

**[URL: KRITIS]** Was sind Kritische Infrastrukturen? Information des Bundesamtes für Sicherheit in der Informationstechnik (BSI), *https://www.bsi.bund.de/DE/Themen/KRITIS-und-regulierte-Unternehmen/Kritische-Infrastrukturen/Allgemeine-Infos-zu-KRITIS/allgemeine-infos-zu-kritis_node.html*

**[URL: Lean]** Lean Management, *http://de.wikipedia.org/wiki/Lean_Management#Prinzipien*

**[URL: Mindmap]** Mindmap und Mindmapping, *https://de.wikipedia.org/wiki/Mindmap*

**[URL: OMG]** OMG Specifications, *http://www.omg.org/spec/index.htm*

**[URL: PHP]** Homepage des PHP-Projekts: Manuals, Downloads, News rund um PHP, *http://php.net*

**[URL: PHPUnit]** PHPUnit Manual, *http://www.phpunit.de/manual/current/en/automating-tests.html*

**[URL: RUP]** Rational Unified Process, *http://de.wikipedia.org/wiki/Rational_Unified_Process*

**[URL: Scaled Agile]** Frameworks zur Skalierung agiler Vorgehensweisen:

**[URL: Scaled Agile – LeSS]** Large-Scale-Scrum (LeSS), *https://less.works*

**[URL: Scaled Agile – Nexus]** *https://www.scrum.org/resources/nexus-guide*

**[URL: Scaled Agile – SAFe]** Scaled Agile Framework (SAFe), *https://scaledagileframework.com*

**[URL: Scaled Agile – Scrum]** Scrum@Scale, *https://www.scrumatscale.com/*

**[URL: Scrum Guide]** The Scrum Guide – The Definitive Guide to Scrum: The Rules of the Game, Ken Schwaber, Jeff Sutherland, 11/2020, – deutschsprachige Fassung: Der Scrum Guide – Der gültige Leitfaden für Scrum: Die Spielregeln, *https://scrumguides.org/*

**[URL: Service-Virtualization]** Service virtualization, *https://en.wikipedia.org/wiki/Service_virtualization*

**[URL: StatusQuoAgile]** Status Quo (Scaled) Agile 2020 – 4. Studie zu Nutzen und Erfolgsfaktoren agiler Methoden, Hochschule Koblenz, Forschungsprojekte, »Status Quo Agile«-Untersuchung, 2020, *https://www.hs-koblenz.de/bpm-labor/status-quo-scaled-agile-2020.*

**[URL: SUnit]** SUnit, *http://en.wikipedia.org/wiki/SUnit*

**[URL: SWT-knowledge]** WWW-Seite zum Buch, *http://www.softwaretest-knowledge.de*

**[URL: SysML]** Homepage zu SysML der The Object Management Group, *https://www.omgsysml.org/index.htm*

**[URL: Systems Thinking]** – deutschsprachiger Artikel: *https://de.wikipedia.org/wiki/Systemdenken_(Systemtheorie),* – englischsprachiger Artikel: *https://en.wikipedia.org/wiki/Systems_thinking*

**[URL: Testing-Quadrants]** Brian Marick, *http://www.exampler.com/old-blog/2003/08/21/#agile-testing-project-1*

**[URL: Testpraxis]** Softwaretest in Praxis und Forschung, Softwaretest-Umfrage 2020, *https://www.softwaretest-umfrage.de*

**[URL: Toolliste]** Liste von Softwaretest-Werkzeugen (kommerzielle und Open Source), kategorisiert nach Einsatzfeldern, *https://www.testtoolreview.de/*

**[URL: TrendsInTestingAgile]** Fragen zur agilen Transformation, Teilnehmerbefragung – imbus Trends in Testing 2023, imbus AG, 04/2023, *https://www.imbus.de/downloads/white-papers*

**[URL: UML]** Homepage zu UML der The Object Management Group, *https://www.uml.org,* – UML-Spezifikation, *https://www.omg.org/spec/UML*

**[URL: UML Diagrams]** Unified Modeling Language – Diagramme, *https://de.wikipedia.org/wiki/Unified_Modeling_Language#Diagramme*

**[URL: Use Case]** Anwendungsfall, *https://de.wikipedia.org/wiki/Anwendungsfall*

**[URL: User Story]** User Story, *https://de.wikipedia.org/wiki/User-Story* – User Story – Abgrenzung User Story zu Use Case, *https://de.wikipedia.org/wiki/User-Story#Abgrenzung_User-Story_zu_Use_Case*

**[URL: Virtualisierung]** Virtualisierung, *https://de.wikipedia.org/wiki/Virtualisierung_(Informatik)*

**[URL: Virtualisierung Container]** Containervirtualisierung, *https://de.wikipedia.org/wiki/Containervirtualisierung*

**[URL: V-Modell-XT]** Das V-Modell XT, Modell zum Planen und Durchführen von Systementwicklungsprojekten, *https://www.cio.bund.de/Webs/CIO/DE/digitaler-wandel/Achitekturen_und_Standards/V_modell_xt/v_modell_xt-artikel.html*

**[URL: W3C]** *https://www.w3.org/standards*

**[URL: W3C validator]** *https://validator.w3.org*

## C.3 Normen

**[DO 178 B]** DO-178B, Software Considerations in Airborne Systems and Equipment Certification, Issued 12-1-92, Prepared by RTCA SC-167, Supersedes DO-178A, Errata Issued 3-26-99, *www.rtca.org*

**[EN 50128]** EN 50128:2011: Railway applications – Communication, signalling and processing systems – Software for railway control and protection systems

**[EN 62304]** EN 62304:2016, Medizingeräte-Software – Software-Lebenszyklus-Prozesse; deutsche und englische Fassung, 2016.

**[FDA OTS]** Off-The-Shelf Software Use in Medical Devices, Guidance for Industry and Food and Drug Administration Staff, August 11, 2023, *https://www.fda.gov/regulatory-information/search-fda-guidance-documents/shelf-software-use-medical-devices*

**[FDA Validation]** General Principles of Software Validation; Final Guidance for Industry and FDA Staff, January 11, 2002, *https://www.fda.gov/regulatory-information/search-fda-guidance-documents/general-principles-software-validation*

**[IEC 61508-3]** IEC 61508-3:2010: Functional safety of electrical/electronic/programmable electronic safety-related systems – Part 3: Software requirements

**[IEEE 730]** IEEE Std 730-2014, IEEE Standard for Software Quality Assurance Processes

**[IEEE 829]** IEEE Std 829-2008, IEEE Standard for Software and System Test Documentation, abgelöst durch ISO/IEC/IEEE 29119

**[ISO 9000]** EN ISO 9000:2015, Quality management systems – Fundamentals and vocabulary
deutsch: Qualitätsmanagementsysteme – Grundlagen und Begriffe

**[ISO 9001]** EN ISO 9001:2015, Quality management systems – Requirements
deutsch: Qualitätsmanagementsysteme – Anforderungen

**[ISO 9126]** ISO/IEC 9126, Software engineering – Product quality, revised by ISO/IEC 25010

**[ISO 9241]** ISO 9241-x, Ergonomics of human-system interaction, Normenreihe

**[ISO 25010]** ISO/IEC 25010:2011, Systems and software engineering – Systems and software Quality Requirements and Evaluation (SQuaRE) – System and software quality models

**[ISO 26262]** ISO 26262-6:2018, Straßenfahrzeuge – Funktionale Sicherheit – Teil 6: Produktentwicklung – Softwareebene

**[ISO 29119]** ISO/IEC/IEEE 29119, Software and systems engineering – Software testing:

– 29119-1:2022, Part 1: General concepts
– 29119-2:2021, Part 2: Test processes
– 29119-3:2021, Part 3: Test documentation
– 29119-4:2021, Part 4: Test techniques
– 29119-5:2016, Part 5: Keyword-Driven Testing
– 29119-6:2021, Part 6: Guidelines for the use of ISO/IEC/IEEE 29119 (all parts) in agile projects
– 29119-11:2020, Part 11: Guidelines on the testing of AI-based systems

**[ISO 29148]** ISO/IEC/IEEE 29148:2019, Systems and software engineering – Life cycle processes – Requirements engineering

# Index

## T

## W



## X



## Z



## Ziffern

Andreas Spillner • Tilo Linz

# Basiswissen Softwaretest

## Aus- und Weiterbildung zum Certified Tester

## Foundation Level nach ISTQB®-Standard

*6., überarb. und akt. Auflage 2019*
*378 Seiten, komplett in Farbe*
*Festeinband*
*€ 39,90 (D)*

*ISBN:*
*Print 978-3-86490-583-4*
*PDF 978-3-96088-501-6*
*ePub 978-3-96088-502-3*
*mobi 978-3-96088-503-0*

Auf *dpunkt.de* auch als Bundle (Print & E-Book) erhältlich.

Professionelles Prüfen und Testen von Software ist eine unabdingbare und sehr wichtige Aufgabe zur Qualitätssicherung bei der Entwicklung und Wartung von Software – unabhängig davon, ob agil oder konventionell vorgegangen wird. Eine solch wichtige Aufgabe erfordert Fachwissen, erworben durch eine fundierte Ausbildung. Mit dem »Certified Tester«-Programm existiert ein international standardisiertes Aus- und Weiterbildungsschema für Softwaretester und Softwareentwickler.

Dieses Buch umfasst den erforderlichen Stoff zum Ablegen der Prüfung »Certified Tester (Foundation Level)« nach ISTQB®-Standard. Es vermittelt das nötige Grundlagenwissen und verwendet dabei ein durchgängiges Beispiel. Das Buch eignet sich damit nicht nur bestens für die Prüfungsvorbereitung, sondern dient gleichzeitig als kompaktes Basiswerk zu diesen Themen.

Die 6. Auflage wurde komplett überarbeitet und ist konform zum ISTQB®-Lehrplan Version 2018.

*»Wer sich (...) in das Thema Testen mit seinen Facetten einarbeiten möchte, der findet in vorliegendem Buch wertvolle Informationen.«*
Java Magazin 3/2014 zur 5. Auflage